# ゲットーの娘たち

ナチスに抵抗した
ユダヤ人女性の知られざる歴史

ジュディ・バタリオン

羽田詩津子訳

国書刊行会

THE LIGHT OF DAYS

Judy Batalion

# ゲットーの娘たち

ナチスに抵抗したユダヤ人女性の知られざる歴史

**THE LIGHT OF DAYS**

**by Judy Batalion**


Japanese translation rights arranged with The Gernert Company,
New York, through Tuttle-Mori Agency, Inc., Tokyo.

ゼルダおばあちゃん《ブッベ》の思い出と
娘たち、ゼルダとビリーに捧げる。
世代から世代へ《ルドール・ヴードア》……力と勇気を持って《チャザク・ヴァマ》

ナチスに抵抗したポーランドの
すべてのユダヤ人女性に敬意を表して

# 目次

# 主な登場人物

**レニャ・クキエウカ**——イェンドジェユフに生まれる。ベンジンのドロル（シオニストの青年組織）の運び屋。

**フルムカ・プウォトニカ**——ピンスクに生まれる。ベンジンで戦闘組織を率いるドロルのリーダー。

**ヘルシェル・スプリンゲル**——ドロルのメンバーでフルムカの副官。

**サラ・クキエウカ**——レニャの姉。ベンジンでユダヤ人孤児の世話をする。ドロルのメンバー。

**ハンチャ・プウォトニカ**——フルムカの妹。ドロルの運び屋。

**ジヴィア・ルベツキン**——ビテンに生まれる。ユダヤ人戦闘組織（ŻOB）とワルシャワゲットー蜂起におけるドロルのリーダー。

**ハイカ・クリンゲル**——ベンジンのハショメル・ハツァイル（シオニストの青年組織）とŻOBのリーダー。

**アンテク（本名イツハク・ツキェルマン）**――ドロルのリーダー。ŻОBの中心人物としてワルシャワゲットー蜂起に参加。

**トシャ・アルトマン**――ハショメル・ハツァイルのリーダーで、ワルシャワを拠点にもっとも活躍した運び屋の一人。

**アッバ・コヴネル**――ヴィルニュス出身。ユダヤ人のパルチザン組織を統合した戦闘組織（FPO）を設立。

**ヴラドカ・ミード（別名フェジェラ・ペルテル）**――ワルシャワのブント（ユダヤ人労働者総同盟）の運び屋。

**モルデハイ・アニエレヴィツ**――ワルシャワに生まれる。ŻОBの創設者の一人でワルシャワゲットー蜂起のリーダー。

**ズヴィ・ブランデス**――ベンジンゲットーのŻОBとハショメル・ハツァイルのメンバー。

**グスタ・ダヴィドソン**――クラクフを拠点にしたアキバ（シオニストの青年組織）の運び屋。

**シムション・ドレンガー**――グスタの夫でアキバのリーダー。

**ヘラ・シェパー**――クラクフを拠点にしたアキバの運び屋。

**マレク・エデルマン**――ブントのリーダーでワルシャワゲットー蜂起に参加。

**ベラ・ハザン**――ドロルの運び屋。グロドノ、ヴィルニュス、ビャウィストクを拠点とする。ロンカ・コジブロツカやテーマ・シュナイデルマンといっしょに仕事をした。

**ハシャ・ビエリツカとハイカ・グロスマン**――ビャウィストクでの反ファシスト運動グループに参加しているハショメル・ハツァイルの二人。

**ロンカ・コジブロツカ**――ワルシャワ生まれのベテランの運び屋。ベラ・ハザンと仕事をする。

**ルスカ・コルチャックとヴィトカ・ケンプネル**――ＦＰＯ内のハショメル・ハツァイルのリーダーであり、森を拠点にするパルチザンのリーダー。

**ゼルダ・トレゲル**――ヴィルニュスを拠点とするハショメル・ハツァイルの運び屋。

**フェイ・シュルマン**――パルチザンの看護師兼戦闘員となる写真家。

**ハフカ・レンツネル**――ベンジン出身。ドロルの医師。

**アンナ・ハイルマン**――ワルシャワのハショメル・ハツァイルに加わったメンバーで、アウシュビッツで抵抗運動に参加する。

ポーランドの戦況
1939年〜1943年
バルト海
コブノ
ヴィルニュス
リトアニア
グダニスク
ルドニキの森
東プロイセン
グロドノ
ビャウィストク
ピンスク
マウキニャ・グルナ
ベラルーシ
トレブリンカ
ヴィスワ川
ブーク川
ポズナン
第三帝国
併合地
ワルシャワ
ソ連占領地
(1941年まで)
ウォミアンキの森
ウッチ
ポーランド総督府
コーヴェリ
ルブリン
スカルジスコ＝カミエンナ
チェンストホヴァ
キェルツェ
ルブリニエツ
ザグレンビエ地方
イェンドジェユフ
ドイツ
ベンジン
ヴィスワ川
カトヴィツェ
ムィスウォヴィツェ
カジミエジャ・ヴィエルカ
ウクライナ
アウシュビッツ
クラクフ
リヴィウ
ビエルスコ
タトラ山脈
ミクラーシュ
スロバキア
ウィーン
ブラチスラバ
オーストリア
ハンガリー
ブダペスト
ルーマニア
ポーランド領(1939年)
0
50
100マイル
0
50
100キロ

泣き顔をしたワルシャワ
通りのあちこちに墓がある
それでも敵に負けないだろう
なおも日々の光を目にするだろう

――「祈りの章」より。この歌はワルシャワゲットーでの戦いに捧げられ、歌のコンテストで優勝した。若いユダヤ人女性が死ぬ前に書き、一九四六年に『ゲットーの娘たち』の中で発表された。

# はじめに　恐れを知らない女たち

大英図書館の閲覧室は古本のページのような匂いがした。わたしは閲覧申し込みをしておいた女性史の本の山を眺めた――これぐらいなら多すぎないし、圧倒されることもないはずだ。いちばん下の本はとても珍しいものだった。固い背表紙がつき、すりきれた青い布で装丁され、小口は黄色でぎざぎざ。最初にその本を開くと、二百ページにわたって小さな手書きの文字が書かれていた――イディッシュ語で。イディッシュ語はわたしの知っている言語だったが、もう十五年以上使っていなかった。

読まずに山に戻しかけた。だが、なぜか読まなくてはという衝動が込みあげ、とりあえず数ページに目を通した。さらに数ページを読んだ。てっきり聖人に対する退屈な哀悼か、タルムード（モーセの預ったものとされる「口伝律法」を収めたもので、生活上のあらゆる問題を論議している）に基づき、女性の力と勇気についてのあいまいな議論がつづられているものと予想していた。だがそこに書かれていたのは――女性たちの妨害工作、ライフル、変装、ダイナマイトだった。わたしはサスペンス小説を発見したのだ。

まさかこんなことがありうるのだろうか？

茫然となった。

わたしはずっと強いユダヤ人女性たちを探していた。

二十代だった二〇〇〇年代初めに、わたしはロンドンに住み、昼間は美術史家として働き、夜はコメディアンとして舞台に立っていた。どちらの分野でも、わたしのユダヤ人のアイデンティティが問題となった。わたしのいかにもユダヤ人らしい容貌や行動に対して、学者からも、画廊経営者からも、観客からも、仲間の出演者からも、プロデューサーからも、陰険で冗談めかしたコメントが浴びせられたのだ。やがて、ユダヤ人であることをおおっぴらにし、あまりにも屈託なくふるまっていることが、イギリス人にとっては気に触るのだと気づいた。わたしはカナダにあるユダヤ人コミュニティで育ち、アメリカ北東部の大学に通った。どちらの場所でも、わたしの出自は珍しくなかった。したがって内と外で別々のペルソナを必要としなかったのだ。しかしイギリスでは異質さを「さらけだす」ことはどうやら無作法らしく、不快感を引き起こした。そのことを発見してショックを受けたものの、自意識のせいで何も感じられなくなった。どう対処したらいいのか途方に暮れた。無視する？　冗談でやり返す？　警戒する？　過剰反応する？　あまり反応しない？　身分を隠して、ふたつの人格を演ずる？　逃げる？

この問題を解決するために、芸術と研究という手段を使い、ユダヤ人女性のアイデンティティと、何世代にもわたって受け継がれてきたトラウマという負の感情、このふたつをテーマに舞台作品を書いた。わたしにとって強いユダヤ人女性のお手本は、ハンナ・セネシュだった。第二次世界大戦における数少ない女性のレジスタンス活動家で、歴史に埋もれずに語り伝えられている。わたしは子どものとき、宗教色のないユダヤ人学校に通った。学校の教育方針はポーランド系ユダヤ人の活動に根ざしていて、ヘブライ語の詩やイディッシュ語の小説を学んだ。五年生のときにイディッシュ語の授業で、ハンナについて読み、彼女が二十二歳のときにナチスと戦うためにパレスチナで英国空挺部隊に入り、レジスタンスのためにヨーロッパに戻ってきた経緯を知った。任務は成功しなかったが、人々に勇気を与えることには成功した。処刑されるとき、ハンナは直接銃弾を見ていたいと言い張って、目隠しを拒んだという。ハンナは真実を直視し、信念のために生き、そして死んだ。自分がユダヤ人であることを隠さず、誇りを持っていた。

二〇〇七年の春、わたしは大英図書館にいて、ハンナ・セネシュについての情報や、その人物像に対するさまざまな意見を調べていた。結局、彼女に関する本はあまりないことがわかったので、彼女の名前に触れている本はすべて閲覧を申し込んだ。その一冊が、たまたまイディッシュ語で書かれていて、あわや返却しそうになった『ゲットーの娘たち』という本だった。

一九四六年にニューヨークで出版されたその本を手にとり、ぱらぱらとページをめくった。この一八五ページのアンソロジーでは、ハンナは最後の章でしか言及されていなかった。それまでの一七〇ページは他の女性たちの物語で埋め尽くされていた――ナチスに対するレジスタンスに身を投じ、おもにポーランドのゲットー内で戦った無名の何十人もの若いユダヤ人女性たち。こうした「ゲットーの娘たち」は、ゲシュタポの警備員に賄賂をつかませ、大きなパンの中に拳銃を隠し、地下に隠し部屋を作るのを手伝った。ドイツ兵をたぶらかし、ワインやウィスキーや菓子で買収し、巧みに撃ち殺した。モスクワのために諜報活動をおこない、偽の身分証や地下組織のビラを配り、ユダヤ人に何が起きているかについて真実を伝えた。ドイツ軍の列車やヴィルニュスの発電所を爆破した。非ユダヤ人に変装し、町のアーリア人地区でメイドとして働き、壁に穴を掘ったり屋根伝いに這《は》ったりして、ユダヤ人が下水や煙突から逃げるのを助けた。死刑囚を賄賂で解放させ、地下ラジオでニュースを流し、仲間たちの士気を支え、ポーランド人大家と交渉し、ゲシュタポをだまして武器を詰めこんだ荷物を運ばせ、ドイツ人の反ナチ派を仲間に引き入れ、さらに地下組織の大半を管理していた。

長年、ユダヤ人として教育を受けてきたにもかかわらず、こういう記事は読んだことがなく、平凡であると同時に非凡な女性たちの戦いの描写に度肝を抜かれた。どのぐらいのユダヤ人女性が、どの程度までレジスタンスに関わっていたのかは見当もつかなかった。

本の記述は驚きをもたらしただけではなく、心を揺すぶり、自分自身の過去についての理解を大きく変えた。わたしの家族はポーランド系ユダヤ人でホロコーストの生き残りだった。わたしのおばあちゃんのゼルダ（わたしの長女の名前は祖母《ブベ》にちなんだ）はレジスタンスには関わらなかった。しかし、成功こそしたものの悲劇的な祖母の逃亡物語を通して、わたしは生存者を理解するようになった。高い頬骨と小さめの鼻というユダヤ人らしからぬ外見をした祖母は、占領されたワルシャワから逃げ出し、川を泳ぎ、修道院に隠れ、ナチスをたぶらかして見て見ぬふりをしてもらい、東部にオレンジを運ぶトラックで移動し、ついにソ連国境をひそかに越えた。そして命は助かったが、皮肉にもシベリアの労働収容所で強制的に働かされることになった。祖母は雄牛のように頑健だったが、ワルシャワに残っていた両親と四人の姉妹のうち三人を失った。祖母は放課後にわたしの面倒を見ながら、目に涙と怒りを浮かべて、このおぞましい話を何度も語った。モントリオールのユダヤ人コミュニティは、大半がホロコーストの生き残りの家族だった。わたしの家族も近所の家族も、似たような苦悩と苦難の物語を抱えていた。わたしの遺伝子は、最近の神経科学の研究が示唆しているように、トラウマが刻印され、変化すらしたのだ。わたしは迫害と恐怖の雰囲気の中で大人になった。

しかし、この『ゲットーの娘たち』では、戦争における女性たちの異なる物語がつづられていた。諜報活動をした女性たちの物語に、わたしは衝撃を受けた。ここに描かれているのは、暴力的とすら言える強い不屈の精神によって行動した女性たちだった。禁制品の運搬、情報収集、妨害工作、戦闘への参加。彼女たちは射撃の腕を自慢にしていた。書き手は同情を求めているのではなく、勇気ある行動と勇猛果敢さを賞賛していた。飢えに苦しみ、迫害された女性たちは勇敢で大胆だった。逃げる機会があっても、それを拒み、あえて戻って戦うことを選んだ女性たちもいた。祖母はわたしの英雄だったが、命を危険にさらして踏みとどまって戦おうと決断していたら、どうなっていただろう？　わたしはその質問が頭から離れなくなった。同じ状況だったら、自分はどうしただろう？　戦うか、逃げるか？

最初のうち、ポーランド系ユダヤ人でレジスタンス活動をしていた女性たちは、『ゲットーの娘たち』で言及されている数十人程度だろうと想像していた。しかし、そのテーマを調べだしたとたん、ありとあらゆるところから女性闘士たちの驚くべき話が次々に出てきた。アーカイブ、カタログ、家族の物語をメールしてきた見知らぬ人々から。小さな出版社で刊行された何十冊もの女性の回想録や、一九四〇年代から今日までのポーランド語、ロシア語、ヘブライ語、イディッシュ語、ドイツ語、フランス語、オランダ語、デンマーク語、ギリシャ語、イタリア語、そして英語で書かれた何百もの証言も発見した。

ポーランド系ユダヤ人女性のレジスタンスは、多岐にわたっていた。複雑な立案や入念な計画に基づく大量の爆薬の設置もあれば、まるでどたばた喜劇のようなとっさの機略もあったし、おしゃれな変装や嚙んだりひっかいたり、抱きしめられたナチス隊員の腕から抜けだすことなども含んでいた。ほとんどの女性の目標はユダヤ人を救うことだった。死んで、名誉という遺産をのこしたい、と願っている人たちもいた。『ゲットーの娘たち』では、女性のゲットー闘士の活躍に焦点を当てている。彼女たちは闘士であり、地下会報の編集者であり、社会運動家だった。とりわけ、女性たちはさまざまな「運び屋」を務めた。それは作戦の中枢をなす特別な任務だった。彼女たちはユダヤ人以外に変装し、封鎖されたゲットーと町のあいだを移動し、人、金、書類、情報、武器をひそかに運んだ。その多くは、彼女たち自身が手に入れたものだった。

ユダヤ人女性はゲットーで戦うばかりか、森に逃げてパルチザン隊に加わり、妨害活動や諜報活動にも従事した。レジスタンスの中には、組織化されていない一度限りのものもあった。ポーランド系ユダヤ人女性で外国のレジスタンス組織に入った者もいたが、多くはポーランドの地下組織で活動していた。女性たちは仲間のユダヤ人が逃げたり隠れたりするのを助けるために、救出ネットワークを構築した。最終的に、彼女たちは自分の身分を隠してユダヤ人の著書を配り、恐怖を和《やわ》らげようとして移動途中でジョークを飛ばし、小屋で寝起きする仲間を抱きしめて暖め、孤児のために無料食堂を立ち上げ、精神的、宗教的、文化的に抵抗したのだった。無料食堂は組織化されて公となったが、違法だと目の敵にされたこともあった。それ以外のものは、あくまでひそかにおこなわれた。

何カ月も調査を続けるうちに、わたしは作家としての喜びと難問に直面した。想像を超えるほど多くの信じられないようなレジスタンスの物語を集められたものの、どうやってそれをまとめ、主人公を選んだらいいのか、という問題だ。

最終的にインスピレーションの源となった『ゲットーの娘たち』に従い、シオニズム（パレスチナに移住してユダヤ人国家の再建を目指す、十九世紀に誕生した民族運動）を信奉するシオニスト青年組織であるドロル（〝自由〟）と、ハショメル・ハツァイル（〝若き守護者〟）（イスラエルの農業共同生活に向けてユダヤ人の若者を教育することを目的とした先駆的な青年運動。第二次世界大戦までに世界各国に広まった）のゲットーの女性闘士に焦点を当てることにした。『ゲットーの娘たち』の最大の焦点であり、いちばん長い記録は「レニャ・K」と署名した女性運び屋によって執筆されていた。わたしはレニャに惹かれた。有名な闘士やカリスマ指導者だからではなく、まったく反対の理由からだ。レニャは理想主義者でも革命家でもなく、機転のきく中流階級出身の女性で、気づいたときには容赦のない悪夢に巻きこまれていた。正義感と怒りに力を得て、彼女は自分の置かれた状況に立ち向かった。ひそかに国境を越えて手榴弾を持ち込むぞっとするような話や、運び屋としての任務の詳細な描写に、わたしは心を鷲づかみにされた。わずか二十歳にして、レニャはそれまでの五年間を落ち着いた思索的な筆致で記録していた。しかも、鋭い性格描写、率直な印象、さらにウィットまでつけ加えられたきわめて生き生きとした文章だった。

実は『ゲットーの娘たち』のレニャの文章は、ポーランド語で書かれたのちに一九四五年にパレスチナでヘブライ語で出版された長い回想記からの抜粋だった。彼女の本は、ホロコーストについて最初に書かれた完全な個人的記録の一冊だったのだ。一九四七年、ニューヨークのダウンタウンにあるユダヤ系出版社が、前書きをつけた英語版を傑出した翻訳者によって出版した。しかし、ほどなく、『ゲットーの娘たち』とその世界は埋もれてしまった。レニャのことは、いくつかの言及や学者の注釈で目にするだけになった。そこで本書では彼女の物語をとりあげ、驚くほど勇敢な行動をした無名のユダヤ人女性に光を当てたいと思う。レニャの物語には、いろいろな地下活動に従事し、さまざまな任務を果たしたポーランド系ユダヤ人のレジスタンス活動家たちの物語も織り込んだ。どの物語も、いかに女性たちが大きな勇気を持っていたかを示している。

ユダヤの伝承物語には弱者が勝利するものがたくさんある。ダビデとゴリアテ、暴君をからかったユダヤ人奴隷、シリア王国を破ったマカバイ兄弟。

これはそうした物語ではない。

ポーランドのユダヤ人レジスタンスは、軍事的成功の観点からは、ナチスの死亡者数と救われたユダヤ人の数を比較すると、ごくささやかな勝利しか成し遂げなかった。

しかし、レジスタンスのための奮闘は、想像以上に大きく、組織化され、子ども時代に聞かされたホロコーストの物語に比べてもはるかに見事だった。地下組織によって武器を手に入れたユダヤ人は、九十以上の東ヨーロッパのゲットーで活動した。「ささやかな行動」と蜂起がワルシャワばかりか、ベンジン、ヴィルニュス、ビャウィストク、クラクフ、リヴィウ、チェンストホヴァ、ソスノビエツ、タルヌフで起きた。少なくとも五カ所の大きな強制収容所や死の収容所でも、武装したユダヤ人レジスタンスが起きた――その中には絶滅収容所アウシュビッツ、トレブリンカ、ソビボルも含まれる。さらに十八カ所の強制労働収容所でも。また、三万人のユダヤ人が森を拠点にしたパルチザン部隊に加わった。ユダヤ人ネットワークは、ワルシャワに隠れている一万二千人のユダヤ人同胞を財政的に支えた。これらすべてに加え、果てしない日々の抵抗がおこなわれていた。

どうしてこうした物語をこれまで耳にしなかったのだろう、とわたしは不思議でたまらなかった。このレジスタンスのあらゆる面に関わり、しばしば指揮をとっていた何百、何千というユダヤ人女性について、なぜ聞いたことがなかったのだろう？　なぜ『ゲットーの娘たち』はホロコーストの本のリストで古典とならず、人目につかなかったのだろう？

学んでいくうちに、個人的および政治的な多くの要素が、ホロコーストの物語に関わっていることを知った。わたしたちの記憶は、包括的なレジスタンスというものによって形作られてきた。沈黙させることは認識をあいまいにする手段で、ポーランド、イスラエル、北アメリカで何十年にもわたってさまざまな形で利用されてきた。同時に沈黙は折り合いをつけ、生きていくためのテクニックでもあった。

これまで語り手がレジスタンスの物語を発表しても、女性にはほとんど焦点が当てられなかった。

珍しく物語に女性が登場しても、たいていよくある陳腐な人物として描かれた。ワルシャワゲットーを描いた二〇〇一年の感動的なテレビ映画《アップライジング》では、女性闘士たちがとりあげられたが、古典的な誤った解釈をされていた。女性リーダーは脇役で、あくまで主要登場人物たちの「ガールフレンド」だった。唯一の女性の主役はトシャ・アルトマンで、勇敢にも武器を運ぶ姿が登場したものの、病身の父親の世話をしていたらレジスタンスにいつのまにか巻き込まれてしまった、という設定で、いつも目を大きく見開き、おどおどしている美しく内気な女性として描かれている。現実のトシャは戦争のずっと前からハショメル・ハツァイルのリーダーだった。伝記作家は短気で「グラマー」で「あばずれ」だった、という彼女の評判を強調している。彼女の裏話を書き直すことで、映画は彼女の性格を歪曲しただけではなく、ユダヤ女性を形成している教育、訓練、仕事の部分を抹消してしまった。

言うまでもなく、ポーランドにおけるナチスに対するユダヤ人レジスタンスは、フェミニストの女性だけの過激な任務ではなかった。男性も闘士でリーダーだったし、戦闘における仲間だった。しかし、ジェンダーのせいもあり、ユダヤ人らしさを隠すのが上手ではなかったせいもあり、場合によっては女性の方が命がけの重要な任務に適していた。とりわけ、運び屋としては。闘士のハイカ・グロスマンが記したように、「ユダヤ人女性は活動の中枢だった」のである。

有名なワルシャワゲットーの年代記作家、エマヌエル・リンゲルブルムは、運び屋の女性たちについてこう書いた。「何も言わず、一瞬のためらいも見せず、彼女たちはもっとも危険な任務の遂行を引き受けている——何度、死を目前にしたことだろう?——戦時中のユダヤ民族の歴史において、ユダヤ人女性の物語は輝かしいページになるだろう」

一九四六年の出版当時、『ゲットーの娘たち』の目的は、ゲットーのユダヤ人女性たちが信じられないほどの苦難を味わっている事実をアメリカのユダヤ人の同胞に知らせることだった。支援者の中には、こうした女性たちは有名になるだろうし、将来の歴史家はこの信じがたい状況の全体像を解明するはずだ、と推測する者もいた。ルスカ・コルチャックは、こうした女性レジスタンスの物語は「わたしたちの国の大きな宝物」であり、ユダヤ人伝承物語の重要な部分になるだろう、と記した。

それから七十五年たっても、こうした英雄たちはいまだに広く知られていないし、彼女たちのページはまだ後世に残るような本に書かれていない。ついにこの本が出版されるまでは。

プロローグ　未来へ飛ぶ――防御か救出か？

上空から眺めたら、いくつものきらめく城やパステルカラーの建物やキャンディカラーの街路から、この小さな町は魔法の王国と勘違いされるかもしれない。九世紀からのコミュニティであるベンジンは、もともと要塞都市として造られ、キエフや西方とのあいだの昔からの交易路を守っていた。ポーランドの中世の都市、とりわけ国の南部の森林地帯の都市と同じように、ベンジンの風景は美しい。青々とした風景からは分断と死、果てしない戦いと命令は連想できない。遠くから見たら、この金色の小塔のある王家の町が、ユダヤ民族が破滅しかけた歴史の象徴になっているとは想像もつかないだろう。

ポーランド南部のザグレンビエ地方にあるベンジンは、何百年ものあいだユダヤ人の故郷だった。十三世紀からユダヤ人はその地方で働き、繁栄した。十六世紀末に、ベンジンのユダヤ人は祈禱所を持ち、不動産を買い、好きな職業につき、動物を屠《ほふ》り、アルコールを醸造する権利を王から与えられた。二百年以上にわたって、税金を払う限りユダヤ人は保護され、安定した商売につけた。十八世紀に一転、町はより厳しいプロイセンとロシアの法に従うことになったが、地元の人々は外国の入植者たちに反発し、ユダヤ人との親密な関係を維持し続けた。二十世紀に入り、経済が成長し、近代的な学校が設立されると、ベンジンは新しい考え、とりわけ社会主義の中心地となった。新しい風潮は熱心で生産的な競争につながった。国じゅうの多くの町と同じように、ユダヤ人が住民に占める割合は高くなり、彼らは日常生活という布地にしっかりと織りこまれていった。イディッシュ語を話す住民たちが地域の重要な地位を占め、ザグレンビエ地方はユダヤ人のアイデンティティにとって不可欠の存在となった。

一九二一年、ベンジンが「ザグレンビエのエルサレム」と呼ばれていたとき、ユダヤ人は六七二の地元の工場と作業場を所有していた。ベンジンの全住民の半分近くがユダヤ人で、その多くが裕福だった。医師、弁護士、商人、製造会社の経営者。彼らはリベラルで宗教色はあまり強くなく、ほどほどに社会主義を支持し、コーヒーショップに行き、山間に夏の別荘を所有し、タンゴの夜やジャズやスキーを楽しみ、自分たちをヨーロッパ人だとみなしていた。労働者階級とユダヤ教の指導者層も繁栄し、たくさんの祈禱所ができ、ユダヤ人の議会では多くの政党が生まれた。一九二八年の市議選では、二十二の政党が名乗りを上げ、そのうち十七党がユダヤ人組織だった。ベンジンの副市長はユダヤ人だった。もちろん、これらのユダヤ人たちは自分たちが築き上げた活力あふれる世界がもうじき完全に破壊されることや、先祖伝来の文化と命を守るために戦わねばならなくなることを知るよしもなかった。

一九三九年九月、ポーランドに侵攻してきたナチスがベンジンを制圧した。ナチスは市の壮麗なロマネスク様式のシナゴーグを焼き払った――シナゴーグは城のすぐ下に堂々と聳《そび》えていた市の中心的存在だった。そして、何十人ものユダヤ人が殺された。それから三年後、ダビデの星の腕章をつけた二万人のユダヤ人が、市外の狭い地区に強制的に移され、数家族いっしょに、小屋やひとつきりの部屋で暮らすことになった。何世紀も相応の平和と繁栄のもと、社会に溶けこみ、伝統ある文化を享受してきた人々は、数ブロックの荒れ果てた地区に押しこめられたのだ。ベンジンのコミュニティには、新しい区画ができた。暗くよどんだ居住区、ゲットーが。

ザグレンビエ地方にあるゲットーのいくつかはポーランドで最後に「粛清」されたところで、のちにヒトラーの軍隊は「最終的解決」をそこで完遂した。ゲットーの住人の多くは、すぐに死の収容所に送られずに、労働許可証を持ち、ドイツの武器工場や作業所で強制労働に従事させられた。ベンジンでは郵便のやりとりがまだ可能で、ゲットーはソ連、スロバキア、トルコ、スイス、その他の非アーリア人諸国と連絡をとっていた。そうした暗い区画の中ですら、ユダヤ人レジスタンスの下部組織が生まれていたのだ。

ぎゅう詰めの家々や、パニックと不安と恐怖のまったただ中でも、特別な建物があった。しっかりと持ちこたえている頑丈な大建造物で、強固な土台のためだけではなく（もちろん、そこの地下にはじきに隠れ家ができるのだが）、住人たちの頭脳と心臓と労働のおかげだった。ここは地元のユダヤ人レジスタンスをまとめる本部になった。シオニストの哲学から生まれたレジスタンスは、ユダヤ人の諜報活動、農業、社会主義、平等を大切にした。「同志」は肉体作業と女性たちの権限という独特の栄養によって育てられていった。この建物がシオニスト青年組織、ドロルの本部となった。

一九四三年二月、ゲットーは寒波に襲われ、空気は鉛のように重かった。その活気のある建物も、いつになく静まり返っていた。ドロルの文化プログラムのざわめきは消え、言語講座も音楽演奏も、精神と土地とのつながりについての学習会《セミナー》も、すべてが中止された。人声もしない、歌も聞こえない。

レニャ・クキエウカは十八歳のユダヤ人女性で、地下レジスタンスの傑出した闘士だった。今、彼女は洗濯室から出てくると、本部の一階にある大テーブルを囲んで開かれている会議に向かった。そこが定例の会議場所だった。

「いくつか書類が手に入った」ヘルシェル・スプリンゲルが報告した。

全員が息をのんだ。書類とは貴重なチケットのことだ――ポーランドを脱出して生き延びるためのチケット。

この日は決断の日だった。

黒い瞳をしたフルムカ・プウォトニカはしかめ面をして、テーブルの片端で立ち上がった。ピンスクの貧しいが信仰心の篤い家庭で育ったフルムカは、活動に加わったときは内気なティーンエイジャーだった。しかし、生まれつきの生真面目さと分析的思考のおかげですぐに高い地位につき、戦争が始まると、たちまち地下組織のリーダーとなった。

ヘルシェルは「ベンジン隊」でのフルムカの副官で、テーブルの反対側にいた。誰からも愛されているヘルシェルは「ユダヤ人らしさをたっぷり持っていた」ので、同じルーツを持つ相手とは御者から肉屋まで、誰とでも打ち解けて会話をし、些細なことでも飽きずにおしゃべりをした。いつものように彼の温かい愛嬌たっぷりの笑顔は、外の破滅のことも、日々人が減っていく不潔なゲットーのことも、虚無のこだまも、すべてを忘れさせる癒やしの力を持っていた。

その二人のあいだに、レニャは他の若いユダヤ人たちといっしょにすわっていた。

レニャはとうてい信じられない現実に何度も茫然とし、ショックを受けた。六人の兄弟姉妹と愛情深い両親に囲まれた十五歳の少女のレニャは、戦争からわずか二、三年のうちに孤児になり、兄弟姉妹のうち何人がまだ生きているのか、どこにいるのかすらわからない状況だった。まず家族といっしょに死体だらけの畑を走って逃げた。その後は一人ぼっちで逃亡を続けた。つい数カ月前、彼女は走っている列車から飛び降り、ポーランド人農家の娘に変装し、ドイツ系住民の家庭でメイドの仕事についた。レニャはカモフラージュのために一家といっしょに教会に行ったものの、最初のときは、いつ立つべきか、どうすわるべきか、何に十字を切るのかわからず、その不安のあまり、ずっと震えが止まらなかった。このティーンエイジャーは女優さながら、ずっと演技を続けてきたのだ。家長はレニャを気に入り、清潔で勤勉で教育もあると賞賛した。「当然です」レニャは半分嘘をついた。「わたしは教養のある家庭で育ちましたから。うちは裕福でした。ただ両親が亡くなったので、肉体労働をすることになったのです」

レニャの待遇はよかったが、ひそかに家族の生き残りの姉サラと連絡がとれると、姉とすぐに合流することになった。サラは自分が参加していたシオニスト青年組織、ドロルの中心地であるベンジンにレニャを呼び寄せる手配をしてくれた。

レニャは教育を受けていたが、現在は建物の奥に隠れて洗濯を担当していた。彼女はここでは違法移住者で、侵入者たちのあいだの侵入者だったからだ。ナチスは征服したポーランドをいくつかの地区にきっちりと分けた。レニャが持っていたのはポーランド総督府〔ドイツが占領後に設立した統治機関。ポーランド中南部を領域とする〕が支配する地区の書類だけだった。それらの地区は「人種のゴミ捨て場」として機能し、果てしない奴隷労働が課され、最終的にはヨーロッパのユダヤ人大量虐殺のための場所になった。ようするにレニャは、第三帝国に併合されたザグレンビエ地方に住める書類は持っていなかったのだ。

今、レニャの右側にはフルムカの妹ハンチャがすわっていた。ハンチャは姉とは正反対で、元気がありあまっていて、暗闇を照らすような圧倒的な楽観主義者だった。ハンチャはアーリア人女性に変装し、ナチスの目の前を歩いて相手をからかい、彼らをだました話を仲間たちによく披露した。とがった頬骨と黒い突き刺すように鋭い目をしたサラも出席していた。彼女といっしょにいるのはヘルシェルのガールフレンド、アリツァ・ズィテンフェルトで、サラといっしょにゲットーの孤児たちの世話をしている。新入りのハイカ・クリンゲルは歯に衣着せずにものを言う短気な性格で、女性グループのリーダーだったので、理想に掲げる真実、行動、尊厳のために戦おうとテーブルについていたのかもしれない。

「数枚の書類を手に入れた」ヘルシェルが繰り返した。書類一枚につき一人が捕虜収容所に入ることができた。すなわち生き延びることができるのだ。それはドイツ人が捕虜となっている連合国から届いた偽パスポートだった。この連合国パスポートの所持者は、ナチスによって特別な収容所に入れられ、ドイツ人捕虜と交換されることになっていた。これは多くのパスポート作戦のひとつで、今度こそ、まともな作戦でありますように、とみんなは期待していた。こうした書類を手配し、入手するためには何カ月もかかった。写真つきの暗号化された手紙を腕のいい偽造者に送る、という金のかかる危険な手続きを踏まねばならなかったからだ。誰がそれをもらえるのだろう？

あるいは誰ももらうべきではないのか？

防衛か脱出か？　戦うか逃亡するか？

それは戦争が始まったときからずっとおこなわれてきた議論だった。

数で劣るユダヤ人が、さらに少ない数の銃でナチスを負かすことはできそうもない。だとしたら、レジスタンスの目的は何なのか？　誇り高い死のため、あるいは復讐のため、さもなければ将来の世代に名誉という遺産をのこすために戦っているのか？　それともナチスに損害を与えるために、あるいは命を救うために戦っているのか——だとしたら誰を？　人なのか、レジスタンスなのか？子どもなのか大人なのか？　芸術家なのか指導者なのか？　ユダヤ人はゲットーで戦うべきなのか、それとも森に隠れて戦うべきなのか？　ユダヤ人だけで、それともポーランド人とともに？

今こそ、本当の決断が下されるときだった。

「フルムカ！」ヘルシェルがテーブルの反対側から呼びかけ、彼女の黒い瞳をまっすぐ見つめた。

フルムカは彼を同じように鋭く見つめ返したが、無言のままだった。

ヘルシェルは敬愛するワルシャワのリーダー、ジヴィア・ルベツキンから指示が出された、と説明した。フルムカはパスポートを利用してポーランドを出国し、オランダのハーグに向かう。ハーグには国際連合の前身である国際連盟の常設国際司法裁判所があった。彼女はユダヤ民族を代表し、世界に何が起きているかを伝える。それからパレスチナまで行き、ナチスの残虐行為の正式な証人として活動してもらう。

「出国する？」フルムカは訊き返した。

レニャはフルムカを見た。鼓動が速くなっていた。フルムカも困惑していることが感じられた。冷静な表情の下で鋭い頭をフル回転させているのがわかった。フルムカは同志のリーダーだ、男女問わず全員をしっかり支えている。誰が彼女と同行するのだろう？　残された者たちは彼女なしでやっていけるのだろうか？

「いいえ」フルムカは断固とした、しかし穏やかな口調で答えた。「死ななくてはならないなら、みんないっしょに死のう。ただし」――ここで言葉を切った――「英雄的な死のために戦おう」

そのきっぱりとした言葉を聞き、部屋じゅうが大きく息を吐いた。まるで建物全体が生き返ったかのように、メンバーたちは足を踏み鳴らした。笑顔になる者すらいた。フルムカはテーブルを拳でたたいた。小槌を振り下ろすかのようにすばやく、迷いなく。「今がそのときだ。いよいよ行動を起こすときよ」

こうして満場一致の答えを出した。防衛。

すでに身構えていたレニャは、勢いよく席から立ち上がった。

# 第一部
## ゲットーの娘たち

勇敢な娘たち……大胆にも彼女たちはポーランドの都市や町を行ったり来たりしている……毎日、命に関わる危険と遭遇しながら。彼女たちの頼みの綱は「アーリア人」の顔と頭を包む農婦風のスカーフだけだ。何も言わず、一瞬のためらいも見せず、彼女たちはきわめて危険な任務を引き受け、遂行する。ヴィルニュス、ビャウィストク、リヴィウ、コーヴェリ、ルブリン、チェンストホヴァ、ラドムなどに違法な出版物や金などの禁制の品をこっそり持っていってくれる人はいないか？　娘たちはそれがごく当たり前のことのように、自らその役目を引き受ける。ヴィルニュス、ルブリン、あるいは他の都市から救出しなくてはならない同志がいるのだが？　その任務も彼女たちは引き受ける。なんであろうと彼女たちを思いとどまらせることはできない。その決意を揺るがせるようなものは存在しない……何度、彼女たちは死を目の当たりにしただろう？　何度逮捕され、身体検査をされただろう？……この戦争のあいだに、ユダヤ女性の物語はユダヤ民族史の輝かしい一ページとなるだろう。そして、ハイカやフルムカたちはこの物語の主人公になるだろう。この娘たちは不屈だ。

——エマヌエル・リンゲルブルムの一九四二年五月の日記の記述から

# 第一章　ポーリン

## レニャ　一九二四年十月

一九二四年十月十日の金曜日、イェンドジェユフのユダヤ人たちは安息日《シャバット》〔旧約聖書の創世記に記述された世界創造後の七日目の休日を記念するもので、金曜日の日没ごろから土曜日の日没ごろまでとされる〕前夜の準備をするために、店のよろい戸を下ろし、レジを締め、料理の食材をゆでたり刻んだり揚げたりしていた。モシェ・クキエウカも大急ぎで経営している店を飛びだした。修道院通り《クラシュトルナ》十六番地のわが家は小さな石造りで、緑の多い幹線道路沿いに建っていた。青緑色と金箔の内装が有名な、堂々たる中世の修道院の角を曲がってすぐのところだ。今夜、その家はとりわけにぎやかだった。日没が近づくと、オレンジ色の秋の日差しがキェルツェ地方の緑の谷間や丘陵を真っ赤に染めあげた。クキエウカ家のオーブンは熱せられ、スプーンがカチャカチャ触れあい、コンロでシュウシュウ湯気があがり、いつものように教会の鐘の音は家族のイディッシュ語とポーランド語のおしゃべりの背景音となった。さらに、新しい音も加わった。赤ん坊の産声だ。

モシェとリーアの夫妻と年上の三人の子どもたちは、現代的でありながら戒律も守っていて、ポーランド文化に親しみつつもユダヤ人の伝統を祝った。モシェは仕事が終わると急いで家か祈禱所に戻り、安息日の食事をとり、祈りを捧げるのが習慣だった。パステルカラーの建物が並ぶ町の広場を突っ切り、隣り合わせで仕事をしているユダヤ人の商人やカトリックの農夫たちとすれちがった。ひんやりした秋の空気の中、さらに足を速めて家路をたどった。伝統どおりキャンドルが灯され、安息日は花嫁のようにすでに家に迎え入れられていたが、その日、モシェには挨拶しなくてはならない新しい客がいた。とてもすばらしい客だ。

モシェが帰宅すると、すでに彼女が産まれていた。モシェの三番目の娘だ。鋭い眼力を持つ彼は、たちまち傑出した子だと見抜いた。ヘブライ語でリヴカという名前はいくつもの語源を持つが、つながり、団結、魅了するなどの意味がある。聖書では、リヴカはユダヤ民族の四人の女性指導者の一人だった。もちろんこのポーランドに半ば同化している家族では、赤ん坊はポーランド名も持っている。レニャだ。クキエウカという名前はポーランド語のクキエロに似ている――地元の葬儀社を何世代も経営している一族がクキエロだった。ユダヤ人はしばしば「カ」のような感じのいい音をポーランド語の名前の末尾にくっつけて、苗字を創作した。クキエロはマリオネットという意味だ。

時は一九二四年、占領、分割、しじゅう変化する境界という歳月を経て、新生ポーランドが国際社会に認められ、ついに国境が制定されてから一年がたっていた（古いユダヤのジョークのように、ある男が今、自分の町はポーランドとロシアのどちらの領土なのかとたずねる。返事はこうだ。

「今年はポーランドだ」「それはよかった！」その男は叫ぶ。「ロシアの冬をもう一度我慢するのは無理だったからな！」）。経済は発展した。もっとも、イェンドジェユフのユダヤ人の大半は貧困以下の暮らしをしていたが、モシェはボタンや布地や裁縫道具を売る小間物店《ガレンテリア》を経営し、ささやかながら成功していた。何不自由のない家庭を営み、家族を音楽や文学に触れさせた。リーアが出産で忙しかったあいだに、クキエウカ家の年上の娘二人と親戚たちによって整えられた安息日のテーブルには、ごちそうがずらっと並んでいた。モシェにはそれだけの懐の余裕があった。甘いリキュール、ジンジャーケーキ、タマネギを添えたチョップレバー、チョレント（豆と肉をじっくり煮込んだシチュー）、ポテトと、ヌードルでこしらえた甘みのあるクーゲル・プディング、プラムとリンゴのコンポート、お茶。たいてい金曜日にはリーアお得意のゲフィルテ・フィッシュ（コイやカワカマスの魚のすり身をつみれにした料理）が出され、やがてそれはレニャの大好物になる。まちがいなく、今週の食事は特別なお祝いのごちそうだった。

　生まれてすぐに、性格の特徴がはっきりとわかることがある。いわば魂に刻印された性格だ。おそらくモシェは初めてレニャを、自分のやさしさと知性と鋭敏さを受け継いだレニャを抱いたときにそれがわかっただろう。小さなレニャが、大きな緑色の瞳に淡い茶色の髪をした繊細な顔立ちのレニャが、この魅力的なかわいらしいマリオネットが、何かを成し遂げるはずだと。

　イェンドジェユフはイディッシュ語で「小さな都市《シュテットル》」という意味で、それはユダヤ人が多いポーランドの市場町を指す言葉だった。レニャの誕生で村のユダヤ人口四千五百人に一人がつけ加えられた。すでにユダヤ人は村の住民の四十五パーセントを占めていた（その後レニャの弟妹たち、アーロン、エステル、ヤーコフ（通称おちびのヤンケル）で、さらに三人がつけ加えられることになる）。一八六〇年代にこの地方に定住することがようやく許され、ユダヤ人コミュニティが確立されたが、大半が貧しかった。ほとんどのユダヤ人は巡回セールスマンか行商人、あるいは吹きさらしの市場広場周辺の小さな商店主だった。残りはほぼ職人だった。靴職人、パン職人、絨毯職人。

イェンドジェユフはベンジンほど近代化されていなかったが、ここでの少数のエリート住民は医師、救急隊員、教師だった。一人だけユダヤ人判事がいた。町のユダヤ人の一割ぐらいが製材所や製粉所や機械工場を経営する富裕層で、大きな広場に面した家を所有していた。

ポーランドでは、レニャが成長していく一九三〇年代にユダヤ文化が栄えた。当時、ワルシャワだけでもなんと百八十紙ものユダヤ系新聞が発行されていた。百三十紙がイディッシュ語、二十五紙がヘブライ語、二十五紙がポーランド語。したがって、多くの定期購読紙がイェンドジェユフの郵便局に届けられた。地元のユダヤ人口が増えると、さまざまなユダヤ教の宗派に合わせて、それぞれ祈禱所が建てられた。この小さな町ですら、三軒のユダヤ系書店、一軒の出版社、複数のユダヤ人図書館ができた。劇団公演や文学の朗読会が増え、政党は力を持つようになった。

レニャの父親モシェは、ユダヤ人の学習や慈善事業に携わり、貧者に食事を与え、ヘブラー・カッディーシャーと呼ばれる葬儀機関で死者を弔い、礼拝の主唱者を務め、シオニスト政党に投票した。宗教的なシオニストはテオドール・ヘルツルの十九世紀の理念を賞賛し、ユダヤ人が真に自由なユダヤ人として存在できるのは、一流の市民とみなされる聖地パレスチナだけだ、と信じていた。ポーランドは何世紀にもわたってユダヤ人の故国だったかもしれないが、それは一時的なものだ。

モシェはいつか「約束の地」へ家族を連れて移住することを夢見ていた。

各政党は講演や政治集会を開いた。一九三七年五月十八日に開かれた「ユダヤ人のパレスチナを求める闘い」と題した講演のような、大規模で人気のあるシオニストの会合に、レニャが愛する父親に連れられて参加した可能性は高い。ポーランドの女生徒らしい白と紺のセーラー服にプリーツスカート、ハイソックスという格好で、モシェと手をつないで遊歩道をうきうきしながら歩き、二軒の新しいシオニストの図書館を通り過ぎ、何百人というユダヤ人が帰属意識に葛藤しながら議論し意見を交わしている活気ある集会に行ったことだろう。ポーランド人と同じように、ユダヤ人もようやく安定した国で新しいアイデンティティと折り合いをつけようとしていた。どうやってこの新しい国に溶けこめばいいのか？　千年以上も暮らしていながら、一度もポーランド人とはみなされなかった国で？　そもそも自分たちはポーランド人なのか、それともユダヤ人なのか？　離散ユダヤ人のアイデンティティの問題は、急速に盛り上がってきた反ユダヤ主義のせいもあって白熱していた。

モシェとリーアのクキエウカ夫妻は教育を重視していた。国じゅうに多くのユダヤ人学校が設立されていた。非宗教的なヘブライ語学校、イディッシュ語のギムナジウム〔ポーランドの大学をめざす中学校〕、男女別の宗教的な学校。イェンドジェユフの四百人のユダヤ人の子どもたちのうち、百人が慈善のユダヤ人小学校、ユダヤ人幼稚園、あるいは長袖とストッキングを身につける、宗教的に厳格なベイト・ヤーコブ〔ヤコブの家、の意〕女子学校の地元校で学んでいた。宗教教育には金がかかるせいで、たいてい息子だけを通わせたので、レニャは多くのユダヤ人少女と同じく近所のポーランドの公立学校に入った。

問題はなかった。三十五人のクラスで、レニャはトップだった。レニャはおもにカトリックの友人たちと流暢《りゅうちょう》なポーランド語でおしゃべりした。当時彼女は意識していなかったが、こうして異なる文化に触れることは、ユダヤ人の訛りがまったくない公用語で冗談をいえる能力も含め、レジスタンスのためにきわめて重要な訓練になった。しかし、レニャが優秀でポーランドに同化していても、完全に仲間になれるわけではなかった。彼女が学業で表彰される式典で、一人の同級生が彼女の額に鉛筆を投げつけ、後々まで残る跡をつけたこともあった。では、彼女は仲間の一員だったのか、それともよそ者だったのか？　彼女もまた、何世紀も続いてきた障害を越えようとしていた。ポーランド系ユダヤ人のアイデンティティの問題だ。

建国以来、ポーランドは進化してきた。国境が常に変わるせいで、新しいコミュニティが境界内に入ってくるたびに民族構成が変化した。中世のユダヤ人が移住してきたのは、西ヨーロッパで迫害されたり追放されたせいで、ポーランドに安全な天国を求めたからだ。経済的なチャンスのある寛容な国に着いて、ユダヤ人はほっと胸をなでおろした。ポーランドのヘブライ語の名前「ポーリン」は、「ポー」と「リン」から作られていて、「ここに、わたしたちはとどまる」という意味だ。ポーリンは他の地に比べれば自由と安全を与えてくれた。つまり未来を。

ワルシャワのポーランド・ユダヤ人歴史博物館に展示されている十二世紀初期のコインには、ヘブライ語の文字が刻まれている。すでにワルシャワではイディッシュ語を話すユダヤ人が大きな割合を占め、ポーランド経済にとって不可欠な存在となり、銀行家、執行官、パン屋などとして働いていた。初期のポーランドは共和制で、アメリカと同じ時期に憲法が承認された。王室の権力は弱まり、少数の貴族階級から選ばれた議会が台頭していた。ユダヤ人コミュニティと貴族たちは互いに契約を結んだ。すなわち、地主たちは町に定住したユダヤ人を保護し、自治権と宗教的自由を与える。その代わり、ユダヤ人は高い税金を払い、キリスト教徒のポーランド人には禁じられている経済活動をおこなう。たとえば、利息をつけて金を貸す商売だ。

一五七三年のワルシャワ連盟協約は、法的に宗教の自由を認めたヨーロッパで最初の法令である。しかし、どんなにユダヤ人がポーランド文化に公式に統合され、哲学、伝承、服装、食べ物、音楽を共有しても、ユダヤ人は自分たちが異質で迫害されているという感じをぬぐえなかった。多くのポーランド人にとって、ユダヤ人の経済的自由はいまいましいものだった。ユダヤ人は貴族から町ごと又借りしていたので、ポーランド人農奴はユダヤ人地主を恨んでいた。宗教心の篤いコミュニティのリーダーが、ユダヤ人はキリスト教徒を、とりわけ赤ん坊を殺し、その血を宗教儀式のために使った、などと憎悪に満ちた根も葉もない嘘を広めることもあった。それはユダヤ人への迫害につながり、大規模な暴動や殺人が不定期に繰り返された。ユダヤ人コミュニティは結束を強め、その伝統によって力を得ようとした。ユダヤ人とポーランド人のあいだには押したり引いたりの関係が存在し、それぞれの文化はお互いに影響を与えながら発展していった。たとえば、編み込みパンがその一例だ。やわらかい卵をたっぷり使ったパンは、ユダヤ人の安息日の神聖な象徴でもある。このパンはポーランドではハウカと呼ばれ、ウクライナではカラチだ――どれが最初に生まれたのかは、もはやわからなくなっている。いくつもの伝統が同時に発展していき、複数の社会が影響を与え合い、（ほろ苦い気分ではあるが）甘いパンとしてひとつになったのだ。

しかし十八世紀の終わりに、ポーランドは崩解した。政府が不安定になり、プロイセン、オーストリア、ロシアに同時に侵攻され、三つに分割されたのだ――それぞれの地区は侵略者によって治められ、その慣習が強要された。ポーランド人は民族主義者として結束し、言語と文化を維持した。ポーランド系ユダヤ人は支配者によって異なる運命をたどった。プロイセン支配下のユダヤ人はサクソン語を学び、教育のある中流階級になった。オーストリア支配領（ガリシア）のユダヤ人は、ひどい貧困に苦しんだ。残りの大半のユダヤ人は、ロシアに支配された。ロシアは経済と宗教の法令をおもに労働者階級の人々に押しつけた。国境も頻繁に変更された。たとえば、イェンドジェユフは最初はガリシアに所属していたが、次にロシアが奪いとった。ユダヤ人は追い詰められた――とりわけ、くるくる変わる法律が生計に影響したせいで。

第一次世界大戦のあいだ、ポーランドの三つの占領国は互いに戦いあった。何十万もの命が失われ、経済が損失を被《こうむ》った困難を経て、ポーランドは勝利し、一九一八年に第二共和国が制定された。統一されたポーランドは都市とアイデンティティの両方を再建する必要があった。政治的見通しは二分化され、長く民族主義を切望していた人々は相反する意見を表明した。一方には懐古趣味の君主制主義者がいて、かつての多元的なポーランドの再興を望んでいた。すなわち、いくつもの民族からなる国家としてのポーランドだ（新しい国の十人中四人の市民は少数民族だった）。しかし、もう一方の人々は民族国家――単一の民族からなる国家を思い描いていた。純血種のポーランドを求める民族運動はたちまち大きくなっていった。こちらのグループの主張は、もっぱらポーランド系ユダヤ人の中傷で、国の貧困や政治的問題はすべてユダヤ人のせいにされた。結局、ポーランドは第一次世界大戦のダメージや、その後の近隣諸国との紛争から回復できなかった。その結果、右翼グループは、ユダヤ人が敵と手を組んだと非難し、「非ユダヤ人」とあえて定義した新しいポーランドのアイデンティティを掲げた。ユダヤ人が何世代にもわたって居住していたことも、かつては対等な権利を持っていたことも無視されたのだ。ナチスの人種差別理論に影響されたかのように、彼らは、ユダヤ人は決してポーランド人にはなれない、と盲目的に主張した。

政府は日曜日を安息日にするという法律を制定し、職業斡旋政策でユダヤ人を差別したが、指導力は不安定だった。わずか数年後、一九二六年にユゼフ・ピウスツキという君主制主義者であり社会主義者という珍しい組み合わせの人物がクーデターを起こし、政権を握った。元将軍で政治家のピウスツキは多民族国家を支持していたし、とりたててユダヤ人を支援しなかったものの、議院内閣制よりも、彼の反独裁政治の方がユダヤ人にとっては安心だった。

しかし、ピウスツキには多くの敵がいて、レニャが十一歳になった一九三五年に彼が亡くなると、右翼の民族主義者たちがたちまち支配権を握った。新しい政府は直接的な暴力や大虐殺にこそ反対したが（いずれにせよ起きたが）、ユダヤ人の商売のボイコットには拍車がかかった。教会はナチスの人種差別を非難しても、反ユダヤの心情は煽《あお》った。大学では、ポーランド人学生はヒトラーの人種差別思想を支持した。大学の人種別定員が強化され、ユダヤ人学生は講義室のいちばん後ろの「ベンチゲットー」に押しこめられた。皮肉にも、ユダヤ人はどのグループよりも伝統的にポーランドの教育を受けていた。多くがポーランド語を話したし（ポーランド語しか話さない者もいた）、ユダヤ系新聞をポーランド語で読んでいた。

一九三〇年代にはイェンドジェユフのような小さな町ですら、人種的な中傷から商売のボイコット、商店のウィンドウの破壊、けんかをけしかけることまで、反ユダヤ主義が高まっていった。レニャは夜になると、しばしば窓から外を見張っていた。反ユダヤ主義のチンピラたちに家に火をつけられるのではないか、両親に害を加えられるのではないか、と不安だったからだ。彼女は常に、自分が両親を守らなくてはと感じていた。

有名なイディッシュ語コメディアンの二人組、ジガン＆シューマッハは、ワルシャワで自分たちのキャバレー一座を持っていたが、舞台で反ユダヤ主義をとりあげるようになった。先見の明のある不気味なユーモアで描いた《ポーランドで最後のユダヤ人》では、ふいにユダヤ人がいなくなり、経済や文化に打撃を受けてあわてふためく国家を描いた。ユダヤ人への不寛容が大きくなっても、いや、おそらくその不快さに触発されて、ユダヤ人は文学、詩、演劇、哲学、社会活動、宗教学、教育において創造性の黄金時代を迎えていた――そのすべてをクキエウカ一家は享受した。

ポーランドのユダヤ人コミュニティは、多くの政治的意見を持ち、どのグループも、こうした危機に独自の対応を見せた。シオニストは、二流の市民だとみなされることに我慢できなくなっていた。ユダヤ人が国民として成長できるユダヤ人の祖国に引っ越すべきだ、と父親が言うのをレニャは頻繁に耳にした。シオニストは、ヘブライ語を重視する知的なカリスマ指導者たちに率いられていたので、基本的に他のグループとは相容れなかった。ポーランドに愛着を持つ宗教的なグループは、差別を減らし、ユダヤ人が他の市民と同じように扱われることを強く望んでいた。多くの共産主義者は同化を支持し、上流階級の多くも同じだった。時間がたつにつれ、ブントがもっとも大きなグループになった。ブントは労働者階級の社会主義グループで、ユダヤ文化を推進していた。ブントのメンバーはきわめて楽観的で、ポーランド人はいずれ反ユダヤ主義では国内の問題を解決できないことに気づくだろう、と期待していた。離散ユダヤ人のブントは、ポーランドはユダヤ人の故郷であるから今いるところにとどまり、イディッシュ語を話し続け、正当な権利を持つ居場所を求めるべきだ、と主張した。ブントは自衛組織を結成し、とどまることに熱心だった。「暮らしている場所が、われわれの国だ」ポー・リン。戦うか、逃げるか。それが常に問題だったのだ。

レニャが思春期に入ると、姉のサラといっしょに青年活動に参加するようになった。一九一五年生まれのサラはレニャよりも九つ年上で、レニャにとっては英雄の一人だった。鋭いまなざしと、いつも笑っているような魅惑的な唇の持ち主であるサラは、博識で頭がよく、常に善行をほどこし、レニャにもその自信が伝わってきた。きびきびと並んで歩く姉妹の姿が目に見えるようだ。務めを果たそうとエネルギーにあふれ、流行のファッションに身を包んでいる姉妹。ベレー帽、体にぴったりしたブレザー、ふくらはぎまでのプリーツスカート、ショートヘアに留めたしゃれたクリップ。レニャは最新ファッションに敏感だったので、頭のてっぺんから爪先まで、その後もずっと好みの装いでまとめていたことだろう。ポーランドにおける戦争の狭間のファッションは、女性解放やパリの影響を受け、宝石、レース、羽根に代わり、シンプルなデザインや着やすさに焦点が当てられていた。メイクは大胆な黒いアイシャドーや深紅の口紅で、髪もスカートも短くなった(「靴が丸見えだった!」と当時の風刺作家は書いている)。一九三〇年代のサラの写真では、早足で歩けそうな太くて低いヒールの靴をはいている——この時代の女性は仕事場や学校まで長距離を徒歩で移動したので、そうした靴は必需品だった。姉妹が会合に現われると、みんな振り返って見とれたにちがいない。

ふたつの世界大戦のあいだに蔓延した反ユダヤ主義と貧困は、ポーランド系ユダヤ人の若者たちのあいだに鬱々とした気分を広めた。若者たちは国から疎外され、将来が不安だと感じていた。ユダヤ人はポーランド人の青年団に加入することが許されなかったので、何十万人ものユダヤ人青年グループはさまざまな組織に加わった。そうした組織は、存在意義のある未来への道や希望を与えてくれた。イェンドジェユフの若いユダヤ人も、隆盛をきわめた青年組織に参加していた。何枚かの写真では、メンバー全員が黒い服を着て、真面目な知識層らしく腕を組んだポーズをとっている。別の写真では、開けた土地に立って熊手を握り、日焼けしたしなやかな筋肉もあらわに、人生に期待して顔を輝かせている。

モシェと同じく、サラもシオニストだった。しかし、父親とちがい、彼女はドロルに参加していた。非宗教的で社会主義の労働シオニスト青年組織だ。世慣れた中流階級が中心となっている労働シオニストは、集団で住み、ヘブライ語を話すことができ、連帯意識を感じられる故国を求めていた。この組織では読書と議論が推奨される一方で、怠惰で頭でっかちのユダヤ人という虚像を否定し、個人的活動をする手段として肉体労働も重視された。それに労働をして組織の資金を稼ぐことは、とても重要だった。理想は大地相手の仕事だった。農業による自給自足は全体と個人の自立をかなえてくれるからだ。

労働シオニストの青年組織は多くの種類があった――知的なものもあれば、非宗教的なものもあった。慈善、支援運動、多元主義〔ひとつの社会に宗教、民族、政治信条などの異なる集団の共存を奨励すること〕に打ち込むグループもあった。しかし、メンバー全員が伝統的なポーランドの民族主義、ヒロイズム、個人犠牲の価値観を持ち、それをユダヤ人の事情にあてはめたドロルは、社会活動に焦点を当て、イディッシュ語を話す労働者階級からメンバーを集めた点が独特だった。移住のための準備として、サマーキャンプや訓練キャンプ（ハクシャラ）やキブツ（農業共同体）を開き、厳しい労働や共同生活について教えた。それはしばしば親たちを戸惑わせた。モシェはドロルは自由すぎるし、エリート集団とは言えないと嘆いていた。しかし、「同志」は出身家庭によって優先順位をつけられたし、リーダーはロールモデルとみなされた――ちょうど代理親のように。青年団やスポーツ組織とはちがい、こうした青年活動はメンバーの生活のありとあらゆる部分に影響を及ぼした。まさに肉体的、精神的、宗教的な訓練の場だった。若者たちは所属するグループによって、自分の立場をはっきりさせた。

サラは社会平等と正義を支持し、とりわけ幼い子どもたちのカウンセリングに熱心だった。イスラエルにあるゲットー闘士の博物館には、一九三七年にイェンドジェユフから三二〇キロほど離れたポズナンの訓練キャンプにいる彼女の写真が何枚か保管されている。一枚では、高い襟《えり》のついた仕立てのスーツを着て、流行に合わせて斜に帽子をかぶり、像の前に立っている。真剣な決意にあふれた顔で、手にしているのは一冊の本だ。これが撮影されたとき、その世界は彼女のものだった。

ポーランドの女性は、十九世紀の実証主義の教育理念と第一次世界大戦によって、伝統的な役割と進歩的な役割の両方を担うようになった。そのため彼女たちは仕事についた。新しい共和制では、小学校は女の子も含めて義務教育だった。大学は女子学生にも門戸を開いた。ポーランド人女性は、大半の西欧諸国よりも早い一九一八年に選挙権を獲得した。

西ヨーロッパだと、ユダヤ人家庭はたいてい中流階級で、広い意味でのブルジョア的習慣に束縛され、女性は家庭に縛りつけられていた。しかし、東ヨーロッパでは大半のユダヤ人は貧しく、必要に迫られて女性たちは家庭の外で働いた――とりわけ、宗教的なグループでは。そのグループでは、男性が苛酷な労働ではなく学習をすることが望ましいとみなされていた。こうしてユダヤ人女性は公的な場に参加していた。一九三一年、ユダヤ人の賃金労働者の四十四・五パーセントが女性だったが、女性の方が男性よりも賃金は安かった。平均結婚年齢は二十代後半から三十代まで上がっていた。おもに貧困のせいだ。この結果、妊娠出産を拒否し、女性たちは仕事を続けた。実際、彼女たちのワーク・ライフ・バランスは、現代の女性のものとかなり似ていた。

何世紀も前、ユダヤ人女性は「知る権利」が認められた。印刷機の発明によって、イディッシュ語とヘブライ語の本は女性読者のあいだに広まった。女性が礼拝に参列することが許され、新しく建てられたシナゴーグには、女性ための別棟もあった。

シオニストの党はフェミニストではなかったので、たとえば公職に女性はついていなかった。それでも若い女性たちは、社会主義の若者の世界である程度の平等を経験した。レニャの兄ズヴィは、青年組織のハショメル・ハツァイルに所属していた。ここではふたつのセクションがあり、それぞれ男性と女性によって統率されていた。「父」は学びのリーダーで、「母」は精神的なリーダーだった。どちらも同じように権力があり、互いを補完しあった。この家族モデルでは、「子どもたち」はきょうだいのようだった。

こうした組織では、カール・マルクスやジークムント・フロイトばかりか、ローザ・ルクセンブルクやエマ・ゴールドマンのような女性革命家について学び、感情に訴える議論や対人関係の分析が推奨された。メンバーはおもに十代後半で、その年齢だと女性の方が男性よりも成熟していることが多く、結果として女性がまとめ役になった。女性たちは護身術を学び、社会的な意識を持ち、冷静で強くあることを教えられた。パイオニア・ユニオンは、パレスチナでの開拓者生活のために農業訓練を促進している複数のシオニストの青年組織の統括団体で、ポーランド軍に徴兵された場合に備えたプランも用意していた。一九三〇年代の無数の写真には、男性と並んだ女性が写っている。男性と同じような黒いコートにベルト、あるいは作業着の上下。大鎌をトロフィーのように掲げ、鎌を剣さながら握り、苛酷な肉体労働の暮らしに備えていた。

サラは労働シオニストに傾倒しており、次姉のベラもドロルに参加していた。レニャはまだ幼くて参加できなかったので、十代前半はきょうだいたちの熱意に触れるだけだった。おそらく会合やスポーツ試合、行事には顔を出したことだろう――きょうだいに連れてきてもらって、目を丸くして眺めている妹として。

一九三八年、十四歳のレニャは小学校を卒業しようとしていた。ユダヤ人生徒のごく一部は、イエンドジェユフの地元にある共学の中等学校で一般中等教育を受けたが、ハイスクールには通えなかった。レニャはこれを反ユダヤ主義のせいだと語り、勉強を続けるためにはお金を稼がなくてはならなかった、と説明している。当時の若い女性の夢は看護師や医師になることだったが、イェンドジェユフの伝統的な土地柄と、家庭の経済状況が逼迫していたことで、彼女は秘書の仕事に進むことにした。速記コースを履修し、いずれ事務仕事につくつもりだった。まもなく、まったく毛色のちがう仕事をすることになるとは思ってもいなかったはずだ。

青年組織はどこも夏の活動を計画していた。一九三九年八月、若い労働シオニストたちはキャンプや討論会で集い、ダンスをして歌い、勉強と読書をし、スポーツをし、戸外で眠り、いくつもの学習会を開いた。パレスチナを統治する英国のユダヤ人の移民を制限する公式報告書について討論し、移住の方法について検討し、世界を救うための理想の仕事を実現したいと願った。夏の催しは終わり、九月一日、メンバーは家に帰るために、仲間と家族、サマーキャンプと学校、緑の野原と黄土色の地面、暖かい風と涼しさ、田舎と都市のあいだを移動していた。

そしてその日、ヒトラーがポーランドに侵攻したのだった。

# 第二章　火から火へ

## レニャ　一九三九年九月

噂が弾丸のように飛びかった。ナチスは町を燃やし、略奪し、目玉をえぐり出し、舌を切り、赤ん坊を殺し、女性の乳房を切りとっていると。レニャはどう考えるべきかわからなかったが、町のみんなと同じく、ナチスがイェンドジェユフにやって来ることを悟った。彼らがユダヤ人を追ってくるのはわかっていた。どの家族の上にも暗雲がたちこめ、パニックの嵐がわきあがった。どこに行ったらいいのかわからなかった。家は閉められた。荷造りがされた。集団で町から町へと歩き、大人と子どもたちは退却するポーランド人兵士と並んで歩いた。列車はなかった。

多くの隣人と同じように、クキエウカ一家も東のフミエルニクに向かうことにした。ニダ川の対岸にある小さな町で、そこならナチスの手が及ばないのではないかと期待できたし、まだポーランド軍は健闘しているものと信じていた。一家はフミエルニクに親戚がいた。荷物はすべて残し、人の群れに加わり、徒歩で出発した。

三十四キロの道中には人や家畜の死体がたくさんころがっていた――ナチスの苛烈な空襲の犠牲者だった。ドイツ空軍はいたるところに爆弾を落とした。鼻を突く臭《にお》いにレニャは息が詰まりながら、燃えている村の近くで何度も何度も地面に伏せた。爆弾が落ちるときにはじっとしている方が安全だ、とすぐに学んだ。静止は身を守る盾だ。また爆弾が落ち、飛行機は低空飛行をしながらマシンガンで銃弾を浴びせていく。レニャに聞こえるのは、宙を切り裂くその音だけだった。それに赤ん坊の泣き声。子どもを体でかばおうとした母親は殺されてぐったりと横たわり、あとには生き残った子どもや幼児が「空に向かって叫んでいた」とのちにレニャは書いている。一昼夜にわたる地獄を経験して、一家はフミエルニクに着いた。

しかし、すぐにレニャは知った。フミエルニクは安全な天国などではなかった。町は焼け焦げた瓦礫《がれき》の山になっていて、半死半生の人々が引きずられていった。しかも、彼らはまだましな方だった。なんと、この町の人々は安全を求めてイェンドジェユフに逃げていったのだ。「全員がフライパンから逃げて火に飛びこんでいった」フミエルニクは暴力行為に蹂躙《じゅうりん》されていた。イェンドジェユフからの詳細な噂も悪夢さながらだった。ナチスはイェンドジェユフを占領し、手当たり次第に火を放ち、捕らえた十人のユダヤ人男性を町の広場で射殺した。活気があり生活の中心だった色鮮やかな町の広場で。その蛮行は地元のユダヤ人への警告だった。ナチスに従わなかったらどうなるかを具体的に示したのだ。フミエルニクの人々は、次は自分たちだと覚悟した。

そのときはまだ、これまでの戦争と同じく女性や子どもは安全で、男性だけが命を奪われると信じられていた。そこで、レニャの父親モシェを含む多くのユダヤ人男性は、ブーク川の方に逃げた。

そちらにはソ連軍が侵攻していたので、田舎に身を隠すことができると考えたからだ。夫と別れるときの女性の泣き叫ぶ声はとうてい聞くに堪えなかった、とレニャは書いている。愛する父親を行かせるときに彼女の感じた恐怖は想像するしかない。しかも、どのぐらいのあいだ行っているのか、どこへ行くのか、その先に何が待っているのかもわからなかった。

フミエルニクの富裕層は馬を借りてソ連に逃げたという噂だった。いくつもの屋敷が空き家になっていた。

予想どおりとはいえ、恐れていた彼女たちの番が来た。ある晩、レニャはナチスの戦車を遠くに発見した。町じゅうでたった一人、ユダヤ人の少年だけがそれに立ち向かった、と誇りをこめてレニャは記している。少年は銃を撃ちながら飛びだしていったが、ナチスの銃撃で八つ裂きにされた。十分もしないうちにナチスは町に乗りこんでくると、家やレストランに入っていき食べ物を略奪し、馬を洗うための布をとり、ほしいものを手当たり次第に奪っていった。

レニャは家族といっしょに屋根裏に隠れ、隙間からのぞいていた。地元の通りは燃える家々の炎であかあかと照らされていた。人々は屋根裏や地下室で身を縮め、ドアはよろい戸が下ろされ、窓は鍵をかけられた。マシンガンの絶え間ない銃声が響いていた。壁は破壊され、うめき声、悲鳴が聞こえた。レニャは他に何か見えないかと首を伸ばした。町全体が炎に包まれていた。

やがて一家の門がノックされた。鉄門で鉄のかんぬきが差してあったが、ナチスはひるまなかった。窓が割られた。ナチスたちが家に入ってくる足音が聞こえた。家族はすばやく静かに屋根裏への梯子をひっぱり上げた。レニャが息を止めていると、ナチスたちが階下で室内を漁っている物音が聞こえた。

それから静寂。ナチスは去っていった。

略奪された近隣の多くの家では、男と少年が外に連れていかれ中庭で射殺されたが、クキエウカ一家は無事だった。町でもっとも裕福なユダヤ人たちは壮麗なシナゴーグに閉じこもっていたが、ガソリンを浴びせられ、火をつけられた。燃える建物から飛びだして撃ち殺された人もいた。レニャの家族は見つからずにすんだ。

翌朝九時になって、ドアがそろそろと開いた。レニャは慎重に外に出て被害を確認した。町の八割がユダヤ人であるフミエルニクの人々の四分の一が、生きたまま焼かれるか撃ち殺されるかしていた。

それがこの町の戦争第一夜だった。

十日かけてレニャのショックが和らいでいくうちに、新しい人生が見えてきた。ユダヤ人は、喉が渇いても水を求めて通りに出ていくことを禁じられた。通りは腐っていく死体で悪臭がたちこめていた。しかし、その後、ナチスは通常の生活を約束した。命令に従う限り、もう命を奪わないと。生活と仕事は再開したが、すでに飢えが日々の暮らしに入りこんでいた。パン――いまや灰色で固くて苦いしろもの――は配給制になり、ほとんどのパン屋がユダヤ人にもかかわらず、ユダヤ人は配給の列のいちばん後ろに回された。

ありがたいことに、父親が他の男たちといっしょに戻ってきた。そこでただちにクキエウカ一家はイェンドジェユフに戻ることにした。父親は別の町まで行ったが、そこもフミエルニクと同じように危険だとわかっただけだった。一昼夜かけて家めざして歩いて戻る途中で、「ポーランド軍が空腹でやつれ果て、戦いから逃げていくのを見かけた。そして目にしたのは傲慢に胸を張ったドイツ軍だった」

　さらに、レニャはこう書いている。「たちまち、わたしたちはドイツ軍について知ることになった」ナチスの占領者はユダヤ人知識階級を殺し、武器を持っているという理由で男たちを何人も撃ち殺した。ほぼユダヤ人だけが住んでいるアパートの大きな建物に銃を仕込んでおき、その後、拳銃を所持した罰として、階ごとに男を一人ずつひきずりだして処刑した。ナチスは町じゅうのユダヤ人に処刑に立ち会うように命じた。無実の死体は一日じゅう吊るされていたので、目抜き通り沿いの木々ではいくつもの死体がゆらゆらと揺れていた。こうして町の平和は永遠に失われたのだった。

# 第三章　女性が戦いに加わる

## ジヴィアとフルムカ　一九三九年十二月

大晦日だった。ジヴィア・ルベツキンはポーランド北東部のチジェフ郊外にいた。その町はすでに戦闘で破壊されていた。冷たい空気が頬を打つ。一歩ずつ一歩ずつ、足を前に出す。暗闇の中、曲がりくねった道を登っていたが、肩まで雪が積もり、頬は凍えていた。どの角を曲がっても、命を落とす可能性があった。ジヴィアはここではただ一人の女性で、一人きりのユダヤ人だ。同じ密入国業者の手引きでソ連とドイツの国境を越えようとしているポーランド人学生たちは、つかまるなら、嫌悪しているソ連のボルシェヴィキよりはナチスの方がましだと思っていた。しかし、ジヴィアはナチスにつかまるかと思うと恐怖で体が震えた。夜明けが近づいてきて、無事にドイツ国境までたどり着いた。ジヴィアはポーランドに戻ったのだ。

ほとんどのユダヤ人にとっての夢は、ナチスの占領から逃げることだった。だがジヴィアは戻ってきた。

レニャがイェンドジェユフでナチスの占領の恐怖を味わっていたとき、ポーランドの別の地域で、革新的な理想を掲げる新しいコミュニティが生まれつつあった。それが最終的に彼女の人生を変えることになった。戦争になっても、ユダヤ人の青年活動は続いていた。一九三九年九月に仲間たちは避暑から帰ってきたが、解散はせず、かえって結束力を強くした。少数の熱心で勇敢な若いリーダーの元で、常に移動しながら新たな任務と取り組んでいた。多くの者は簡単に逃げられたのに、あえてそうしなかった。彼らはとどまった。いや、戻ってきさえした。そして、例外なく、彼らが残ったポーランド系ユダヤ人となったのだった。

そうしたリーダーの一人が、ジヴィアだった。一九一四年にビテン近くの小さな町で、信仰心の篤い下位中流階級の家庭に生まれた内気で真面目な若い女性。その町の一本しかない通りは、灯油ランプで照らされていた。両親は、ポーランド人社会で居心地よく生きてほしいと願い、娘をポーランド人公立小学校に通わせた。さらに放課後にはヘブライ語教師に指導を受けて自慢の生徒となり、ヘブライ語が堪能になった。ジヴィアは頭がよく、傑出した記憶力の持ち主で、六人のきょうだいのなかで父親がもっとも信頼していた子どもだった。中等学校には進学せず、父親の食料品店で働いた。やがて、平等主義の哲学と肉体労働を重視するドロルの理想に心を動かされた。まもなくジヴィアはぶかぶかの服に、革ジャケットを着るようになり（社会主義者の標準的な服装だ）、両親の意思に背いて参加したキブツから帰ってきたときは、両親にすら誰なのかわからないほど変わっていた。

シオニストと社会主義者の情熱と、自制心と労働倫理のおかげで、ジヴィアはどんどん出世し、臆病で不器用だったにもかかわらずリーダーの役割を担うようになった。二十一歳で、キェルツェの崩壊しかけているキブツのリーダーとして派遣された。そこのコミュニティには、イスラエルには行きたいが、ドロルの主義主張には従いたくないという「詐称者」ばかりがいた。苦労の末、ジヴィアが考えを改めさせることに成功すると、全員に一目置かれるようなった。さらに恋愛でも成功し、初めてのボーイフレンド、シュムエルができた。

ジヴィアは他人にも自分にも厳しく、相手を怒らせることを恐れずに常に本心を口にした。表向きはタフで、自信のなさも含め内心の感情を決してあらわにしなかった。他人の議論を巧みに仲裁できる能力で有名になり、彼女の率直さに気を悪くした人々にすら尊敬された。毎晩、管理業務を終えたあとで、女性の仲間といっしょに洗濯をし、パンを焼いた。さらに鉄道線路を建設するなど、男性の仕事もすると言い張った。仲間に嫌がらせをしていたチンピラたちを一人きりで追い払ったこともあった。棒を手に、相手が逃げるまで脅しつけたのだ。ジヴィアはいわば「お姉さん《ビッグシスター》」で、同志全員に対して責任を負っていた。

ジヴィアは開拓者教育プログラムにおけるポーランド全体のとりまとめ役に昇進し、シュムエルといっしょにワルシャワに引っ越した。英国がユダヤ人のパレスチナへの移住を厳しく制限したせいで、ジヴィアの仕事はいっそう困難になっていた。移住希望の若者たちはキブツで準備をしながら待機していたが、気力を失いつつあったのだ。それでもジヴィアはどうにか教育プログラムを継続し、さらにビザを申請した。一九三九年八月には、世界じゅうからシオニストが集まる二十一のシオニスト組織総会のため、代表の一人としてスイスに行った。ジュネーヴはすばらしい町だった。ジヴィアは優雅な通りを散策することを気に入り、手入れの行き届いた芝生や店のウィンドウ、しゃれた服装の女性に見とれた。「もしわたしが小説を書くなら、『ビテンからジュネーヴへ』というタイトルにしよう」と彼女は書いている。しかし、まばゆい都市にいても、二十四歳のジヴィアは生徒たちや貧しい子どもたちに自己実現への道を教えるために、早くワルシャワに戻りたかった。代表たちは困難な政治的未来を予測していたので、大半がヨーロッパから逃げる方策をスイスで見つけていた。ジヴィアも迫りくる戦争を完全に避けられるように、ただちにパレスチナに向かうことのできる特別な証明書を与えられた。

だが、彼女はそれを使わなかった。

フランスは国境を封鎖し、道路は通行止めとなり、列車は国境を迂回して走っていた。ジヴィアがポーランドに戻るのは容易ではなかったが、彼女は八月三十日にワルシャワにたどり着いた。この日はまさにヒトラーの軍事行動の初日でもあった。戦争の混沌状態の初期に、ジヴィアは農場と学習会場を閉めるために旅をした。開拓者教育の移住計画が発動され、彼女と仲間の女性リーダーたちが指揮をとることになった。

しかし、ポーランド軍がすぐに撤退したことで、この計画も潰《つぶ》れた。ひっきりなしに変化する政治情勢では、よくあることだったが。次にジヴィアと仲間は東に行くように指示された。ブーク川を越えて、ソ連の領土に入るようにと。それはレニャの家族が逃げたのと同じ方向だった。数カ月のあいだ、青年たちはソ連支配の町で活動し、そこでは比較的自由があった。この大混乱の時期に、同志たちは組織化された強固な団体として結束したので、ドロルは新しい状況への対応を学びながら理想を実現していけると、ジヴィアは確信していた。もっとも、ユダヤ教やユダヤ人の活動に対して、ソ連の締め付けはどんどん強くなっていた。ジヴィアは状況の変化に応じてすばやく別のやり方に変える才能を新たに身につけ、それに対応した。

一九三九年十一月の初めには、ドロルのいくつもの支部がソ連で活動し、シオニスト、社会主義者、開拓者の価値観を広めていた。四人のおもなリーダーのうち、二人は女性だった。ジヴィアはコミュニケーションと諜報活動を担当し、シャインデル・シュファルツは教育活動を統括していた。シャインデルは、三番目のリーダーで偽名のアンテクで知られていたイツハク・ツキェルマンと恋愛関係になっていた。

ジヴィアはウクライナのコーヴェリを本拠地にして、あちこち足を伸ばし、仲間たちとつながった。「行方不明だったり疎遠になったりしたメンバーと連絡をとろうと、常に命の危険にさらされながら走り回っていた」とのちに彼女は書いている。仲間が生計の手段を得るのに手を貸しつつ、ルーマニア経由で違法にパレスチナに渡れるように脱出地点を見つけようとした。上層部は社会主義シオニストの目的を果たすために地下活動を続けることを許可しなかったが、ジヴィアはあきらめなかった。「地下活動をしないでいることなど、考えられなかった」

彼女はボーイフレンドのシュムエルを自分が計画した脱出ルートに送りだしたが、彼は捕まり、投獄され、行方不明になった。打ちひしがれたジヴィアはその気持ちを胸に秘め、さらに仕事に打ち込むようになった。

ジヴィアは同志たちに頼られていた。真面目なフルムカはすでにワルシャワに戻り、そこで若者のリーダーとして活動していた。フルムカはドロルの上層部に宛てて、友人のジヴィアに戻ってもらいたい、彼女こそ新しいナチス政府に対抗するのに最適の人物だ、と手紙を書いた。上層部は全員がワルシャワから逃げてしまい、その重要な都市に残っているのは二番手のリーダーだけで、ドイツ当局やポーランド人にうまく対処することができない状態だった。

ソ連の脅威が増してきたので、ジヴィアは新たにリトアニアの支配下に置かれた町、ヴィルニュスに移るように指示された。それはドロルが自分を守ろうとしてのことなのだろう、と彼女は察した。ジヴィアはこの思いやりのある処遇をはねつけ、ワルシャワに戻って運動の手伝いをし、そこに住んでいる混沌状態に投げこまれた若者を励まし、開拓者の教育と労働シオニストの目標を伝えたい、と主張した。いつものようにジヴィアは自分の決意を貫き、あえて火の中に身を投じたのだった。

一九三九年の大晦日、ドロルでは一晩じゅう会議が行われていた。それは祝祭であると同時に、初めての正式な地下活動の会議でもあった。「わたしたちは食べて、飲んで、陽気になった」とジヴィアはのちに書いている。「飲む合間に、今後の活動と方針について話し合った」ウクライナのリヴィウにあるメンバーのアパートで、ジヴィアはチョコレート、ソーセージ、バターつきの黒パンで祝いながら、リーダーたちがシオニストの炎を燃やし続け、ソ連で、そしてドイツに占領されたポーランドで、ユダヤ人の人間性を守ることの大切さを繰り返し語る言葉に耳を傾けた。

その晩、親しくなった長身でブロンドのハンサムなアンテクが引き留めたにもかかわらず、ジヴィアはナチスに占領されたポーランドに向かった。これから出会う状況と、新しい統治での生活に耐えられるだろうか、と不安になりながら。危険な仕事に携わりながら、嵐のような日々を何カ月も共に過ごした友人たちを残していくことは悲しかった。その人々こそ、困難な任務をやり遂げたときにいっしょにいるべき相手だった。しかし、ジヴィアの決心は固かった。「憂鬱な考えで頭がいっぱいだったとき、列車が轟音を立ててホームに滑りこんできて、人々は我先にと車内に乗りこんでいった」彼女は仲間たちの温かい手と温かい涙を感じつつ、彼らと別れて出発した。

ジヴィアはフルムカが立てた計画によって、ナチスの領土にもぐりこんだ。列車の長旅に耐え、家に戻ろうとしているポーランド人学生たちといっしょに夜通し雪まみれで歩いた。国境の町に到着すると、ジヴィアに対する学生グループの礼儀正しい態度は一変した。ソ連領土ではユダヤ人の相棒は役に立ったが、ナチスの領土ではジヴィアは価値のない存在になった。ドイツ人が駅でユダヤ人を平手打ちし、アーリア人といっしょの待合室で待つことはできない、と告げるのを一行は目撃した。ジヴィアのグループは彼女も出ていくべきだと言ったが、彼女は無視した。「わたしは歯を食いしばり、てこでも動かなかった」ジヴィアは強い精神力を身につけなくてはならなかった。名誉を汚されても、頭をもたげて踏ん張る力だ。車内はほぼ真っ暗だった――照明はなかった――そして全員がナチスから隠れようとした。一人の男がため息をつくと、彼は「ユダヤ人のため息」をついたと、ポーランド人たちから激しい暴力をふるわれ、車両から放りだされた。

一九四〇年の新年が明け、ユダヤ人であることによって、まったく新しい経験、すなわち誇りをむしりとられ屈辱を味わわされる経験が待っていた。やがて中央駅に滑りこんだ列車から降りると、大通りを進み、えさをついばむ鳩がいる広場を通り過ぎながら、ここはまったく新しいワルシャワだ、とジヴィアは思った。

歴史上、ユダヤ人がワルシャワにやって来たのは比較的遅かった。反ユダヤ主義の法律のせいで、中世からフランス皇帝ナポレオン一世の十九世紀初めの征服まで、移住を禁じられていたからだ。ユダヤ人はナポレオンの戦争に費用を出し、自分たちの銀行を興した。ポーランドは十九世紀半ばにはロシアの支配下になっていたが、ユダヤ人口は増え、同化した進歩的なユダヤ人階級が生まれた。ワルシャワは物売りや路面電車の音がにぎやかな、美しい中世の城を擁するヴィスワ川沿いに開けた緑多い町だった。

一八六〇年代、ユダヤ教徒居住区――ユダヤ人が住むことを許されたロシアの地区――からユダヤ人がワルシャワに来ることが許されると、人口は爆発的に増えた。一九一四年にはユダヤ人はワルシャワの産業を支配していて、ついに、どこでも好きな場所に住む権利を獲得した。ユダヤ文化――演劇、教育、新聞、出版、政党――が急速に普及した。ユダヤ人口は都会の貧しい人々と、裕福なコスモポリタンの両方から構成されていた。一八七八年に建立された壮大な建物、大シナゴーグは、繁栄するユダヤ人コミュニティを象徴するものだった。この世界最大のシナゴーグはワルシャワの有名建築家によって設計され、ロシアの帝政様式の要素をとりいれていた。伝統的な祈禱所とはちがい、そこにはエリートの信徒が集い、オルガンや聖歌隊を備え、ポーランド語で説教が語られた。美しい大建築はユダヤ人の繁栄と文化的適応、さらにポーランドの寛容さを示すものだった。

ジヴィアが知っていたワルシャワは、戦前のユダヤ人生活においてすべての中心だった。ナチスが侵攻したとき、ワルシャワの人口の三分の一に相当する三十七万五千人のユダヤ人は、そこを故郷と呼んでいた。

ジヴィアが留守にしていたのはたかだか四カ月だったが、戻ってみると、きっぱりと二分割された町があった。ユダヤ人以外のワルシャワとユダヤ人のワルシャワは、いまやふたつの別の領土だった。すぐに、通りにいるのはポーランド人ばかりであることに気づいた。ナチス占領後、ただちに反ユダヤ主義の法律が制定され、毎日差別的な規制がつけ加えられていた。ユダヤ人はもはやキリスト教徒の工場で働くことが許されず、特別許可なしで列車に乗ることもできなかった。通りにはわずか数人のユダヤ人の姿しかなく、彼らは「恥辱のバッジ」と呼ばれる白い腕章をつけることを強制された。ユダヤ人たちは早足で歩きながら、尾行されていないかあちこちに目を配っている。ジヴィアはぞっとして凍りついた。こうした仕打ちに慣れることができるのだろうか？　しかし、ユダヤ人は占領者をひそかに軽蔑しながらも、反抗のしるしとして腕章をつけているのかもしれない、と思い直した。彼女はその考えにすがりつき、安心しようとした。

優雅な車、馬車、赤い路面電車が町中を走っていた。しかし、ジヴィアは路面電車に乗るよりも歩きたかった。かつて暮らしていた活気にあふれる町を自分の目で確かめたかったからだ。記憶に残っているカフェのテラス、花の飾られたバルコニー、母親と乳母と華美な乳母車でいっぱいだった緑濃い公園。町が破壊されたことは耳にしていたが、初めて町に足を踏みだしてみると、いくつかの爆撃された建物をのぞき、昔とまったく同じように見えた。通りにはポーランド人があふれ、商店も変わっていない。「心地のよい雰囲気が感じられた。まるで何も起こらなかったかのように」ただひとつ変わったのは、ナチスの部隊が怯えた市民を追い散らしながら、通りを闊歩していることだった。

やがて昔のユダヤ人の住宅地に出た。ジヴィアはまっすぐパイオニア・ユニオンの本部に向かった。そこは瓦礫の山になっていた。状況が変わったのは明らかだ。これまで知らなかった世界がそこにはあった。ユダヤ人が物陰に隠れ、戸外に出るのを恐れ、ドイツ人や屈辱を与える相手と接触を避けようとして建物にこもっている世界。

ユダヤ人の「別の気概」を見つけようと、ジヴィアはジェルナ通り三十四番地のドロルの本部をめざした。戦前にはたくさんの活動メンバーが暮らしていたところだ。中庭を四軒の三階建ての建物が囲んでいる本部は、かつて活気のある場所だった。訪ねてみると、大勢の人々が詰めかけていたので、ジヴィアは唖然となった。そこには小さな町からワルシャワまでやって来た何百人もの同志たちがいた。彼らもジヴィアを見て驚いていたが、たちまち喜びを爆発させた。食料担当の男は彼女のために急遽、パーティーを開くことにし、今日は「公式の休日」にすると宣言して予備のパンやジャムを出してくれた。ジヴィアとフルムカは肩を並べてすわり、ナチスの侵攻以降に起きたことを残らず語り合った。もっと大切なのは、これから何をしなくてはならないかを考えることだった。

旧友で信頼できる司令官のジヴィアが本部に入ってきたとき、フルムカの喜びようといったらなかった。数カ月というもの、フルムカはワルシャワのドロルでリーダーを務め、新たな恐怖を感じながらも、ジェルナ通りの本部を家族と温もりと希望と情熱の場にしようと努力してきた。

フルムカはピンスクの東にある知識階級のユダヤ人が多い町で生まれ、ジヴィアと同じ二十五歳だった。グループではいちばん年長だ。高い頬骨にストレートヘアの目立つ容姿のフルムカは、貧しいハシド派〔東ヨーロッパで興った超正統派のユダヤ教運動〕のユダヤ人家庭の三人姉妹の真ん中に生まれた。一家はカルリン派〔ハシド派の宗派の一つ〕を信奉し、率直と完璧を追求するという教えに従っていた。フルムカの父親はラビ〔聖職者〕になる訓練を受けたが、上位のラビのアドバイスによって、家族を養うために商人になり、子牛の売買をしていた。不運にも、父親には商才がなかった。両親はフルムカに教育を受けさせる余裕がなかったので、彼女は姉のズラツカに勉強を教えてもらった。ズラツカは頭が切れ、ギムナジウムで優秀な成績をおさめ、共産主義者で、父親のように感情を表に出さない性格だった。

反対にフルムカは母親似だった。勤勉で愛情深く、謙虚だった。熱心な社会主義シオニストのフルムカは十七歳でドロルに参加し、活動にのめりこんでいた。ただし、家族から手助けを求められている貧しい少女にとって、それは大きな犠牲をともなった。フルムカは分析力にすぐれていたが、真面目で堅苦しい性格のせいで器用にふるまえなかった。人とつながり友情を築くことが苦手だったので、最初のうちは活動グループの隅っこに控えていた。しかし、行動を通じて、親身な感情や共感を見せるようになった。仲間を気遣い、避難所の管理者として、カリキュラムから食事まですべての指揮をとった。フルムカは危機のときに本領を発揮した。そういうときですら、彼女の倫理的判断はぶれなかったからだ。

「どうでもいいときは隅に隠れていた」と上官はフルムカについて書いている。「だが、危機に瀕すると頭角を現した。いきなり、誰よりも大きな美点と長所をあらわにするのだ。彼女の高潔な精神力やしっかりした分析力のおかげで、みんなは行動に移ることができた」そしてフルムカは「人生における経験を分析することができると同時に、やさしさ、愛、母親らしい心配を示す」ことができたと、彼は続けている。別の友人はこう説明している。「彼女は些細なことには決して動じないようでした。内に秘めた愛を差しだすことのできる機会を待っているように見えました」

暗い部屋の片隅でウールのコートにくるまって、みんなの話に耳を傾けているフルムカの姿がいつも目撃された。彼女は真剣に聞いていて、詳細にいたるまで覚えていた。ときには、いきなり部屋じゅうの人に魅惑的な訛りのある、文学的だが愛想のいいイディッシュ語で話しかけた。ある仲間は、「ユダヤ人女性が進むべき道を見つけたものの、心の中に平安を見いだせずにいる」ことについて、彼女が即興のスピーチをしたことを覚えていた。その明快さと真摯さで、フルムカは全員の心をつかんだ。「ピンク色の頬は燃えるように赤くなっていた」。ビャウィストクの公園でいっしょに過ごした友人は、フルムカが花々の美しさに心を奪われ、そのあいだを弾む足どりで歩き回っていたと思い出を記している。

フルムカの丸みを帯びた顎は厳しい顔立ちを和らげ、心の温かさを感じさせた。仲間たちはフルムカの落ち着きや情熱を評価していたので、しじゅうアドバイスを求めた。恥ずかしがり屋のジヴィアと同じように、フルムカは従順で内気だったので、指導者的な役割をこなしていることは家族にとって意外だった。献身的で真面目なジヴィアがグループの姉役なら、共感力がありやさしいフルムカは「お母さん」だった。

フルムカは少しずつ昇進していき、国じゅうで学習会をして回りながら、ワルシャワに移り、ジヴィアといっしょにパイオニア・ユニオンの本部で働くことになった。一九三九年夏、活動は拡大したものの、パレスチナからの使者は訪問を延期するようになり、フルムカは大きな責任を負うようになった。イスラエルの地――エレツ・イスラエル、日差しの降り注ぐかの地に移住することは、彼女の夢だった。その夏、彼女はパレスチナへ移住（アリヤー）する予定だったが、リーダーに秋まで待ってほしいと頼まれた。移住の思いは抑えきれないほど大きかったが、彼女はおとなしくそれに従った。ただ、永遠に移住できないのではないかと不安にもなっていて、実際、その年の秋は最悪の状況になった。

戦争が始まると、指示されて家族のいる東部に向かった。しかし、危険から逃げることに我慢できず、家族が暮らしている地域を離れ、ナチスに占領されたワルシャワに帰らせてほしいと、すぐさまドロルの上層部に申し出た。仲間たちは唖然とした。フルムカは最初にワルシャワに戻った人間の一人だった。

今はジヴィアもそこにいた。

フルムカとジヴィアは静かな部屋の片隅にすわり、フルムカはこの三カ月でジェルナ通りの本部で達成したことについて、ジヴィアにすべてを語った。組織では町から避難する若者たちに隠れ家を提供した。その住人のほとんどが女性だった。フルムカは彼女たちの先頭に立って支援に取り組み、食料、仕事を与え、飢えと混乱に苦しみ家族と離ればなれになった人々を慰めた。ドロルの信念は変わった。もはや社会活動や開拓に力を入れるだけではなく、苦しむユダヤ人たちを助けるようになったのだ。かねがね社会的平等に熱心だったジヴィアは、すぐにそれに賛同した。

世界中のユダヤ人を助けるために一九一四年に設立されたＪＤＣ（アメリカ・ユダヤ人共同配給委員会）、通称ジョイントの支援を受け、フルムカは六百人のユダヤ人に食事を与える無料給食所を開設した。また学習グループを立ち上げ、他の活動組織とも協力し、空いている部屋という部屋に活動に参加していない人々を住まわせた。警察やスパイがうようよして処刑の銃声が響き、しかも悪名高いパヴィヤク刑務所のすぐ向かいにある、この革命児たちの活気あふれる拠点から、新しい計画や行動が生みだされたのだ。

フルムカはジェルナ通りの外、さらにはワルシャワの外にまで行き、仕事をするようになった。ユダヤ人には見えない服装をして、顔をネッカチーフで隠し、ウッチ、ベンジンにまで情報収集のために出かけた。ベンジンのドロルのキブツは、洗濯工場を経営し、地元の逃亡者を助ける拠点としての役割を果たしていた。ウッチの拠点を運営しているのは逃亡を拒否した女性が大半で、その中にはフルムカの妹のハンチャや、リヴカ・グランツ、リーア・ペルスタインなども含まれていた。女性たちはナチスのために裁縫をしていたが、連中はたびたび家財を差し押さえると脅した。そのたびに気骨があり責任感の強いリーアがナチスに刃向かった。そして、常に勝った。

他のリーダーたちといっしょに過ごした最初の晩、ジヴィアとフルムカはシオニストの目標として、パレスチナまでの脱出ルートを見つけ、コミュニティを支援していこうと決めた。二人のどちらも、活動の価値を高め、地方のキブツを強化する必要を感じていた。

フルムカの活動に負けじと、ジヴィアはほとんど休みもせずに出発した。まず、ユーデンラート（ユダヤ評議会）とつながり、ロビー活動をすることになった。

戦争初期、ナチスはユダヤ人同士で争わせようと考え、その手始めに、ゲットーはユダヤ自身で管理し、規律を保たせることにした。ただし、何世紀もユダヤ人コミュニティを統治してきた選ばれたカハル（富裕層のエリート集団）ではなく、ナチスの息のかかった評議員たち、すなわちユーデンラートによってだ。どこのユーデンラートも、ユダヤ人市民全員を登録し、出生証明書や就業許可証を発行し、税金を集め、配給カードを配り、労働力や社会サービスを統括し、ユダヤ人警察や民警を率いた。ワルシャワでは帽子とブーツを着用し、ゴム製棍棒を持つ民警のメンバーは、おもに教育のある中流階級の男性で、若い弁護士や大学出身者が多かった。レニャも含めて多くの人にとって、民警に採用されるのはゲシュタポの命令をおとなしく遂行し、ユダヤ人を調べ、規制し、監視する「最悪の人間」だけだった。殺されると脅され、無理やりユーデンラートに加入させられたと言うユダヤ人もいた。自発的に参加することで、家族を救えるのではないか、より大きなコミュニティを助けられるのではないか、と期待した者もいた。結果としてそれがかなうことはなかった。ユーデンラートはユダヤ人を抑え込むための制度で、メンバーの意思はそれぞれ異なっていたし、ゲットーによっても考え方はちがった。この組織に属する人々は、英雄的な救済者からナチスの協力者までさまざまだった。

ジヴィアはユーデンラートをゲシュタポの操り人形だとみなし、追加の食料配給許可証を出すように執拗に詰めよった。くしゃくしゃの髪で、唇の端に常に煙草をくわえたジヴィアは「吐きだす煙草の煙にいらだちが溶けこんでいるかのような」様子で、おもなユダヤ人組織のロビーに辛抱強くいすわった。トウォマツキェ通り五番地の白い大理石の柱と堂々たる廊下があるユダヤ人の自助組織には、何日もすわりこんでいた。大シナゴーグと隣接して一九二〇年代に建てられたこの建物は、ワルシャワのユダヤ人図書館と、宗教的および非宗教的な研究を扱うヨーロッパで初めてのユダヤ研究センターで、戦時中はユダヤ人の相互扶助センターになっていた。

ジヴィアは午後をジョイントの委員長たちとそこで過ごし、青年組織のリーダーたちと情報を交換し、地下出版物をやりとりし、金持ちのユダヤ人に多額の金を貸すように迫った。ジヴィアはシオニスト青年組織のためにワルシャワに送られる資金を管理し、外国の組織から届く秘密の書簡を受けとっていた。夜は女性の仲間たちと洗濯場で働いた。自分ではほとんど食べず、どんどん痩せていきながら、他の人々を心配し、メンバーたちを元気づける話をし、嘆きに耳を傾け、もちろん歯に衣着せぬ意見でみんなを驚かせた。虚飾がなく、決断が早く、率直なアドバイスをくれるジヴィアを、若い仲間たちは崇拝していた。

飢えと屈辱がはびこる状況で、ジヴィアは若者に食料を調達し、家を見つけようとし、彼らが拉致されたり、強制労働収容所に送られたりしないように全力で守ろうとした。ワルシャワでは十二歳から六十歳のユダヤ人は強制労働収容所に送られる対象だったので、暴力的で苛酷な収容所を誰もが恐れていた。労働者を確保するために、ナチスは通りを通行止めにし、たまたまそこにいたユダヤ人全員を拉致した。子どもたちのためにパンを手に家に走って帰ろうとしていた者ですら。人々はトラックに押しこまれ、殴られ、ろくに食べ物も与えられず、苛酷な労働を強いられる収容所に連れていかれた。ジヴィアは何度かそれを阻止し、とらわれた仲間たちを逃した。そしてどんなときも、彼女の行くところには紫煙が漂っていた。

ジヴィアの第一の計画は、キブツの再建と維持を交渉することで、今までナチスはそれを大目に見てきた。戦争中、ゴロチュフやツェルニアクフの農場は労働のための重要な場所になり、畑や花園や酪農場で若者を雇い、収容所送りから逃れさせることができた。さらに教育や歌やダンスのための場所としても機能した。ジヴィアは以前から地方の教育活動をコーディネイトするために頻繁に足を運んでいたが、とりわけ、こうした緑の多い土地を訪れることは楽しみだった。夜にはユダヤ人らしい顔を隠さずに比較的自由にパーティーをすることができたし、ワルシャワでの予期せぬ銃撃や日々の拷問はもちろん、飢えとシラミと蔓延する疫病から逃れられたからだ。

戦争の後期には、ジヴィアはユダヤ人警官に賄賂を与え、ゲットーの塀を梯子で上って墓地経由で外に出た。ゲットーから人を逃すときも、この方法を利用した。しかるべきときに賄賂をこっそり渡しておき、書類カバンを提げた労働に出かける学生という顔でゲートを通過し、外に出る方法もあった。

しかし、その頃はまだワルシャワには塀で囲まれたゲットーはなかった。絶望と混乱と暴力に見舞われていても、やがて来る投獄や処刑の予兆すらなかった。青年たちの最大の恐怖は、ナチスが敗れて退却したら、ポーランド人による大虐殺がおこなわれるのではないかというものだった。当時はまだ、そうした若いユダヤ人はたんなる社会活動家で、歴史や社会理論を教え、開拓者の価値観を伝え、もっぱら組織を強化することで忙しかった。だがじきに、それらはまったく異なる目的のために役立つことになる。

一九四〇年春のある日、ジヴィアがジェルナ通りに戻ってくると、いつもどおりの活動がおこなわれていた。そこにはアンテクもいた。

彼もナチスに占領された都市に戻ってきたのだった。彼はジヴィアを追ってきたのではないかと勘ぐる者もいた。自分の感情を守るために、ジヴィアは二人の個人的な関係については一切書いていない。かたやアンテクは最初に知り合った頃について回想している。かつてコーヴェリでジヴィアの具合が悪くなったとき、アンテクは泥道を歩いて彼女に食事とケーキを持ち帰った。しかし、温かい感謝の言葉をかけるどころか、ジヴィアは泥だらけになったことで彼を叱りつけた。「彼女の神経には驚かされた。まるで妻みたいにしゃべっていた」数カ月のち、アンテクは彼女が情熱のこもった演説をし、拳を勢いよくテーブルに打ちつける姿を見た。そのとき、彼は恋に落ちたのだ。

アンテクはジヴィアとフルムカに合流し、三人はワルシャワとその近郊にドロルの拠点を設立した。「ユダヤ人の鼻」と流暢ではないポーランド語にもかかわらず、フルムカはワルシャワの本部とポーランドのさまざまな町との調整役を続け、支援を提供し、新しいメンバーを募った。彼女はさらに頻繁に移動するようになり、学習会を主催し、活動の全国的なつながりを維持したが、それはアンテクとジヴィアを避けるためではないかと憶測する者もいた。フルムカはアンテクに好意を持っていたが、彼の恋愛対象は自分の親友だということがはっきりしてきたからだ。

ジェルナ通りで、ジヴィアは（もしいればフルムカとアンテクも）その日のできごとを報告し、静かな歌を歌い、冗談を言い合って夕べを過ごした——カーテンを閉めた窓の内側で。コミュニティはユダヤ人の歴史に伝わる英雄たちの物語から勇気を与えられ、本を読み、ヘブライ語を学び、熱心な議論をした。恐怖と殺人が渦巻く世界で、共感と社会活動の意義と自分自身を信じていた。戦争を生き延びられる（そのときは、まだ大半の者が生き延びられると考えていた）強いユダヤ人になろうとした。まだ信じていた将来の準備をしようとした。メンバーのあいだには気楽な雰囲気が漂っていたのだ。数カ月ジェルナ通りで暮らしていた有名な詩人、イツハク・カツェネルソンがかつて述べたように、「自由の精神」が。

「ジヴィア」はポーランドのユダヤ人の活動全体の暗号名になった。

# 第四章　新しい朝を迎える――ゲットーでの恐怖

## レニャ　一九四〇年四月

たしかにホロコーストの恐怖は少しずつふくらんでいたが、最終的な大量虐殺に対する恐怖と比べれば、まだゆるやかな変化だった。ただし、レニャにとっては、戦争初期の恐怖は、彼女の人生を「その前」と「その後」にきっぱりと分断した。どうにか見つけた法廷速記者の仕事はなくなり、将来への希望は消えた。レニャの人生はひっくり返ったのだ。

一九四〇年には、イェンドジェユフのような小さな町も含め、ポーランドじゅうで法令が次々に施行された。こうした法令はユダヤ人を排斥し、屈辱を与え、弱体化させるのが狙いだった。さらに、ユダヤ人だという事実をはっきりさせる目的もあった。ナチスはポーランド人とユダヤ人を区別できなかったので、レニャをはじめ、十歳以上のすべてのユダヤ人は、ダビデの星がついた白いリボンを腕につけることを強制された。リボンが汚れていたり、幅が正しくなかったりした場合は死刑にされた。またナチスが通り過ぎるときは、ユダヤ人は帽子を脱がねばならなかった。ユダヤ人は歩道を歩くことができなくなった。ユダヤ人の財産が没収され、民族ドイツ人〔ドイツにルーツがあり、ポーランドに住む人々〕に与えられるのを、レニャは胸が悪くなりながら目の当たりにした。民族ドイツ人にあてはまるドイツ人の血を引くポーランド人は、いきなり地位が上がった。もっとも貧しかったポーランド人が億万長者になって屋敷を手に入れ、ユダヤ人は自分自身の家で使用人となって家賃を支払い、自分たちの元の屋敷をどう管理するかを彼らに教えた。やがて、ユダヤ人家族は完全に家から放りだされ、通りで物乞いになった。店は乗っ取られ、所持品、とりわけ金、毛皮、宝石など、庭や台所のゆるんだタイルの下に隠せなかった貴重品は奪われた。レニャの母親のリーアはシンガーのミシンときれいな蠟燭をポーランド人の隣人に渡して預かってもらった。ポーランド人は町を歩きながらウィンドウショッピングをして、次にどれが自分たちのものになるだろうと夢見ている、という噂だった。

　四月にユダヤ人地区が制定されると、多くのユダヤ人は、自分たちを保護するための制度なのではないかと期待した。すでにドロルのキブツに参加していたサラと、ソ連に逃亡したズヴィ以外のレニャの家族は、町の中心部から数ブロック離れた地区に二日後に引っ越すように命じられた。そこは小さな低い建物のあいだに狭い路地が走る、かつては町の下層階級が住んでいた地区だった。一家は家財道具のほぼすべてを捨てなくてはならず、残ったのは小さなかばんひとつの荷物とリネンだけだった。当時の記述によると、どの家でも母親たちはひと晩じゅう眠らずに必死になって荷造りをし、子どもたちは背中に背負える、あるいはかごに詰められるありったけのものを家じゅう走り回って集めてきた。服、食べ物、鍋、ペット、石鹸、コート、靴べら、裁縫道具などの生活用品。宝石は体に貼りつけ、金のブレスレットはセーターの袖に縫いこんで隠した。金はクッキー生地に入れて焼いた。

当然、引っ越し先の家はぎゅうぎゅう詰めだった。どの部屋にも数家族が割り当てられ、床か、間に合わせの簡易寝台で寝た。レニャは小麦粉の袋の上で寝た。一軒の小さな家に五十人が押しこめられていた。ゲットーの住まいを写した数少ない写真からは、何家族もがシナゴーグを共同で使い、ビーマー〔ユダヤ教の聖書であるモーセ五書の朗読をおこなう場所〕の上や信徒席の下で何人もの子どもたちが眠っている様子がわかる。腕を伸ばす余裕すら、ほとんどなかった。個人のスペースは皆無だった。ゲットーに住んでいる知り合いがいて、そこに引っ越せたユダヤ人は幸運だった。大半は異なる習慣を持つ見知らぬ人たちと暮らさなくてはならなかった。周辺の村々から来たユダヤ人も異なる階級のユダヤ人もいっしょくたにされたので、緊張が高まり、通常の社会秩序が崩壊した。

家具を持ってきても、それを置く場所がなかった。間に合わせのベッドは、洗濯や食事のスペースを作るために昼間のあいだは解体された。服は壁にとりつけた釘にかけた。小さなバスタブで体を洗い、洗濯をし、洗濯物は屋根に広げて乾かした。テーブルや椅子は外に山積みになっていた。何週間もたつと、レニャの家族はかつての家財を薪として使いはじめた。必需品が炎に包まれたのだ。

ナチスはポーランドに四百以上のゲットーを作ったが、その目的は病気や飢えでユダヤ人口を大幅に減らし、ユダヤ人を一カ所に集めて労働や虐殺の目的で収容所に移送するのを簡単にするためだ、と世間では考えられていた。どのゲットーにも、微妙に異なる規律が存在した。それは地元のユダヤ文化やナチス隊のルール、環境や内部のリーダーによってちがっていた。とはいえ、ゲットーの方針は田舎町からさらに辺鄙《へんぴ》な村、果ては刑務所に至るまで、国じゅうに伝えられた。

最初のうち、クキエウカ一家は仕事をしたり食べ物を買ったりするために、ゲットーを出ることを許されていた。同じように、ポーランド人はゲットーに入ってきて、貴重品とパンを交換することができた。しかし、まもなく、どのゲットーでも外部とのアクセスが禁じられた。ユダヤ人はユーデンラートから発行された通行許可証を所持していなければ外に出られなくなった。一九四一年以降は、ゲットーの境界を越える活動はユダヤ人であれポーランド人であれ、一切禁じられた。そのゲットーには塀が巡らされ、やがて、外に出ることは処刑を意味するようになった。

それでも――その夜、レニャは何枚も重ね着をしていた。ストッキングを重ね、ポーランド人の農婦が着るような厚手の服を着た。妹のエステルはコートを二枚着て、ネッカチーフをした。姉のベラは暗がりで妹たちの服を手探りで直し、数枚のシャツをたたんでお腹周りに押し込み、妊婦のように見せかけた。すべてのポケットには小さな物を入れた。売買と変装の昔ながらの方法、ありったけのものを身につけろ。こうやって、母親や弟を助けるのだ、とレニャは改めて自分に言い聞かせた。

一瞬、懐しい土地に思いを馳せた。ほんの十キロ先で、わずか数カ月前に、レニャの不自由のない生活は崩壊したのだった。母親がすべての家事をしてくれていたことを思い返す。料理、掃除、家計の管理。ポーランド人の隣人たちは、母のリーアにしじゅうたずねたものだ。「その収入で、よく七人の子どもに小ぎれいな格好をさせられるわね？」リーアはイディッシュ語だとバラブスタ、つまり主婦の鑑だった。家には常に子どもたちやその友人だらけなのに、どこも几帳面に整理整頓され、きちんとしていた。彼女はたずねられるとこう答えたものだ。「何年も使えるから高い服を買うの。それを順にお下がりで着る。それから、どの子にもハンドメイドの靴を買うわ――ワンサイズ大きいものをね。成長しても履けるように」

着ているもので、その人のことがわかるという。今、女の子たちは服と家財用品の両方を身につけていた。そろそろ夜の九時、出発する時間だ。そろって通りを歩き、ゲットーを出た。レニャはどうやってゲットーから出たかをとうとう明かさなかったが、守衛に賄賂を与えたか、ゆるんだ格子の隙間から滑り出たか、塀を乗り越えたか、地下室か屋根伝いに出たのだろう。ほとんどが女性だったが、こうした商いをする人々は、そうやってポーランドのユダヤ人地区を出入りしていた。

ユダヤ人男性はしばしば拉致されたので、家にこもっていた。女性は貧困者から上流階級の人間まで、食べ物を調達し、煙草、下着、美術品を売った。ときには自分の肉体までも。また、ゲットーを抜け出て食べ物を探すには、子どもの方がやりやすかった。ゲットーのせいで、役割逆転が起きたのだ。

クキエウカ家の姉妹たちは村にたどり着くと、通りを行ったり来たりした。早足で歩きながら、レニャは母親と毎週金曜にパン屋に行き、さまざまな色と形のパンを選んだことを思った。今、パンは配給制だ。一日に百グラム、小さな山型のパン四分の一だった。許可された量あるいは値段以上で売ることは死罪を意味した。

レニャは一軒の家に近づいていった。一歩一歩が危険と隣り合わせだった。そこに立っている姿を誰に見られるかわからない。ポーランド人？　ドイツ人？　民警？　ドアを開けた人間は彼女を通報できた。あるいは撃ち殺すことも。さもなければ買うふりをして代金を支払わず、ゲシュタポに突きだすと脅すかもしれない。そうしたら何ができる？　レニャがかつて弁護士といっしょに法廷で働いていたときは、正義や法律には意味があった。もはやそうではない。子どものいる女性たちも毎晩こんなふうにして出かけ、家族のために食べ物を手に入れようとしていた。

地方自治体や個人事業による強制労働を引き受け、家族を助けようとする女性たちもいた。十四歳から七十五歳までのユダヤ人全員が働くことになっていたが、もっと若い女の子がヒールをはき、年上に見せようとした。働いて食べ物がほしかったからだ。仕立屋、お針子、大工の仕事をするユダヤ人もいた。家を取り壊したり、道路を直したり、通りを清掃したり、列車から爆弾を下ろしたりする（ときには爆発して命を落とすこともあった）ユダヤ人もいた。女性も何キロもの道を歩いて掘削の仕事に出かけた。雪や凍えるように冷たいぬかるみに膝まで埋まり、空腹で服は破れ、休憩を求めると容赦なく打ちすえられた。労働からはずされないように、みんな傷を隠したので、のちに感染症で死んだ。体のあちこちが凍傷になった。殴られて骨が折れた。

「誰もひとこともしゃべりませんでした」朝の四時にナチスの警備員に囲まれながら仕事場まで行進したときのことをある若い女性は語った。「前の人のかかとを踏まないように気をつけ、暗闇でその歩調と歩幅を計算しながら歩きました。他人の吐く白い息と、洗っていない服の悪臭と、人であふれた夜の家で染みついた鼻をつく臭《にお》いの中を歩いていきました」しかし、アザができ、筋肉痛にうめきながら夜遅く家に帰ってきた人々は、ニンジン一本すら家族のために持ち帰れなかった。ゲットーの門で身体検査をされたからだ。殴られるという恐怖はあっても、労働者は翌日も仕事場に戻った。母親も子どもたちだけを置いて出かけた。他にどうすることができただろう？

ゲットーで家族の世話をし、子どもたちを生き延びさせる――肉体的にも精神的にも次世代を育てる――それが母親のレジスタンスの形だった。男たちは無理やり連れていかれたり逃げだしたりしたが、女たちは残って、子どもやしばしば親たちの面倒まで見た。リーアと同じく、多くの女性が予算を立て食料を分配することに慣れていたが、いまやすさまじい窮乏と闘わねばならなかった。一日分のスタンプで手に入る食料は、実と茎と葉から作った苦いコーンブレッドのようなパン、挽き割り麦少々、塩ひとつまみ、ひとつかみのじゃがいも。それだけでは朝食としても充分な栄養にならなかった。

闇市場で売るものがない貧しい人々がいちばん苦しんでいた。子どもたちが飢えて「最悪の死」を迎えるのを見ずにすむなら、母親は何だってしただろう。生きるために最低限ものすら与えられず、母親たちは食べ物を必死に探し、暴力から、のちには強制収容所への移送から、子どもたちを隠した（隠れ家では音を立てないように、ときには泣く赤ん坊の鼻と口をふさぎ窒息させなくてはならなかった）。しかも、薬がないまま病気の手当をするしかなかった。ゲットーの女性たちは常に性的暴力の犠牲になりやすかったし、子どもたちだけを残して仕事に行き、つかまる危険を冒して食料を調達に行った。ポーランド人の里親に大金と引き換えに赤ん坊を託す者もいた。そして、遠くから子どもたちが虐待されたり、出自について嘘を言わされたりするのを見守らねばならなかった。最終的に、労働を免除されていた多くの母親たちは、子どもといっしょにガス室に行った。子どもだけで死なせることを拒否し、最後の最後まで子どもを抱きしめ、慰めながら。

夫が残っていると、しばしば夫婦げんかが起きた。男の方が例外なく空腹に耐性がなく、見つけた食べ物を片っ端から食べてしまうことが多かったからだ。女性たちは食料を隠さなくてはならなかった。混み合った部屋で飢えた人々に囲まれていては、セックスはまず不可能だったので、よけいに夫婦間の緊張が高まった。ウッチのゲットーの記録によると、独身になると移送されて死ぬ可能性が高くなるにもかかわらず、たくさんの夫婦が離婚を申し立てた。多くの場合、そうした夫婦はお見合いではなく、恋愛結婚をした最初の世代だったが、常に飢えと虐待と恐怖にさらされていると、ロマンチックな絆はほころんでしまう。

家事をたたきこまれてきた女性はシラミをとり、清潔にし、きちんと装うことにも細心の注意を払った——その技術は肉体的にも精神的にも、生き延びるのに役立った。空腹であることよりも衛生状態が悪いことに、女性はより大きな苦痛を感じるようだ。

しかし、いくら衛生に気を配っても、充分な食べ物がなく、人で混み合い、流水やトイレがないせいで、イェンドジェユフのゲットーではチフスが流行した。感染した家はどこも閉められ、感染者はチフス専用のユダヤ人病院に運ばれた。チフスはシラミによって媒介される病気だ。ほとんどの患者が治療できずに亡くなっていった。特別な浴場で死体と衣類が消毒されたが、たいてい衣類は廃棄された。ナチスはチフス患者の治療を禁じ、病人に毒を飲ませるように命じているという噂が広まっていた（ナチスは極度の細菌恐怖症だった。クラクフでは、感染していないユダヤ人が生き延びるためにナチスが避けている汚染された病院にもぐりこんだという）。

飢え、伝染病、風呂に入っていない悪臭、仕事も日々のスケジュールもなく、さらわれて強制労働につかされ殴打されるという恐怖が、毎日の現実だった。子どもたちは通りでナチス対ユダヤ人ごっこをした。小さな女の子は書類がないからゲットーを出ていくな、と飼っている子ネコに怒鳴りつけた。ハヌカー（十一月から十二月に行われるエルサレム神殿の奪回を祝う祭り）の蠟燭や安息日のパンであるハッラーを買う金もなかった。裕福なユダヤ人ですら、ゲットーに持ちこんだり家財道具を売ったりした金がなくなりかけていた。ユダヤ人の所持品はポーランド人にただ同然で売られたが、闇市場では高額の値段がついた。ワルシャワゲットーでは、一斤ぐらいのパンが、現在の貨幣価値でいうと六十ドルもしていた。

今、ポーランド人の家の戸口で、レニャは危険を冒そうとしていた。どうしてもお金がほしかった。国じゅうのユダヤ人女性と同じく、レニャは自分を政治的な人間だとは思っていなかったし、どこの組織にも属していなかった。それでも、今ここで、この行動に命を賭けていた。拳を伸ばし、ノックをする。銃弾を浴びる可能性は覚悟していた。

女性がドアを開け、さっそく交渉に入った。みんな、うれしそうに買ってくれる、とレニャは思った。他に現金を使うところがないからだ。女性は少量の石炭を差しだした。レニャは何枚かの硬貨も求めた。先祖伝来のレースのランチョンマットの代償としてはあまりにも少ない額だった。

「いいわよ」そして、レニャは胸をドキドキさせながら立ち去った。ポケットの硬貨に触れる。

微々たるものだったが、彼女も何かを成し遂げたのだった。

ある朝、恐れていたノックがされた。民警だ。命令が下された。ユダヤ人コミュニティは町の外の強制労働収容所に連れていくために、強靭で健康な男性二百二十人を選ぶように。レニャの弟のアーロンはリストに載っていた。

家族はアーロンに行かないように懇願したが、彼は従わなかったときの報復を恐れた。長身でブロンドの弟がドアから出ていくのを見送ったとき、レニャのはらわたは煮えくり返るようだった。召集された一団は消防署に集められ、医師の検診を受け、ゲシュタポに無理強いされてユダヤ人の歌を歌い、ユダヤ人のダンスを踊り、互いに血を流すまで殴り合った。ゲシュタポはそれを笑いながら見物していた。彼らを連れていくバスが到着すると、犬を連れマシンガンで武装したゲシュタポは少しでもぐずぐずしている者を容赦なく殴りつけたので、残りの男たちは大急ぎでバスに乗りこんだ。

弟のアーロンは、そのまま処刑されるにちがいないと思った、とのちに語ったが、リヴィウの近くらしい収容所に連れていかれた。おそらくヤノフスカの収容所だったのだろう。そこは一時滞在収容所で工場があり、ユダヤ人は大工仕事や金属加工の仕事にこき使われた。ナチスは「好ましくない人種」を閉じこめる施設として、四万以上の収容所を各国に建設した。内訳は一時滞在収容所、絶滅収容所、強制労働収容所、その組み合わせだった。ナチス親衛隊は強制労働収容所を私企業に貸し出し、会社は労働者一人につき賃金を支払った。女性は賃金が安かったので、企業は女性たちを「借りて」、骨の折れるつらい仕事をさせたがった。ポーランドじゅうの国立および私立の収容所は非人間的な環境で、飢餓、ひっきりなしの打擲《ちょうちゃく》、不衛生による病気、過労によって、次々に人が死んでいった。戦争の初めの頃は、強制労働収容所の囚人たちは石を割るなど、たいてい意味のない屈辱的な仕事をさせられてやる気をなくしていた。やがて、ナチスの要求が大きくなるにつれ、より多くの労働力が必要とされるようになった。収容所の一日のメニューはパンひと切れ、飼料用のマメでこしらえた作物、ゆでたピーマンみたいな味のする黒いスープだけだった。ユダヤ人青少年は強制労働所で働かされる可能性に怯えていた。

国の社会的崩壊にもかかわらず、郵便制度はまだ機能していた。ある日、一通の手紙が届いた。震えながらレニャは便箋を開き、アーロンがまだ生きていることを知った。しかし、その悲惨な生活ぶりに衝撃を受けた。アーロンは畜舎で、一度も交換されたことのない藁の上で凍えながら寝て、日の出から日没まで働き、腹を空かして、野生のベリーや地面に生えている雑草を食べていた。毎日殴られ、友人の肩を借りて家に帰った。夜は体操を強制され、ついていけないと待っているのは死だった。全身シラミだらけになった。流し台はなく、トイレもない。耐えがたい悪臭。やがて赤痢が蔓延した。このままでは死ぬと気づき、多くの少年が脱走した。真冬なのに収容所の薄い服では目立つので、町を避け、森や野原を抜けなくてはならなかった。ゲシュタポは逃亡者を狩りはじめ、その一方で残った少年たちを拷問した。

レニャはすぐに弟にささやかな荷物を送った。ポケットの中に金を縫いこんだ服も入れた。もし逃げられたら家までの切符を買えるように。逃げてきた人々を窺うと、その様子はぞっとするものだった。骨と皮ばかりにやせこけ、体じゅうが潰瘍と切り傷だらけで、服にはさまざまな虫がたかり、手足は腫れあがっていた。少年たちは突然に弱々しい老人のようになってしまった。

あまりにも多くのユダヤ人が行方不明になっていた。「父、兄、妹、母――」レニャは書いている。「どの家族にも一人は行方不明者がいた」

しかし、すべては相対的なものになる。レニャはまもなく「たった一人の行方不明者」なら、まだましだと知った。「一人しか生き残れなかった」者ですら、幸運だった。

レニャは自分で運を切り開かねばならないと悟った。

ある晩、ゲットーのみすぼらしい小屋の屋根に夕日が射しはじめたとき、通達が届いた。レニャたちは、ゲットーでもっとも裕福な他の四百の家族とともに、町を出るように命じられた。真夜中までに。

これまで金持ちたちが法令から逃れようと必死になってきたのをレニャは目の当たりにしてきた。ユーデンラートに賄賂を与えて代わりの労働者を手配してもらったり、代わりに働いてくれる労働者を雇ったり。考えつく限りの手段で困難を乗り切ってきたのだが、ドイツ人にとっては何の意味もなかった。裕福な家族は強制的な退去を金で逃れようとしたが、ユーデンラートの金庫はこれまでの賄賂ですでに満杯だった。それどころか、裕福な家族に移住費用として五十ズウォティずつ与えた。

レニャたちは必死になって所持品をそりに積み、真夜中に出発した。連れていかれたヴォジスワフは凍えるように寒かった。それもナチスの計画の一部だった。ユダヤ人を何の理由もなく町から追い出し、屈辱を与え絶望させるためだ。レニャは震えながら、しっかりとコートを（まだ一枚持っていて幸運だった）体に巻きつけ、なすすべもなく周囲を見回した。赤ん坊の皮膚が寒さで青くなるのを目にして母親たちは取り乱していた。ヴォジスワフのユダヤ人は母親と死にかけた赤ん坊を庭にある羊小屋に入れてくれた。少なくとも、それで吹きつける風からは守られた。

最後に、ユダヤ人全員が凍てついたシナゴーグに押しこめられた。壁からつららが下がる建物の中で、地域の給食所から提供されたスープを飲んだ。コミュニティでもっとも裕福で権力を持っていた人々は、いまや何よりも重要なのは生き延びることだと悟った。「ナチスのせいでユダヤ人の心はかたくなになった」とレニャは書いている。「いまや、どの人も自分のことだけを考え、同胞の口からも喜んで食べ物を盗んだ」ワルシャワゲットーの生活で、人々の心が無慈悲になっていったことを、ある生存者はこう語っている。「もし通りで死体を見つけたら、その靴を奪った」

どのゲットーでも、法令はますます残酷になっていった。

「ナチスは毎日、ユダヤ人を殺すための新しい方法を発明した」とレニャは書いている。サディスティックな方法が発明されるごとに、レニャは胸の悪くなるようなとてつもない悪意を感じた。殺人者たちは暴力をふるうために無数の方法を使った。「夜、酔っ払って羽目をはずしたゲシュタポがバスで乗りつけた」彼らは三十人の名前のリストを持っていて、その男女や子どもを家からひきずりだし、殴り、撃ち殺した。レニャは悲鳴と銃声を聞き、朝になると死体が路地にばらまかれているのを見た。死体はさんざん殴打されたせいで青黒くなっていた。家族の耐えがたい悲嘆の声に、レニャの胸は張り裂けた。毎回、次は自分の番かもしれないと怯えた。こうしたできごとが起きると、コミュニティが落ち着くまでには何日もかかった。誰が名前のリストを作ったのか？　誰に対して警戒したらいいのか？　誰の機嫌をそこねたのか？　人々は恐怖のあまり、互いに口をきこうともしなくなった。

こうしてゲットーのユダヤ人は完全にナチスに支配されたと感じるようになった。彼らの住まい、皮膚、思考までも脅かされていた。ユダヤ人が何をしても、言っても、どんな些細な行動だろうと、本人と家族の処刑につながった。すべての人の肉体と精神が監視下におかれていた。「息をすることも、咳をすることも、泣くことも、誰にも聞かれずにはできなかった」と若い女性の住人は書いている。誰を信頼できるのか？　誰が聞き耳を立てているのか？　旧友と話をするのも、事前に待ち合わせ場所を決め、家事をこなしているかのようにいっしょに歩かなくてはならなかった。夢で本音を語ってしまうのではないかとまで、みな恐れていた。

ときどき夜にゲシュタポがやって来て、理由もなく人々を撃ち殺した。ある晩はユーデンラートの職員と家族全員が処刑された。ある忘れられない夜には、ゲシュタポを乗せた数台のバスが到着し、寝間着を着ただけの裸足のユダヤ人に、雪の積もった市場を走り回らせた。ゲシュタポは棍棒を手にそれを追いかけた。さもなければ雪の中に三十分伏せさせたり、仲間のユダヤ人を鞭で打たせたり、地面に寝かせて軍用車でその体を轢いたりした。ナチスは凍えている人々に水をかけ、直立不動で立たせた。「明日の朝、生きて目を覚ますことができるかどうか、まったくわからなかった」それが、レニャの新しい現実だった。

昼間にも悪夢が始まった。森でマシンガンの銃声が響いた。ナチスはユダヤ人に自分の墓穴を掘らせ、穴の中で歌ったり踊ったりさせてから撃ち殺した。そして残りのユダヤ人に犠牲者を埋めさせた。ときには生き埋めにした。ナチスは年配のユダヤ人にも歌や踊りを強制し、髭を一本一本抜いていき、入れ歯を吐きだすまで平手打ちにした。

ゲットーは世間と隔てられた社会だった――ラジオは許されなかった。だが、レニャは情報をこっそり入手した。何百人もの女性がどこかに連れていかれたきり、二度と消息を聞くことはなかった。正直な兵士から、そうした女性たちは売春婦として働くために前線に送られたのだと聞かされた。彼女たちは性病に感染し、生きたまま焼かれたり、撃ち殺されたりした。だが何百人もの若い女性たちが暴動を起こした、という兵士の話に、レニャは心を奪われた。彼女たちは銃剣を盗んでナチスを突き刺し、目玉をえぐり出し、それから絶対に売春婦にはならないと叫びながら自ら命を絶った。生き残った女性たちは結局制圧され、レイプされた。

十五歳の少女に何ができただろう？　レニャは情報を集め、真実に向きあわねばならないと本能的に悟り、アンテナを張り巡らせ、別の町から流れてくる噂に耳を澄ました。人々はじゃがいもの皮まで食べながら、次々に餓死していった。ユダヤ人はナチスの手に落ちないように自ら命を絶ち、わが子を殺した。ときには一万人ものユダヤ人が移送のためにゲットーから駅まで歩かされ、都会から見も知らぬ場所へと向かった。行った先で人々は選別され、仕事につかされたという話だった。ユダヤ人コミュニティはそれを数少ない生き残りから聞いた。おそらく偽情報を伝えさせるために、ナチスはわざと少数のユダヤ人を生かしておいたのだと思われた。大半の人々はただ姿を消した。「深い穴に落ちていったみたいだった」

集団処罰がナチスのやり方だった。ナチスは、ユダヤ人を助けたポーランド人は死刑にするという法令を定めた。ゲットーのユダヤ人は、逃げたら家族全員が報復のために殺されることを恐れた。とどまって、コミュニティを守る？　あるいは逃げる？　逃亡か、戦うか？

ひっきりなしに殺戮がおこなわれていた。処刑委員会は民族ドイツ人から構成されていた。「人の命なぞ何の意味も持たない、残虐なウクライナ人と若くて健康なドイツ人」が処刑を担当した、とレニャは書いている。「彼らは常に血に飢えていた」レニャはナチスとその協力者について、こう説明している。「それが彼らの本性だった。アルコールや薬物の中毒になるのと同じだ」こうした「黒い犬」は黒い制服を着て、頭蓋骨の飾りがついた帽子をかぶっていた。残忍な顔つきの彼らが、まさに野生の獣が獲物に飛びかかるように目をぎょろつかせ、歯をむきだしにして現れると、人々は大勢が処刑されることを覚悟した。彼らがゲットーに入ってくるなり、人々はさっと隠れた。「連中にとって、人を殺すことは煙草を一本吸うよりもたやすかった」

# 第五章　ワルシャワゲットー――教育と言葉

## ハンチャとジヴィア　一九四〇年十月

一九四〇年の贖罪日《ヨム・キプール》〔断食を通じて神のゆるしを祈る、ユダヤ教最大の祝日〕に、ジェルナ通り三十四番地のダイニングルームは、会議のために農場からワルシャワまで旅をしてきた仲間たちであふれていた。それでも、フルムカの妹のハンチャの講義に夢中で聴き入っているせいで、部屋はしんと静まり返っていた。ハンチャは独特の魅惑的なやさしい声で語っていた。内容はユダヤ人の誇りについて、人間らしくいることの大切さについてだった。

フルムカの四歳下のハンチャは、あらゆる意味でフルムカと正反対だった。フルムカはブルネットで、ハンチャはブロンド。フルムカは厳粛で、ハンチャは快活。フルムカは生真面目で、ハンチャは社交的。フルムカは分析的で、ハンチャは想像力豊か。「これほど刺激的な人とは会ったことがなかった」とイスラエルの有名な政治家レイチェル・カツェネルソンは後に記している。「彼女の笑い声、身のこなしには、どこか魔法のようなわくわくするところがあった。彼女はたんなる美しさを超えた魅力を備えていた——寛容さ、どんな人生でも喜んで迎え入れようとするところ、楽観主義。それらに魅了された」

あふれんばかりの魅力の持ち主は、友人を作ることから多言語を学ぶことまで、どんなことも楽々とこなした。ハンチャは地元の子どもたちのリーダーとして成長し、走り回ったり木に登るときでも、常に先頭にいて、いつも笑っていた。父親に溺愛され、安息日のディナーのあとで政治について議論する家族の緊張を和らげた。信仰が篤く共産主義者の姉ズラッカ（ハンチャにも勉強を教えていた）、シオニストの兄エリヤフ。フルムカは考えを自分の胸だけにおさめていたが、ハンチャは冗談めかして口にした。この姉妹はたいていハンチャの名前を先にして「ハンチャとフルムカ」と呼ばれた。二人いっしょに部屋に入っていくときがまさにその例で、妹のエネルギーは一座の注目を集めた。

ハンチャがまだ十四歳だったとき、エリヤフは妹がとびぬけて成熟していることを知り、パレスチナに発つ直前に彼女をドロルに紹介した。子どもっぽいところはあるが、少女は快活で深い知性を示し、挑戦したがり、その洗練された審美眼や詩への愛情で、仲間たちを感心させた。彼女は活動メンバーとなり、兄から送られた金で学習会やイベントに参加したが、いつも幸せというわけではなかった。訓練キャンプで書かれた一通の手紙には、孤独な気持ちと、女の子たちが彼女は寝ていると思って悪口を言っているのを聞いてショックを受けたことが書かれている（「あの子、いかれてるわ……かわいいけどね」）。男の子たちの注目の的になることには複雑な気持ちだったし、イツハクという男の子に恋心を抱いていたものの、それが成就するのか自信がなかった。「彼はわたしの詩の本を編集してくれると約束した。だのに、わたしは彼の短編を容赦なく直している」姉妹のあいだには愛情と対立が渦巻いていた。お互いに愛し合っていたが、ときにハンチャはフルムカに心配されることが息苦しくなった。二人でいっしょに暮らすことはむずかしかった。フルムカは孤独を愛していたし、ハンチャは「活動、仲間、人生」を愛していた。

戦争の最初の頃、ドロルは支部の活動を支援するために、ハンチャを東のリヴィウに行かせた。ハンチャはエネルギッシュに行動してみんなを元気づけ、ソ連側にいる幸運を思い出させ、全員の士気を高めることができた。ピンスクでは両親に驚くような知らせを告げた。そのときのことを、ある友人がこう書いている。「ハンチャがナチスに占領されたポーランドに戻るつもりだ、と両親に告げたときのことは忘れないだろう。ふいに、家全体が静まり返った。世界が壊れ、石と化した。ハンチャがつらい報告をしているあいだ、両親の顔は完全に表情を失った。ぞっとする静寂がしばらく続いたのち、父親はようやく我に返って言った。『ああ、娘よ、もし行かざるをえないと感じるなら、神のご加護とともに行きなさい』」もちろん、彼女は行かなくてはならなかった。最初に国境をこっそり越えようとしたときは、冷たい川を泳いだため凍えて失敗した。だが、ハンチャはもう一度挑戦したいと言い張った。

今日、ユダヤ人にとって一年でもっとも聖なる日に、ドロルはワルシャワ本部のダイニンググループに集まっていた。故郷から遠く離れたこの場所にいるハンチャは、いつものようにお下げを揺らし、頭にネッカチーフを巻き、パフスリーブの花模様のブラウスを着て、ユダヤ人の尊厳についてスピーチをしていた——そのとき、フルムカが勢いよくドアから飛びこんできた。

フルムカは恐ろしい知らせを伝えにきたのだ。ユダヤ人地区が封鎖されることになったと。彼らは外界とのつながりを失ってしまうだろう。つまり仕事と、他のグループと、食べ物と、ありとあらゆるものとのつながりを。メンバーは地方のゲットーの事情には慣れていたが、こういうことが首都のワルシャワで起こるとは思ってもいなかった。ジヴィアとフルムカは人員を再配置し、再訓練しなくてはならない、と悟った。またもや、思わぬ展開になった。

ゲットーの門が封鎖され、天辺に割れたガラスが並ぶ高くて厚い塀に囲まれた狭い地区で、四十万人以上のユダヤ人が暮らすようになった。それでも、ドロルの教育と文化活動への支援は減るどころか、さらに増えた。これはメンバーが士気を保ち、ドイツの占領を乗り越えた成果だと、ジヴィアは考えていた。

ドロルだけではなかった。多くの組織が文化活動や支援を続けていた。何千人ものゲットーのユダヤ人が、命の危険を顧みずに舞台に出演した。アマチュアもプロも、イディッシュ語でもポーランド語でも、コンテストで競い合った。コーヒーハウスや劇場では風刺的な芝居が上演された。役者たちは余分な金を稼ぐために、地下で秘密の舞台に参加していた。ワルシャワゲットーには一本の通りだけでも、三十の舞台からなる「ブロードウェイ」が存在した。ブントもコンサートを主催した。無料給食所七カ所とティールーム二カ所を開き、大規模な学校制度、デイキャンプ、スポーツ協会、地下医学校、文学イベント、社会主義赤十字社を創設した。政治的集会は違法だったので、こうした地域の給食所で、多くの会合がひそかに開かれた。

ドロルにとって、教育は最優先だった。ジェルナ通りの本部ではユーデンラートに反対されながらも、一九四〇年から四一年にかけて大きな学習会が三回開催された。初回はポーランドじゅうの二十三の支部から五十人が参加した。そこには詩人のイツハク・カツェネルソンや、歴史家で社会活動家のエマヌエル・リンゲルブルム、教育者のヤヌシュ・コルチャックやステファニア・ヴィルチンスカなどの有名人の顔もあった。全員がユーデンラートの廊下でジヴィアが顔見知りになった人々だった。六週間にわたって参加者は勉強し、将来についてじっくりと考えた。ドロルでは、聖書クラス、文学朗読、科学講演、演劇グループなどの文化活動がおこなわれていた。

すべてのユダヤ人学校が強制的に閉校させられたので、ジヴィアはゲットーの子どもたちが怠惰で無教養になるのではないかと心配していた。そこで、ドロルは地下小学校と中等学校を設立し、百二十人の生徒を教えることになった。その学校でいちばん年上の生徒がハンチャだった。十三人の教師が教材もなく、ちゃんとした教室もなく、報酬も保証されずに、宗教とは関係のない科目とユダヤ教について教えていた。あちこちの建物を移動しながら、何家族もが押しこめられている狭い部屋で授業をした。教師たちは飢え、足は霜焼けで腫れていたが、聖書、生物学、数学、世界文学、ポーランド語、心理学を教えた。飢餓のせいで震え、むくみが出ている生徒たちに、「考え方」を教えたのだ。詩人のカツェネルソンは伝統を大切にするよう生徒たちに教えた。ときには家の住人全員で歌うこともあった。この「飛ぶ教室」は試験も施行し、二年間存続した。また、ここは未来の地下戦闘員を育てる場にもなった。

幼い子どもたちも支援を受けた。ドロルでは幼児の世話を学ぶコースを設け、幼稚園の保母たちが通所施設を運営した。これまでポーランド政府によって監督されていた孤児院は荒れ放題になったので、ドロルの女性たちは衣類や筆記用具を集め、子どもたちに遊びや物語や童謡を教え、休日のお祝いを企画した。ゲットーの多くの子どもたちは通りで物々交換をしたりパンをねだったりして暮らしていた。ジヴィアやアンテクや他のメンバーたちは子どものための給食所を組織し、子どもたちに食べ物を与え、ヘブライ語とイディッシュ語の読み書きを教えた。

「全力をあげて、わたしたちは少しでも楽しい子ども時代を過ごし、笑いやジョークを取り戻してもらおうとしていた」とある女性メンバーは書いている。「ドイツ人査察官がやって来ると、子どもたちは食べているだけで、他には何もしていないふりをした。十一歳、十二歳の子どもたちが大人のように事実を隠すことを学び、年にそぐわないふるまいを身につけていた」ドロルの子どもたちの合唱団や演劇グループは、精神的な支えを求める何千人ものユダヤ人をひきつけた。

本部のあるジェルナの住所はユダヤ人に広く知れ渡った。ドロルは女性たちが中心になって運営されていたが、千人以上のメンバーがいた。彼らは子どもたちといっしょに歌い、散歩に連れだし、野原で——つまり、壁に囲まれた場所に残る空き地の瓦礫のあいだで遊んで過ごした。大人たちは、子どもたちがわずかでも希望を胸に楽しく過ごしているのを見守っていた。

こうした教育のために、ドロルは本を必要とした。

初期のレジスタンスに不可欠なのは文学だった。占領したナチスはイディッシュ語とヘブライ語の本、ユダヤ人作家や政敵の本を禁じ、燃やした。言うまでもなく、反ナチスの出版物は禁じられていて、一冊でも持っていれば投獄か死刑になった。日記をつけ、「証拠を集める」ことも同様に罰せられた。昔から本好きの民族であるユダヤ人は書くことで抵抗した――情報を伝えるために、記録するために、個人的表現のために。読者はその物語を書き写し、保存することで抵抗した。

新しい本は出版されなくなり、大半の古い本は手に入らなくなったので、ドロルは自前の出版社を作った。ゲステットナー社製の謄写版印刷機で刷られた最初の本は、ユダヤ人の迫害と英雄的行為の物語を集めた歴史小説のアンソロジーだった。ユダヤ人の勇気の頼もしい例として、若い人々に読んでもらおうとしたのだ。数百冊が国じゅうの支部にひそかに運ばれた。教育的な手引き書ばかりか、カツェネルソンの自伝的な戯曲『仕事』も出版し、演劇グループで上演した。アンテクが印刷機を回しているあいだ、参加する子どもたちは機械の音を隠そうとして、ありったけの声を張り上げて歌った。

ナチスによる情報管制に対抗するために、ユダヤ人同士のコミュニケーションは必須だった。あらゆる党派が地下出版社で印刷をして、ゲットーや強制収容所について国じゅうに情報を提供した。ドロルはポーランド語とイディッシュ語の地下新聞を発行し、現状の問題について語り合った。のちに、そのメンバーは秘密の無線で聞いたニュースを、イディッシュ語の週刊新聞で報告するようになった。リンゲルブルムによれば、「政治的出版物が矢継ぎ早に次々と出版された。毎月出版されるものもあったし、わたしは月に二度出版していた」ということだ。政治的論争、文学作品、ゲットー外のニュースも含めて七十の定期刊行物が、ポーランド語、ヘブライ語、イディッシュ語で、手に入るどんな紙にも謄写版印刷機によってひそかに印刷された。印刷部数は少なかったが、どの印刷物も複数の人々が読んだ。

読書は逃亡のひとつの形であり、重要な知識の情報源だ。本を保存することは、文化および個人を救済する行動だった。図書館は禁じられていたので、ワルシャワで独自の図書館を作る活動について、ある女性メンバーが説明してくれた。「一部屋で本に集中することが許されないなら、それぞれの家で見つかったすべての本のリストを作り、全住人がそれを読めるようにしたのです」

ポーランドじゅうで、他にも多くの人々が秘密の家庭図書館を作った。ウッチのゲットーにいる若いブントのメンバー、ヘニャ・レインハルツは、ブントのメンバーたちが町のイディッシュ語図書館から大量の本を救出し、彼女の家族が住む部屋に運んできたと話した。ヘニャは妹と友人たちで本を分類し、それを並べる書棚を作成した。「こうしてうちの台所はゲットー図書館になったんです。これがいわゆる秘密の地下図書館です。ゲットーの管理者もナチスも、そのことを知りませんでした」ヘニャの本好きはゲットー時代にまで遡る。「読書は別の世界への逃避を意味した」と彼女は書いている。「現実とはちがう正常な世界で、わたしたちはヒーローとヒロインの人生を生き、喜びと悲しみを共有する。現在の恐怖と飢えに満ちた世界ではなく、正常な世界の正常な人生の喜びと悲しみを」彼女は移送を逃れながら、『風と共に去りぬ』を読んだ。

仕事や学校にも行かず、狭い空間に閉じこめられ、飢えで無気力になり、孤独と退屈に苛《さいな》まれている多くの人々にとって、書くことは手軽で便利な余暇になった。ユダヤ人は人間性と自分の人生を生きているという感覚を失うまいとして個人的な記述を残した。自伝的記録には、精神的な発達が記されている。内省によってアイデンティティが確立され、人間性が高められた。かの有名なアンネ・フランクのように、ユダヤ人女性は性について、揺れ動く考えや恐怖、社会的な分析、求婚者や母親へのいらだちを書くことによって掘り下げた。アンネや他の女性たちは高い教育を受けていて、人間らしさを取り戻すことの大切さを信じていた。そして書くことによって自分の運命は自分で決め、おぞましい社会の腐敗に対抗し、信念と秩序を失うまい、という気力が湧いてきた。書くことで、無意味な暴力の意味を、破壊された世界を修復する手立てを見つけようとしたのだ。

ジェルナ通りから数ブロック先で、毎週土曜日にリンゲルブルムはユダヤ人に関する文書記録収集組織、オネグ・シャバットのメンバーたちと会った。この組織はラビ、社会活動家など知識人の集まりで、ユダヤ民族に対する責任と、ユダヤ人の視点から戦争の証人となって記録する必要性を強く感じていた。ナチスはポーランド系ユダヤ人を写真や映画で冷酷に記録していた。オネグ・シャバットはドイツ人の歪曲した記録だけが歴史ではないことを示そうとした。メンバーは将来の世代のために、ワルシャワゲットーの生活にまつわる品や文書など大量の材料を集めた。のちに、そのすべてをミルク缶に入れて埋めた。戦後まで生き延びた品々の中に、うたた寝している幼児のクレヨン画《眠れる女の子》がある。母親の画家ゲラ・セクシュタインが描いたものだ。片腕を曲げ、横向きに寝る黒髪の女の子を愛情こめて描いた絵は、めったにない安らぎの一瞬をとらえている。「賞賛は求めていません。わたしにとって、娘だけが記憶するべき存在です。この賢い女の子の名前はマルゴリット・リヒテンシュタインです」と画家は述べた。

ワルシャワゲットーの状況は急速に悪化していった。「とてつもなく人が密集し、孤独で、どうやって生計を立てたらいいのか不安に苦しんでいた」とドロルの女性メンバーは書いている。「ユダヤ人は通りに出てグループで歩き回りながら、胸の内を語り合った」大半の建物は通りからひっこんでいて、迷路のようになっていた（金持ちの人々は採光のいい表側の部屋に住んでいた）。中庭は会合や組織を結成する場所として利用された。とはいえ、飢え、病気、恐怖といった大きな問題が起きていた。病気が蔓延し、死骸が通りに並んでいる有様だった。ユダヤ人の商売は閉鎖されたので、なかなか仕事にありつけなかった。栄養失調でふくらんだおなかをして、食べ物を必死にねだる子どもたちの姿があちこちに見られた。ジヴィアは子どもたちがパンを求めて泣く声がひと晩じゅう聞こえるので、つらくてたまらなかった。

ジヴィアとフルムカは住民を元気づけることがますます重要だと考え、無料給食所を続けた。仲間たちはただでさえ少ないスープを新しいメンバーと分けあい、ランチの残り物をのせた皿をずらっと並べた。しかし、しばらくすると彼ら自身の空腹が耐えがたいほどになり、この習慣は消滅した。

数えきれないほどのユダヤ人女性がワルシャワの人々を助けるために立ち上がった。二千もの「家庭委員会」が医療や文化的活動を提供した――そのほとんどが女性ボランティアによって運営されていた。オネグ・シャバットのメンバーのラヘル・アウエルバフはすぐれたジャーナリストであり小説家で、哲学を専攻し、無料給食所を運営していた。パウラ・アレステルは「ギリシャ人のような容貌とすばらしいスタイル」の持ち主で、無料給食所を率い、地下活動の中心的存在になった。バシャ・ベルマンは情熱的な教育者で、子どものための図書館を一から作った。ブントのメンバー、マニャ・ワッセルと地下組織のリーダー、ソニャ・ノヴォグロツキは作業場を運営し、捨てられた衣類を孤児たちの衣類に作り替えた。彼らには食べ物を与え、医療的な処置もした。セインデル・ヘフトコップはワルシャワ大学法学部を優等で卒業した熱心なドロルのメンバーで、ペレツ図書館を運営し、無料給食所の責任者を務め、アカデミックな会議を開催した。彼女が母親とナチスにつかまったとき、ドロルは彼女を解放させようと画策したが、彼女は母親のそばを離れようとしなかった。

その年、ワルシャワの状況が悪化するあいだ、ドロルは市外で仕事を続けていた。いくつもの組織が協力し、恐怖で何もせずにいる若者のために全国的な計画を立案した。ジヴィアは頻繁にワルシャワを離れ、生徒たちのグループをまとめ、時間を節約するために駅で地元の活動家たちと落ち合った。彼女はゲットーの壁を越えてコミュニケーションをとることが重要だと考えていた。彼女には先見の明があり、その行動はじきに役に立つことになる。

この計画を成し遂げるために、ジヴィアは仲間をワルシャワからあちこちの町に派遣した。フルムカが前からやっていたような大胆不敵な仕事だ。こうしたメッセンジャーはたいていアーリア人の外見をした若い女性で、指定された地元の人間と連絡をとって、「ファイブ」を作るように指示した。ファイブとは先遣隊のような仕事をする五人からなるグループのことだ。ハナ・ゲルバルトは初期の運び屋だった。最初の任務として、ジヴィアはハナにポーランド語の偽造書類を運ばせた。ハナは行商人のふりをしながら、実際にはレジスタンス文学を配っていた。当時、列車の旅はポーランド人にとっても困難だったので、ハナは荷馬車で移動したが、過剰なほど用心し、仲間のユダヤ人を含めすべての人間を疑った。ハナは本部から住所を受けとると、正しい相手としゃべっているかどうかを慎重に確認し、相手に罠にかけられないように、あるいは自分がゲシュタポの手先だと思われないように細心の注意を払った。どんな書類を渡す前にも、彼女は相手を質問攻めにした。

若い女性の訪問は歓迎された。とりわけレジスタンス活動について希望的な話を運んできてくれるときは。ワルシャワ外での二度目の任務で、ハナは地下文学がぎっしり詰まった鞄を持って旅をした。ユダヤ人の歴史、労働者の文学、ユダヤ教の祝日についての本だ。「そうした『物語』を手に移動するのは危険でした」と彼女は語っているが、それらを広く読んでもらいたいという使命に燃えていた。ある旅では、三つのうち、ひとつのファイブは来なくて、ふたつのファイブだけがやって来た、とハナは書いている。全員が木造の家の暗がりにすわり、彼女は十人の仲間たちにドロルの活動について語り、すべてが破壊されたわけではなく、自分たちの歴史から力を得るべきだ、と強調した。若者たちは固唾を呑んで話に聴き入った。のちに、若者たちはそれぞれの追いつめられた気持ちや不安について吐露したが、新たに得た勇気のために目は輝いていた。ハナの貴重な言葉は知識をもたらし、たとえ一瞬でも苦悩から救ってくれ、若いユダヤ人を「この嵐の時期に暗雲に力強く立ち向かおう」という気にさせた。

「ジヴィアの娘たち」として知られる若い女性たちは、まもなくレジスタンスできわめて重要な役割を担うことになった。

# 第六章　精神から血へ――ŻOBになる

## トシャ、ジヴィア、ヴラドカ　一九四一年十二月

軽くてふわふわした十二月の雪が宙に舞っている。半年前、ナチスが東へ進軍しヴィルニュス一帯を支配した。ジヴィアと若者たちは一九三九年に逃げていったその町で、ソ連とリトアニアの支配のもと、シオニストとブントとして活動したが、もはやそこは安全ではなかった。一九四一年まで、ユダヤ人にはまだ仕事があり、活動や教育も比較的自由だった（実際、多くの女性たちがソ連の支配下で受けた高等教育について感謝を口にしている）。しかし、そうしたすべてがいきなりなくなった。ゲットー化、反ユダヤ人法、拷問が課され、ユダヤ人たちは奈落の底に突き落とされた。しかしナチスの占領にも、トシャ・アルトマンはへこたれなかった。なにしろ、この任務は非常に重要だったのだ。

ヴィルニュスに到着した二十三歳のハショメル・ハツァイルのリーダー、トシャは、豊かな金髪の巻き毛に舞い落ちた雪片をつけたまま、弾むような足取りで進んでいった。古いユダヤ人地区に

設けられた小さなゲットーめざし、美しいネリス川を渡り、雪の積もった公園をいくつも過ぎ、玉石敷きの通り沿いにある中世の建物、ユダヤ人図書館、シナゴーグ、ユダヤ教の神学校、この都市で生まれた記録保管所であるポーランドセンターを通り過ぎた。そこにはイディッシュ語の詩とラビの知識と知性が収められている。トシャは戦争の初期にヴィルニュスに逃げてきたことがあったので、この町を熟知していた。この二年近くはナチスに支配されたポーランドじゅうをあちこち旅して過ごしていて、その旅程表はいたずら書きさながらで、頻繁な旅で何が何だかわからなくなるほどだった。ヴィルニュスのドイツ人に対応することも、また新たな仕事だった。

戦争のずっと前から、トシャはハショメル・ハツァイルのメンバーで、ジヴィアやフルムカと同じように、グループの移住計画の中心人物だった。善良で教養があり、愛情深い家族に恵まれた陽気なトシャは、ブウォツワベクで育った。シオニストであるトシャの父親はここで腕時計と宝飾品の店を経営していて、地域社会にとても深く関わっていた。トシャも活動に積極的で、好奇心と社交性、それに活動の中心にいたいという熱意によって、すぐに責任ある立場になった。ただし、パレスチナへの移住は、ワルシャワでのハショメル・ハツァイルの教育責任者になったために延期された。約束の地に住んでいる友人たちは活動的な日々を過ごしているにちがいなく、トシャは彼らがうらやましくてならなかった。

トシャはおしゃれなポーランド女性とみなされていた。華やかな女性、つまり、高い教育を受け、上品な話し方をする洗練された服装の若い女性で、たくさんのボーイフレンドがいて、はつらつとしていた。とりわけ、トシャは独創性があり知的なユーレク・ホルンに夢中だった（父親は彼の傲慢さが気に入らなかったが）。彼女はロマンチストで、本の虫だった――常に部屋の隅っこで足を組んですわり、書物を読みふけった。怖いものは犬と暗闇だったので、不安を克服するためにゲットーに閉じこめられたあいだは夜になるとあえて外を出歩くようにしていた。歌をハミングしながら、大きな真珠のような歯を見せていつも笑っていた。冗談好きで誰とでもすぐに友だちになったが、誤解されることを恐れ、社会についての議論は慎重に避けた。

フルムカがドロルの中心的メンバーとしてワルシャワに戻り、取り残された仲間たちの世話をしていた頃、トシャはハショメル・ハツァイルの創立メンバーの一人に選ばれた。理論家だからではなく、その情熱とエネルギー、それにあらゆる年代とコミュニケーションをとれる能力を買われてのことだった。さらに、彼女の輝くブルーの瞳とアーリア人の上流階級らしい外見も理由になった。彼女はただちに任務を引き受けた。個人の生活よりも活動の方が優先されると、理性的に判断したからだ。しかし、内心では大きな葛藤があった。いちばん親しい友人たちの前だけでは泣いたが、ヴィルニュスを去り、ずっと夢だったパレスチナをあきらめなくてはならないことが悲しくてならなかった。それでも元気に出発し、二度も国境を越える試みに失敗したあとで、ようやくワルシャワまでたどり着いた。ブロンドの魅力的な外見と、流暢なポーランド語と、ユダヤ人の伝記作家の言葉を借りると「鉄でありながらやわらかい」性格のおかげで、彼女はたちまちハショメル・ハツァイルの主要な運び屋となり、国じゅうを旅して支部と連絡をとり、情報を伝え、学習会を企画し、ひそかな教育活動をおこなうようになった。大きな笑みとふわふわした髪をしたトシャを、どの主催者も喜んで迎えた。トシャはよく田舎娘のような格好をした。何枚もスカートを重ねばきし、そのひだのあいだに禁制品を隠したのだ。彼女の仕事には失敗がつきものだったが、怖い物知らずの虚勢と鋭い直感のおかげで、ほぼ無傷で生還することができた。一度、チェンストホヴァでナチスの国境警備兵につかまったことがあったが、彼の腕をねじりあげ、ジャルキの農場まで徒歩で二十四キロも逃げた。

何人もの仲間たちが、ゲットーにトシャが着いた日を回想している。彼女の登場は暗い日々に日の光が射したかのようで、「エネルギーの電流」が流れた。人は彼女の相反する内面には気づかなかった。みんなが喜び、泣き、彼女をきつく抱擁した。彼女は温かさ、尽きることのない楽観主義、連帯感、忘れられていないという安堵感、それにどうにかうまくいく、という自信を与えてくれた。戦時中でも、トシャは「生きる技術」と、真剣になりすぎないコツを仲間たちに教えた。

冬のヴィルニュスでも状況は同じだった。その旅はとりわけ苛酷だった。長く、危険で、検問所だらけだったからだ。トシャは何枚もの偽身分証明書を隠した袋を握りしめて、凍えるようなあばら家でたびたび眠れぬ夜を過ごした。到着したときは一瞬だけ緊張したが、たちまちいつもの陽気な彼女に戻った。「わたしたちといっしょにゲットーの塀の中にいなければ、この〝すばらしい人〟がゲットーの境界を越えてきた意味がわからないでしょう」と、ヴィルニュス在住のハショメル・ハツァイルのリーダー、ルスカ・コルチャックは語った。「トシャが来た！　楽しい春のように、その情報が広まった。トシャがワルシャワからやって来た、まるでゲットーなんて存在せず、ナチスと死に包囲されていなくて、危険なんてこれっぽっちもないみたいに……。トシャがやって来た！　愛と光にあふれた人が」

トシャがハショメル・ハツァイルの本部に入っていくと、メンバーたちはテーブルやはずしたドアの上で眠っていた。えもいわれぬ幸福感と若々しい情熱にあふれたトシャは、ワルシャワについて語った――恐怖と飢えが広まっているにもかかわらず、仲間たちはレジスタンスを続けていると。「彼女はわたしたちに新しい、ほとんど信じられないような世界を見せてくれた」と、ルスカはのちに回想している。「ワルシャワゲットーの生活がどれほど悲惨なのかは知っていたが、活力にあふれた新たな歌が生まれたのだ」ナチスの二年間にわたる占領と非人間的な状況にもかかわらず、彼らはいまだくじけず、高尚な目標を信じていた。

どのゲットーにも、トシャはニュースを携えて訪ねた。今夜はヴィルニュスで、そのニュースを発表する予定だった。ドロルの二名の運び屋と同時期に彼女はここに派遣されてきた。ワルシャワでは大量虐殺の噂が流れてきていた。しかし、それは本当なのか？　そして、彼女には何ができるのか？　彼女はヴィルニュスのグループをより安全だと思われるワルシャワへ移住する手伝いをする予定だった。

翌晩、地元のハショメル・ハツァイルのリーダー、アッバ・コヴネルは、いくつかのレジスタンス組織からゲットーの青年百五十人を召集した。最初の全体集会は新年のパーティーを装って、ユーデンラートの建物の蠟燭が灯された湿っぽい部屋で開かれた。全員が到着すると、アッバはイディッシュ語でパンフレットを読んだ。それから、すぐにそれをヘブライ語で伝えるようにトシャに指示し、ワルシャワからのリーダーが彼の革新的な考えに共鳴していることを示そうとした。トシャは今耳にしたこと、これから伝えねばならないことに衝撃を受けた。

ヴィルニュスの若い娘サラが、かつては人気の避暑地ポナリに連れていかれた。現在、そこは大量殺戮の現場となっていて、七万五千人のユダヤ人が裸にされ、死体を埋める六メートル以上も深さがある大きな穴のわきで射殺された。サラは撃たれても生き延び、凍てついた深い穴の中で目覚めた。裸で、目の前には母親の顔があり、その目をのぞきこむ形になっていた。サラは暗くなるまで待って穴から這い出し、二日間森に隠れてから、ヴィルニュスに逃げ帰ってきた。到着したときは服もろくに着ておらず、半狂乱で、目撃した大量虐殺について証言した。ユーデンラートの責任者は彼女の話を信じなかった。みんなを動揺させないように人にしゃべるな、と命じた。

サラは入院した。そこでアッバ・コヴネルは彼女と知り合った。コヴネルは彼女の話を信じた。ナチスがすべてのユダヤ人を殺す計画でいることは明らかに思えたからだ。大晦日の会合で、トシャは彼の結論を読み上げた。「あなたをだまそうとする人の言葉に耳を傾けてはいけない……。ヒトラーはヨーロッパじゅうのユダヤ人を処刑する計画なのだ」そして、彼の有名なレジスタンスのスローガンでしめくくった。「食肉処理場にひきずられていく羊のようにはなるな！」すべてのユダヤ人は警告され、抵抗しなくてはならない、とアッバは主張した。唯一の答えは自衛だった。

さまざまな計画を抱えているトシャは、一カ所に長くとどまれなかった。今は活動についてのほっとする言葉ではなく、このおぞましい急を要する知らせを伝えるために、あちこちのゲットーに行かなくてはならない。ナチスがすべてのユダヤ人を殺すことを計画していると。ユダヤ人を一人残らず。

今こそ抵抗するべき時だった。

トシャとドロルの運び屋からその知らせを聞いたとき、ジヴィアはこれっぽっちも疑わなかった。同じ知らせが宗教的なユダヤ人グループとポーランドの活動家たちから、すでにもたらされていたからだ。ヴィルニュスからの知らせは、それを裏付けたにすぎなかった。ヘウムノのような死の収容所から逃げてきた他のユダヤ人たちは、衝撃的な話をゲットーに持ち帰った。これまで意に介さなかったヒトラーの脅し——傲慢な狂人のぞっとする言葉が、ふいに真実だとわかった。

　なによりもジヴィアは罪悪感に打ちひしがれた。現実に、こういうことが起きていたのだ。どうしてもっとはっきり見抜けなかったのだろう？　ユダヤ民族を絶滅させる身の毛もよだつ組織的計画をナチスが発動していたことに、どうして気づかなかったのだろう？　年長者が地域社会のリーダーとなるだろうと期待し、自分は若者だけに力を注いでいた。自衛と武器の入手に、どうして目を向けなかったのか？　どうしてもっと早く手を打たなかったのか？　貴重な時間がむだになってしまった。

　ジヴィアはこうした悔恨について説明しようと努力した。しかし、こんな残虐行為が計画されていたことは知りようがなかったのだ。なにしろナチスは報復や世界的な批判を避けるために、秘密保持にはことさら気を配っていたのだから。だいたい、痛めつけられている側のちっぽけな戦闘部隊で、世界じゅうを征服しつつある軍隊に刃向かうなんて、無謀でしかなかった。飢えて体の弱った人々に、軍事行動の戦略的作戦など立てられるわけがない。初期に自尊心、教育、同志愛を高めることに傾注しなかったら、戦う力となる精神も信頼も気風も持てなかっただろう。それでも、ジヴィアは後悔に苛まれていた。

フルムカも含め、多くの運び屋の女性たちは、ポナリの大量虐殺と「最終的解決」が意味することを地下組織がどう理解しているかを広めた。逃亡してきた証人も、コミュニティのリーダーたちの大規模な集会で、それを証言した。しかし、めったに信じてもらえなかった。大半のユダヤ人コミュニティは、あまりにもおぞましい話を認めたくなく、同様な残虐行為が西ポーランドでもおこなわれる可能性を信じようとしなかった。苛酷な生活環境ではあったが、そこではまだ大量虐殺とは無縁だった。そもそも地域社会ではナチスに使い捨ての奴隷労働力を提供していた。その全員を処刑しては、ナチスにとっても経済的に得るところがないはずだ。

まだ多くのユダヤ人が生き延びられるという幻想にしがみついていた。最善の結果を信じ、生きたいと必死に願っていた。母親が、きょうだいが、子どもたちが、あるいは自分自身が強制的に移送され、虐殺されるとは誰も信じたくなかったのだ。しかも、ワルシャワはヨーロッパの中心にある。市全体の人間を移送することなど可能だろうか？　ポーランド系ユダヤ人は何世紀にもわたって差別の中で暮らしてきたので、ヒトラーのゲットーが殺人機械の一部だとは想像もしていなかった。ユダヤ人はすでに知っていることに対しては心の準備をしていた。第一次世界大戦だ。だが、残念ながら、今回はその戦争とはちがったのだ。

トシャのパレスチナへの最後の手紙は一九四二年四月七日で、そうした残虐行為を知りながら、何もできずにいる苦悩について記されている。「ユダヤ人たちが目の前で死んでいるのに、わたしは力がなくて助けられません。頭で塀をたたき割ろうとするようなものなのです」

こんな記述がある。ある若いユダヤ人女性がアウシュビッツ行きの列車に乗り込もうとしていた。すると、車両の板の割れ目から一枚のメモが差しこまれた。そこにはこう書かれていた。「これは最悪の死の収容所に連れていく列車だ。乗ってはならない」

しかし、その女性は警告を無視した。あまりにも途方もない話で、真実とは思えなかったからだ。

ジヴィアは確信した。「これは大規模の計画殺人よ」運び屋たちが戻ってきたあと、ジヴィアは動揺し不安になっているゲットーを歩き回りながら、すでに全員が死ぬところを想像していた。自殺を思いとどまったのは、自分には目的があると感じたからだった。命は救えないかもしれないが、誇りは捨てないつもりだった。それに、おとなしく去ることはしない。自分の感情はさておき、ジヴィアは行動するべきだと悟った。ドロルの仲間たちも真実を悟った。活動の方向を改め、自衛を第一の目標にしなくてはならない。しかし、ヒトラーと戦う抵抗部隊を組織することは、とてつもない難問だった。人員や経験が足りないことはもちろん、内部抗争のせいもあった。ユダヤ人リーダーがいるユーデンラートと青年レジスタンス組織との争いばかりか、レジスタンス組織内部での争いもあった。

青年組織として、ドロルはポーランド人レジスタンス組織とは連絡をとっていなかった。だからジヴィアはポーランド人組織はユダヤ人を本気で助けたいと思っていないのかもしれない、と危惧していた。仲間たちには「大人」の助力が必要だ。そこで、いくつかの青年組織のリーダーたちが集まり、地域社会のトップと会い、脅威を知って指揮をとってもらおうとした。しかし、年長のリーダーたちの顔は恐怖と怒りで蒼白になった。「〝無責任にも絶望と混乱の種をまいた〟と大人たちは非難した」とのちにジヴィアは書いている。彼女とアンテクはジョイントの会長に節度をもって行動するように、と警告された。殺戮が重大問題だということは理解しているが、事を急《せ》いては深刻な状況になるし、そうなったら大人たちは絶対に許さないだろう、とジョイントの会長は釘をさした。かたやワルシャワのユーデンラートの上層部は、噂を信じようとしないのか、何も行動を起こそうとしなかった。どんな行動に出ても、ナチスがよりひどい暴力に訴えるきっかけになるのではないかと恐れたからだ。頭を低くして規則を守っていれば、ユダヤ人コミュニティは守られると期待していた――そして、たぶん自分たちも。中年で家族も子どももいる彼らは、訓練も受けていないくせにゲリラ戦をするという若者の理想主義的な考えのせいで、全住民を危険にさらしたくなかったのだ。

　こうした会合が続くにつれ、ドロルのメンバーたちはひどく腹を立てた。フラストレーションと救いようのない怒りを感じ、ジヴィアと仲間たちは自分たちだけで行動を起こすしかないと決意した。まず、大勢の支持が必要だった。自分たちの手でおぞましい現実をユダヤ人たちに知らせなくてはならない。「真実をありのままに見ることが、わたしたちの義務だ」とジヴィアは信じていた。「わたしたちの最大の敵は偽りの希望だ」と。死が間近に迫っているという事実を受け入れない限り、人々は抵抗しないだろうし、隠れることすらしないだろう。

　ドロルの仲間たちは、そのメッセージを伝える地下会報の出版のやり方なら知っていたが、軍隊を召集する方法はまったく知らなかった。ジヴィアが述べているように、「武装した強力なナチスの前で、どうすればいいか誰もわからなかった——わたしたちが持っているのは二挺のリボルバーだけだったのだ」

戦前はブントと修正主義シオニストのベタル〔右派の青年運動組織で、私企業とユダヤ人軍隊を率いていた〕が自衛団を設立していた。しかし、労働者シオニストの若者たちが受けた訓練は、もっぱら社会理論を討論することだった。自衛については学んだものの、戦うために組織化されてはいなかったのだ。ドロルには軍事訓練が必要だった。

ジヴィアは粘った。長年の活動で培われた交渉力と粘り強さで、コミュニティのリーダーたちに何度も何度も働きかけたが、そのたびに派閥優先の対応を返された。一九四二年三月、ブントの給食所で、さまざまな派閥のユダヤ人の会合を主催した。ドロルを代表するアンテクは、早急に対応を準備するべきだと切々と訴え、ユダヤ人の自衛活動の計画を提案した。会合では具体的な案は何も出ないまま終わった。シオニストたちはブントといっしょに活動したがった。しかしブントは、ブルジョアでパレスチナにとりつかれているシオニストのグループを信用しておらず、多少の武器を所有しているポーランドの地下組織とともに戦いたがった。おもな派閥のリーダーたちは青年の活動に憤慨し、未熟でせっかちで軍隊経験もないくせに人騒がせだ、と非難した。武装しているベタルとの協力関係はありえなかった。

絶望したシオニストの青年組織は、自分たちでポーランドのレジスタンス組織に接触しようとした。その結果、ユダヤ人共産主義者が主催する反ファシスト連合に参加することになった。共産主義者はゲットーの外でソ連の赤軍と協力したがっていたが、リーダーの地位にあったジヴィアは内部の自衛を主張した。だが、今後の方針について討議する前に、共産主義のリーダーが逮捕され、提携はご破算になった。ドロルのメンバーは武器をどこで入手すればいいのかも、いまだにわからないままだった。ジヴィアですら途方に暮れた。

そのとき、彼女は悟った。もはや手遅れなのだと。

刻一刻と時間がたっていく、というのは控えめにすぎる表現だった。一九四二年の夏、ナチスが遠回しに「アクチオン（行動）」と表現する、ユダヤ人の大量移送と虐殺がワルシャワゲットーで始まった。それは四月の「血の安息日」が最初だった。ナチスが名前のリストを手に夜間のゲットーに侵入してきて、集められた知識人たちが殺害されたのだ。その瞬間から、ゲットー全体が殺戮現場となり、恐怖に支配された。そして六月、フルムカが、東に二四〇キロほどのところにあるソビボル強制収容所の知らせを手に到着した。

ヴラドカ・ミード（別名フェジェラ・ペルテル）は二十一歳のブントのメンバーで、ブントの地下新聞の印刷を手伝い、若者グループをひそかに集め、のちに一九四二年七月のワルシャワゲットーについて書いた。間近に迫っている破滅の噂、一斉検挙の話、絶え間ない銃声について。運び屋の少年は塀の向こう側にはドイツ人とウクライナ人の兵隊がずらっと並んでいる、と報告した。恐怖と混乱が渦巻いていると。

そんなとき、ポスターが貼られた。

ユダヤ人たちは自分の目で確かめようと、ふだんは人気のない通りにぞろぞろと出てきた。〝ナチスのために働かない者は全員が移送される〟ヴラドカは何日もゲットー内を歩き回り、必死になって自分と家族のための労働証明書を、「命の書類」を探し回った。何百人もの憔悴したユダヤ人が、焼けるような暑さの中で工場や作業所の前に列を作った。どんなものでもいいから仕事にありつき、証明書を手に入れようと、みんなが必死だった。自前のミシンを手放さなかった幸運な人間は、すぐに雇われるだろうと期待した。闇屋は労働証明書を偽造し、賄賂がやりとりされ、正式な雇用と引き換えに先祖伝来の品が渡された。母親たちは子どもたちをどうしたらいいだろう、と途方に暮れた。仕事を手に入れて一時的に命の危険が去った人々は、うしろめたさから誰とも口をきこうとしなかった。両親から引き離され、泣いている子どもたちを乗せた荷馬車が通り過ぎていった。

「この先に待っていることに対する恐怖で頭が麻痺し、自分の命を救うこと以外に何も考えられなくなっていた」とのちにヴラドカは書いている。

長い列に並ぶことのむなしさを感じていたとき、ヴラドカは地下活動の友人からメッセージを受けとって大喜びした。自分と家族の写真を持っていけば、労働証明書を受けとれるというのだ。彼女はその住所に走っていった。中は濃い紫煙がたちこめ、混沌状態だった。ブントのリーダーたちとリンゲルブルムを見つけ、偽の労働証明書を手に入れ、新しい作業所を開設する目論見について聞いた――すべて青年たちを救うためだった。しかし、それでも、リーダーたちは隠れることが最善だと信じていた。たとえ、ナチスに発見されれば死が待っているとしても。「どうしたらいいんだろう?」と、誰もがつぶやいていた。

そのとき、混乱が起こった。建物が包囲されたのだ。ヴラドカは偽の労働証明書をつかむと、ユダヤ人警官に賄賂を握らせたグループに混じって、どうにか脱出した。ユダヤ人が連行される光景はもはや日常茶飯事になっていたが、むだなあがきにもかかわらず、誰もが必ず抵抗していた。トラックに乗せようとする警官に女たちはがむしゃらに逆らった。列車から飛び降りる人々もいたが、ほとんど逃げられなかった。

移送は果てしなく続き、ナチスとウクライナ軍にユダヤ人警察が加わって、一斉検挙がおこなわれた。ユダヤ人警察は、毎日逮捕するユダヤ人のノルマが課せられていた。達成しないと家族が連行された。幼かったり年老いていたりする非労働者をつかまえ、リストの名前を逮捕してしまうと、ゲットーの通りごとに移送がおこなわれた。人々は自分の通りが封鎖されるのを恐怖とともに目にした。そして多くの人が隠れようとして、屋根に上がったり、地下室や屋根裏に閉じこもったりした。ヴラドカの偽の労働証明書はもはや有効ではなかった。安全な隠れ場所もなかった。ユダヤ人は死の収容所への出発地点である集荷場《ウムシュラークプラッツ》に自発的に来て、三キロのパンと一キロのマーマレードを受けとるように、と言われた。またもや人々は希望を抱き、それがいちばんいい方法だと信じた。飢えて追いつめられた多くの人々は、どうしても家族といっしょにいたかったので、そこへ行った。そして、移送されていった。「ようするに、一人のユダヤ人の命は、ひと切れのパンと同じだったのです」とある地下活動のリーダーは書いている。

ついに、ヴラドカの通りの番になった。彼女は隠れ家に逃げこんだが、兵士にドアをたたかれると、いっしょに隠れている人が閉ざしていたドアを開けた。ヴラドカはあきらめて運命を受け入れ、数軒先に隠れている家族の姿を人混みに探しながら、「選別」の場に引き立てられていき、友人の殴り書きの労働証明書を差しだした。なぜか、それは認められた。彼女は右側に、生きる方に行かされた。家族は左側だった。

茫然としながら、まだ開いていた作業所に働きに行った。恒常的な疲労と不安や心配、殴打、足のむくみ、空腹のせいで気分が悪くなった。仕事をしながらも怯えていた。頻繁に査察と逮捕があり、怠けていたり隠れていたり、年寄り過ぎたり若すぎたりしたら、死が待っていた。ミシンの前で倒れる人が続出した。毎日、選別に次ぐ選別がおこなわれた。

ゲットーはどんどん人が減っていき、縮小されていった。

粛清と通りの封鎖が日々のできごとになった。孤児院を運営していたヤヌシュ・コルチャックとステファニア・ヴィルチンスカはいなくなり、孤児といっしょに殺された。ヴラドカは夜に急襲がおこなわれたとき、ブントのリーダーの隠れ家の窓から、彼らが連行されるのを見ていた。通りには壊れた家具、古い台所用品、雪のような羽毛、とぐろを巻いたユダヤ人の寝具、それに死んだユダヤ人がころがっていた。何かをこっそり持ち込むことはもはや不可能だった。誰もが飢えていた。静寂を破るのは、労働許可証を持っている母親から引き離される子どもたちの悲鳴だけ。八歳の子どもが、自分を置いて行って、どうにかして隠れているから、と母親に叫んでいる声を聞いて、ヴラドカの胸は張り裂けた。「心配しないで」その声は繰り返した。「心配しないで、ママ」

ワルシャワゲットーの最初のアクチオンで、五万二千人のユダヤ人が移送された。

翌日、ドロルのメンバーは対応を話し合うために、コミュニティのリーダーたちと会った。若者たちはユダヤ人警察を棍棒で攻撃するという案を出した――警察は武装していなかったからだ。さらに集団デモも提案した。またもやリーダーたちから性急に事を起こさないように、ナチスを刺激しないようにと忠告され、何千人ものユダヤ人が殺されるかどうかは若者たちの行動にかかっているのだ、と警告された。

いまや大量虐殺に直面した青年たちは、大人はあまりにも用心しすぎだ、と憤慨していた。波風を立てて何が悪い？　彼らの船はすでに座礁し、沈没しかかっているのだ。

七月二十八日、ジヴィアと仲間の青年組織のリーダーたちはジェルナ通りの本部で会合を持った。これ以上話し合うことはなかった。

大人やポーランド人のレジスタンス組織抜きで、青年たちは自前の組織を立ち上げた。ユダヤ人戦闘組織、ポーランド語でジドフスカ・オルガニザツィア・ボヨーヴァ、ŻOBだ。ŻOBはエネルギッシュな組織ではなかった。資金もなく、二挺の拳銃以外に武器もなかった。しかも、ドロルのメンバーには、地元に隠れ家すらなかった（農家に百四十人のメンバーが隠れていた）。それでも、彼らには構想があった。ユダヤ人の抵抗を演出すること。ユダヤ人として、ユダヤ人のために、ユダヤ人の戦いをしようと決めた。ジヴィアがすでに細心の注意で築きあげてきた国じゅうの人脈によって、計画を実行する予定だった。今、彼女は若い女性運び屋に命がけの任務を与えた。教材やニュースを配るのではなく、レジスタンスの準備をする仕事だ（ジヴィアは「セリナ」という偽の身分証を所持していたが、いかにもユダヤ人らしい顔のせいで旅には出られなかった）。戦闘組織を創設することは彼女の罪悪感と不安をなだめてくれた。ジヴィアはついに正しい方向に足を踏みだしたと感じていた。しかし、武器もなく、軍事訓練もしていない状況で、今後についてさんざん議論が起きた。ますます多くのユダヤ人が移送され殺されているなか、緊張は高まっていった。

ジヴィアはŻOBで唯一の女性リーダーだった。彼女は闘争グループの一員となり、火器の扱い方を学んだ。見張り任務の訓練も受けた。さらに料理をし、洗濯をし、若い戦闘員の楽観主義と鋭気を維持させる役目をこなした。別の女性リーダーたち――トシャ、フルムカ、リーアはアーリア人側にコネを作り、武器を調達するために送りだされた。

武器を待っているあいだに、ŻOBはその存在を示すことにした。ある晩、パヴィヤク刑務所の向かいの本部から、最初の任務をこなすために、メンバーたちが三つのグループに分かれてゲットーに入っていった。ひとつのグループは、ゲットーの住人たちにユダヤ人のために戦う新たな部隊について知らせる予定だった。掲示板や建物にポスターを貼り、列車をつけていった使者から聞いた情報を伝える。すなわち、トレブリンカ行きはまちがいなく死を意味することを。ユダヤ人は隠れなくてはならない、若者は身を守らねばならない。「トレブリンカで死ぬよりも、ゲットーで撃ち殺される方がましだ！」というスローガンがポスターに書かれていた。

二番目のグループは、放置された家や略奪された品が保管されている倉庫に火を放つことになっていた。ナチスには移送されたユダヤ人の所持品を鑑定する専門家がいて、生き残っているユダヤ人に貴重品を整理させていた。

三番目のグループは殺人を実行する予定だった。イズラエル・カナウという名前の青年は、レジスタンスに加わると同時に、ユダヤ人警察に潜入してスパイとして仕事をしていた。彼は警察署長を銃で殺すことになった。ŻOBは復讐だけではなく、ナチスの指示に従っているユダヤ人警察官たちのあいだに恐怖を広めたいと考えたのだ。

ジヴィアは二番目のグループに入っていた。暗闇で彼女の鼓動は速くなった。汗ばんだ手でレンガ壁に立てかけた梯子をつかみ、一段一段上っていく。あと数段で壁を登り切り、目的地に着く。

彼女と仲間は発火装置を置いた。しかし、なぜかうまくいかず、家には火がつかなかった。そこで、急いで燃えるものを積み上げ、そこに火をつけることにした。「成功！」のちに彼女は書いている。「炎は大きく燃え上がり、闇の中ではぜ、踊り、のたくっていた。わたしたちの内部で燃えていた復讐心のしるしを、ずっと切望していたユダヤ人武装レジスタンスの象徴を目にしてうれしかった」

数時間後、全員がジェルナ通り三十四番地に集まった。三つの任務すべてがやり遂げられた。ユダヤ人警察ですら、カナウを逮捕することに尻込みした。カナウは署長を撃ったものの、殺害には失敗していた。さらに、その晩、ソ連軍が初めてワルシャワを爆撃した。ジヴィアは、その夜、意気揚々としていた。

さらに、奇跡が起きた。一九四二年の夏までに、あるリーダーが五梃の銃と八個の手榴弾をアーリア人地区からゲットーに持ちこんだのだ。トシャはŻOBの資金で数個の手榴弾と銃を買い、それを釘の箱に入れて運んだ。フルムカは武器を最初にゲットーに持ち込んだ人物だと言われている。

労働者の一団がじゃがいもをぎっしり詰めた大きな袋を抱えて帰宅するのに混じり、じゃがいもの下に銃を隠して持ち込んだ。ヴラドカはブントの人間からアーリア人地区で仕事をしないかと誘われ、大きな武器供給源となり、最終的にはゲットーの間に合わせの武器庫にダイナマイトを運び込んできた。運び屋たちは自力でゲットーの塀を乗り越えるか、ポーランド人警備員に賄賂を払い、合言葉を口笛で知らせ、内部にいる仲間に塀をよじ上って荷物を受けとってもらった。ゲットーの境界に建つ家の窓からも武器を運び込んだ。武器が増えるたびに、みな有頂天になった。次に、ナチスに奇襲攻撃をする計画を立てはじめた。建物の入り口に隠れていて、手榴弾を投げつけナチスを攻撃する、そのどさくさにまぎれて彼らの銃を奪う。

しかし、ZOBの成功で行動に出るどころか、ワルシャワのユダヤ人はその行動に怯えてしまった。恐怖や被害妄想がすっかり広まったせいで、多くの人はこうしたレジスタンスはたんにナチスの作戦で、罰せられるのではないかと考えていた。誰かがユダヤ人警察の署長を殺そうとしたことには満足した。しかし、それはポーランド人レジスタンス組織のおかげで、同胞のユダヤ人にそれほどの勇気があるとは信じていなかった。不安になったユダヤ人がZOBのポスターを破り、おまけに貼ろうとした仲間を殴りつけているのを見て、ジヴィアはぞっとした。

多くの闘士が森を拠点にしているパルチザンのグループに派遣された。そこならもっと武器が手に入れられると考えたのだが、大半が途中で殺されてしまった。さらに、ハショメル・ハツァイルのリーダー、ユゼフ・カプワンが武器の保管庫でとらえられて殺された。もう一人の尊敬されているリーダーが彼を救おうと向かったが、彼もまた銃殺された。意気消沈し、武器をジェルナ通りに移すことにした。レギナ・シュナイデルマンという若い女性メンバーが武器をバスケットに入れて出発したが、途中でドイツ兵に呼び止められ、武器が発見されてしまった（アンテクがのちにこう語っている。「バスケットに入れて女性が運べるというのだから、われわれの〝武器庫〟の大きさは予想がつくだろう」）。成功の喜びは、一連の失敗によって消えた。この三つも重なった悲劇は「とてつもない打撃」だと、ジヴィアは書いている。グループは士気もリーダーも計画も失った。

ŻOBは議論を続けた。ただちに戦うべきか、慎重に策を練るべきか？　議論は終わりがなかった。かたや三カ月のあいだに三度のアクチオンが実行され、三十万人のユダヤ人がワルシャワからトレブリンカの死の収容所のガス室に移送され、ワルシャワゲットーの九十九パーセントの子どもが殺された。未来にはユダヤ人が一人も存在していないように思われた。ゲットーの塀の中に残った六万人の人々は生き残っているせいで、お互いの目を見られなかった、とジヴィアはのちに書いている。

九月十四日、アクチオンの最後の夜、数十人の仲間たちがミワ通り六十三番地に集まっていた。いらだち、性急な答えを求めるメンバーは別の部屋に行かされた。年上の二十代半ばのメンバーたちは、今後について話し合うために残った。会話は盛り上がらなかった。「わたしたちは嘆き、血を流しながら、いっしょにすわっていた」とジヴィアは書いている。もはやどうしようもない、手遅れだ、ということで意見は一致した。あまりにもおぞましいことが続きすぎた。そろそろ集団自決を果たす頃合いだ。ガソリン、石油、それに残った銃が一挺あったから、ナチスの倉庫に火をつけ、ナチスを撃ち、撃ち殺されて、名誉の死を遂げようと。

悲観論者のジヴィアは口を開いた。ついに死ぬときが来た。仲間たちに、そして恋人に反論したのはアンテクだった。最初はささやくように、やがてもっと大きな声で。「その提案には反対する――危険は大きいし、恥辱も大きい。しかし、提案された行動は絶望によるものだ。何も伝えずに死ぬことになる――それも個人の立場ではけっこうかもしれない――こういう状況では、死は救済に思えるから。しかし、これまでわれわれをつなぎとめ、行動の動機となっていた力はどうなる？　それはたんに美しい死を選ばせるためだけのものだったのか？　戦いにおいても死においても、おれはユダヤ民族の名誉を取り戻したいと思っている――数えきれない失敗の遺産があるし、敗北の遺産も残るだろうが。これから新たに始めなくてはならないんだ」

その言葉は仲間たちの気持ちを逆なでし、信じられないほどの怒りをかきたてた。唯一の希望を捨てろと主張していたからだ。それでも、思い切った英雄的行動を切望していた人々は、アンテクの意見に反論できなかった。集団自決の計画は却下された。仲間たちは武器を手に立ち上がり、戦うだろう、とジヴィアは思った。とりわけレジスタンスでは、個人よりも集団の力を信じていた。今後、レジスタンスが存在意義になるのだろう。たとえ命を落とすことになっても。

ジヴィアは次の段階を指揮することにとりかかった――戦いだ。

# 第七章　さまよう日々――離別から家政婦へ

## レニャ　一九四二年八月

一九四二年のある暑い八月の朝、ワルシャワゲットーでは大量殺戮がおこなわれていたが、ヴォジスワフの太陽はまばゆいオレンジ色で、空気はさわやかだった。十七歳のレニャは眠りから目覚めた。「戦っても、ハエのように落ちていく」悪夢にうなされたせいで、気力がくじけ、動揺していた。しかし、すばらしい朝のおかげで穏やかな気持ちと生気を取り戻した。「頭がどうかしそうで、人生を心ゆくまで堪能したかった――顔は輝いている。わたしは生きている。無敵だ！」

しかし、両親をひと目見たとたん、気分は沈んだ。両親は両手に顔を埋めていた。正気には見えなかった。ゆうべ、すぐ近くのキェルツェで移送がおこなわれた。逃げようとした人々は性別年齢問わず、射殺されるか、生き埋めにされた。ナチスはもう移送はおこなわないと約束した。英国がユダヤ人を迫害するべきではないと主張したあと、すべての移送者を返すと約束していた。すべて嘘だったのだ。

「お父さんとわたしはまだ若いけれど、人生の喜びはもう経験したわ」母親のリーアはいつものように率直に語った。「だけど、このかわいそうな赤ちゃんたち、あの子たちは何ひとつ悪いことをしていないのよ。赤ちゃんの命を救うためなら、今すぐここで喜んで死ぬわ」四十代半ばのリーアは死から守るために、幼い子どもをどうにかして隠そうとしていた。

この何週間も、残虐行為の話が頻繁に耳に入ってきた。ナチスに銃殺されたり、ポーランド人に突きだされたりするのを避けて近くの村から逃げてきた人々が、まだヴォジスワフにユダヤ人が暮らしていると聞いてたどり着いたのだ。すり切れた袋しか持っていない彼らは、立っていることすらできなかった。そして、たいてい子どもたちについて背筋も凍るような話を語った。移送の列から二人の赤ん坊を取り返そうとした妻について語った男もいた。ナチスは怒って彼女に飛びかかり、赤ん坊たちをスパイクつきのブーツで蹴り殺した。母親はその様子を見せつけられ、子どもたちの墓を掘るように命じられた。それからナチスはライフルの床尾で妻の頭蓋骨をたたき割った。妻はついに息絶えるまで長いあいだ痛みに痙攣していた、と彼は語った。

別の日には、レニャは半ば頭がおかしくなった女性たちのグループを見かけた。ぼろぼろの服をまとい、顔も唇も青ざめ、柳のように震えている。激しくすすり泣きながら、この飢えた女たちは自分たちの町が包囲されたことを話した。そこらじゅうで銃弾が飛びかった。子どもたちは外で遊んでいたので、家に走って帰ってきた。しかし、ナチスは子どもたちをつかまえ、一人ずつ殴り殺した。寝間着しか着ていなかった女性たちは裸足のまま野原や森に逃げ、親切な農場の奥さんに食べ物を恵んでもらってさまよってきたのだった。

さらに別のグループがやって来た。いっしょに逃げた百八十人のうち、十七人だけが生き延びられたという。ポーランド人に襲われ、あらゆるものを奪われ、ナチスに通報すると脅された。男たちは下着だけ、あるいはハンカチで局部を隠しているだけだった。子どもたちは裸だった。何日も水も食べ物も口にしていなかったせいで、ひどい脱水状態で全員が死にかけていた。それでも幸運だった――どうにか死をまぬがれたのだから。他の人々は死んだか、ナチスの手に落ちないように自分で血管を切って自殺するか、ただ姿を消した。ひと晩で、若者の髪は灰色になってしまった。

レニャはその光景に衝撃を受け、服と食べ物を渡した。その人々を助けるために、何かしないではいられなかった。

ナチスがユダヤ人を一斉検挙していることに母親が気づき、子どもたちをクロゼットの中、ベッドの下、毛布の内側に隠したことを五人のきょうだいから聞いて、レニャはたとえようがないほどのつらさを味わった。隠されてから数分して、ナチスのブーツの音が聞こえてきた。子どもたちは物音ひとつ立てなかった。ナチスがライフルをかまえて部屋に入ってきて探しはじめた。彼は子どもたち全員を発見した。

だが、子どもたちを殺す代わりに、彼はパンをひと切れずつこっそり渡すと、「夜中まで隠れていろ」と言った。母親はきっと戻ってくるから、いっしょに逃げられると約束してくれた。子どもたちは口々に感謝を述べた。するとナチス兵は笑い、それから泣きはじめ、子どもたちの頭をなでながら、自分も父親なのだ、どうしても子どもたちを殺すことはできないと言った。夜になると、町は死んだように静まり返った。子どもたちが隠れ場所から出てきたとき、二カ月の赤ん坊の妹は、隠された毛布の下で窒息死していた。すでに体は冷たくなっていた。いちばん年上の十一歳の姉は、死んでずっしりと重くなった小さな妹、ローザを抱き上げ、地下室に運んでいった。そして、きょうだいたちに服を着せ、母親を待った。

母親はとうとう戻ってこなかった。夜明けに、長女は他の子どもたちの手を引き、窓から外に出て隣人たちを探した。そのあいだじゅう、母親が後ろから歩いてくるのではないかと願っていた。町を出ると、地元の人間にパンを恵んでもらい、地面で寝て、石を投げつけてくる農場の男の子たちを避けて歩いた。人には母親が亡くなったとだけ話し、それ以上は何も語らなかった。ヴォジスワフにはまだユダヤ人がいると聞いて、ここに来たのだった。裸足で歩いてきたせいで足は切り傷だらけで、顔も体も腫れ、服は破け汚れていた。相手が変装したドイツ人かもしれないと恐れて、誰とも口をきこうとしなかったという。「母さんは絶対にあたしたちを探して泣いているにちがいない。母さんを見つけられなかったらどうしよう？　かわいそうなちびさんたちは『ママはどこ？ママはどこ？』とずっと泣き止まないの」

パニックにつぐパニック。レニャにとって、状況は刻一刻とひどくなっているように感じられた。一瞬一瞬が、命運を分けた。毎日、彼女が生き延びられているのは、たんなる幸運のおかげだった。夜になっても、誰も眠らなかった。おそらくそれが最善の方法なのだ。ナチスはたいてい夜に行動を起こしたからだ。「賢者はいきなり英知を失った。ラビはもはや助言を与えなかった。口髭と顎髭をそり落としても、やはりユダヤ人に見えた」とレニャはのちに書いた。「どこに行けばいいのだろう？」

誰も彼もが逃げようとした。しかし、どこに？　どこが安全なのか？　どうやって隠れたらいいのか？　一日じゅう人々は通りに集まり、ずっと話し合っていた。どこかにまだユダヤ人がいる町があるのか？　ナチスにつかまったらどうなるのか？　武器もない。家具はパンと交換してしまった。何もかもポーランド人にただ同然で売ってしまった。残っているわずかなものも、じきにポーランド人に盗まれるだろう、とレニャは思った。

ある晩、ゲットーの大勢のユダヤ人が脱走し、森や野原に逃げていった。金持ちは町の人々に金をつかませ、屋根裏、地下室、小屋にかくまってもらった。しかし、大半のユダヤ人は道案内も目的地もなくただださまよった。そして、大半が最後には殺された。

ゲットーの塀の外、アーリア人地区で生きていくひとつの方法は、物理的に隠れることだ。典型的なユダヤ人の顔をした者は、かくまってくれ、食べ物を与えてくれるポーランド人に大金を支払った。自分の命を危険にさらしてまで慈悲深い行動をとるポーランド人もいたが、金をまきあげ（さらにはセックスも強要し）、警察に突きだすと脅すポーランド人もいた。隠れ家は頻繁に発見されたので、ユダヤ人逃亡者はすばやく夜の闇にまぎれ、新たな場所に移らなくてはならなかった。

二番目の方法は魂を隠し、新しい身分を手に入れることだった。こうしたユダヤ人は非ユダヤ人のふりをした。それは多くの同化ユダヤ人がしてきた行動だったが、いまやユダヤ人はその特徴を捨て、非ユダヤ人らしさをできる限り利用して、偽の身分を捏造《ねつぞう》しなくてはならなかった。

レニャはどんな幸運よりも大きい幸運に恵まれていた――ポーランド人に見えたのだ。ユダヤ人らしくない外見の者は「消えて」、いわばキリスト教徒として生まれ変わることができた。金とコネのある者は偽の旅行許可証を手に入れられたし、ポーランド人の役人を知っていれば、高価な本物の許可証まで手に入れることができた。そういう人々は身元が知られていない新しい都市に移っていった。幸運に恵まれれば、新しい名前で登録し、仕事を見つけ、新たな人生を始め、誰にも本当の正体を疑われないだろう。それは女性の方が簡単だった。オフィスや商店で仕事につけたし、女優や家政婦としてもやっていけたからだ。肉体労働をやったことがない教育のある女性たちが、家政婦の仕事につこうと躍起になった。女子修道院に入る者もいた。男性の場合はもっとむずかしかった。ナチスは男性をユダヤ人かもしれないと疑ったら、下着を下ろせと命じた。割礼をほどこされた男の赤ん坊のせいで、家族全員がつかまった。割礼を元どおりにする整形外科手術が発達した——レニャによると、手術には一万ズウォティかかった（現在の貨幣価値だとおよそ三万三千ドルだ）。しかも、めったに成功しなかった。子どもの場合、包皮を回復するには外科的治療、特別なマッサージ、重りをぶらさげる必要があった。生殖器の問題があって生まれたときに割礼を受けた、という医療証明書を手に入れる男性もいた。ワルシャワのタタール人（十四世紀頃からポーランドに移住、同化してきたタタール民族）イスラム教徒協会では、ユダヤ人の割礼を説明する偽の書類を発行した。

　どうにかアーリア人地区にたどり着いた「詐欺師」にとってすら、生活は苛酷だった。通りではゆすり屋《シュマルゾヴニック》が変装したユダヤ人に近づいてきて、金を払わなければ通報すると脅した。ドイツ人よりもポーランド人の方が、ユダヤ人を見抜く直感が鋭かった。短い旅行のためにユダヤ人がゲットーを離れるときには、途中でゆすり屋に渡すための札束を持っていかねばならなかった。ポーランド人のギャングはユダヤ人から金をまきあげ、盗み、殴打し、脅し、あちこちの場所に金を置いておけ、という匿名の手紙を送りつけた。ときには同じユダヤ人にずっとたかり続け、その金で暮らしていることもあった。金を奪っておきながら、ゲシュタポに通報することもあった。ユダヤ人を生きたままつかまえられると、ちょっとした報償が出たからだ。少額の金や砂糖二ポンドとかウィスキー一本とか。ゲシュタポの下で働いているゆすり屋もいて、略奪品を山分けにしていた。

ポーランド人のふりをして町ではなく森に逃げたユダヤ人は、パルチザンに加わろうとした。あるいは何カ月も、ときには何年もただよっていた。子どもたちはたいてい賄賂と引き換えに孤児院に預けられた。アーリア人地区の通りで働く子どもたちはユダヤ人だと見抜かれたら、たかられ、通報されかねないので、ポーランド人の子どもを避けながら新聞や煙草を売り、靴磨きをした。

さまざまな困難があっても、レニャには他に選択肢はなかった。明日にでもアクチオンがおこなわれるという噂が流れていた。今回はすべての人の名前がリストに載ることだろう。残ることが許されたのは、ゲットーを取り壊し、ユダヤ人の所持品を整理するために選ばれた人たちだけだった。近くのキェルツェ収容所から脱走してきた男性は、こう警告した。ナチスが若い男性を拷問して、「元気でやっている、死の移送ではない」と家族に手紙を無理やり書かせているのを見たと。それを拒んだ者はその場で撃ち殺された。自分が大勢といっしょに詰めこまれた列車は、まちがいなく死に向かうものだ、とこの男は断言した。

クキエウカ一家は逃げなくてはならなかった。家具を売った金を集め、子どもたちに等分に分けた。レニャの両親と一番下の弟ヤンケルは森に逃げることになった。姉妹のベラとエステルはアーリア人になりすましてワルシャワまで行き、親戚のところに泊まり、それから両親を呼び寄せることにした。「何が起きても、常にユダヤ人であり続けることを約束してくれ」モシェは子どもたちに言い聞かせた。

レニャは一人で出発した。家族と自宅で過ごしたのは、この晩が最後だった。

八月二十二日、土曜日。弟のアーロンのおかげで、レニャはセンジシュフ郊外のナチスが運営しているユダヤ人労働収容所にたどり着いた。アーロンは最初の労働収容所を逃げだして、森をさまようポーランド人のふりをして家族のところに戻ってきた。それから、線路を建設するために、ここに来たのだ。彼は警備員にとても人気があったので、レニャが合流できるように手配してくれた。収容所には何千ズウォティも払って働いている五百人の才能あるユダヤ人青年たちがいて、自分たちは移送されないと信じていた。そのほかに、レンガを数えるとかの軽作業をこなしているユダヤ人女性が二十人いた。

レニャは到着してほっとした。ここまではゲットーの友人ヨヒモヴィッツもいっしょだったが、レニャは両親と別れたときのことを何度も思い返した。リーアとモシェはさよならを言うときに取り乱していた。レニャは父の涙と母の嗚咽、別れ際に抱きしめられたときの腕と手と指の感触を忘れられなかった。ヤンケルは目に涙をため、小さな温かい手で彼女の背中にしがみついていた。

こうして、鉄橋の作業が始まってまもなく、レニャは両親ときょうだいたちを収容所につれてくることを監督に承知させた。

しかし、遅すぎた。

数日後のからっと晴れた朝、レニャは目覚めて仕事に行こうとして、届いた伝言に衝撃を受けた。つい数時間前、朝の四時頃に、アクチオンがヴォジスワフで始まったというのだ。もう家族と連絡をとれないだろう。みんな、無事に逃げられたのだろうか？

さらに悪いことが続いた。ナチスの収容所の司令官が女性たちに近づいてきた。彼はレニャを呼び、もう女性たちは収容所で働くことが許されない、と低い声で告げた。ゲシュタポが次の移送リストに彼女たちを載せるようにと命じてきたのだ。「逃げなさい」彼はレニャに声をひそめて言った。「どこでも逃げられるところに」

逃げる？　どこへ？　また？

絶望はあまりにも大きかった。

しかし、彼は熱心にレニャを説き伏せようとした。「きみはまだ若い。逃げなさい。たぶん、きみなら生き延びられる」

ヨヒモヴィッツは？　レニャは彼女なしで行くことを拒否した。

自分に権限があるなら、二人ともここに残ってもらうだろう、とドイツ人は言った。大きな危険がないなら、全員をとどまらせるだろう。「幸運を祈る」彼は心をこめて、やさしく言った。「さあ、行きなさい」

一九四二年八月二十七日、彼女の人生の新たなページが始まった。レニャのさまよう日々が。レニャはいまや道案内も目的地もなく、さまようユダヤ人の一人となった。アーロンと友人のヘルマンが彼女とヨヒモヴィッツを助けてくれ、水と食べ物をナチスからもらってきた。それから二人を近くにある森に連れていくと、帰っていった。

いまやレニャとヨヒモヴィッツだけになった。どこに行けばいいのだろう？

そのとき、いきなり悲鳴と銃声が響き、四方から犬の吠え声が聞こえた。

そして、犬にドイツ語で命じる声。「くそったれのユダヤ人を止めるんだ、レックス！　嚙みつけ！」

逃げようとして、二人は走った。数分のうちに、二人は警官につかまり、ヨヒモヴィッツはユダヤ人だと追及された。二人は他のユダヤ人が閉じこめられている列車の車掌用の小屋に連れていかれた。小屋の外からでも、地下室からの悲鳴が聞こえてきた。

レニャは絶対に地下室には行くまいとすぐさま決意した。

「子どもはいるんですか？」彼女は警官にたずねた。

「ああ、四人」

「わたしにも両親がいます。姉妹と兄弟もいます」レニャは他の警官が下に連れていけと命じているあいだ、彼に懇願した。「本当にわたしがユダヤ人だと思いますか？」

「いや」警官は目に涙をためていた。「おまえはポーランド人の外見をしているし、ポーランド語をしゃべっている。おれたちの仲間だ。さっさと行け。友だちを連れて」

二人は急いで立ち去ろうとした。ヨヒモヴィッツはユダヤ人の外見をしている。友人は不利益になるのか、それとも支えになるのか？　レニャは彼女を置いていかねばならないのか？　ときには答えが向こうからやって来ることもある。

レニャは銃声を聞いた。振り返った。

目の前の地面に倒れ、ヨヒモヴィッツは息絶えていた。

一九四二年、ニューヨークで十八歳の少女たちがハンフリー・ボガートをうっとりと見つめながら、大人の人生に踏みだそうとしていた〔アメリカでは一般的に成人は十八歳〕。あるいは、ビング・クロスビーの《ホワイト・クリスマス》にあわせて口ずさみながら、角のドラッグストアでミルクシェイクを飲んでいた。ロンドンではレニャの同年齢の若者たちがダンスホールの磨かれた床で踊っていた。ワルシャワのアーリア人地区ですら、若い人々は戦争の気晴らしを求め、公園をぶらつき、メリーゴーランドに乗って女の子を口説いていた。しかし、十八歳の誕生日を迎える何週間も前に、森の中でレニャはまるでちがう成人の年を迎えようとしていた。

「その瞬間から、わたしは自立したのです」とのちに彼女は書いた。

一九四二年九月十二日

美しい夜だ。月が出て、あたりをまばゆく照らしている。わたしは畑のじゃがいものあいだに横になり、寒さで震えながら、最近の経験を思い返していた。なぜ？　なぜこれほど苦しまねばならないの？

それでも、死にたくはない。

レニャは夜明けに目覚めた。何日ものあいだ畑にいて、犬の吠え声だけを聞いて過ごしていたが、ふいに、地面から集めた穀物をかじりながら、これではいけないと気づいた。移動しなくてはならない。ユダヤ人がまだ残っている場所を見つけなくてはならない。彼女が存在していると感じられる場所を。鉛のように重い足をひきずり、レニャは友人を失った悲しみに沈んだ。これからの苦難はとうてい一人では乗り越えられそうにない。しかし、何時間もさまよった末、ようやく小さな村にたどり着いた。

必死に、外見をましにしようとした。いまや、そのことが大きな意味を持っていた。それから、いちばん近い駅を見つけ、列車に乗り、両親の店のお客だった顔見知りの鉄道作業員がいる町に行くつもりだった。下車してから、疲労困憊していたが、すばやく行動した。レニャの考えていたのは、すぐにでもシャワーを浴びて、周囲の人たちに溶けこむことだった。

ふいに奇跡が起きた、地面に女性のバッグが落ちていた。レニャはバッグを探して、わずかな金を発見した。だが、それ以上に重要なのは持ち主のパスポートだった。レニャはそれが彼女の旅のチケットになる、どこかに行くことができると考えて、ぎゅっと握りしめた。

レニャは町を探し回り、ようやく知り合いのドアをたたいた。その手は疲労と恐怖で震えていた。ドアが開けられると、暖かく清潔な居心地のいい住まいがあった——まるで別の世界の光景だった。彼と妻はレニャに会って喜んだが、その勇気と外見に衝撃を受けた。「リヴチュ、ひどいありさまだね」と開口一番に言った。

夫婦はレニャにヌードル入りのトマトスープときれいな服と下着を与えた。キッチンにすわり、リーアのすばらしさについて、母であり彼らの友人である女性について語り合った。

そのとき、年下の息子が隣人にリヴチュはかつて服や靴下を買っていた店の家族だ、と窓越しに話しているのが聞こえた。「妙な名前だな」とがっちりした隣人は追及した。

「そうだね」男の子は言った。「ユダヤ人なんだ」

家の主人は椅子から立ち上がると、彼女を戸棚に押しこめ、服で覆った。レニャはドアがノックされ、くぐもったやりとりが交わされるのを聞いた。

「いや、ちがう、ちがう」夫婦は子どもの思い込みだと主張した。「たしかに客は来たが、ユダヤ人じゃない」

その晩、夫婦はレニャに金と列車のチケットを渡した。つかのまの小休止のあと、彼女はまた出発した。一カ所に長くとどまるわけにはいかなかった。今、彼女には新しい服と新しい身分があった。ヴァンダ・ヴィドゥホフスカだ。それは彼女が発見したバッグの中の身分証明書の名前だったのかもしれない。別の記述では、家族の友人たちが神父の助けを借りて、最近亡くなった地元の二十代の女性、ヴァンダ・ヴィドゥホフスカの書類を手に入れてくれた、とある。ヴァンダの夫は元々の指紋をサインペンでぼかし、その上にレニャの指紋を押した。

ポーランド系ユダヤ人の偽の書類には身分証明書、出生証明書、旅行許可証、労働許可証、住所と食料配給のカード、さらに洗礼証明書が含まれていた。異なる地方では異なる身分証が必要だったので、たいていのユダヤ人はさまざまな組み合わせを所持していた。いちばん安全な偽身分証は亡くなった人のものか、生きている人のものだ（ゲシュタポはときどき町の登録簿で確認するために電話をかけた）。レニャのように、本物の上に指紋を押し直したり写真を取り替えたりした。ときには元の写真に押されているとおりに、スタンプを複製しなくてはならないこともあった。二番目に安全な偽身分証は偽の名前が書かれた本物の書類だ。こうしたものを入手するために、何も書いていない書式、スタンプ、封緘といったものを盗むか手に入れるかしなくてはならず、それから役場に提出しなくてはならなかった。消しゴムを彫って封緘を偽造することもあったし、役場の書類を郵便で送ってもらい、返信封筒の封蠟をあとで再利用したりした。

大半のユダヤ人の偽身分証は完璧な偽造品だった。偽造屋は写真を受けとり、身分をでっちあげるが、その際に、名前と苗字が、その人物の本名と関連しているといちばんいい（ユダヤ人名と同じ音か、同じ意味の名前を使うことが多かった）。仕事が外見に関連している、可能なら本当の仕事に関連していると都合がいい。誕生地がなじみのある場所、たとえば、ワルシャワ在住者にとってはウッチはいい選択だった。ポーランド語の訛りがあれば、身分証作成者は彼または彼女を東のベラルーシの出身にするだろう。粗末な偽造書類だと、かえって持ち主はユダヤ人ではないかと疑われる。そうなると、書類がまったくないよりもまずい。

偽身分証を入手するいちばんいい方法は、友人（女性の方がお願いごとをするのがうまい）を通すか、闇市場だ。しかし、後者の場合、精度が落ちるし、高額にもかかわらず、作成者は必ずしも信用できない。たとえば、教育のある青年の新しい偽身分証が中年の靴職人だったりする。どうやってその役をこなせばいいのだ？　それに闇市場は恐喝につながることがままある。本当の身元を赤の他人に明かさなくてはならないからだ。だから、レニャはどんなことをしても、それは避けようと考えていた。

新しい一日、また新しい小さな村。まったく未知の場所。レニャはある邸宅で家政婦の仕事をしないかと勧められた。一瞬だけ考えたが、無理だった。とても疲れ、弱っていたものの、見つかることが怖かった。彼女の書類は小さな村や町だけで通用するものだった。身元を登録することは死を意味した。

さらに長時間、徒歩で移動し、列車の駅へ。その晩はとりわけ暗く、月も出ていなくて、星もレニャと同じように疲れているようだった。

レニャは流暢なポーランド語で、カジミエジャ・ヴィエウカまで切符を買った。そのあたりにはまだユダヤ人が住んでいると聞いたからだ。どこかに拠点をかまえ、家族がまだ生きているかどうか調べたかった。

列車が動きはじめたとき、レニャはぎくりとした。

一人の男がじっとこちらを見つめている。すぐに彼がイェンドジェユフにいたことに気づいた、向こうも彼女に気づいていた。

ほっとしたことに、彼は通り過ぎていったが、しばらくのあいだ何人もの人が彼女の席の前を通りすぎていった。暗闇でしゃべる声が聞こえた。「彼女はのんきに暮らしてるんだ。ユダヤ人には見えないから」

レニャは凍りついた。周囲の景色がぼやけた。気絶するのではないかと思った。どこを見ても、自分を襲おうとしている人ばかりだ。息ができなくなった。

レニャは立ち上がり、車両のはずれまで行くと、外に突きでているデッキに出た。冷たい空気が頬をたたく。煙突からの火花が容赦なく降りかかってくる。ひとつ息を吸った。だが、そのときドアが開き、車掌がやって来た。「こんばんは」

すぐに彼はレニャに訛りがないかを調べ、ユダヤ人かどうか確認しようとしているのだ、と悟った。「外はとても寒いし、火花は危ないですよ」車掌は言った。「中に入ったらどうですか?」「ご親切にありがとう」レニャは答えた。「でも車内はとても混んでいて息苦しくて。少し空気を吸いたいんです」

彼はレニャのチケットを調べ、行き先を確認すると、車内に戻っていった。まちがいない、次の駅で、ナチス憲兵隊に突きだすつもりなのだろう。おそらく数ズウォティの謝礼と引き換えに。

丘にさしかかると、列車は速度を落とした。考えている時間はなかった。逃げるのは今だ、さもなければおしまいだ。

レニャは小さなスーツケースを放り投げ、すぐあとから飛び降りた。

数分ほど意識を失って倒れていたが、寒さにはっと目覚めた。全身を点検した。足は痛かったが、それがどうだというのだ? 命が助かったのだし、それがいちばん重要なことだ。

ありったけの力をふりしぼって、暗く見知らぬ森の中に入っていった。草の露が足をなで、いくらか痛みを和らげてくれた。

遠くで明かりが見えた。小さな家だ。犬が吠え、主がやって来た。「どういう用だ?」

「親戚に会いに行く途中なんです」レニャは嘘をついた。「アーリア人だと示す証明書を持っていないので、ナチスに追われています。ひと晩、安全にいられる場所が必要なんです。ナチスは昼間にわたしを見たら、すぐにユダヤ人じゃないとわかるはずです」

男は気の毒そうに首を傾げ、中に入るように手招きした。彼女はほっと息をついた。男はレニャに温かい飲み物をくれ、干し草を積んだところに案内してくれた。「朝には出ていってくれ」彼は警告した。「登録せずにお客を泊めてはいけないことになっているから」

翌朝、レニャはまた徒歩で出発したが、少なくとも休息できたので元気が出ていた。家族がまだ生きているという希望に励まされ、歩き続けた。それが生きるよすがとなっていた。

カジミエジャ・ヴィエウカのユダヤ人は、近所の村がすでに「絶滅」させられたと聞き、おののいていた。計画がある者も、お金がある者もほとんどいなかった。この頃には、どんなに善意のキリスト教徒も、自分の命がかかっていたのでユダヤ人をかくまおうとはしなかった。

ナチスは町のユダヤ人にユダヤ人難民を受け入れてはならない、と通達し、移送から逃れられるかもしれないと考えて、ユダヤ人はその命令に従っていた。レニャにはそれが幻想だとわかっていたが、彼女に何ができただろう?　住むところもなく、金もなく、裸でいるような気がした。仕事が必要だった。しかし、どうやって?　どうやって絶滅のさなかで仕事を手に入れられるだろう?

見知らぬ人ばかりの町を絶望しながら歩き回り、ダビデの星のリボンを目にするときだけ心が慰められた。それはまだ少数のユダヤ人が生きていることを示していたからだ。ある晩、せっぱつまった彼女はユダヤ人民兵を見かけ、自分はユダヤ人の子どもだと名乗った。「どこで夜を過ごせますか？」彼女はたずねた。

通りをうろつくなと警告してから、彼は自分の家の廊下に朝までいさせてくれた。その家族は知り合いになった唯一のユダヤ人一家だった。そして、彼らは彼女がユダヤ人だということを知った唯一の人間だった。その一家だけは彼女の正体を知ったのだ。

レニャの魅力が役に立った。まもなく彼女はポーランド人少女と知り合いになった。彼女はレニャに好意を持ち、ポーランド人だと考え、ドイツ系の家庭の家政婦の仕事を紹介してくれた。彼女はすでに運び屋をし、隠れ、計画を練り、逃げていることで、ナチス政権に逆らっていた。今度はなりすましの生活が始まった。

ホランダー家の暮らしは穏やかなひとときだった。一日の労働は、これまで経験してきた傷と侮辱にとって、最高の癒やしとなった。もちろん、自分を偽らねばならず、常に単純で楽天的な女の子のふりをし、毎晩、すすり泣きを押し殺し、不眠を隠し、どんなに心は乱れていても笑顔でいなくてはならなかった。しかし、少なくとも一時的な家はあった。自分の目的に集中できた。家族の行方を追うことだ。

レニャの雇い主は彼女をとてもかわいがってくれた。ときどきレニャを呼んで、賞賛を浴びせた。

「わたしはとても幸運だわ」ホランダー夫人は手放しでほめた。「こんなに清潔で働き者で、信心深くて、経験も知識もあって教育のある女の子を見つけられて」

もちろんレニャはその言葉に笑顔を返した。「うちは裕福な教育のある家庭でした」彼女は半分嘘をついた。「でも、両親が亡くなって、わたしは家政婦の仕事を見つけなくてはならなかったんです」

ホランダー家はレニャに贈り物を与え、決して使用人のようには扱わなかった。ホランダー夫人は新しい家政婦を警察に届けなかった。レニャはユダヤ人だと察していたにちがいない。それ以上の疑いをかきたてないために、レニャは思い切った作戦に出た。教会にふさわしい服がないと訴えたのだ。敬虔なカトリックなのに祈れないと。そこでホランダー家はきれいな服をひと揃い買ってくれた。すると新たな問題が生じた。教会に行かなくてはならなくなったのだ。

その最初の日曜日、レニャは急いで服を着て、震えていた。学校でポーランド人生徒に囲まれて育ったものの、ミサに行ったことはなく、カトリックの伝統についてほとんど知らなかった。もちろん賛美歌も祈りも知らなかった。偽者だとばれないようにふるまえるだろうか？　教会に入っていくときには胸がむかつき、全員に注目されているような気がした。演技が見抜かれるのではないかと。「どこに行こうと、その役を演じなくてはならなかった」と書いている。

胸の鼓動が速くなりながら、信徒席につき、これを見たら両親はどう思うだろうと考えた。レニャは近くの人をじっと見て、すべてを真似た。その人が十字を切ると、レニャも十字を切った。ひざまずくと、彼女もひざまずいた。天の神に祈りを捧げると、レニャもそうした。「自分がこれほどの役者だとは思ってもみませんでした」のちにレニャは回想している。「別人になりきって、模倣できるとは」

ようやくミサは終わり、全員がドアに向かった。レニャはどんなささいな行動も見落とすまいとした。みんながキリスト像にキスをしていたので、彼女もキリスト像にキスした。

外のひんやりした澄んだ空気の中に出ると、大きな安堵を覚えた。ホランダー家も隣人たちも教会にいる彼女を見た。真剣に祈りを捧げている姿を見た。すばらしい演技だった。彼女は合格したのだ。

そして、また奇跡が起きた、本当にすばらしい奇跡が。

レニャは姉のサラに手紙を送ってあった。最後の姉の消息はベンジンのドロルのキブツにいるということだった。ぞっとするような一九四二年でも、ユーデンラートが運営する郵便サービスはまだ機能していた。例の民兵が彼女に代わって投函してくれたのだった。

数日後、サラから返信が届いた！　そして、これ以上ないすばらしい知らせが書かれていた。レニャの両親、兄たち、妹たちは全員無事だと。ヴォジスワフの西の森にある隠れ家にいた。一方、アーロンはまだ労働収容所で働いていた。

レニャが手紙を読み終わったときには、涙で便箋がぐっしょり濡れていた。

愛する人たちが無事でうれしかったが、レニャは家族が晩秋の寒さの中、森で暮らしていることに耐えられなかった。家族が飢えと寒さに苦しんでいるときに、ドイツ系ポーランド人の家で清潔な暖かいベッドにぬくぬく寝ているわけにはいかなかった。小さなヤンケルはとても賢い子で、きっとりっぱな大人になるにちがいないが、おなかをすかせ、震えているところが目に浮かんだ。あの子といっしょにいたい、という思いは強烈だった。

一日千秋の思いで待っているところに、両親からの手紙が届いた。二人の手紙に喜んだのもつかのま、その内容の苛酷さに胸が痛くなった。モシェとリーアは屋根もなく食べ物もろくにない困窮生活を送っていた。ヤンケルは二人を励まそうとしてくれ、生きる意欲を与えてくれる、と書かれていた。ワルシャワに逃げたベラとエステルからは連絡がなかった。レニャは無力感にうちひしがれた。

すぐにサラとアーロンに手紙を書き、両親を助けてくれるように頼んだ。二人は近所の農家に頼んで食料を運んでもらったが、そのために莫大な金を支払った。

サラからはもっと手紙が届いた。リーアとモシェはレニャが元気でいることを知って大喜びしている。しかし、正式な書類がないのに、そこにとどまっているのは危険じゃないかと心配していた——彼女が見つけたパスポートは、その地域では有効ではなかったのだ。家族の言うとおりかもしれないと思った。万一ホランダー夫人がレニャを警察に登録することにしたら、身元がばれてしまうだろう。

そろそろサラに会いに行く頃合いだ、とレニャは決心した。ベンジンにあるドロルのキブツに行こう。

# 第八章　石に変わる

## レニャ　一九四二年十月

サラがすべてを手配してくれていた。

晴れた秋の日で、レニャはふつうのカトリックの少女のように教会から帰ってきたところだった。ホランダー家に戻ると、以前、家に招き入れてくれた民兵の妹がいた。「ベンジンから協力者が来ている」と彼女はささやいた。

「もう?」レニャの心臓は口から飛びだしそうになった。ついにそのときがきたのだ。

サラの雇った女性が、ポーランド総督府の領地とナチスに併合された領地との境を越える手伝いをしてくれることになった。途中でミエフフを通ることになっていた。最近つかまった彼女の家族を含め、ユダヤ人が一時的に足止めされている町だ。レニャは家族に会いたくてたまらなかった。そこに立ち寄れば、ようやく両親とかわいいヤンケルに会えるだろう。

高揚した気分で、レニャはホランダー家のディナーを用意した。体が軽く、血色もよく、足取りはつらつとしていた。ホランダー夫人はレニャがとても幸せそうな様子なのに気づいた。めったにないことだった。

その晩、民兵の妹と打ち合わせをしてから、レニャは雇い主に申し出た。「伯母が病気になりました。すぐに来て、数日間、世話をしてほしいと言われました」

もちろん、ホランダー夫人はわかってくれた。お気に入りの家政婦の言葉を信用しないはずがない。

太陽が沈むと、雲が出て雨になった。夜の闇があたりを包みこんだ。物音ひとつしなかった。「ヴァンダ」のふりをしたレニャは列車を待っていると、鼓動が速くなった。列車が走りだしても、一分一秒が一時間に感じられた。何度も、これから待っている歓喜の場面を思い浮かべた。自分を見た両親の顔がどれほど喜びに輝くことか。

それでも、なぜか胃が痛かった。

小さな駅に到着した。「ここはミエフフ？」レニャは非ユダヤ人の協力者にそっとたずねた。

「まだよ。もうじき」

それから、また時間がたった。「ここ？」

「ミエフフでは降りられないの」

「なんですって？　どうして？」レニャは凍りついた。

「危険すぎる旅になるから」協力者はささやいた。レニャは抗議しようとしたが、女性はつけ加えた。「あなたを連れていく時間がないのよ」

レニャは頼みこんだ。どうしてもお願いしたいと。

「約束するから」と協力者はレニャをなだめた。「あなたをベンジンに連れていったらすぐに、引き返してミエフフに行く。両親と弟を連れていくわ。ベンジンのあなたのところに連れていく」

「いやよ。今すぐ三人に会いに行きたいの」レニャは言い張った。

「聞いて」協力者は耳元でささやいた。「サラがあなたは絶対にミエフフに行ったらだめだ、と言っているの。だから、連れていくわけにはいかない」

列車が野原や森を通り過ぎていくあいだ、レニャは考えていた。すぐにでも決めなくてはならなかった。この協力者から逃げて駅で降り、ここにとどまり、あとからどうにかして一人で国境を越えるべきだろうか？　でもサラの方が年上だし、知恵もあり、有能だった。それに、レニャが急いで国境を越えることにも一理あった。そうすれば、旅でもっとも危険な部分を終えることができる。

レニャはミエフフ駅を座席にすわったまま通過した。心は重く、頭も霧がかかったかのようだった。

それから数日間、チェンストホヴァの協力者の家で過ごし、食べ、眠り、願い、夜中にうなされてはっと飛び起きた。姉と別れてから数年たっていた――長い歳月だ。今、サラはどんなふうなのだろう？　お互いがわかるだろうか？　レニャは国境を越えられるのだろうか？　ポーランドの見知らぬ土地、誰も知り合いがいない土地にいると、妙に安らかな気分になった。よそ者だというのは貴重だった。誰も彼女に気づかないだろう。ユダヤ人であるという事実は深く埋められていた。

国境越えは問題なくすみ、ベンジンに入ると、レニャは丘を登って城まで行った。ドロルのキブツへ！　楽観的な気分で階段を駆け上がり、ドアを開けた。日差しに照らされた廊下、若い男女のいる部屋。全員が清潔な服を着て、テーブルを囲んで読書していた。ごくありふれた光景に見えた。だけど、サラはどこ？　どうして姉がいないのだろう？

バルフという男性が自己紹介した。彼はレニャのことを知っていた。レニャはほっと息をついた。本来の自分でいられるのはありがたかった。

バルフは親切で機知に富み、はつらつとして見えた。彼はレニャをさらに階段の上の寝室に案内していった。部屋は静かで暗かった。おそるおそる入っていくと、くぐもったうめき声が聞こえてきた。

サラだった。ベッドに寝ていた。

バルフはレニャの腕をとり、ベッドのわきに連れていった。「サラ」彼はそっと声をかけた。「レニャがきみに会いに来たんだよ」

サラはベッドから飛び起きた。「レニャ！」彼女は叫んだ。「わたしにはもうあんたしかいないの。あんたのことが心配で心配で、病気になったのよ」

サラはレニャにキスし、抱きしめた。涙がマットレスに滴り落ちた。体は弱っていたが、サラは妹を台所に連れていって食事を与えた。台所の光で、レニャはサラがすっかりやせて骨と皮になっていることを見てとった。何年も前、サラがパレスチナへの移住の書類を手に入れたときのことは考えまいとした。彼女が働いていた靴店の経営者は財政援助まで申し出てくれたが、父親は誇りが高く、娘に必要な資金援助を親戚に頼もうとしなかった。だから、とどまることになった。ずいぶん老けて見える、とレニャは心配になった。サラの顔は二十七歳の女性のものではなかった。しかし、姉が自分のためにうれしそうに食事を用意してくれるのを見ながら、レニャは思った。サラの精神はまだ若々しい、と。

姉妹は両親を救う計画が必要だったので、何日もアイディアを出し合ったが、いい考えは浮かばなかった。協力者が両親を連れてくるという約束は、結局嘘だとわかった。その裏切りのせいで、レニャは身を焼くほどの怒りがわきあがりそうだったので、真実を直視しないようにしていた。サラとレニャにはいくつもの問題があった。まず、キブツにはクキエウカ一家の部屋がなかった。さらに、彼らをこっそり連れてくる費用は莫大だった。とうてい支払えなかった。

そのときレニャの両親から手紙が届いた。中身は戦慄するものだった。

モシェとリーアはこの数日、ミエフフの東にある町、サンドミエシュの汚らしい界隈で、まるで動物のように過ごしていた。ユダヤ人たちは狭くカビ臭い部屋に集まり、床や薄い麦わらのマットレスで寝ていた。食べ物もなく、暖房のための燃料もなかった。恐怖の日々だった。移送、絶滅収容所、処刑、ゲットー全体に火が放たれる。それらがいつ起きてもおかしくなかった。

ヤンケルからも手紙が来て、ベンジンに一時的でもいいから連れていってほしい、ときょうだいたちに頼んできた。姉さんたちといっしょにいたい、頼れるのは姉さんたちだけだ。非人間的な恐怖を目の当たりにしていても、彼は生きることにしがみついていた。「父さんと母さんは考えられないようなことをするかもしれない。自殺しかねないんだ」と彼は書いていた。「だけど、ぼくがいっしょにいる限り、おかしなことはさせないよ」彼は毎日ゲットーを抜けだして、金を稼ごうとしていた。稼いだ金は、むきだしの床で木箱の魚みたいにくっついて寝るために支払う、ひと晩あたり百二十ズウォティの宿泊代に消えた。父と母と息子はお互いを暖めあった。「虫に体を食われてる」何カ月も服も下着も取り替えていなかった。洗剤も流水もなかった。

その文章を読んでいるうちに、レニャは気分が悪くなってきた。どうしたらいいのだろう？　全員に終わりが近づいているのかもしれないと思って、いく晩か眠れない夜を過ごした。

それから最後の手紙、最後のお別れが届いた。「わたしたちが生き延びられなくても、あなたは命の限り戦ってください」と両親は書いていた。「そうすれば、あなたは証人になれる。愛する人たち、同胞のユダヤ人たちが、いかにして邪悪な集団によって殺されたかを語ることができる。どうか神のご加護がありますように。わたしたちはもうじき死にます。でも、あなたは生き延びてくれるでしょう。最大の苦しみは末っ子のヤンケルのことです。だけど、あなたに怒りはまったくありません。できるだけのことをしてくれたのはわかっています。これがわたしたちの運命なのです。これが神のご意志なら、それを受け入れねばなりません」

それだけではなく、手紙にはレニャの姉妹、エステルとベラの運命についても書かれていた。二人はヴォジスワフに立ち寄っていたが、ユダヤ人の一斉検挙を察知し、屋外トイレに隠れた。だがトイレを使いに来た家主の十七歳の息子に見つかり、ゲシュタポに通報された。

二人はトレブリンカに送られた。

失われた。すべてが失われた。

しかし、レニャは涙を流さなかった。「心が石に変わったのです」とのちに書いている。レニャにとって恐ろしい日々が続いた。「わたしは孤児なんだ」と何度も繰り返すうちに、じょじょに忌まわしい現実が実感されてきた。記憶や場所や自分自身についての感覚も失ってしまったみたいに、頭が混乱していた。もう一度心を奮い立たせ、今や自分は姉のために、仲間のために生きなくてはならないと言い聞かせる必要があった。それが新しい家族だった。現実につなぎとめ、人間性を与えてくれる人たちがいなかったら、頭がおかしくなっていただろう。

さらに姉妹たちはアーロンとも連絡がとれなくなった。噂によると、彼はスカルジスコ＝カミエンナの武器工場に移動させられたということだった。ユダヤ人はそこで苛酷な労働を強いられ、裸足でボロボロの服をまとい、パン一切れと冷たい水しか与えられていないらしかった。二万五千人以上のユダヤ人男女が、その強制労働収容所に連れてこられていた。大半は不衛生な環境や、髪を緑にし肌を赤くする毒素のせいで死んでいった。アーロンはチフスに感染したらしかった。上司にかわいがられていたので、ただちに処刑はされなかったが、体がすっかり弱っていた。病人は「非生産的」なせいで、ろくに食べ物を与えられなかったからだ。

それでも。

レニャとサラは生きていた。二人とも本来の自分を失い、抜け殻のようだったが、それでも生きていた。両親を失ったユダヤ人の若者はあまりにも多かったし、新たに手に入れた自由には悲嘆と罪悪感がつきまとったが、エネルギーも感じられた。いまや普通の生活とのつながりが断ち切られたのだ。もはや誰に対しても責任を負っていなかった。生きるために、人間らしい精神を取り戻すために、レジスタンスを続ける必要があった。あえて苦労する仕事に飛びこんで、押し潰されそうなほどの大きな痛みをごまかし、くよくよする時間を作らないようにしなくてはならなかった。

「たとえ死ぬとしても」とレニャはアッバ・コヴネルのレジスタンスの信念をそっとつぶやいた。

「食肉処理場にひきずられていく無知な羊のようには死なない」

彼女の決意は熱い炎のように燃え上がった。それはすでにベンジンの若者のあいだに燃えさかっていた炎だった。

# 第九章　黒いカラス

## ハイカとレニャ　一九四二年十月

ハイカ・クリンゲルはベンジンの通りや路地を駆けぬけていった。初めての任務。バッグの中にはビラが隠してある。巻き毛で短い茶色の髪を耳にかきあげ、心臓が早鐘のように打っている。周囲を慎重にうかがった。一歩一歩が危険と隣り合わせだったが、喜びも感じられた。ゲリラ戦、大量移送、政治について知らせるビラを配りに行くところだった。真実を伝えるために。震える手で、ドアに一枚のビラを貼り、通行人に一枚を手渡す。さらにユダヤ人地区の外まで思い切って出ていった。

ついに、ハイカは意味のあることをしていた！

レニャがやって来たベンジンでは、すでにレジスタンス精神が盛り上がっていた。その声高な提唱者の一人が、二十五歳のハイカ・クリンゲルだった。

一九一七年にベンジンの貧しいハシド派のユダヤ人家庭に生まれたハイカは、聡明で機転がきき情熱的だった。家族は母親のやっている食料品店でどうにか生計を立て、父親の方はトーラーとタルムードを一日じゅう研究していた。彼女は世俗的なユダヤ人家庭の子弟が通うファステンバーグ・ギムナジウムの貴重な奨学金を手に入れた。その一流のプレップスクールで、数カ国語に堪能になったハイカは、知識人になることを夢見ていた。ユダヤ人の中流階級が多いベンジンは、早くからシオニスト活動が盛んだった。一九三〇年代は反ユダヤ主義が比較的ゆるやかだったので、町には熱心な若者のグループが十二もあった。ハイカの学校はベンジンの富裕層であるリベラルなコミュニティの中心になっていて、社会主義シオニストを支持していた。だから学校外で出会ったハショメル・ハツァイルの知的な厳格さと哲学に、ハイカは驚かされた。彼女の周囲ではその厳しさゆえに、めったに選ぶ者がいないグループだった。

ハショメル・ハツァイルは青年運動のモデルとなり、ユダヤ人の祖国への渇望、マルクス主義、強烈なロマンチシズム、若さの特権、健全な精神と肉体のための野外生活、といった信念を掲げていた。ヨーロッパの革命家の本を大量に読み、会話と自己実現の文化を重視し、新しいタイプのユダヤ人をめざしていた。真実に忠実で、純潔の掟も含め、独自の十の掟があった。喫煙、飲酒、セックスは禁止。性についての精神分析的研究は推奨されたが、行為自体は共同体の信念から逸脱するとみなされた。

襟付きシャツを着てメタルフレームの眼鏡をかけたハイカは、こうした革新的な意見を熱心に支持するハショメル・ハツァイルは、やがてユダヤ国を社会的、国家的革命に導いてくれるにちがいない斬新な組織だとみなすようになった。これまでの教えに背くことや、世代間の衝突という考えにも魅了された。それに、初めてのボーイフレンドは熱心なメンバーだった。ハイカは外交的で感受性豊かで、常に恋に落ちていたのだ。

自分はハショメル・ハツァイルの高い水準に達していないと、他人ばかりか自分自身にも批判的だったが、たちまち昇進していき、地域活動のリーダーになることができた。

ボーイフレンドはポーランド軍に徴兵された。彼が軍務についているあいだに、ハイカは長身でスリムなダヴィド・コズウォフスキと知り合った。ポケットに新聞を詰め込み、つっかえつっかえ話す青年だった。二人の出会いは図書館だった。ダヴィドは読書家だった。ダヴィドが借りたがっていたせいで、ハイカはその本を借りられなかったのが縁だ。ダヴィドは読書家だった。彼に笑いかけられ、動揺したハイカは知らないふりをした（そのことで彼はのちのちまで文句を言っていた）。

やがて彼はハイカが編集していた新聞に詩を投稿し、ハイカはその叙情性と憧憬の思いに心をつかまれた。ふいにハイカは、彼の落ちくぼんだ瞳がどんなにつややかな茶色か、「夢見る人の瞳」にはどれほどの痛みが潜んでいるかに気づいたのだ。

一九三〇年代末に、二人はパレスチナへの移住――アリヤーを準備するためにキブツで合流した。ダヴィドのエリートの両親はそれに反対していたので、彼にとっては大きな決断だった。しかも、ハイカにとっても、現世で禁欲生活を送るという知的野望を捨てることになる。ただ、ハイカはとびぬけてロマンチックで、「この繊細な救世主」を、「この若い樹」を花開かせるのは自分の使命だと感じ、彼がグループの精神的なリーダーになるまで支え続けた。二人は一九三九年九月五日にパレスチナに移住する予定だった。
その四日前、ナチスがポーランドを攻撃し、ハイカは家族とではなくダヴィドと国外に逃げようとした。空爆された列車から飛び降り、人であふれた道をたどり、銃弾や爆弾、倒れてくる木を避けて進み続けた。しかし、脱出できなかった。東に逃げようとしていたとき、ハショメル・ハツァイルの本部からメッセージが届き、ベンジンにとどまって活動を再開せよ、と指示されたからだ。ユダヤ人コミュニティがポーランドにとどまるなら、ハショメル・ハツァイルも「生き、輝き、ともに死ぬために」とどまることになったのだ。しかし、ナチスの残虐さはショックだった。ハイカにとってドイツは文明の進んだ国だったし、支配するにしても進歩的なルールですら期待していたからだ。

ザグレンビエ地方は第三帝国に併合されていたので、この地方のユダヤ人はドイツの工場で働かされていた。ザグレンビエというのは「底から」という意味で、鉱床を指している。このあたりは豊かな工業地帯で、服、制服、靴を作る多くの工場があった。こうした場所で働くのは楽ではなかった。「窓の外ではリンゴとライラックの木が満開だ」と、ある少女は書いている。「だのに、あたしはこの息苦しくて臭い部屋にすわって縫わなくてはならない」ユダヤ人は安い賃金とわずかな食べ物で働かされていたが、環境は強制労働収容所よりもずっとましで、何人かの経営者は安い労働力が移送されないように守ってくれていた。

その一人が有名なアルフレート・ロスナーで、このドイツ人工場経営者は、最後までナチス党に加入しなかった。ドイツの占領後、彼はベンジンに移り、ユダヤ人の工場のひとつを引き継いで何千人ものユダヤ人を雇った。ロスナーの作業場はナチスの制服を作っていたので、必要不可欠だとみなされ、すべての雇用者が黄色のゾンダーパス（特別許可証）を持っていた。そのパスがあれば、所有者とさらに二人の血縁者が移送をまぬがれることができた。有名なオスカー・シンドラーと同じように、ロスナーもユダヤ人雇用者を保護し、親切にした。戦争の後期になると、ロスナーは移送についてユダヤ人に警告し、ときには列車からユダヤ人をじかに救出したこともあった。

ハイカは再び、ボーイフレンドのダヴィドや他の女性たちといっしょにハショメル・ハツァイルを率いることになった。その中にリーアとイジャのペイサフソン姉妹がいた。ふたりの父親はブントのメンバーで、ロシア革命に参加していた。アリヤーが不可能になったので、おもに若者に読み書き、民族の文化、倫理、歴史を教えることになった。ハイカは個人的には深く失望したものの、すぐに仕事にとりかかり、とりわけ乳児院、孤児院、それに育児放棄や貧困に苦しみ保護者もいない十歳から十六歳の子どもたちの世話に力を注いだ。汚れて監督者もいない子どもたちはプレッツェル、ロールパン、お菓子、靴紐、コルセットなどをこっそり持ち込み、通りで売っていた。ハイカはいちばん貧しい子どもたちに靴や服を見つけてやり、体をきれいにし、ランチを食べさせる活動を熱心に始めた。また、働いている両親を助けるために、託児センターを作ることをユーデンラートに提案した。ハショメル・ハツァイルがすべての計画を立てたが、残りはユーデンラートが引き継いだ。それでも、子どもたちが世話されるようになってハイカはうれしかった。この幼い子どもたちがいつか自分たちの理想を実行してくれるのではないかと、彼女は期待していた。

占領の最初の冬、ベンジンのハショメル・ハツァイルはプリム祭り〔旧約聖書のエステル記を起源とする祭り〕を主催した。

伝統的にプリム祭りは陽気な祝祭で、風刺劇を演じたり、祝祭の絵巻物を読んだりした。また、ユダヤ人を皆殺しにしようとするペルシャの宰相ハマンの注意を引くために、グラッガーという鳴り物を鳴らし、非ユダヤ人に変装して知性と策略でアハシュエロス王を説得し、ハマンの計略をくじいたユダヤの救世主、エステル王妃を祝った。

ベンジンのユダヤ人孤児院は人でにぎわい、たくさんの子どもたちが一張羅を着て笑っていた。ハイカは部屋の隅に立ち、浮き立ちながら彼らを見守っていた。ペイサフソン家のいちばん末っ子のイルカがセレモニーで子どもたちをまとめているのを見て、ハイカは誇らしさで目を輝かせた。子どもたちは大声で歌いながら歩き回り、イスラエルのことや、通りでのつらい暮らし、プリム祭りの奇跡について自分たちで書いた芝居を演じた。やがて会場はすばやく片付けられ、ハショメル・ハツァイルの百二十人のメンバーが集まり、会議が始まった。全員が灰色か白いシャツを着ていた。メンバーたちはスローガンを声を合わせて唱えた。「われわれは運命に翻弄されるつもりはない。わが道を行く」戦争の嵐が吹き荒れているというのに、これほどたくさんの人々が集まったことが、ハイカには信じられなかった。

ベンジンのハショメル・ハツァイルのキブツでは戦前は六十人を収容していたが、今はすべての活動と社交の中心になっていた。ハショメル・ハツァイルは歌の集い、ヘブライ語クラス、図書館、子どものためのプログラムを主催した。レニャの姉、サラは母親譲りの熱意で活動に取り組み、愛情をこめて子どもたちの世話をし、ヘブライ語で「未来」という意味の〝アティード〟と名づけられたキブツの孤児院の運営を手伝った。ベンジンの町は比較的境界線がゆるかった――封鎖されたゲットーはなかったし、郵便はスイスや他の国まで届けられた。おかげで教育と訓練の中心地になった。フルムカはワルシャワから三二〇キロ以上あるベンジンに頻繁にやって来て、学習会を開いた。ハショメル・ハツァイルのリーダーたちも同様だった。

最盛期にはこうした地下活動に二千人のユダヤ人青年が関わっていて、多くが近くの農場に寝泊まりしていた。ユーデンラートはシオニストたちに三十の農場や庭園を分配し、耕したり種まきをしたりするのに役立つ馬や、山羊も与えた。写真には、帽子をかぶりネッカチーフを巻いたさまざまなグループの青年たちが写っている――黄色の星は誰もつけていない。穀物を刈り、フォークダンスを踊っている人々。写真の中のサラ・クキエウカは、何十人もの仲間といっしょに長くて白いテーブルを囲み、国民詩人ハイム・ナフマン・ビアリクの誕生日を祝っている。

青年たちは畑にすわり、自由について歌い、思い出を共有し、ファシズムへの抵抗について語り合って、記憶に残る夜を過ごした。「息をしようとし、緑の草を目にしようとして」「何百人もが安息日に加わった」とハイカは書いている。農場は「壁にずらっとかけた鍋が陽気に輝いていて」、活力、内省、再生の拠点となった。

一九四一年の秋までに、ベンジンのハショメル・ハツァイルは最盛期を迎え、ハイカはそこの母親役だった。

そんなある晩、一斉検挙が起きた。その後は恐怖そのものだった。ハイカも含め、誰も寝ることができなかった。軍隊の行進の足音とホイッスルが聞こえてくると、無理やり労働収容所に連れていかれ、病気がはびこる場所で苛酷な労働に従事させられるのではないかと覚悟した。その晩はそれが現実のものとなった。ハイカは自分のいる建物を見逃してくれるように祈ったが、だめだった。軍隊は門をドンドンたたき、早く開けないと怒って管理人を八つ裂きにしようとした。建物内の部屋はひとつ残らず調べられた。

「服を着ろ」とハイカは命じられた。母親は泣いて、この子には手を出さないでくれ、と懇願した。「黙って！」ハイカは叫んだ。「こいつらに頼むなんて、屈辱的な真似はしないで！　わたしは行く。元気でいてね」

外は真っ暗で、人の姿を見分けるのもむずかしかった。門の開く音だけが聞こえた。ナチスは女性たちを並ばせ、巨大な校舎に連れていった。たくさんの女性たち。二千人はいただろう。

ハイカはすばやく友人たちを探した。リーア、ナチャ、ドラ、ヘラ――仲間たちは全員がいた。二階に移動するときに窓から飛び降りようかと考えたが、窓からのぞくと校庭じゅうに警備員がいた。

朝には選別と移送が待っているだろう。とりあえず、ハイカと仲間たちは目下の混沌状態をどうにかしようとした。まるで市場のように騒がしかった。ベンジンの女性たちは顔と顔がくっつきそうなほどぎゅう詰めにされた。ぎっしり並んだ顔は泣いたり叫んだり、ヒステリックに笑ったり、怯えて息もできなくなったりしている。

まずリーア・ペイサフソンが行動に出た。この強くて鋭敏なハショメル・ハツァイルの副リーダーは、朝の五時にいちばんに起き、他の者を起こし、トラクターで畑を耕す準備をした。今、リーアは部屋から部屋に走っていった。彼女は知っている人たちを探し、その途中で窓を開け、女性たちが窒息しないようにした。子どもたちが激しく泣いているのを聞きつけると、ナチャといっしょに子どもたちを一カ所に集め、髪をとかし、パンを与えた。「泣かないで」女の子たちを慰めた。「あいつらは涙を流すような相手じゃない。そんなの屈辱よ！　あんたは移送されない。まだ小さいから」ナチャはナチスが年齢を確認して、幼い子全員が解放されるようにした。

朝になると、選別が始まった。女性全員がドイツ人検査官に労働証明書を見せた。武器工場で働いている女性は解放された。

リーアは最初に解放された一人だったが、立ち去ろうとしなかった。それどころか、出てくる女性たちを近くで待っていて、その労働許可証を受けとった。それから、その書類を建物内の有効な書類を持っていない女性たちのところへ届けた。彼女はずっと外で待っていて、「駆けずりまわっていた」とハイカは記した。おかげで、たくさんの女性たちが建物から出てくることができた。

ナチスは選別を終えると、まだ割り当て数に足りなかったので、通りをうろついて、その付近に残っている女性を片端からつかまえた。リーアもその一人だった。今度は労働許可証でも解放されなかった。すぐさまトラックに乗せられた！

リーアはグループの中で最初に強制労働収容所に移送された。「彼女がいなくなってすごく寂しかった」とハイカは書いている。「リーアとはとても強い絆で結ばれていたから」

リーアは収容所から手紙を書いてきて、空腹のことや、女性でも殴打されることを知らせた。「あなたたちが恋しい。でも、わたしはこっちで大丈夫よ」彼女はみんなを安心させた。半日は調理場で働き、半日は病棟で働いた。ナチスの監視の目をかいくぐって、リーアは灰色の死にそうな顔をしている囚人のためにこっそりパンをくすねてきた。広い肩をした強靭な体の人間なら、少量の食事でも生き延びられるだろうが、ユダヤ教の神学校出身の青白い顔の男たちは、コーシャ〔ユダヤ教の戒律にのっとって調理された食品〕ではない肉を食べることを拒むので、助けが必要だった。どこで彼女は食べ物を手に入れたのだろう？　とハイカは思った。ナチスに見られずに、どうやってそれをみんなに分け与えたのだろう？　看護師の仕事は大変だったが、ここにとどまらねばならない、とリーアは思っていた。多くの人の役に立っていたからだ。ただし、いずれ刑務所に入れられることになるという覚悟はあった。

調理場は少しもましな場所ではなかった。女性コックは賄賂や贈り物をもらい、食べ物を盗み、いちばんいい食料を友人にあげた。リーアは彼女たちの良心に訴え、説得し、道徳を説こうとした。「こんなことは続けられないわよ」と。

「リーア、闘っているのはあなた一人じゃないわ」とハイカは書いた。グーテン・ブリークのラヘルも、マルクシュタットのサラも、クラタンドルフのグテフも、同じ闘いをしていた。ベンジンのユダヤ人女性はいたるところでこっそり食べ物を持ち込み、盗み、誰かを救っていたのだ。

有利な条件だったにもかかわらず、ザグレンビエの状況もいちじるしく悪化した。仕事はもはや究極の救い主にはならなかった。一九四二年五月の比較的小規模の移送に続いて、八月にナチスが大挙してやって来た。同時にワルシャワではアクチオンが施行された。翌日、書類の検査のために、ベンジンのユダヤ人たちはサッカー場に集められた。青年組織は用心し、行かないようにと警告した。ナチスはそれを知っていたので、隣町で書類を検査するふりをし、安全だということをみんなに信じこませようとした。その後、ŻＯＢは参加するのは安全かどうか協議した。結局、メンバーは行くことにした。ハイカもそれに従った。

何千人ものユダヤ人が朝の五時半に歩いていった。みんなよそいきの服を着て、上機嫌で観覧席にすわった――ユーデンラートにそう勧められたからだ。ただし、それもマシンガンを構えた兵士たちに囲まれていることに気づくまでだった。大人は気を失い、子どもたちは泣き声をあげた。とてつもない喉の渇きを癒やす水は一滴もなかったが、やがて雨が激しく降りはじめ、全員がびしょ濡れになった。午後三時に選別が開始された。家に帰る。強制収容所に行く。さらなる検査。移送と死。ナチスに刃向かいたくないユーデンラートは、仲間のユダヤ人に嘘をついていたのだ。

行き先を決める三本の線が何を意味するのか、人々は気づきはじめ、家族は引き離され、混乱状態になった。多くの人が区分を交換しようとした。ナチスは残酷にも親と子どもたちを引き離して「楽しみ始めた」とハイカは書いている。片方は生に、片方は死へ。ライフルの台尻で殴りつけ、泣きわめいている母親の髪をつかんでひきずっていった。

二万人のユダヤ人が集まっていた。そのうち八千から一万人が無料給食所、孤児院、別のユーデンラートの建物に閉じこめられ、どこだか知らないところに移送されるのを待っていた。ナチスの警備員は一切の食べ物も薬も届けるのを禁止した。人々は自ら命を絶ちはじめた。

しかし、いつものようにベンジンの青年リーダーたちは運命を甘んじて受けるつもりはなかった。

ユダヤ人は数の上ではユダヤ人警察やナチスを上回っている。その晩、活動組織は行動に出ることを決議した。計画はなく、行きあたりばったりで行動することになった。ドロルのメンバーは移送予定の子どもたちを集め、合図とともに、子どもたちはいきなり走りだした。他の者たちはユダヤ人警察の帽子をかぶって群衆の中に分け入っていき、人々を「安全」の区画へ押し込んでいった。ユーデンラートがナチスを説得して食べ物を与えることを承知させると、仲間たちは間に合わせの警察帽をかぶって建物のひとつに入っていき、パンや巨大なスープ鍋が入っていたコンテナに人々を入れて連れだしてきた。さらに脱走トンネルを掘ろうとする人々もいた。

ハショメル・ハツァイルの女性たちは是が非でも封鎖された建物に入りこまなくてはならないと考えた。孤児院の中に診療所を作る必要があると、ユーデンラートを急いで説得した。白いエプロンをつけたユダヤ人少女たちが入ってきて散らばった。「看護師」たちは病人を慰め、包帯を巻いたが、おもな仕事はできるだけたくさんの女性たちを逃がすことだった。少女全員が白衣を脱ぐと、とらわれていた女性に渡し、指示した。「急いでそれを着て証明書類を持って、堂々と正面入り口から出ていって。誰も止めないわ。それから、制服を中に戻して」

「看護師」は建物から出ていくたびに、どの警官が門を守っているかに注意した。彼らの一人は女性たちから金時計を約束されていたのだ。ただし、その警官の前だと、女性はすばらしい笑みを浮かべて無邪気な表情をとりつくろわねばならなかった。

この作戦が続いているあいだに、イルカ・ペイサフソンは見張りのいない一ブロックの民家を抜け、屋根裏伝いの逃走経路を発見していた。女性たちは屋根裏のドアに見張りを立て、壁に穴を開けた。恐怖に震えながら、一人ずつ外に出ていった。ある記述によると、これによって二千人の人々が逃れることができたということだ。

しばらくして、いきなりナチス将校たちが建物に入ってきて、書類の確認を求めた。一人の看護師は制服がなく、もう一人は書類がなかった。二人は連れ去られた。「常に犠牲者が出る」ハイカは悟った。


ハショメル・ハツァイルとドロルを含むベンジンの青年組織は、こうした残酷な移送を契機に、いっしょに活動するようになった。さらにヴィルニュスやヘウムノでの大量虐殺の話が伝わってきたり、エネルギーにあふれたトシャ・アルトマンがやって来たりしたことによって、活動に熱が入った。トシャは活動組織の女性たちに、任務を続け行動に出るよう勧めた。さらに、ワルシャワのレジスタンスとパルチザンの戦いも刺激になった。ささやかな組織とはいえ、いくらかでも命を救えることがこの時わかったのだった。

一九四二年の夏、ハイカはワルシャワからやって来たハショメル・ハツァイルのリーダーの一人、モルデハイ・アニエレヴィッツと会った。ハイカは彼を「活動の誇り」と呼び、「理論と実践を兼ね備えた、まれに見る才能に恵まれたリーダー」と最高の評価を与えた。「モルデハイは勇敢だった。勇敢にふるまおうとしたからではなく、本当に勇敢な人だったからだ」と賞賛した。

その夏の終わり、ワルシャワゲットーが粛清されているさなか、さまざまなシオニスト組織のリーダーたちはベンジンの農場の台所に集まり、モルデハイによる「命への別れ」という二時間の講演に耳を傾けていた。開襟シャツ姿の彼はみんなの前に立ち、知っていることを語った。ハイカはボーイフレンドのダヴィドとペイサフソン姉妹と参加していた。トレブリンカのガス室での大量虐殺を聞かされ、身の毛がよだった。しかし、ヴィルニュス、ビャウィストク、ワルシャワで進行中のレジスタンスの努力についても、モルデハイは語った。モルデハイは行動を、名誉ある死を求めた。そのロマンチックな理念はハイカの心を揺さぶった。

ザグレンビエのŻOBは、正式にワルシャワのレジスタンスの支部となり、さまざまな活動グループに属す二百人で構成されていた。ベンジンはすでにワルシャワと強固なつながりを築いていて、情報、計画、武器を集めるために運び屋が送りだされた。またベンジンはジュネーヴとも郵便でつながっていて、ジュネーヴは開拓者調整委員会の拠点になっていた。暗号葉書がベンジンからスイスにひそかに送られ、ワルシャワのŻOBの活動について報告された。

フルムカ、トシャ、ジヴィアがポーランド外のユダヤ人宛に書いた現存する葉書は、暗号だらけだ。彼女たちはしばしばイベントを人の名前に変えて書いた。たとえば、学習会《セミナー》を開くことを示すために、トシャは「目下、セミナスキがわたしたちを訪ねてきています……ひと月滞在するでしょう」と書いた。フルムカはこう書いた。「お客さまの訪問を心待ちにしています。マシャノットとアヴォダもここに来るはずです」。マシャノットとアヴォダはヘブライ語でキャンプと労働という意味だった。それでナチスの労働強制収容所《キャンプ》のことを指したのだ。「E・Cはリヴィウで入院している」は彼が逮捕されたことを意味した。「プルエツニツキとシータはわたしといっしょに住んでいます」。ヘブライ語で大虐殺と破壊の意味だ。ジヴィアがアメリカのユダヤ人にお金を送ってくれるように懇願する胸が痛くなるような手紙も残っている。

モルデハイの自衛の呼びかけは、ハイカを変えた。彼女はモルデハイよりもはるかに急進的な、ŻOBでもっとも熱心なメンバーの一人になった。「若者の活動はもちろん、どんな革命運動でも、今のわたしたちのような問題に直面したことはなかった――絶滅と死。わたしたちはそれに直面し、答えを、方法を見つけた……防衛《ハガナー》を」ハショメル・ハツァイルはもはや楽観主義ではいられず、暴力を勧めることしかできないと、ハイカは悟った。武装した防衛――ユダヤ人として、ユダヤ人とともに戦い、ユダヤ人の遺産をのこすこと、それだけが唯一の進むべき道だった。ハイカは脱走や救出の計画をすべて拒絶した。「人が死んでいく場所では、守りの姿勢は捨てなくてはならない」とのちに書いている。

ジヴィアのようにハイカも真実を共有しなくてはならないと感じ、それを隠そうとするリーダーに怒りを覚えた。「ユダヤ民族に目を開かせ、アヘンで麻痺させずに、ありのままの現実を見せる必要がある」と彼女は主張した。「なぜなら行動に出たいと思っているからだ」

日記にはこう書いた。「武装レジスタンスが起きれば、ナチスはもはやわたしたちを丁重に扱うことはしないだろう。完全にわたしたちの息の根を止めるだろう」

しかし、ワルシャワと同じく、軍隊を結成するのは簡単ではなかった。ベンジンでも、武器や訓練やポーランドの地下組織とのコネや、ユーデンラートやコミュニティからの支援がなかった。若者たちには資金がほとんどなく、助けてくれようとしない海外のユダヤ人を苦々しく思っていた。さらに、ハショメル・ハツァイルのリーダーたちがワルシャワで殺され、武器がなくなると、モルデハイはそちらに戻らなくてはならなかった。そのためベンジンのŻOB支部にはトップレベルの案件を処理できるリーダーがいなくなって、混沌状態となり、ただ資金と指示を待つだけになった。メンバーたちはワルシャワのハショメル・ハツァイルかポーランド人のレジスタンス組織からの指示が届くのを待っているだけで、怠惰な落ち着かない日々が過ぎていった。そのうち、多くのメンバーがパルチザンに参加したいと考えるようになった。強制収容所よりも森で死ぬ方がましだと思えたからだ。ようやく九月の末に、ハイカがギムナジウム時代からよく知っているリーダー、ズヴィ・ブランデスが到着した。「太くてしなやかな筋肉質の腕」をして、がっちりした体格で自信たっぷりに歩くズヴィは、地下組織の運営と農作業を手伝う予定だった。

ズヴィはパルチザンと接触するのに失敗すると、防衛と宣伝活動に力を注いだ。すぐさま活動が開始され、五人グループ「ファイブ」が結成された。これは以前に確立された手法で、五名の戦闘グループを作り、グループごとにリーダーを置いた。闘士たちはユーデンラートをだまし、攻撃するさまざまな方法を計画し、地下会報、文書、日刊新聞を発行した。制服工場で働くメンバーは、兵士たちに武器を捨てるよう呼びかけるビラを印刷し、それを前線に送られる新しい靴の中に詰めた。

この頃、ハイカは初めての任務に出て、通りや路地を走りながら地下活動のビラを配り、人々に真実を告げ、抵抗しようと呼びかけたのだった。

人は新しい暮らしにたちまち慣れてしまうものだ。強制収容所や移送によって大勢が殺されているにもかかわらず、ベンジンでの暮らしはレニャにとって「天国」だった。共同生活はとても平穏だった。野菜の切れ端でスープを作り、パンを焼いた。三十七人の仲間が働いていて、多くがゾンダーパスを持っていたので移動でき、強制労働所や処刑をまぬがれていた。労働者が不足していたので、昼間は仕事に行き、夜はキブツの洗濯場や農場で働いた。レニャは洗濯場の仕事を割り当てられたが、そこはユーデンラートの所有物になっていて、ナチスの制服を洗濯することで、わずかな金を支払われていたようだ。レニャが目撃したポーランド総督府地区での苦労は、まだベンジンでは感じられなかった。

「ここに住んでいる仲間たちを見ると、自分の目が信じられなかった」と彼女はのちに書いている。「人間らしい暮らしをして、将来の夢を語るユダヤ人が本当に存在しているなんて」人々がイスラエル国のことに夢中で、想像の世界に住んでいるかのように話したり歌ったりしていることに、レニャは驚かされた。周囲でひっきりなしに起きている残虐な大量殺戮に気づいていないかのようだった。

そんなとき、はつらつとしエネルギーにあふれたハンチャ・プウォトニカがベンジンにやって来た。ハンチャはずっとワルシャワ郊外のゴロチュフにいた。そこの農場はレジスタンスの中心であり、運び屋にとっての立ち寄り先だった。翌日ゲットーに入る前に一泊できる場所、あるいは地下物資を隠す場所として使われていた。農場が閉鎖されたので、ハンチャはベンジンに派遣され、いくつもの旅の危機を乗り越えて到着したのだ。いったん彼女がやって来ると、雰囲気ががらりと変わったことにレニャは気づいた。ハンチャはいい雰囲気を保つことが得意だった。キブツのメンバー全員と知り合いだったし、それぞれの能力も把握していた。ハンチャは文化的活動を中止することに反対した。一日の重労働のあとで、メンバーを集めて哲学的な会話をし、顔を輝かせてパレスチナのキブツについて語り、仲間たちがレジスタンスの準備をするのに力を貸した。彼女には周辺地域やワルシャワの仲間たち、とりわけ姉のフルムカとのつながりがあった。

ハンチャは飢えや迫害などゴロチュフでの悲惨な状況について報告した。脂身や腐りかけたキャベツやじゃがいもの皮を煮た食事。非ユダヤ人の格好をしてナチスをだましながら、ワルシャワまではるばる歩いていったこと。ベンジンの住人が人生の困難さについて嘆くと、ハンチャはこうからかった、とレニャは書いている。「ゴロチュフでは、状況ははるかに悪かったわよ」微笑みながら、ハンチャは言った。「それでも、みんな生きていた」

ある日、ポーランド人の車掌に会った仲間が、車掌の知っていることを聞いてきた。それは耳にしていた漠然とした噂をはっきりと裏付けるものだった。車掌はワルシャワ北東部にあるトレブリンカ行きの列車に乗ったことがあった。トレブリンカの数駅手前で、いきなり列車を降りてドイツ人車掌と交代するように命じられた——大量虐殺地を秘密にしておくためだ。トレブリンカに着くと、ナチスはユダヤ人を殴りつけ、周囲の様子に気づかれないようにせきたてた。病人はすぐさまテントに連れていかれ、撃ち殺された。

新しく到着した人々は、仕事をさせられるのだろうと思っていた。男女に分けられ、子どもたちはパンとミルクを与えられた。全員が服を脱がねばならず、脱いだ服は一山にまとめられた。ナチスは石鹸とタオルを差しだし、お湯がぬるくなるので急げ、と命じた。ナチスはガスマスクをつけていて、ユダヤ人を追い立てた。人々は泣きながら祈りを捧げはじめた。ガスのボタンが押されると、ユダヤ人は目を閉じ、全身を固くこわばらせながら窒息し、折り重なった死体が大きな山を作った。山はいくつかに分けられてクレーンで運ばれていき、穴に投げこまれた。

「地面はありとあらゆるものを飲み込む」とレニャはのちに書いた。彼女の決意は強くなっていた。「ただし、起きたことの隠蔽はできない」この物語はいずれ公《おおやけ》になると、彼女にはわかっていた。

フルムカがさらにいろいろな話を抱えて到着した。妹のハンチャと同じように、彼女はワルシャワからベンジンに派遣されていた。もともとは、ポーランドの南の国境であるスロバキア経由でパレスチナに渡るルートを探すのが目的だった。彼女はそこまで逃げ、メッセンジャーの役割を果たすことになっていた。フルムカはキリスト教徒に変装して、それまでの数カ月、ビャウィストク、ヴィルニュス、リヴィウ、ワルシャワを旅して地獄を味わったのだった。ベンジンに着いたときは疲れきってボロボロになっていた。もっともレニャの方は、姉妹二人にとって人生でもっとも幸せな日として、その日を記憶している。「一時間も、それまでの経験を語り合っていた」姉妹は、お互いに唯一無二の存在だった。

その晩、フルムカは大量虐殺が国じゅうでおこなわれていることをキブツのメンバーたちに語った。何百人ものウクライナ人とゲシュタポで構成された処刑委員会がそれを実行し、ユダヤ人警察もそれを手伝っていたが、のちには彼らまで処刑された。ヴィルニュスのユダヤ人地区の通りには血の染みがこびりついていた。ナチスは殺人を見せびらかして、病的な喜びを味わっているようで、通りにも路地にも建物にも、死体が並べられていた。野生動物のような悲鳴とうめき声があちこちで聞こえた。「どこからも助けはこなかった！」フルムカは叫んだ。「わたしたちは世間に見捨てられたのよ」彼女の話は戦慄するほど生々しかったので、レニャは何日もその恐怖を頭から追い払うことができなかった。フルムカは頻繁に集会に参加し、ひとつのことを全員に求めた。防御せよ！

フルムカの熱意に打たれたレニャは、「お母さん」がキブツの重みを肩に背負い、より大きな任務に乗りだそうとしているのを見守っていた。ワルシャワでのように、ベンジンの誰もがフルムカを知っていたし、尊敬していた。彼女は慰めの言葉や心のこもったアドバイスを与え、人々の苦しみを和らげることができた。だがユーデンラートは彼女に対していらついていた。彼女は命令を撤回させ、何人かを死から救ったのだ。そうした自分の活動についてはほとんど語らなかったが、フルムカが囚人を助け、他国のユダヤ人と連絡をとろうとしていることは周知の事実だった。目標を達成するたびに、フルムカは大喜びし、その情熱は全員の心を動かした。

フルムカの話、ハンチャのエネルギー、車掌の話、それにモルデハイから聞いた話によって、ついにザグレンビエのＺＯＢは行動に移ることを決めた。国外から届いた腕時計、服、食べ物などの荷物を運び込む様子を、ハイカは誇らしげに眺めた。値打ちのあるものは必要品を買うために売る予定だった。みんなは銃を買うことを夢見ていた。裕福なユダヤ人から寄付を募ったが、ハイカはたとえ相手が億万長者でも、必要以上の金は一ズウォティたりとも受け取らないことを強く主張した。最終的におよそ二千五百ライヒスマルクを集め、これで十人以上の人間をパルチザンに派遣することが可能になった。仲間は初めて作業場を開き、ナイフを製造し、手製の爆薬を試し、手榴弾と爆弾を作る計画だった。

ハイカ・クリンゲルはそれが待ちきれなかった。

まちがいなく、レジスタンスの気運が盛り上がりつつあった。一九四二年の秋、ルブリニエツの近くの町はいきなりレジスタンスの現場となった。ある午後、ナチスがすべてのユダヤ人に市場に集まり、服を脱ぐように命じた。衣類はナチスに必要だからという説明をされ、男、女、老人、子どもが無理やり服を脱がされ、下着まではぎとられた。ナチスはそれを監視しながら、鞭や棒でひっぱたいた。女性の服も無理やりむしりとった。

いきなり、十人以上のユダヤ人女性たちが兵士たちに襲いかかり、爪でひっかいた。非ユダヤ人の見物人にはやされて、彼女たちは兵士に噛みつき、石を拾って、震える手で投げつけた。

ナチスはそれにショックを受けた。パニックになって、没収した衣類を残して逃げだした。

ソ連から記事が送られてニューヨークで配信された《ジューイッシュ・テレグラフィック・エージェンシー》の記事では、「ポーランドでユダヤ人のレジスタンス。女性たちがナチスの兵士を痛めつける」という見出しが躍った。

その後、ルブリニエツの多くのユダヤ人は、女性も含めてパルチザンに参加していった。ちょうどこの時期に、最初のユダヤ人の武装レジスタンスが起きた——まさに総督府の首都で。

# 第十章　歴史の三本の線――クラクフのクリスマスの奇跡

## グスタ　一九四二年十月

グスタ・ダヴィドソンがポーランド総督府の首都、クラクフに疲弊しきって到着した。彼女は夜明けに起き、一日何十キロも歩き、常に緊張しながら危険と隣り合わせで何日もかけて移動してきたのだ。彼女は、町で警察に取り囲まれた家族たちを助けた。その後、何度も窮地に陥りながら、ろくに眠らずにクラクフまでやってきた。つてを頼って馬車やバイクに乗り、何時間も列車の駅で待ちながら。

腫れた足をひきずりながら市内に入ってくると、川の南側にある低い建物が建ち並ぶユダヤ人地区に向かった。そこはクラクフの赤い屋根をした豪壮な城や、色彩豊かな中世の中心地から離れた場所だった。戦争以前、クラクフには六万人のユダヤ人が住んでいて、市の人口の四分の一を占めていた。古いカジミエシュ地区には、一四〇七年にまでさかのぼる由緒あるシナゴーグの壮大な建築物が七つもあった。

グスタはゲットーに近づいていった。ふだんはつやつやした唇も高い頬骨も、いつになく青ざめていた。目の下には黒い隈ができている。疲労のあまり倒れそうだった。しかし、囲いの有刺鉄線に近づいていき、にぎやかな通りの物音を聞き、知っている顔に気づくと、エネルギーがあふれてきて全員を抱きしめたくなった。ゲットーは一年以上前に作られたが、常に変化していた。安全な天国だと思ったのか避難民もやって来た。みんなが包囲された町から町へ逃げ、ついに金か体力が尽きるまで、あるいはいきなりアクチオンでつかまるまで、ぐるぐると逃げ続けた。家がなくても、ここならグスタは安心感を覚えたし、仲間意識まで感じた。通り過ぎるユダヤ人にたずねたかった。

「あなたはどこから逃げてきたんですか？」

その暖かい日曜の午後、もはや多くのユダヤ人が生きる意欲を失い、人生が終末に近づいていることを覚悟しているようだ、とグスタは感じた。それでも、誰もがいきなり死が訪れることを祈っていた。降伏はしたくなかったからだ。「連中に追われるままになろう」さらに「老いて闘う気力がない」と老人が投げやりになっていることも、グスタは察した。何年も虐げられ、名誉を傷つけられた魂は絶望していたのだ。かたや若者は生に対する貪欲な欲望を抱え、皮肉なことにレジスタンスと確実な死へと向かっていた。

ゲットーの塀に設けられた小さなゲートは、意図的に墓石に似た形をしていたが、そこでグスタは仲間たちに出迎えられ、中に入れてもらった。帰還が遅れたことを気遣う声や表情が、温かく彼女を包みこんだ。クラクフにはナチスが大勢いるにもかかわらず、現在のところ、ここがレジスタンス活動の中心になっていた。きわめて信仰の篤い家庭で育ったグスタは、左翼シオニスト青年組織アキバの指導的メンバーだった。友人にアキバを紹介されると、彼女は理想主義と自己犠牲の精神に心をつかまれた。グスタは出版物の執筆者と編集者として、さらに全組織の記録係として活動していた。宗教色のない左翼のシオニストグループとはちがい、アキバはユダヤ人の伝統を重視し、毎週金曜の安息日を守っていた。

その夏、グループはコパリニ近くの村を拠点にしていた。そこは暴力と残虐さのさなかで心安らぐオアシスだった。「深い森と空から発散される静けさが大地に溶けこんでいった」とグスタは書いている。梨などの果樹園、山の尾根、渓谷に囲まれ、「青空をゆっくりと移動していく」太陽の下で共同生活を送った。しかし、グスタの夫でアキバのリーダーであるシムションは、活動がいずれ終わることを予測していた――メンバーの大半が死ぬだろうと。彼は会議を召集した。戦争は一時的なものではない。ナチスの残虐さは想像を超えている。極悪非道な大量虐殺がまかりとおっている。グスタと仲間たちはシムションを信じたが、同時にアキバの理想に身を捧げるつもりだった。「若者をレジスタンスに参加させる……広まっている冷笑的な考えに抵抗する」そして、礼儀と人間らしさを失わずに、「生にしがみつくのだ」

戦争が始まったとき、シムションは反ファシストの著作で逮捕された。二人は一九四〇年に結婚したが、片方が逮捕されたら、もう片方も出頭するという契約を交わしていた。したがってグスタも刑務所に入った。二人は巨額の賄賂を支払って出所すると、活動を続けた。「闘士を避難所に入れておいては戦えない」と二人は信じていた。しかし、一九四二年の夏、ワルシャワやベンジンの仲間たちと同じく、活動は変わらなくてはならないと二人は気づいた。

「われわれは復讐者の世代として生き延びたい」とシムションは会議で訴えた。「そして、もし生き延びるなら、グループとして武器を手にしなくてはならない」メンバーは討論した。ナチスの残虐な報復があるのではないか？　自分たちの命だけを救えばいいのか？　だが、それでも戦わなくてはならない。本好きのグスタにとって、暴力はなじみのないものだったが、彼女ですら復讐したいという強い気持ちが湧きあがるのを感じた。父親と姉を殺した敵を殺したい。「今は肥えた土がこびりついた手は、じきに血にまみれるだろう」と彼女は書いている。八月までに、アキバはハショメル・ハツァイル、ドロルなどのグループと同盟し、「クラクフの戦う開拓者」を設立した。

今、グスタがゲートを入ると、シムションがいらついていたという話が耳に入ってきた。彼はグスタがなかなか到着しないことで、とても気をもんでいたようだ。彼女は顔を赤らめ、自分が噂のタネにされている気まずさを吹き飛ばすように大声で笑った。夫は仕事から抜けて彼女を出迎えにやって来た。夫と向き合って立ち、彼のやせて固い手が背中に回されるのを感じながら、強い意志を秘めたブルーの瞳を見上げた。ふいにグスタは理解した。彼は今、完全な闘士なのだ。戦いが彼の運命なのだ。グスタは一人ですべてをやることになるだろう。もはや夫はグスタが目に入っていなかった――鋭い黒い瞳をした映画スターのようなボブヘアの妻の姿も。彼が見ているのは未来だけだった。

「少ししか時間がないんだ」シムションはささやき、グスタは今後はその状況が続くことを悟った。彼は会議に出なくてはならなかった。グスタはこれまで多くの重要なリーダー会議に出たことがあったが、その会合には招かれなかった。彼女は気づいた。夫たちはグスタ抜きで行動に出ようとしているのだ。

クラクフはナチスにとってきわめて重要な都市だったので、プロシアをルーツに持つドイツ民族の都市だとナチスは主張し、ポーランド総督府の首都にし、手厚く保護していた。そのため、ここに住んでいるユダヤ人は、多くの高位のナチス将校ときわめて親しい関係にあった。そうした環境で、若者たちはレジスタンスの活動をおこなっていた。

さて何週間かのち、シムションは何日も家に帰ってこなかった。グスタは動揺した。災厄が襲いかかったのかもしれない。誰かがシムションだと気づいただけで、彼はもうおしまいだった。だが、大丈夫、夫は抜け目がない、と彼女は自分を安心させようとした。

シムションが帰ってくると、ゲットー内部と森で戦闘が計画されていることがわかった。寒い秋の時期だったが、誰もがそれに参加したがった。計画に従って、クラクフのグループは五つに分かれ、それぞれが自立し、リーダー、連絡係、管理担当、物資供給担当を決めた。どの隊にも自前の武器、食料、活動地区が与えられ、計画もそれぞれに立てた。グループのメンバーだけが、名前と計画を把握していて、他のグループのことは何も知らなかった。

こうした軍隊の秘密主義は、開けっぴろげで非暴力の青年組織の文化とは相反するものだった。しかし、家を失い、家族を失ったメンバー同士の結束は固かった。「グループは死に至る旅での最後の避難場所になった」とグスタは説明している。メンバーは集まってはならないことになっていた――笑ったり親しげにしゃべっている姿は、周囲に疑われるからだ。しかし、集まらないではいられなかった。「元気にふるまうことは、成熟する前に傷ついた精神にとって悲壮なはけ口になった」とグスタは分析している。「実戦の闘士になるにはまだ未熟なのではないか、と問われても、どんな答えが返せるだろう？　というのも彼らにはそもそも青春を経験するチャンスがなかったし、今後もないのだから」

クラクフ郊外の小さな町、ラプカで、グスタは美しい建物の一室を借りた。窓がふたつある広い部屋の他に、台所とベランダがついていて、質素だが趣味のいい家具が置かれ、家庭的な安らぎが漂っていた。テーブルには花を飾り、窓にカーテンを吊るし、壁に絵をかけた。その部屋は居心地のいい巣のような家庭的な雰囲気をかもしだしていた。

このリゾート地で、グスタは真っ盛りの秋を過ごす病弱な妻の役を演じることになっていた。六歳の甥のヴィテクを連れてきていて、庭で遊んだり散歩をしたり、穏やかな川で借りたボートを浮かべたりして過ごした。シムションは毎朝バスでクラクフへ行き、他の通勤客と親しくなった。彼は謎めいていて、堅苦しい表情を浮かべ、「威嚇的な人物」だった、とグスタは書いている。シムションは政府の仕事をしていると思われていたので、バスではみんなに席を譲られた。一家は裕福で、夫は若い妻と息子といっしょに過ごすためにブリーフケースに入れて仕事を持ち帰るのだろうと、近所の人々は考えていた。この家が実はユダヤ人レジスタンスの作業場だとは、誰一人疑いもしなかった。

窓から遠い部屋の片隅に、グスタは完全なオフィスをしつらえた。デスク、タイプライター、機材。昼間は家庭的な平穏のうちに過ぎたとしても、シムションが帰ってきたあと、夜はずっと作業をした。村の明かりが消えると、グスタは窓のカーテンを引き、ドアに錠をかけた。朝の三時まで、彼女は書類を偽造し、地下新聞を書き、印刷した。毎週金曜に発行される《戦う開拓者》は十ページあり、ユダヤ人協力者のリストも載っていた。グスタとシムションは二百五十部を印刷し、仲間がクラクフじゅうに配布した。作業後、数時間だけ睡眠をとり、シムションは七時のバスでクラクフに行かなくてはならなかった。しかも、睡眠をとったようにすっきり見える必要があった。

ハンカ・ブラスというシムションの仲間でアキバの運び屋が、二十分ほどのところに住んでいた。グスタの言葉を借りると、彼女とは姉妹のような愛情で結ばれていたので、つきあいは一切絶った方が安全ではあったが会わずにはいられなかった。本当の正体を知っている友人といっしょだと安らげたし、絶望を分かち合うこともできた。隣人たちはハンカをヴィテクの子守だろうと思っていた。ハンカは地下活動のビラをこっそり運んでいたので、朝には卵、マッシュルーム、リンゴ、それに前夜の印刷物をバスケットに入れて、スカーフをかぶり、市場に行くふりをしてバスに乗った。ときどきハンカはシムションの隣にすわることもあったが、知らないふりをしていた。

ある晴れた日、ヘラ・シェパーがワルシャワからクラクフのゲットーに戻ってきた。白い肌にふっくらしたバラ色の頬をした「セクシーな美人」のヘラは、その魅力、流暢なポーランド語、機転によって、アキバの中心的な運び屋になっていた。ヘラはハシド派の家庭で育ち、ポーランドの公立学校に通った。女性の民族主義者団体が学校へ勧誘にやって来たとき、誰も応じようとしなかったが、ヘラは愛国心のないユダヤ人同胞を恥じて参加することにした。それによってヘラは文化やスポーツに親しみ、ライフルとピストルの訓練をするようになったが、まもなく支部のリーダーによって出された動議が反ユダヤ主義だと気づき、脱退した。のちにアキバは不信心者の集まりではないから、とシムションに説得され、ヘラはメンバーに加わることにした。ヘラの両親はポーランド人組織に参加したときよりも、それに腹を立てた。結局ヘラは家出をし、アキバの活動が彼女の家になった。

商学の学位ばかりか自信と完璧な自制心を持つヘラは、去年の夏のワルシャワでの会議にアキバを代表して出席した。そこで、青年グループは戦闘部隊を結成することを決議した。彼女は情報と書類を都市から都市へ運んでいた。しかし一九四二年の秋のこの朝、ヘラは新しいものを持ってきた。武器だ。ゆったりしたスポーツコートの内側には二挺のブローニングのライフルがぶらさげられ、おしゃれなバッグにはいくつかの弾倉が入っていた。

「ヘラほど愛情たっぷりに迎えられた人はいなかった」とグスタはのちに書いている。「そうした武器によってかきたてられた高揚感は、筆舌に尽くしがたかった」壁にかけられたバッグをひと目見るためだけに、メンバーたちは彼女が休んでいる部屋をのぞいた。シムションも子どものように喜んだ。リーダーたちは、こうした武器をもっとたくさん手に入れられるのではないかと夢想した。これは新しい時代の始まりだった。

しかし、彼らはまったく軍事訓練をしていなかったし、軍隊とは何かすら理解していなかったので、メンバーを死に向かわせるのではないかと不安だった。ただ、ポーランド労働者党（ＰＰＲ）

と協力するべきだということは確かだった。そことつながっているのは有名なユダヤ人詩人、ゴーラ・マイアだったが、彼女は急進的な左翼の考えのせいで、何年も前にハショメル・ハツァイルから追い出されていた。また、共産主義者だったので、ストライキを組織した罪で十二年の刑を宣告された（彼女の裁判での答弁はきわめて感動的だったので、検察側はバラを贈ったほどだ）。ナチス侵攻の混乱に乗じ、ゴーラは女性刑務所を脱獄し、ボーイフレンドを探しにいった。二人はソ連領で結婚し、彼は赤軍に加わった。その後、ナチスの人狩りを避けるためにゴーラは隠れ家に潜み、最初の子どもを一人きりで産み、へその緒を自分の手で切った。

だが数カ月後、ゴーラは赤ん坊に助力が必要な状況になりゲットーまでやって来たが、子どもは彼女の腕の中で死んだ。ゴーラはドイツの工場で働き、食品の缶詰にこっそり穴を開けていた。ずっとポーランド労働者党とのつながりも維持し、ユダヤ人と協力するのを渋る党を説得して、どうにか森に隠れ場所を見つけるのに力を貸してもらえることになった。アキバは彼女を「きわめて女性らしい心を持った勇敢な闘士」とみなしていた。

ユダヤ人グループは独立した軍隊を作ることにした。若者は干からびたパンの耳を食べ、穴の開いたブーツをはき、地下室で寝たが、誇りは失わなかった。武器のために金を集めようと、偽造書類を売り、強盗などでも金を作った。金を探すグループもいたし、隠れ家になりそうな場所がないか森を探すグループもいた。ヘラと二人の女性は森周辺で隠れ家を探した。他の女性たちはアクチオンが迫っていることを警告するために近隣の町に派遣された。グスタは森に隠れ場所を発見し、リーダーたちと相談してポーランド労働者党に連絡をとった。メンバーたちはさまざまな手段に訴えて金を手に入れようとしていた。

グスタは女性たちが上層部の会議に締めだされているばかりか、何か意見を言っても男性が耳を貸そうとしないことに憤慨していた。グループには指導的な女性がたくさんいるにもかかわらず、重要な決定を下すときに女性は蚊帳の外におかれた。グスタは四人の男性リーダーのことを短気で頑固だと思っていたが、少なくともそのうちの一人は自分のことを思い出してくれるだろうと信じていた。おそらく命にかけても。


穏やかな十月の日、秋の日差しはまだ強かったが、いつもと同じ一日のように感じられた。だが、その日、クラクフでナチスの大規模なアクチオンが行われた。予想よりも一日早かったので、全員が不意を突かれた。グスタも仲間たちも親を救うことができなかったし、自分たちも生きてゲットーから脱出することができなかった。みんな倉庫に隠れ、地下室から地下室へと移動した。最悪だったのは、あたりが異様に静かだったことだ。他の町のアクチオンでは家族全員がマシンガンで撃ち殺されるなど、騒々しく血が流された。しかし、今回は首都での作戦で、静かに整然と実行された。大半のユダヤ人は飢餓のために弱っていて叫ぶことすらできなかった。この静寂、家族を失うこと、恐怖――そのすべてが青年たちを奮い立たせ、追いつめられ、復讐のために行動に移った。

とびきり美しい秋だった。「その頃になっても木の葉は緑のままだった」とグスタは書いている。「太陽が地面を金色に染め、やさしい日差しで温めた」しかし、一日一日が貴重な贈り物だと誰もが知っていた。寒く湿った秋がやって来たら、森を移動するのはむずかしくなるだろう。だから、行き先を変更した。闘士たちは高位のナチス将校を標的にし、都市の中で行動に出ることにした。「小さな攻撃でも、ここなら上層部を倒せるし、組織の需要な歯車を破壊することができるだろう」グスタはこう書き、ナチス上層部のあいだに騒ぎを起こし、不安を広げることにした。理性では、ここは我慢し、小さな反抗でナチスを刺激しない方がいいとわかっていたが、闘士たちはもはや長く生きられないと感じていた。

闘士全員が夜明けから日没まで忙しく働いた。ゲットーの内と外に急いで拠点を作り、周囲の都市にも連絡場所と拠点を設けた。二、三人ずつ聞き込みをして情報を集め、運び屋として仕事をし、秘密警察を探り、武器を作り、人の多い通りでビラを配った。暗い路地から飛びかかり、殴りつけ、相手の武器を奪って姿を消す。まず、ナチスの内通者や協力者を殺すことを優先した。ユダヤ人らしい外見をしていると、変装せずにアーリア人側で活動することはむずかしい。そこで、ポーランド警察の制服を着て、ナチスに襲いかかるリーダーもいた。

グループ内には強力な絆が築かれ、新たな家庭生活が生まれ、それは家庭を失った傷を癒やすのに役立った。活動が世界のすべてとなり、待っているのは死だったので、互いの信頼はより深くなった。メンバーたちはちょうど大学生の年代で、アイデンティティを確立するためにも仲間意識は欠かせなかった。恋人関係になる者たちもいたが、短期間で破局し、また別の相手とすぐに関係を持った。性的関係は情熱的で性急で、人生を肯定する行動だったのだ。代理親、代理きょうだいになる者たちもいた。

クラクフのゲットーにあるユジェフィンスカ通り十三番地、長く細い通路の先にある平屋の二部屋のアパートが彼らの隠れ家になった。そこが最後の家になると全員が覚悟していた。大半のメンバーが家族で唯一生き残っている人間だったので、実家から下着、服、靴など「遺産」を隠れ家に持ってきて、必要な者に改めて分配した。あるいは売って共同資金にした。誰もが愛し、愛されたいと心から願っていて、すべてを分かち合うコミューンを作ろうとした。台所はエルサという真面目だがユーモアたっぷりの女性が担当し、命と魂を台所の管理に捧げていた。狭い台所の床に鍋やフライパンが積み上げられ、ドアを開けるには、誰かが移動しなくてはならなかった。アパートは作戦本部となり、そこに顔を出すと、それぞれの任務に派遣された。夜間外出禁止令の直前、全員が駆け戻ってきて、成功や失敗、まさに弾丸をよけてきた話を報告しあうのが常だった。

　ユジェフィンスカ通り十三番地では、みんなでいっしょに食事をとった。毎晩、笑いと会話が絶えなかった。アンカはとても力が強かったので、逮捕されたときは彼女が警察官を連行しているように見えた。ミルカは魅力的で明るかった。トスカ、マルタ、ギザ、トヴァ。七人がベッドで眠っていて、残りは椅子か床だった。その家は洗練されてもいないし、それほど清潔でもなかったが、みんなの大切な住まいで、本当の身分で暮らせる最後の場所だった。

　グループはアキバの伝統で、安息日をずっと守っていた。十一月二十日も、日没から夜明けまで安息日のために集まった。二日かけて食事を作り、白いブラウスやシャツを着て、テーブルに白いクロスをかけた。しばらく沈黙したのち、最後の集いなので、《レハドディ》〔安息日に歌う宗教歌〕を選んで歌った。誰かが叫んだ。「これが最後の夕食だ！」そのとおり、全員がそれを承知していた。

　活動は勢いづいていた。状況が悪化するにつれ、ゲットーの外で活動するようになり、ある晩などは公園に隠れていて、通りかかったナチスの軍曹を撃った。狙撃したメンバーは怯えた群衆に交じって遠回りしながらユジェフィンスカ通りに帰ってきた。追ってくる者は誰もいなかった。しかし、この大胆な行動にナチスは我慢できず、こうした挑発的なレジスタンスを潰すことを決定し、警備を強化し、夜間外出禁止令の時間を繰り上げ、人質をとり、処刑者リストを作った。ナチスはリーダーたちを追っていたので、彼らはクライマックスとなる計画を立てていた。戸外での戦いだ。

町でさらに何人かのナチスを殺すことに成功すると、ポーランド労働者党のユダヤ人メンバーと団結し、総力をあげて戦うことになった。一九四二年十二月二十二日、町の多くのナチスがクリスマスプレゼントを買い、パーティーに参加しているとき、四十人のユダヤ人レジスタンスがクラクフの通りに出ていった。女性たちは反ナチのポスターを町じゅうに貼った。男性はポーランド人パルチザンの旗を運んでいき、ポーランド人詩人の銅像に花輪を飾った——それによって、これから起きることがユダヤ人の仕業だと思われないようにだ。それから闘士たちは軍隊のガレージを攻撃し、町じゅうの警報を鳴らし、混乱を引き起こした。さらに夜の七時にナチスが集まっている三軒のコーヒーハウスに乗り込み、クリスマスパーティーを爆破し、〈ツィガネリア〉という旧市街の由緒あるカフェに手榴弾を投げこんだ。そこはナチス将校たちのたまり場として有名だった。少なくともそれで七人の将校が死に、さらに多くの兵士が負傷した。

その後レジスタンスのリーダーは逮捕され殺されたが、ユダヤ人は標的を爆破し続けた。クラクフの中央駅、キェルツェの何軒ものコーヒーハウス、ラドムの映画館——すべてゴーラ・マイアの助力によってだった。

十二月の攻撃の数週間後、ヘラは列車に乗っていた。今夜はどこで眠り、何を食べたらいいだろうと不安になっていると、若いポーランド人の学者に話しかけられた。「混乱はじきに終わるよ」「どうしてわかるの？」彼女は問いかけた。

ポーランド軍が移動しはじめたからだ、と彼は説明した。彼はポーランド人の地下活動について、とても誇らしげだった——カフェを吹き飛ばしたのだ！

ヘラは自分を抑えられなくなった。彼女が最後のユダヤ人だったらどうする？　彼に真実を知ってもらう必要があった。もう仲間はほとんど残っていない。「ぜひ知っておいてほしいんだけど、あなたの話しているクラクフのカフェの攻撃は、若いユダヤ人闘士の仕業だったのよ。戦争が終わるまで生き延びて見届けられたら、どうか、世界にそのことを話してください。わたしもユダヤ人なの」

男は啞然となった。列車がクラクフに近づいていた。

「ぼくといっしょにいらっしゃい」彼は到着するときっぱりと言った。もはやこれでおしまいなのだろうか？　もうそれでもいいのでは？

それから、彼は安全に夜を過ごせる暖かいアパートにヘラを連れていってくれた。

# 第十一章　一九四三年新年――ワルシャワのささやかな勝利

## ジヴィアとレニャ　一九四三年一月

クラクフの感動的な蜂起から数週間後、朝の六時にジヴィアは起こされ、大変なことを知らされた。ナチスがこっそりワルシャワゲットーに侵入してきた、と。不意打ちのアクチオンだ。

ナチスはアーリア人地区での大規模な人狩りに気をとられている、とŻOBは推測していた。何千人ものポーランド人が逮捕されていた。組織はすべての運び屋にゲットーに戻ってくるように、こっちの方が安全だから、と伝えたほどだ。ポーランド人地下組織ですら、ゲットーに身を潜めていた。

しかしこのとき、SS〔親衛隊《ナチス》〕長官のヒムラーは新たな割り当てを課していた。

深夜だったが、ジヴィアは急いで服を着ると階下に降りて状況を確認した。通りは包囲されていた。どの家の前にもナチスの見張りが立っている。脱出する方法も、他のグループと連絡をとる方法もなかった。きのうの計画はすべて水泡に帰した。もはや戦うという計画は実行できないだろう。

ナチスはゲットーを完全に破壊するつもりなのだろうか？

ジヴィアはパニックになった。どうして準備をしておかなかったのだろう？

この数カ月、夏のアクチオンによって多数の死者が出ていたが、ŻOBの成果のおかげで希望がかきたてられた。クラクフと同じように、青年組織は信頼できる仲間で構成され、ひそかに戦闘組織を結成していた。ŻOBはまだゲットーで生きている仲間に加え、数百人のメンバーを集め、情報提供者も選ぼうとした。さらに他の活動組織とも手を結ぼうとしたが、武器をよりたくさん持っているベタルが独自に結成していた戦闘組織、ŻZW（ユダヤ人軍事同盟）とも意見が合わなかった。しかし、ブントは最終的に協力することを承知してくれ、さらにいくつかの大人のシオニスト組織もŻOBに加わった。

新たな体制で、ŻOBはようやくポーランド人地下組織と連絡をとった。その地下組織にはふたつの派閥があり、大きい方の派閥は国内軍（AK）で、ロンドンの右派亡命政府と提携していた。国内軍は個々のメンバーの多くがリベラル派で、ユダヤ人を助けていたにもかかわらず、反ユダヤ主義の信条を掲げていた。かたや、より小さい派閥である人民軍（AL）はポーランド労働者党と提携していた。人民軍はソ連と協力していたので、ユダヤ人ゲットーや森のパルチザンと、いや、はっきり言えば、ナチスをやっつけたがっている相手なら誰とでも手を結びたがっていた。しかし、資金が足りなかった。

国内軍はさまざまな理由からŻOBを助けることを渋った。リーダーたちはユダヤ人は戦闘ができないと思っていたし、ゲットーの蜂起が大きくなれば、市内のレジスタンスを続けるための武器が足りなくなってしまう。時期尚早のレジスタンスは逆効果に思え、できればナチスとソ連軍が互いに血を流しあったあとで、自分たちが登場したいと考えていた。国内軍はちっぽけな青年組織と真剣に話し合うことを拒絶したが、それでも新しい組織とは会ってくれることになった。

会合はうまくいった。国内軍は爆発を起こす方法を教えてくれたばかりか、使えるショットガンを十挺送ってくれた。また、あるユダヤ人女性が火災爆弾の作り方を発見した。廃屋から電球を集めてきて、そこに硫酸を詰めるのだ。

意気揚々と、ZOBは大胆な行動に出るようになった。ちょうどフルムカがベンジンに派遣された時期に、何人ものメンバーがレジスタンス組織を作ったり、外国と連絡をとったりするためにポーランドじゅうに派遣された（外国からの援助を受けられないのは状況を知らないせいだと思いこんでいたとは、なんと無知だったのだろう、とジヴィアはのちに自分を笑っている）。リヴカ・グランツはチェンストホヴァに行った。リーア・ペルスタインとトシャ・アルトマンはワルシャワのアーリア人地区で武器を探した。

ブントは戦闘隊を強化した。ヴラドカ・ミードはブントのリーダー、アブラシャ・ブルムから連絡を受け、レジスタンス会議に招かれた。淡い茶色のストレートヘア、小さな鼻、灰緑色の瞳という外見のせいで、ヴラドカはアーリア人地区に引っ越してこないかと誘われた。ゲットーを出られる、奴隷労働に従事するぞっとするようなつらい状況から逃げられると思うと、ヴラドカは喜びがこみあげてきた。

一九四二年十二月初めのある晩、ヴラドカは、翌朝、労働隊といっしょにゲットーを出て、最新のブントの地下活動のビラを運んでくるようにと連絡を受けた。そこにはトレブリンカ強制労働収容所の詳細な地図が載っていた。彼女はビラを靴の中に隠し、労働隊のリーダーに五百ズウォティの賄賂を支払って、凍えるようなゲットーの塀際で点呼を待っているときに、こっそりグループにまぎれこませてくれるように頼んだ。すべて順調に運んだように思えたが、警備兵がヴラドカの顔が気に入らないので検査をすると言いだした。あるいは、とても気に入ったせいだったのかもしれない。彼女は隊列から引っ張り出され、血潮が飛び散った小部屋に行くように指示された。部屋には半裸の女性たちの写真があり、警備兵は彼女の体を探ると、服を脱がせた。靴だけは脱ぐわけにいかなかった……。

「靴を脱げ！」彼は怒鳴った。だが、まさにそのとき、別の兵士が飛びこんできて、ユダヤ人が一人逃げたと告げ、二人は大急ぎで飛び出していった。ヴラドカは急いで服を着ると、すばやく抜けだし、ドアの警備兵には検査を通ったと告げた。彼女はアーリア人地区で仲間と合流すると、非ユダヤ人と連携する仕事を始め、ユダヤ人がひそかに暮らせる場所を探し、武器を調達した。

何よりもŻOBは内通者を消すことにした。連中のせいでナチスの仕事がかなり楽になっていると考えたからだ。ユダヤ人に対するいかなる犯罪に対しても組織は報復する、というポスターがゲットーじゅうに貼られた。それから民警とユーデンラートの二人のリーダーを殺して、その脅しを実行した。ジヴィアには意外だったが、暗殺はゲットーのユダヤ人に強い印象を与えたようで、彼らはŻOBの力を賞賛するようになった。

新しい権力がゲットーを支配したのだ。

ŻOBが大規模な蜂起をするまで、あと数週間だった。ブントのリーダーのマレク・エデルマンによれば、その重要な日はすでに決めていた――一月二十二日と。

ナチスのアクチオンが一月十八日に始まると、ジヴィアは衝撃を受けた。対応策を話し合って決める時間はなかった。どこで待機するべきかもよくわかっていなかった。大半のグループは棒きれ、ナイフ、鉄棒以外に武器を持っていなかったし、グループごとに孤立していて、互いに連絡もとれない状態だった。

しかし、ぐずぐずしている時間はなかった。ふたつのグループがすぐさま行動に出た。話し合っている時間がないので、とにかく人を集めた。

そのときはジヴィアは知らなかったが、モルデハイ・アニエレヴィッツがすばやくハショメル・ハツァイルのメンバーに指示を出して通りに行かせ、あえて逮捕され、強制収容所に送られる場所、集荷場に連れていかれるユダヤ人のあいだにもぐりこませた。モルデハイはニスカ通りとザメンホフ通りの角に近づいていくと、命令を発した。闘士たちは隠し持っていた武器を取り出して、そばを行進していたナチスに襲いかかった。手榴弾を投げながら、仲間のユダヤ人に逃げろと叫んだ。数人は逃げた。ヴラドカの説明によると、「移送者の大半はナチスに嚙みつき、ひっかいたり蹴ったり」した。

ナチスは度肝を抜かれた。混乱に乗じて、ユダヤ人の若者は銃を発射した。

しかし、ナチスはすぐに落ち着きを取り戻し、たちまち報復に出た。言うまでもなく、反乱者の数少ない拳銃では、ナチスの高性能の火器には太刀打ちできなかった。ドイツ兵はどうにか逃げたŻOBの戦闘員を追いかけた。モルデハイは逃げながらドイツ兵から銃をひったくり、建物に逃げ込むと発砲し続けた。近くの隠れ家にいたユダヤ人が彼を中にひきずりこんだ。生き残ったのはモルデハイと女性闘士一人だけだった。結果は悲劇的だったが、この行動の影響は大きかった。ユダヤ人がドイツ兵を殺したのだ。

二番目のグループにジヴィアはいた。アンテクと二人の男性に率いられ、このグループは別の作戦をとった。残っているユダヤ人の大半は隠れていたので、見つけるためにはナチスは建物に入ってこなくてはならない。戸外で戦ったら必ず負けると考え、ナチスが近づいてくるのを待って、中から撃つことにした。ジヴィアは不意打ちこそ、もっとも効果がある攻撃だと判断した。

ザメンホフ通り五十六番地から五十八番地にあるドロルの拠点で、ジヴィアは待ちかまえていた。四十人の男女がそこにいた。手榴弾が四つ、ショットガンが四挺。大半の者は鉄パイプや棒、硫酸を詰めた電球の武器しか持っていなかった。

ジヴィアと仲間たちは戦って死のう、と覚悟して、ナチスがやって来るのを意気込んで待っていた。敵を倒せば、名誉の死を遂げられる。半年間、ナチスは次々にワルシャワのユダヤ人を殺してきたが、一度もユダヤ人から発砲を受けたことはなかった。

ときどき、集荷場に無理やり連れていかれる人の叫び声がするだけで、あたりは静寂に包まれている。ジヴィアは武器を不安そうに握りしめて敵を待ちながら、大量のアドレナリンが放出されるのを感じていた――それと同時に悲しみも覚えた。のちに、そのときのことを振り返り、心の中の葛藤をこう表現している。「人生の最後の瞬間に、精神的な棚卸しをしていた」二度と会えないだろう友人。ついに成し遂げられなかったアリヤー。

詩人のイツハク・カツェネルソンが短いスピーチをして静寂を破った。「われわれの武装レジスタンスは次世代への激励となるだろう……われわれの行動は永遠に記憶されるはずだ……」

そのときだ。階段で鋭いブーツの音が響いた。玄関ドアが勢いよく開いた。ナチス兵士の一団がなだれこんできた。

メンバーの一人はショーレム・アレイヘム〔イディッシュ文学を代表する作家・劇作家〕の本を読んでいるふりをしていた。ドイツ兵たちは彼の前を走り過ぎて、ジヴィアが他の人々とすわっている部屋に入ってきた。処刑を待っている哀れなユダヤ人、と見えただろう。そのとき、読書のふりをしていた青年がすばやく立ち上がり、後方のドイツ兵を二人撃った。他の兵士たちは階段の方に後退した。クロゼットや隠れ場所から闘士全員が飛び出して、手にした武器で襲いかかった。死んだ兵士からライフル、拳銃、手榴弾を奪うことに専念する者もいた。

生き残ったドイツ兵たちはすばやく撤退していった。

ほとんど武器のないユダヤ人がドイツ兵を殺したのだ！

しかも、武器もたくさん手に入れた。

興奮が数分ほど続いてから、ショックが襲ってきた。みんな困惑し、とまどっていた。ジヴィアはナチスを撃退し、生き残ったことが信じられなかった。高揚感に押し流されそうになりながらも、冷静でいなくては、と仲間たちは気づいた。ナチスはきっと戻ってくるだろう。今度は？「わたしたちはまったく準備をしていなかった。生き残ることは予想していなかったのだ」とジヴィアはのちに書いている。

逃げなくてはならなかった。傷ついた仲間を助け、彼を隠し、それから建物の天窓から出ると、一列になって雪と氷に覆われた傾斜した屋根を這っていった。五階の高さがある屋根を這い、ようやく見知らぬ建物の屋根裏にもぐりこんだ。震えながら、少し休息してから、また移動できることを祈った。

しかし、この建物にも、ナチスはブーツを鳴り響かせて入ってきた。ドロルの仲間たちは攻撃を開始した。二人のメンバーはドイツ兵士を階段の吹き抜けから突き落とした。別の一人は入り口に手榴弾を投げつけ、敵の脱出を防いだ。ナチスは仲間の死者や負傷者をひきずっていき、その晩はもう戻ってこなかった。

翌日、ナチスは誰もいない建物や新しい拠点を攻撃した。またもや、仲間たちは生き延びた。負傷したのは一人だけ。死者はゼロ。

暗くなるとすぐにジヴィアのグループはミワ通り三十四番地のドロルの拠点をめざした。キブツからやって来ていた仲間たちと合流するためだったが、そこは「死の静寂が広がっている」だけだった。家具は打ち壊されていた。枕の羽根が床を覆っている。のちに仲間たちはトレブリンカ強制労働収容所に連れていかれたことを知った。女性を含む数人は列車から飛び降りていた。

グループは建物内でいちばん攻撃しやすい部屋にこもった。全員が状況を説明され、役目を与えられた。見張りは急襲を警告することになっていた。初めて撤退の計画も立て、別の合流場所を定めた。それからやっと眠った。

夜明け、ゲットーは静かだった。ナチスはそっと建物に忍びこんでくるのだろうと、ジヴィアは推測していた。ナチスはユダヤ人民警を送りこんで、あたり一帯の安全を確認させていた。家捜しは前よりもなおざりだった。ナチスはユダヤ人の銃弾を恐れていたのだ。

ジヴィアは生き返ったような気がした。生きる理由を感じていた。

「そのとき何千人ものユダヤ人が隠れ場所で身を縮め、木の葉の落ちる音にすらびくついていた」とジヴィアは書いている。「炎と流血の戦いの洗礼を受けたわたしたちは、これまでの恐怖が跡形もなく消えるのを感じながら、自信にあふれてすわっていた」一人が中庭に出ていき、マッチと薪を見つけて、ストーブに火をつけた。ウォッカまで持ってきた。みんなは火を囲んですわり、酒を飲んだ。戦いについて振り返り、冗談を飛ばし、ひどく落ち込んでいた仲間をからかったので、彼は手榴弾でみんなを殺そうとしてかろうじて制止された。

見張りが入ってきたときも、まだ冗談を言い合っていた。「中庭にナチスの大軍が来ている」見張りは警告した。

ジヴィアが窓の外を見ると、ユダヤ人は建物から出てこいと怒鳴っているのが見えた。誰も従う者はいなかった。

ドイツ兵が侵入してきたが、またもや降伏するふりをしたユダヤ人にだまされた。残りの仲間は発砲し、四方八方から発射された銃弾がナチスを出迎えた。兵たちは後退したが、今度は外で待ちかまえていたユダヤ人に不意打ちを受けた。ジヴィアは負傷したり死んだりしたドイツ兵が階段に倒れているのを見た。

　ジヴィアは仲間たちとともに再び生き延びたことに衝撃を受けずにはいられなかった。死者は一人も出なかった。仲間たちは死んだ兵士の武器を回収して屋根裏伝いに逃げ、隠れ家に出た。闘士たちは喜んで迎え入れられ、ラビが彼らの手柄を称える歌を歌った。「これから若いユダヤ人たちが逃げのびて戦い、復讐をしてくれると思えば、わたしたちも死を楽に迎えられるよ」ラビは言った。

　ジヴィアは涙をこらえた。

　ナチスは最初の建物に戻っていったが、殺すべきユダヤ人はもはや一人も残っていなかった。

　一月の蜂起は四日しか続かなかった。最終的にŻOBは弾薬が尽き、ナチスは隠れ場所を手入れし、多くの仲間が命を落とした。通りから何千人ものユダヤ人が連行されていった。トシャまでつかまり、集荷場に連れていかれたが、ハショメル・ハツァイルを助けている二重スパイの民警が彼女を救出した。

　しかし、全体としては大成功だった。ゲットーを一掃するというナチスの目論見は、ジヴィアや他の闘士たちによって阻止された。シュルツの作業場で選別がおこなわれているときに、あるブントのメンバーがナチス将校を射殺した。マスクをつけたŻOBの闘士たちは、ホールマンの家具店にいたナチスに酸を投げつけた。さらに銃を突きつけて警備員を縛りあげ、自分たちの記録を破棄した。ある仲間はドイツ兵に飛びかかり、頭に袋をかぶせて窓から投げ落とした。別の仲間は、煮えたぎった湯を建物の下にいるドイツ兵たちに浴びせた。二日で終わるはずの作戦が何日もかかり、ナチスは目標の半分しかユダヤ人をつかまえられなかった。ユダヤ人にはろくに食べ物もなかったが、新たな希望を抱くようになった。このささやかな蜂起によって、結束、尊敬、士気を手に入れたのだ——それに高い評価も。ユダヤ人とポーランド人はナチスが撤退したことをŻＯＢの勝利だとみなした。

闘士たちは成功に沸き立ったが、後悔もしていた。これほど追い詰められないうちに、どうしてもっと早く行動に出なかったのか？　それでも、名誉ある死のために戦い続けるしかなかった。一方で、一般のユダヤ人は隠れていれば生き延びられるかもしれないと思いはじめていた。ゲットーは団結した戦いの場となりつつあった。ワルシャワゲットーの「黄金時代」だった。

ワルシャワでは興奮が広がり、希望がふくらみはじめ、その影響が他の町にまで広がっていたが、ベンジンは「まさに修羅場」だった、とレニャは書いている。天国が吹き飛んだのち、冬は肉体的にも精神的にも「拷問」だった。「空腹が常にいすわっていた。病気がはびこり、薬はなく、死が墓石に名前を刻んでいた」毎日、四十歳以上であきらかに労働できないユダヤ人が大量に移送された。どんな些細な違反でも、処刑の理由になった。通りを斜めに渡った、歩道のまちがった側を歩いた、夜間外出禁止令を破った、煙草を吸った、何かを売った、あるいは卵、タマネギ、ニンニク、肉、乳製品、焼き菓子、ラードを持っていた。警察はユダヤ人の家に入ってきて、何を調理しているかを調べた。ユーデンラートと民兵がそれを手助けし、ナチスの命令にすら従った。連中は正義の味方をきどり無慈悲だった、とレニャは書いている。ユダヤ人が何か隠していると聞きつけたら、口止め料を要求した。ささいな違反で罰金を徴収し、その金を自分のポケットに入れた。

ハンチャが病気になった。悪夢に昼となく夜となく苦しめられていたせいだ。ゴロチュフの記憶と、ワルシャワからベンジンへの道中で目にしたおぞましい光景が頭から離れず、熱を出した。それでも、ふらつく足で洗濯場で働くしかなかった。キブツにはほとんど食料がなかった。レニャも空腹の影響を感じはじめていた。疲労、混乱、食べ物に対する激しい渇望。

そのあいだじゅう人狩りは続き、レニャが標的になった。彼女は「コーシャではない食べ物」も口にしていたので、二重に用心しなくてはならなかった。夜、憲兵とユダヤ人民兵が彼女やポーランド総督府からの避難民をつかまえようとした。ユダヤ人らしくない、コーシャ以外の食べ物を口にする人間を受け入れているだけで、仲間はただちに移送されるだろう。レニャ、ハンチャ、フルムカ、ズヴィ、さらに一人の青年は、恐怖に怯えながら夜は隠れ家で過ごした。彼女たちは眠れないまま、朝になると洗濯場の仕事に出かけたので、コーシャだけを食べるメンバーは表向きの儀式をすることができた。

そんなある朝、レニャは広間にすわっていて、オーブンに小さな金属片が必要だと話し合っているのを耳にした。十七歳の少年ピンカスが仕事場で探してみる、と言った。「ちっちゃなピンク」と呼ばれていた彼は、金属片を拾い上げ、まじまじと見た。ドイツ人雇い主はそれに気づいた。それだけで充分だった。彼は移送され、殺された。

ピンカスの悲劇に仲間たちの決意は揺らぎ、目的意識を忘れそうになった。なぜ読み、学び、働くのか？　なぜ生きるのか？　もうどうでもいいのでは？

さらに状況は悪化した。噂が流れはじめた。ユダヤ人は閉鎖されたゲットーに再移送されると。カミオンカ付近の鉄道駅の反対側、一万人用の居住区に二万五千人のユダヤ人が住むことになった。レニャのように、すでにゲットーで暮らしていた人々は、自分たちを待っている悪夢についていやというほど承知していた。ゲットーで暮らしたことのない人々も意気消沈した。「夏になると耐えがたくなるだろう」とベンジンのティーンエイジャーはその知らせを聞いて、日記につづった。「灰色の檻に閉じこめられ、野原も花も見ることができないなんて」フルムカと仲間のドロルのリーダー、ヘルシェル・スプリンゲルは、毒を飲んだかのような青ざめた苦しげな顔で歩き回った。ゲットーに移るべきか、逃げるべきか？　戦うか、逃げるか？

白熱した議論が続けられた。結局、抵抗するのは無意味だ、望まない結果を招く、ということになった。戦いのときはまだだった。

その代わり、フルムカとヘルシェルは昼間じゅうユーデンラートに詰め、ドロルのキブツばかりか、閉鎖された孤児院にいた十九人のティーンエイジャーたちの家も手配してもらおうとした。ユーデンラートのオフィスは混雑し、叫び声、わめき声が響いていた。金持ちは賄賂を渡せたので、比較的楽な時間を過ごしていた、とレニャは書いている。「お金がないのは、銃のない兵士と同じだった」

こうしてユダヤ人はゲットーに押しこめられた。現在カミオンカは、緑の多い丘陵地帯だが、戦時中には混み合った避難キャンプのようで、貧困と無気力と不衛生がはびこっていた。あちこちで小さなストーブがたかれ、有害な煙を出し、人々は地面にすわり、手に入るものは何であれ口にした。どの家の前にも家具と荷物が山積みになっていた。その山の横には赤ん坊が寝かされている。部屋を手に入れられなかった人々は広場に鶏小屋のような小屋を建てて雨をしのいだ。厩舎、屋根裏部屋、外便所、すべてが家になった。改造した牛小屋に十人で暮らしていても、幸運な方だった。多くの人々は屋根のないところで寝ていた。必要なテーブルとベッド以外、室内に家具を置くスペースはまったくなかった。毎日、マットレスを外に運び出して、もっと多くの人々が中に入れるようにしている光景をレニャは見た。それは家族とゲットーで暮らしていたときのぞっとする記憶を呼び起こした。ユダヤ人は影のように歩き回り、まるでボロを着た生ける屍のようだった、とレニャは書いている。同時に、ポーランド人はユダヤ人の家財品を奪い、「もっと早くヒトラーが来ればよかったのに」と冷血にも口にし満足そうだ、と彼女は感じた。ポーランド人に奪われないように家財を燃やしたり、家具をたたき割って薪にしたりするユダヤ人もいた。

ドロルのメンバーはわずかな必需品を車に積みこんで、ゲットーに向かった。フルムカとヘルシエルは、どうにか二階建ての家をまるごと手に入れることができた。半分はメンバーのため、半分は孤児たちのためだ。大半の住まいよりもはるかにましだったが（清潔だったので、レニャは喜び「宮殿」と呼んだ）、狭かった。ベッドとベッドのあいだは歩くスペースすらなかった。たんすやテーブルは中庭に置かれ、薪として利用されることになった。

ゲットーは閉ざされ、民兵が警備した。ドイツ人の仕立屋や靴屋や金属加工の作業場とゲットーをユダヤ人が往復するときは、警察が見張った。やがて労働者は子どもの世話があると言って、仕事に行かなくなった。レニャはユダヤ人のレジスタンス精神を誇らしく感じたものだ。そこでユーデンラートは、親が働いているあいだ子どもに食事を与える託児所を作った。のちには作業場の前に小屋を建てたので、夜、赤ん坊はそこで眠ることができるようになった。どの作業場にも専用の小屋があり、小屋が完成すらしないうちに、困窮した人々がそこに移ってきた。

夜はとても静かだったので、八時以降に外に行くのは危険だった。完全な消灯が義務で、どの角にも民兵が立ち、夜間外出禁止令を厳守させた。たとえば懐中電灯の光が揺れ、いきなり銃声が響けば、朝に葬儀になった。その男は別の建物に歩いていこうとしていただけだったのだが。

毎週、レニャは人々がアウシュビッツに送られて殺されるのを目の当たりにした。年配者、子どもたちを隠した親、母親の胸からひきはがされた乳児、政治的活動をした若者、仕事場に二日間現れなかった者。そうした人々は駅に連れていかれ、殴られ、家畜用車両に投げこまれた。何かをたまたま盗んだ者は激しく殴打され、首を絞められ、踏みつけられ、必要なら撃たれた。しかし、撃つ必要なんてなかった——すでに息絶えていたからだ。

ふいに、ぞっとする悲鳴が響いた。ナチスが母親の腕から赤ん坊をひったくり、足をつかんで頭をレンガ壁にたたきつけ、赤ん坊の頭蓋骨を真っ二つに割ったのだ。建物や歩道に血しぶきが飛び散った。ドイツ兵は赤ん坊の死体を地面に投げ捨てた。その光景はレニャの記憶に一生刻みつけられた。

レニャはこうした非人間的行為を戦慄しながら目にした。子どもたちはこうした暴力行為を見て泣き続けた。住人がどの家からも毎日連れていかれるので、ゲットーは徐々に人が減っていった。「みんなの胸は張り裂けんばかりだった。正気を保っていられたのは奇跡だった」とレニャは書いている。

こうした状況だったので、キブツでの文化的活動はすべて中止された。その頃、偽造パスポートを入手し、ドロルは会議を開いた。テーブルの上座にはヘルシェル、もう片方にはフルムカがすわっていた。青年組織は決断を下さなくてはならなかった。戦うか、逃げるか。そしてフルムカは言った、いや、自分は逃げない。そして全員が、クラクフとワルシャワで始まっていた武装闘争に参加すると決めた。防衛し、復讐し、自尊心を守ろうと。

レニャは行動に移ることにした。

# 第二部
## 悪魔か女神か

あいつらは人間ではない、おそらく悪魔か女神だ。冷静にふるまえ。あいつらはサーカスの連中みたいに敏捷なのだ。両手に握った拳銃を同時に発射することもある。最後まで獰猛に戦う。あいつらに近づくのは危険だ。とらえたユダヤ女は臆病そうに見えた。完全に降伏していた。だが、われわれの隊員が彼女から数歩のところまで近づくと、いきなりスカートだか下着だかの中から手榴弾を取りだし、十代先まで呪われろ、と叫びながらナチス将校を殺した——髪が逆立った！　そうした状況でわれわれは何人ものメンバーを失ったので、わたしはこう命じた。女を人質にとるな、そばまで近づかせるな。距離をとって、サブマシンガンで息の根を止めろ。

——ナチス司令官　ユルゲン・シュトロープ

# 第十二章　準備

## レニャとハイカ　一九四三年二月

ベンジンは騒がしかった。夜明けから夜間外出禁止令の出る夜の八時まで、キブツとその庭には仲間があふれていた。近所の人々もそれに気づいた。「わたしたちは活動をしているという評判を手に入れた」レニャは新たな尊敬を得られたことが誇らしく、そう記している。「みんなの将来の鍵を握っていて、いざというときに何をするべきかわかっている人々だと」

ズヴィ・ブランデスとバルフ・ガフテックだけが軍隊経験があり、五人グループのリーダーたちに指示し、毎日訓練を行ってた。全員が斧、鎌、大鎌、手榴弾、引火性液体ばかりか、銃器の使い方も教えられた。さらに自分の拳を使うやり方も。生きて帰ってくることは考えず、最後の最後まで戦う訓練を受けた。レニャと仲間たちは尖った道具、懐中電灯、ナイフ――戦いで役に立ちそうなものなら何でも集めた。

ワルシャワから最初の武器が届いたときは、聖なるもののように扱われた。ハイカはおそるおそる銃を手にとった。わくわくしていたが、まだ躊躇《ちゅうちょ》があった。大半は若者なのでこれまで銃と接したことがまったくなかったが、ハイカも同じで、銃はとても熱いか、いきなり暴発するのではないか、と心配だった。だが、時間がたつにつれ、ハイカは自信をつけていった。銃を持っていると、自分が本当に革命を起こし、人間としての使命を果たし、偉大な歴史的事件の一部になっていることを実感できた。

　ポーランド労働者党は武器をこっそりゲットーに持ち込み、カミオンカの外にユダヤ人を住まわせようとした。そうすれば、外側でも戦えるからだ。ŻOBはアーリア人地区から品物を持ちこめるように、メンバーを訓練した。週に三度も外に行く者もいた。自前の作業場を作り、今ではナックルや、パイプ、石炭粉、砂糖を利用し、爆発物を詰めた瓶を製造していた。技術が向上するにつれ、手製爆弾は既製のものよりも威力が増した。

　強制労働で一日じゅう酷使されたあと、夜になると隠れるための場所を作るようになった。ユーデンラートはまったく気づかなかった。若くて腹を空かせたユダヤ人は自分たちだけで作業をしていたので、疲れきっていた。「やせこけ、やつれた顔を見るのはつらかった」とレニャは嘆いている。彼らは個人の家にも隠し部屋を無料で作ってやっていたのだ。ダヴィド・コズウォフスキを含むハショメル・ハツァイルのメンバーたちは図面を引き、何日も意見を交換し、「学位のあるエンジニアさながら優秀」だった。隠れる場所を作るにはどこがいちばんいいか？　入り口と出口はどうやってカモフラージュするか？

　建築計画がワルシャワからの運び屋を通して届いた。ワルシャワでは、エンジニアのおかげで隠れ家が設けられていた。地下通路は何キロも延び、ゲットーをぐるっと回ってアーリア人地区に出られるようになっていた。メインのトンネルは照明、水、ラジオ、食料、銃弾と爆発物を備えた何本ものトンネルに枝分かれした。全員がそれぞれの秘密トンネルの合言葉を知っていた。「すごい発明だ」とレニャは書いている。ベンジンでは、オーブンの中、壁、クロゼット、ソファ、煙突、屋根裏に隠し部屋の入り口が作られた。それを隠すために、部屋じゅうに壁が巡らされた。トンネルは素手で掘った。階段の中、厩舎、薪貯蔵小屋にも隠し部屋は設けられた。住人が急いで出ていったように見せかけるために知恵を絞った。電気、水、ラジオ、ベンチ、小さなオーブン、胃が弱い者のためのトースト――すべてが手配された。

そのときがきたら、あとは用意してある秘密の場所に入るだけだった。みんな心の準備ができていた。

こうした熱意はユダヤ人コミュニティでのレジスタンスへとつながっていった。一九四三年二月、ユダヤ人民兵は人員を増やそうとしていた。移送がもうすぐ始まるのだ、とレニャは悟った。民兵は仲間のユダヤ人を列車に連れていく役目をするのだろう。民兵はドロルから六名のメンバーを出してくれと言ってきた。カミオンカでやっていた洗濯の仕事は中止された。ユーデンラートから、ドロルのメンバーは民兵に加わり、正義を果たすようにという通達が来た。従わなければ、ゾンダーパスを剝奪され、ドイツの強制労働収容所に移送されるだろうと。

すでにユーデンラートはゲットーの数人をドイツに送っていた。一人も戻ってこなかった。当然、メンバーたちはユダヤ人ゲシュタポと呼ぶ民兵組織に加わることを断固として拒否した。ゾンダーパスが失効してもかまわなかった。ナチスがユダヤ人を死の収容所に連れていく手伝いなど絶対するつもりはなかった。指定した時間に誰も現れないと、ゾンダーパスをとりあげる、というユーデンラートの会長からの命令を伝えに、民兵がキブツにやって来た。彼らはおとなしくゾンダーパスを渡した。書類を持たずに歩いていたら強制収容所に送られる危険があるのは承知の上だった。こうしてパスを没収したにもかかわらず、翌日はユダヤ人警察が棍棒を手にキブツを取り囲み、指定の者をドイツに移送せよという命令書を見せた。警察官はドアを封鎖し、身分証明書を調べた。

そのとき、二人のドロルの青年が窓から飛び降りた。民兵は二人を追った。二人は民兵を殴りつけ、逃げ続けた。残りの仲間たちは叫んだ。「民兵なんて、くそくらえ！」警察に仲間をつかまえさせるつもりはなかった。ユダヤ人警察の指揮官は民兵に命じて、全員を殴り倒し、逃げた者が出頭するまで残りのメンバーを人質にしろ、と命じた。レニャは茫然として、その争いを見ていた。

フルムカはこの乱闘で誰かが命を落とすのではないか、もっと悪ければナチスがやって来て、皆殺しにされるのではないかと不安になった。「誰も人質にならない」と彼女は宣言した。彼女はリストのメンバーに警察に行くように命じた。青年たちは従い、キブツのメンバー全員が彼らのあとから混雑した通りをバスまでついていった。すると、「雄牛のように強い」一人の青年が警官を振り切って逃げはじめた。棍棒と拳の戦いが民兵とキブツのメンバーのあいだで始まり、女性メンバーのツィポラ・ボーシェンは数人の民兵をたたきのめした。殴られた指揮官は部下にバスを運転するように命じた。「警察まで運転していけ」と彼は命じた。「やつらは八つ裂きにされるだろう」ゲットーの人々が見守っていたが、すべてのユダヤ人が警察を恐れているわけではないことを知り、拍手が湧き上がった。レニャは誇りで顔を紅潮させた。

しかし、フルムカはナチスがこれを知ったら、全員がもうおしまいだと思った。彼女はユダヤ人警察の指揮官たちと民兵たちを落ち着かせ、黙っていてくれるように交渉を始めた。彼らはフルムカに敬意を払っていたので、渋々従ったが、逃亡者の代わりに人質を連れていくという条件を出した。指定された者たちといっしょに、三人の人質はバスに乗りこんだ。ヘルシェル・スプリンゲル、弟のヨエル、それにフルムカだ。彼女は自ら人質になった。レニャは感銘を受けつつも、バスが走り去るのを恐怖とともに見送った。

さらに高位のユダヤ人警察の指揮官がこの騒ぎを聞きつけ、その晩、キブツを閉鎖し、メンバーを中庭に監禁するように命じた。フルムカとヘルシェルは幸い戻ってきたが、民兵と指揮官に恥をかかせたので、全員がドイツに送られることになるだろうと言った。その晩、レニャと仲間たちは星空の下にすわっていた。心配した隣人たちが中に入るように招いてくれたが、フルムカはそれを断った。外出禁止令が出たあとにナチスの警備兵がうろついている戸外にいたら危険だが、それでも一晩外で過ごすことができるところを民兵に見せつけたかったのだ。夜じゅう民兵がやって来たが、ドアの鉛の封印がはずれていないかを調べただけで帰っていった。

翌日も空腹で寒さに震えながら、仲間たちは中庭にいた。フルムカとヘルシェルはユーデンラートに戻っていき、仲間を助けてほしいと訴えた。その晩、レニャたちは孤児院で貧しい夕食をとった。それから民兵がやって来て、ドアの錠を開けた。罰は終わった。しかしフルムカとヘルシェルはどこなのだろう？　レニャは恐ろしくて考えることもできなかった。

その晩遅く、全員が戻ってきた。誰も移送されなかったし、民兵に徴兵されることもなかったし、強制労働にもつかされなかった。ゲットー全体がドロルのメンバーの勇敢さを噂しあった。

こうしてノーということが可能なことを人々は学びつつあった。

ワルシャワからニュースが入ってきた。アクチオンが間近に迫っているので、ワルシャワでは防衛の準備をしている、ユダヤ人はもはや政党やイデオロギーのちがいにこだわらず、戦う用意をするべきだ、と。ジヴィアとアンテクがベンジンの人々にそう伝えてきた。同志たちはたとえ可能でもアーリア人地区に逃げることを拒否し、敵と戦って死ぬことを望んでいる、という話だった。

二月にジヴィアはベンジンの地下組織に手紙を書き、フルムカにまた国外に行ってほしいと言ってきた。フルムカは生き延びて、外の世界にユダヤ人が虐殺されていることを伝える必要があると。フルムカは拒否した。さらに三月にまた手紙が届いた。ハンチャにワルシャワに来て、ひそかに出国してもらいたい。「言い訳はなし、反論はなし」それはジヴィアの命令だった。

フルムカと同じく、ハンチャも拒否した。自分が生き延びるための計画など聞きたくなかった。しかも、姉をこんな状況に残していくわけにはいかない。「姉妹は互いのためなら地獄にでも行くつもりでした」とレニャは書いている。フルムカ自身は国外に行くことなど考えられなかったが、ハンチャにワルシャワへ行くように説得した。ハンチャは姉に逆らえなかった。姉を心配させたくなかった。

ハンチャは旅の支度をしながら憂鬱だった。おしゃれな鞄にアーリア人らしい服装。再び仲間たちに会えるのだろうか？　フルムカにいっしょに行ってほしいと頼んだが、断られた。「ハンチャは典型的なユダヤ人の顔をしているから、キリスト教徒の農家の娘に変装するなんて馬鹿げている」とレニャは書き、やり遂げられるのか気をもんでいた。

二日後、チェンストホヴァから電報が届いた。震えながらレニャは読んだ。ハンチャは国境を越えてポーランド総督府に入り、また進み続ける予定だった。それから、また電報。無事にワルシャワに着いた！　数日したら、ポーランドを脱出する予定で、すべてが手配されていた。レニャはほっとして大きく息を吸った。

ほとんどの手紙にも、命がけでハンチャを守ってくれるポーランド人女性が出てくることに、レニャは気づいた。身元は隠してA・I・Rと記されていたが、ジヴィア、フルムカ、トシャと親しい友人になったイレナ・アダモヴィチのことだった。貴族階級出身の熱心なキリスト教徒で、三十代初めの元ガールスカウト。イレナはポーランド人のレジスタンス組織とZOBのおもな連絡係の一人だった。ワルシャワ大学で教育学の学位をとり、ハショメル・ハツァイルといっしょに活動し、キブツを訪ね、ユダヤ人の国家主義の理念に共鳴していた。戦争のあいだにイレナはドロルとハショメル・ハツァイルのメンバーたちと非常に親しくなった――イディッシュ語を学びさえした。

イレナはワルシャワの児童養護施設監督局で働いていたので、ゲットーを公的業務の一環として訪れることができる許可証を持っていた。一九四二年、彼女はヴィルニュスに行き、ハショメル・ハツァイルのリーダーたちにワルシャワゲットーの粛清について伝えた。ドイツ人尼僧に変装した彼女は多くのゲットーを訪れ、情報を交換し、励ましを与えた。また友人である国内軍のリーダーたちに連絡をとり、ワルシャワのユダヤ人の援助を頼んだ。ユダヤ人とポーランド人地下組織のあいだで手紙や出版物も運んだ。さらに自分の家にユダヤ人をかくまい、国境を越えるのを手伝った。イレナは自分の活動をルームメイトたちに隠していたが、ユダヤ人青年のあいだ、とりわけベンジンでは伝説的人物になっていた。「彼女の人柄に全員が魅了された」とレニャは書いている。「彼女の外見すら、知らなかったのに」

一方、ワルシャワからの手紙には、悲劇的な失敗をしてパヴィヤク刑務所やアウシュビッツに送られた運び屋たちのことがつづられていた。ハイカ・クリンゲルはつかまって殺されたベンジンの運び屋について、日記に書いている。そのイジャ・ペイサフソンはタフで毅然としていて冷静で、ハイカが火の中、水の中までついていきたいと思うような女性だった。「今は愛情に心を奪われているわけにいかない」とイジャはよく言った。「もはや感傷的なことを優先する時期じゃないのよ」

ベンジンのグループもワルシャワのように団結するべきだ、とイジャは主張した。彼女はワルシャワに行きたがった――どんな犠牲を払っても。「この目で仲間の仕事ぶりを見たいの。それから戻ってきて、ここで蜂起の種をまく。贈り物も持ってくるつもりよ。武器を初めて運んでくる」仲間たちは行かないように説得しようとした。イジャは外見がいかにもユダヤ人らしかったし、近眼だ。イジャは本当は不安だったにちがいない、とハイカは思ったが、彼女を思いとどまらせることはできなかった。イジャは他の女性たちにも自分の後に続いてほしい、と願っていた。一九四三年二月、彼女は出発した――だが、二度と戻ってこなかった。ワルシャワに着いて、ベンジンの仲間が戦いたがっていることを伝え、三挺の拳銃と手榴弾を手に入れたものの、チェンストホヴァでナチスの手に落ちたのだった。

　彼女の死についてはさまざまな憶測がされた。ある噂によると、秘密捜査官の注意を引き、あとをつけられたらしい。イジャは彼の存在に気づき、まこうとして通りから通りへと歩きまわったが、アーリア人地区の地理はよくわからず、ゲットーをめざした。捜査官はそれを見て、彼女を追った。イジャは走りだし、抱えていたパンから拳銃が落ち、その場で撃ち殺された。別の推測では、秘密捜査官に尾行されているのに気づき、イジャは誘惑することにした。彼は自分の家に誘った――イジャは行くしかなかった。チェンストホヴァの連絡係は彼女が秘密捜査官といっしょにいるのを見て、待ち合わせ場所から離れた。秘密捜査官は彼女を襲おうとした。彼女は拳銃を取り出して撃ったが、彼は逃げだし、警察を連れてきた。イジャの死の状況がどうであれ、メンバー全員が深い悲しみと後悔に暮れた。彼女を送りだすべきではなかった。

　アストリッドがイジャの地位についた。別名A、エストリット、またはアストリット、本名ゾシャ・ミレはいわゆるインテリではなかったが、多くのコネクションがあり、ワルシャワと地方を結ぶ列車、道路、街道について詳しかった。外出するたびに、彼女は新しい身分になった――たとえば農場の少年や市の教師などだ。武器、金、手紙、情報、偽造書類、詳細な防衛計画を服に縫いつけて運んだ。拳銃を大きなテディベアに隠し、それを抱えているところはとてもかわいらしかった。あるいは偽底のついたマーマレード缶、パンの塊、コートのポケットに隠すこともあった。それらを渡してしまうと、空っぽになった気がすると文句を言った。アストリッドがベンジンに来るたびに、ウォッカでパーティーが開かれた。というのも「ワルシャワの習慣を紹介しなくちゃならないから」だ。彼女は何人かもこっそり連れてきた。

アストリッドは魅力的でスタイルがよかったと、ハイカは書いている。同時に気まぐれで虚栄心が強く、服に目がなく、出かけるたびに新しい服を買った。表向きは、アーリア人側ではこぎれいで、おしゃれなことが重要だ、という理由からだ。彼女は華やかなアーリア人の外見と、とてつもない勇気を持っていた。ハイカによれば、きわめつけの「命知らず」で、大胆にも秘密捜査官の目をまっすぐ見つめ、いたずらっぽい微笑を浮かべて、「あたしの書類を調べたいの?」とたずねた。長い間、彼女はとても幸運に恵まれていたが、大半の運び屋の女性の例にもれず、ついに刑務所に入れられた。そして拷問され、悲惨な死を遂げた。

その後、動揺したやりとりが続いた。ハンチャについての手紙——国外脱出が遅れているので、とりあえずワルシャワに残ることにした。さらに手紙——状況は最悪だ。大規模移送がじきに行なわれそうだ。「こちらから連絡がなかったら、アクチオンが始まったという意味だ」とワルシャワのZOBのメンバーは書いてきた。「ただし、今回は移送に前よりも手こずるだろう。ナチスはわれわれの計画を予期していないから」女性の運び屋がベンジンにやって来て、ゲットーには大きな恐怖が広がっているが、仲間たちは準備をしていると報告した。そのあと、彼女はアーリア人地区の拠点からゲットーと連絡をとるために、大急ぎでワルシャワに戻っていった。

数週間後、運び屋が戻ってきた。ワルシャワではひどい殺戮がおこなわれている、ということしか彼女にはわからなかった。戦いは続いていて、多くの仲間が倒れた。アーリア人地区から電報が届いた。「ジヴィアとトシャが死んだ」

それっきり、ワルシャワからは一切の連絡が途絶えた。電報も手紙も、運び屋も。情報ゼロ。ニュースもゼロ。全員が死んでしまったのだろうか？　全員が殺されたのか？

誰かが資金を持ってワルシャワに行き、情報を仕入れてこなくてはならなかった。しかし、すでに多くの女性が旅の途中で殺されていた。ユダヤ人には見えず、この暗黒のときに事実を探り、任務を果たせる女性が必要だった。フルムカと他のリーダーたちは人選をした――レニャ。

小さなレニャ、イェンドジェユフ出身のティーンエイジャー。

行方不明になり消えてしまった女性たち、数え切れない死のことをレニャは考えなかった。すでにこのとき、彼女は行動する女性であり、明確な目的を持ち、決断力を備えていた。レニャは怒りと憤りを感じ、正義のために何かしたいと思った。

「もちろん、行きます」レニャは答えた。

# 第十三章　運び屋の女性たち

## レニャ　一九四三年五月

レニャの新しい世界、運び屋は変装の世界で、そこでは人間の価値は外見によって定められた。ユダヤ人がアーリア人の中で生きるためには、常に高度な計算と判断に基づいた演技が求められる。それに危険を嗅ぎつける動物的な勘、誰が信頼できるのかという直感。レニャも知ってのとおり、ゲットーの塀を越えるのはむずかしかった。しかし、塀の反対側にいて、計画や運び屋のことには一切触れずに仕事をし、人と交流することはもっとむずかしかった。

まさにその日、ベンジンのＺＯＢのリーダーたちは、チェンストホヴァから来た仲介者と連絡をとっていた。彼はゲットーからひそかに出る方法を発見していたので、数時間後にはキブツに到着してレニャのところに行き、最初の正式な任務に連れだすことになった。

いつもと同じように、レニャは出発した。ただし、今回は金を持っていた。ガーターベルトに数百ズウォティを縫いこんだ。現金はワルシャワの闘士たちにとって役立つはずだった。何カ月も前に通りで奇跡的に発見した身分証を使って列車でストシェビンまで行き、ポーランド総督府のすぐ手前の駅で降りた。

目の前には野原と森を抜ける十二キロほどの道が延び、その先に知り合いの警備兵が守っている小さな国境がある。徒歩で、しかも警察を避けるために、仲介者に案内されながら急いで歩かねばならなかった。すぐに兵士に誰何《すいか》されたので、レニャは心臓が止まりそうになった。仲介者は彼にウィスキーの入った瓶を渡した。「兵士はひとことも言わずに通過させてくれた」とレニャはのちに書いている。「それどころか道案内までしてくれた」

彼女はこう回想している。「足音を忍ばせて慎重に木々のあいだのでこぼこ道を進んでいった」どんな物音にもびくついた。木の葉や枝がそよぐ音にも。

いきなり、ガサゴソという音。人影――しかもすぐそばだ。レニャと仲介者は地面に伏せ、近くの低い木立の方へ這っていってやぶの下にもぐりこんだ。用心深く足音が近づいてきた。心臓をバクバクさせ、汗をかきながら、レニャは隠れ場所からのぞいた。

一人の男が恐怖に震えながら近づいてくる。彼は国境の反対側からやって来たのだが、レニャと仲介者のことを待ち伏せしている憲兵だと思い、今にも襲われるのではないかと怯えていたのだ。

ポーランドの森には、別の世界が存在する。

「ここからは問題ない」仲介者はレニャを安心させ、彼もまたゆっくりと息を吐いた。

数分後、彼女は森を出て、別の国に足を踏み入れた。

ワルシャワ。レニャは目的地めざして歩いていた。ただし、それほど明確な目的があったわけではない。列車を市の中心部で降りると、ちょっと立ち止まって町の様子を眺めた。灰色とクリーム色の建物、丸屋根、傾斜屋根。大都市への初めての旅だったが、想像していた光景とはちがっていた。というのもワルシャワはレニャと同じく変装していたからだ――いや、彼女以上に。初春の日差しも、どこまでも続く低い建物も、大きな広場とにぎやかな通りの屋台も、もうもうと立ちこめる煙と灰で覆われていた。馬車や車の行き交う音も、爆発や叫び声でほとんどかき消されている。その悲鳴は「ジャッカルの咆哮」のようだった、とレニャは書いている。通りには死が充満していた。燃える建物と焦げた髪の毛の臭《にお》いがたちこめている。酔っ払ったナチスの車が町中を乱暴に走っていく。交差点ごとに警察の検問所があり、すべての荷物を調べていた。

レニャはそちらに足を踏みだすことができなかった。旅の前日に仲介者から手に入れた新しい身分証の詳細をすっかり記憶し、頭の中で何度もリハーサルし、身分証の人物に、そのぼやけた写真の主になりすまそうとしていた。それはイディッシュ語の名前をポーランド人の名前に変え、出身地を彼女の訛りに合わせた特注のカードではなかった。この身分証明書は偶然手に入れた――仲介者の妹のものだ。レニャが通りで見つけた身分証よりもずっと安心だったが、こちらには写真と指紋がついていた。

通りを見ると、さらにナチスの検問所があり、この偽身分証は田舎では通用しても、都会ではだめかもしれない、とレニャは不安が込みあげてきた。手で服をなでつけると、分厚い現金のふくらみが感じられた。

「身分証！」別の警官が怒鳴った。レニャは身分証を手渡し、彼の目を見つめた。警官はレニャのバッグをあらためてから、通過させ、路面電車に乗るのを許可した。

停留所に着くと、レニャはさらに歩いた。警官が通行人を片端から止めている。小さな通りにまで憲兵がうようよしていて、市民の服装をした秘密捜査官が、ゲットーを逃げだしたユダヤ人がいないか目を光らせている。容疑者を見つけるとその場で射殺した。「頭がくらくらしてきた」とレニャは書いている。「そのおぞましい光景を目にしたせいで」

レニャは心を落ち着けると、すばやく目的地に歩いていった。

とうとう、めざす住所にやって来た。「ゾシャに会いに来ました」レニャはドアの隙間からこちらを見つめている小太りの洗濯女に言った。

「彼女はここにいないよ」

「待ってます」

「帰ってもらわないと。お客は許可されていないんだ。見知らぬ人間を入れたら、殺されるかもしれない」

レニャの心臓が止まった。どこに行ったらいいのだろう？　ワルシャワでは知り合いが一人もいなかった、ただの一人も。

これまでの検問所は通過してきたが、次の検問所でつかまるかもしれない。「それに」と女はひそひそ声になった。「ゾシャはユダヤ人かもしれないんだ」彼女は言葉を切ってから、またささやいた。「近所の連中は疑っているよ」

「あら、まさか、それはないと思います」レニャは答えた。彼女の声は落ち着いていて無邪気だったが、汗が噴きだしてきた。「ゾシャには列車で一度会ったことがあって、町に来ることがあったら寄ってくれって誘われたんです。ユダヤ人じゃなくて、カトリックに見えますよ」この洗濯女はレニャのスカートのひだを見通せるのだろうか、布地に縫いつけられた秘密を？　レニャはポーランド人らしい容貌のせいで、この事実確認の任務に送りだされたのだが、容貌だけで大丈夫だろうか？　彼女はほとんど変装をしていなかった。もちろん洗練されたところはまったくない。

「彼女がユダヤ人なら」とレニャは今後の展開がわからないまま、言葉を継いだ。「すぐにピンときたはずです」

女はその答えに満足したようにレニャを見つめた。それから大きく咳払いして、あとずさった。

レニャは振り向いた。

そこにはゾシャが立っていた。

ようやくレニャは気づいた。自分はただの変装したユダヤ人ではなかった。秘密や暗号に通じ、試練において機転を求められる地下組織のスパイ、運び屋なのだ。あるいはヘブライ語の方が、その仕事の内容をもっとうまく表現しているかもしれない――ケシャリヨット、つなぐ人。ケシャリヨットはたいてい未婚の女性で十五歳から二十代前半、青年活動でのリーダーか、きわめて献身的に活動をしている者から選ばれた。エネルギーにあふれ、能力が高く、勇敢で、何度も命を危険にさらしていた。

運び屋にはいくつもの役目があり、戦争が進むにつれ仕事の内容も変化していった。レニャが加わったのは後半になってからだ。運び屋の仕事は、戦争の初期にフルムカ、トシャ、ハナ・ゲルバルトによって始まった。彼女たちはゲットーからゲットーへ旅して、仲間たちをつなぎ、学習会を開催し、印刷物を配り、地元のリーダーを教育し、精神的成長を支えた。こうした女性たちはネットワークを構築し、食べ物や医療品をこっそり運んできた。ナチスはユダヤ人が情報や助力を得るのを阻止するために、ゲットーを完全に世間から切り離した。ラジオ、新聞は禁じられ、郵便はしばしば差し押さえられた。旅は楽ではなかった。列車は時刻表がなかったし、駅で何時間も待っていると、見知らぬ町に来て迷っているのではないかと疑われた。「ゲットーへの道順はたずねなかった」とビャウィストクの運び屋ハシャ・ビエリツカは書いている。運び屋が家族や政治についてのニュースを携えてゲットーに到着すると、仲間たちは自分たちは忘れられていない、閉じこめられた拷問のような世界の外では人生が続いている、誰も彼もが落ち込んでいるわけではない、と思うことができた。そうした女性たちは頼みの綱であり、「命のラジオ」であり、信頼できる連絡係であり、必需品の配達者だった。そして、刺激の源だった。彼女たちのおかげで、ニュースが流れ星のように国じゅうを伝わったのだ。運び屋の女性たちはいつも抱擁やキスで出迎えられた。

しかし、時間がたつにつれ、希望だけではなく、大量殺戮や「最終的解決」のような痛ましいニュースも伝えなくてはならなくなった。彼女たちは移送や殺戮を目の当たりにし、その話ばかりか他の人の意見も慎重に伝え、レジスタンスの必要をユダヤ人に納得してもらおうとした。

殺戮が広まるにつれ、若者の活動が武装レジスタンスに進化していくと、運び屋の経路やテクニック、それまでに得た知識（警備兵のルーティンや、こっそり抜け出るのが楽な場所、もっとも効果的な服装や作り話）、ナチスをだしぬくための自信といったものがすべて、新たな活動のために利用された。いまや彼女たちは偽の身分証、金、情報、地下出版物、ユダヤ人そのものを、ひそかにゲットーから運びだしたり、運びこんだりしていた。集まるのに安全な部屋も見つけた。女性運び屋は男性のレジスタンスリーダーのために仲介役を務め、活動を計画したり、労働許可証を手に入れたりするのを手伝った。男性の正式な同伴者として肩を並べ、すてきなカップルが散歩をしているように見せかけることもあった。あるいはゲットーに入るのを朝まで待たねばならないときは、列車の駅でひと晩じゅう男性といちゃついているふりをした。女性運び屋の方が男性よりもポーランド語に堪能だったので、彼女が列車の切符を買い、部屋を借りた。男性運び屋がつかまった場合に備え、常に相手の居所を把握しておかねばならなかった。こういう仕事に必要とされる冷静さと落ち着きは、想像を絶していた。

大半の運び屋は女性でなくてはならなかった。割礼をほどこされる男性とはちがい、ユダヤ人女性は目立った肉体的特徴がなかったし、「下着を脱ぐ検査」で秘密がばれることもなかった。それに女性は昼間に移動していても、それほど疑わしく見えなかった。ポーランド人男性は仕事をしているはずだったが、女性なら、ただちに引き留められるとか、強制労働に連れていかれることなく歩き回れた――ランチや買い物に行く途中だと説明できたからだ。ナチス文化は基本的に男女差別主義だったので、女性が違法なスパイになるとは予想していなかった。感じのいい農場の娘がスカートに出版物を縫いこんだり、テディベアの中に銃を隠していることがあろうか？　それに、媚びるような笑顔も役に立った。運び屋の女性たちは、女性らしい優雅さか、無邪気な女の子らしい外見をナチスにアピールした。ときには鞄を運ぶの手伝ってほしいと頼みすらした——禁制品がぎっしり詰めこまれた、まさにその鞄だ。女性がハンドバッグ、財布、バスケットを持っているのは当たり前で、こうしたしゃれた持ち物が武器の隠し場所になった。当時、ポーランド人女性もいろいろなものを持ちこんだり売ったりしていたので、ハンドバッグにはありとあらゆる禁制品が詰めこまれていた。トシャやヴラドカのような運び屋は、非ユダヤ人のふりをして、ゲットーや強制労働収容所に近づいていった。トシャはあるときスポーツウェアでゲットーにやって来たことがあった。ユダヤ人の品物を安く買いたたこうとしているポーランド人に扮したのだ。

たいていの場合、ユダヤ人に見えない外見の女性だけが、そうした任務に送りだされた。レニャのように、彼女たちは金髪に青や緑やグレーの目をしていた。そして健康そうだった。それを示すバラ色の頬は不可欠だった。「合格」しそうな女性たちは髪を染め、ポーランド人風のヘアスタイルにした。女性は（男性も）ポーランド人らしい服装をするように努力した。とりわけ、よりおしゃれな中流階級や上流階級のスタイルを真似した（当時、ポーランド人紳士らしいきちんとした服装をしていれば、おそらくユダヤ人だ、というジョークがあったほどだ）。フルムカもハンチャも、顔を少し隠すために頭にスカーフを巻いた。フルムカはアーリア人らしく見せるために時間をかけてメイクをした。

身振りやふるまいも、ポーランド人らしくする必要があった。毛皮のマフをつけ手を隠すといった簡単なことで、しゃべりながら身振り手振りをするユダヤ人らしい癖を防ぐことができた。レニャは顔ばかりか立ち居振る舞いもポーランド人そのもので、自信を持って歩き回り、ためらわずに反応することができた。しかも、ポーランド語を流暢に話せた。ユダヤ人女性たちは比較的語学が堪能だった。というのも経済的理由から、息子はたいていユダヤ人学校に行き、娘はポーランドの公立学校に行ったからだ。おかげでジヴィアやレニャのような女性はユダヤ訛りがなく、ポーランド人と同じようにしゃべることを身につけた。女性たちはポーランド文学を学び、昼間はポーランド人と過ごし、その癖や気質も吸収していた。

はからずも、ユダヤ人女性は貧困のせいで有利になった。戦前、彼女たちは働かなくてはならず、仕事を通じて非ユダヤ人と知り合い、つきあい、友情を築いた。女性はポーランド人の隣人と親しくし、その料理の匂いを嗅ぎ、子育てを見て、宗教的にも日常的にもポーランド人の習慣に通じていた。たとえば、ユダヤ人は毎日歯を磨き、たいてい眼鏡をかけているが、ほとんどのポーランド人はそうではないことを彼女たちは知っていた。

また専門家がユダヤ人の変装を手伝った。鼻やペニスの手術をしたり、メイクの相談にのったり、ヘアブリーチやスタイリングをした。前髪、カール、縮れ毛はすべてユダヤ人ではないかと疑われたので、アーリア人のようにきちんと額から髪をかきあげた。さらにマナークラスもあり、豚肉を調理し、ウィスキーを注文し、身振りを控え目にし、祈りの文句をもっと頻繁に口にするように教えられた。トシャはベンジンを訪ねたとき、万一呼び止められ検査されたときのために、カトリックの祈禱の言葉を暗記しておくようにと、女性同志たちに助言した。

ユダヤ人はカトリックの公教要理と、自分や自分の友人たちの守護聖人の祭日を祝うことを学んだ。ユダヤ人の表現とポーランド人の表現の微妙な差異も学んだ。

おそらく相手に共感し、適合し、言葉にならない感情に敏感になることを学んだおかげで、こうしたユダヤ人女性は強い直感力を持つようになった。記憶力のよさに加え、このスキルは相手の動機を見抜くのに役立った。彼は本物の仲介者なのか、ナチスの協力者なのか？　このポーランド人は自分を追ってくるつもりか？　捜査の手が迫っているのか？　この警備兵には賄賂を与えるべきか？　あの女はこちらをやけにじろじろ見ているのではないか？

こうした訓練のおかげで、彼女たちは冷静さを保つことができ、はたち前後の人間なら当然の衝動に身を任せることもなかった。あるときトシャは村娘に変装して列車に乗っていたとき、魅力的な男性に気づき、急に彼の関心を引きたくなった。トシャが声をかけると、彼は自分の家に来るように誘った。トシャは一日だけのありふれた快楽のために危険を冒す誘惑に駆られたが、ありったけの意志の力で、それを断ち切ったのだった。

運び屋は偽の身分証、偽の身の上話、偽の目的、偽の髪、偽の名前を持っていた。それと同じくらい大切なのが、偽の笑顔だ。悲しい目をして歩き回るわけにはいかない――たちまち身元がばれてしまう。運び屋の女性たちは笑う訓練を受けた。大声で、頻繁に笑う訓練。頭をもたげ、生きることを楽しんでいて、何ひとつ憂いがないというふりをしなくてはならなかった。両親やきょうだいが拷問されて殺されたことなどない、空腹でもないし、ジャムの瓶に銃弾を入れて運んでなどいない、というふりを。列車で隣り合わせた人たちと反ユダヤの会話を楽しげにせざるをえないこともあった。それは簡単ではなかった。グスタ・ダヴィドソンが述べたように、「あまりにも悲しい考えに沈んでいるのに屈託なくふるまうことは、彼女を耐えがたいほど疲弊させた」ハシャ・ビエリツカは常に抑制していたことについて、こう語っている。「本気で泣けなかったし、本当に痛みを感じられなかったし、現実を感じることもできなかった。幕間のまったくない劇に出ている役者のようだった。実際、舞台のない芝居を常に演じていた」

さらに、ゲットーを出入りするため、運び屋は恐喝者の格好の標的になったので、恐喝に備えて、現金を持ち歩いていた。あるとき、ハイカ・グロスマンはワルシャワゲットーから書類と金を隠して出てきたとき、恐喝者にあとをつけられたので、叫び、罵り、ゲシュタポに突きだすと相手を脅した。ヴラドカ・ミードも攻撃的な作戦に出た。彼女は恐喝者たちについてくるように言うと、ナチスに報告するからと、落ち着き払ってナチスの警備兵に近づいていった。恐喝者たちはあわてて逃げてしまった。

グスタにとって、ゲットーの外の一分一秒が恐怖だった。「鉄条網の外では銃弾の雨をかいくぐって歩いているような気がした……どの通りも深いジャングルで、斧で道を切り開かなくてはならなかった」

それでも、運び屋の女性たちは任務に出ていった。

レニャもその一人だった。

# 第十四章　ゲシュタポの内側で

## ベラ　一九四三年五月

もっとも成功した勇気ある運び屋の一人、ドロルのベラ・ハザンのことはレニャも知っていた。ベラはおもに東部で仕事をしていた。彼女をはじめ頭の切れるアーリア人風美人の仲間たちは、もっとも危険な任務をいくつもこなした伝説的人物たちだった。

美しい《ベラ》という名前のとおり、彼女は美しかった。ハザンという苗字は、父親がポーランド南部の小さい排他的なユダヤ人街で教会の先唱者《ハザン》〔典礼をつかさどり祈禱文の独唱部分を歌い上げる役〕をしていたからだ。家族はシナゴーグの暗い地下室で暮らしていた。父はベラが六つのときに亡くなり、母親は女手一つで六人の子どもを育て、施しや憐れみを受けず、誇り高く自立して生きるように、と教えた。コミュニティで尊敬されていたベラの母親は、教育こそなかったが非常に世知にたけた人だった。彼女は子どもたちに自分が受けなかった教育を与えることにこだわり、ヘブライ語学校に行かせ、経済的援助を断り、店を閉めることになっても学校の行事にはすべて参加した。毎晩子どもたちの服を洗ったので、どの子も金持ちの子どものようにこぎれいに見えた。ベラが卒業すると、母親は彼女をヘブライ語の個人教師になるために送りだし、母親の温かさと愛情にあふれた食べ物の小包と手紙を送って支えた。

母親は敬虔なシオニストだったので、ベラが活動に参加することを許した——ただし、安息日をのぞいて。一九三九年に、ベラは地元のリーダーに選ばれ、特別な護身術の指導に参加し、パレスチナでの生活の準備をした。棒や石はもちろん、武器を使うことを学んだ。彼女は講演を聞いて、フルムカとジヴィアの話にとりわけ感銘を受けた。試験で優秀な成績をおさめ、ベンジンのキブツで護身術のトレーナーに選ばれたので、すぐにそちらに向かった。いったん家に戻ったら、母親が行くことを許してくれないと思ったからだ。たしかに母親はとても腹を立て、彼女の手紙に三カ月も返事を寄越さなかったが、最後にはベラに詫びてきた。それは夏の終わりで、ベラは家族全員がパレスチナへアリヤーできる書類を見つけようと奔走しているところだった。

ヒトラーが侵攻してきたとき、仲間たちは台所にすわってラジオを聞いているところで、ナチスがまもなくこの国境の町に到着するらしいと気づいた。リーダーは全員をポーランドのもっと奥地に移動させることを決定した——そのうち数人の男性とベラは残って、ベンジンのキブツを切り盛りすることになった。しかし、ナチスの砲撃はすさまじく、ベラと仲間たちは命からがら逃げださねばならなかった。道は駅のホームさながら、パニックになった人々で混み合っていた。周囲のいたるところで爆弾が炸裂した。逃げまどう怒濤の数日間を過ごし、ベラはベンジンに戻ってきた。少なくともそこなら屋根があった。ベラは懐かしいものに囲まれて泣いた——今はそこが彼女のわが家だった。

しかし、そのあとすぐ、ヴィルニュスに行くように言われた。そこからなら、まだアリヤーが可能だったのだ。ベラは夜間に船で川を渡り、ソ連の刑務所で三週間過ごす、という波瀾万丈の旅をした。刑務所ではずっと座ることを許されなかった。何日も訴え続け、ようやく看守長の家に行き、泣き、懇願し、どうにか仲間を解放してもらうことができた。ヴィルニュスへの旅を再開すると、ベラは母親に会いに行った。母は娘が死んだものと思っていたので大喜びしたが、再会はわずか二時間で切り上げられた。ベラはパレスチナに行くために、車と徒歩で東へ向かわねばならなかったのだ。いずれ迎えに来ると家族に約束したが、家族に会ったのはそれが最後になった。

ヴィルニュスに着くと、ベラは腹をすかせた若者が熱心に取り組んでいる活動に参加した。ヴィルニュスではソ連支配のもとで、農業と文化的な活動が続いていた。だが一九四一年、ナチスの侵攻は恐怖をもたらした。占領の初日から彼女の目に焼きついた光景は、ペニスを切り落とされて木に磔にされたユダヤ人男性の姿だった。その後、ありとあらゆる反ユダヤ主義の法律が施行された。ダビデの星、射殺、ゲットー。

しかし、ベラは決してへこたれなかった。労働グループといっしょに、あるいは狭い通路を抜けて、さもなければゲットーとの境に建つ家から、ゲットーの外に出ていった。そして、ユダヤ人のしるしをとり（縫いつける代わりにピンで留めていたのだ――犯罪行為だったが）、市場に行き、食べ物と薬を友人たちのために買った。彼女はヴィルニュスではよそ者で、アーリア人の顔をした女性だった。外見でユダヤ人だと見抜かれる心配はしていなかったが、彼女のポーランド語はかなりユダヤ訛りがあったので、できるだけしゃべらないようにしていた。ゲットーでは三室のアパートに十三家族といっしょに暮らしていた――常に新しいユダヤ人避難民がやって来たので、彼女はピンポン台で寝た。医学を学んだことはなかったが、手術室の看護師として病院に職を見つけ、床の血をモップで掃除し、外科医が蠟燭の明かりだけで手術するときに器具を渡した。

ヴィルニュス郊外の森、ポナリでの大量虐殺を聞いて、仲間たちはレジスタンスを組織しはじめた。ハショメル・ハツァイルのアッバ・コヴネルは反乱グループを立ち上げた。ドロルのリーダーたちはユダヤ人らしくない女性たちを探して、ゲットーとゲットーをつなぐ運び屋をさせた。ベラはいつもアーリア人として出ていくように指名され、自らも志願した。それでも、もっと自由に動き回れる書類が必要だった。病院で知り合った非ユダヤ人の年上の同僚に近づき、家族に会いに行きたいと説明した。同僚はあれこれたずねずに、ベラに自分自身のパスポートを与えたが、夫がユダヤ人嫌いなので、絶対に家には来ないようにと注意した。というわけで、十九歳のベラ・ハザンはブロニスワヴァ・リマノフスカ、縮めてブロニャになった。ドロルのリーダーは写真とスタンプを交換してくれた。あきらかに偽造だったが、何年もそれで通用した。

ベラの仕事はヴィルニュス、グロドノ、ビャウィストクをつなぎ、銃弾、資金、武器を運ぶことだった。さらにグロドノの運び屋のために隠れ家を見つけ、拠点を作るようにと指示された。ベラは朝、労働グループといっしょにゲットーを出ていき、金貨十枚で首にかける十字架とキリスト教の祈禱書を買った。激しい風に吹かれながら軍用車、荷馬車、馬車に乗り、廃屋で眠り、ようやく、大胆な傾斜のついた屋根と丸石敷きの通りのある、色彩豊かな中世都市のグロドノに着いた。年配のポーランド人女性の家のドアをノックした。女性が台所で洗濯をしているかたわらで、ベラは家に爆弾が落ち、家族が殺され、避難所が必要なのだと話した。そのあいだ、うっかりヘブライ語かイディッシュ語の単語が口から飛びだすのではないかと怯えていたが、女性は彼女を気の毒に思い、泊めてくれた。だがベラは寝言でヘブライ語を叫んでしまうのではないかと不安で、その晩は眠らずにいた。

グロドノで仕事を見つけなくてはならなかったので、ベラは職業斡旋所に行った。

「ドイツ語は話せますか？」担当者はたずねた。

「もちろん」何といっても、イディッシュ語とドイツ語はとても似ているのだ。

担当者は彼女に少ししゃべらせてみた。「とても上手ですね」彼はほめた。彼女の下手なイディッシュ語が上手なドイツ語に聞こえたのだ。「あなたにぴったりの仕事があります。あなたなら通訳になれる――ゲシュタポの事務所で」

ゲシュタポの仕事？　正気の沙汰ではなかったが、おおいに役に立つ仕事でもあった。

翌日から、ベラはグロドノ・ゲシュタポの管理事務所で働きはじめた。大半のドイツ人スタッフばかりか、ボスはたちまちベラが気に入った。ベラはポーランド語、ロシア語、ウクライナ語をドイツ語に通訳する仕事についた。「いきなり、わたしはマルチリンガルになっていた」とベラは回想した。それから掃除をしてお茶を淹れた。

部屋を見つけるときは、訛りがばれないように知識階級の住む場所は避けた。町の郊外の部屋をベラルーシ人の未亡人から借りた。彼女ならベラの言語的な誤りにも気づかないだろうと思ったのだ。キリストの肖像がずらっと壁にかけられた狭い部屋でくつろごうとしたが、十時間の労働から帰宅すると、そうしたキリスト像のせいで恐怖がわきあがった。日曜の教会でもそうだった――ナチスに囲まれているときよりももっと恐ろしかった。ベラはいつも同僚といっしょに教会に行き、彼女の後ろに立つようにした。そうすれば彼女の一挙一動を真似られるからだ。

仕事を始めてから一週間後、ベラはゲシュタポの仕事をしていることを証明する書類をもらえないか、とボスに頼んだ。彼はすぐにサインをしてくれた。それを手に、ベラはグロドノの市役所に行き、すべての身分証がだめになってしまったので、新しい書類を一揃いほしいと頼んだ。職員はゲシュタポの雇い人といざこざを起こすことを非常に恐れていたので、彼女を列の先頭にし、偽の詳細で身分証を作ってくれた。ベラは宝くじを当てたのだ。これで自由に動ける。

その書類があれば、ベラは夜間外出禁止令が発動されたあとも外にいられたし、ゲットーの近くにも行け、そこで手伝いができた。さらにヴィルニュスに行き、新しい書類を偽造の見本として見せる必要もあった。しかし、列車の旅行許可を得るのはほぼ不可能だった――軍人しか予約できなかったからだ。そこである朝、ベラは泣きながら仕事に行った。兄がヴィルニュスで亡くなったので、埋葬する必要があると説明した。ポーランドの風習では、三日以内に埋葬しなくてはならないし、その後、さまざまな用事を片付けなくてはならない。それには一週間かかるだろう。ゲシュタポのボスは彼女にお悔やみを言い、個人的に付き添って列車の許可証を取ってくれた。

大喜びで、ベラはヴィルニュスに到着した。アーリア人女性の服装のままゲットーに入り、ダビデの星の腕章を留めるタイミングを門の前でうかがっていた。星は財布の底にしまいこんであった。

そこに、長いブロンドの髪を編んだ女性が近づいてきた。「わたしたち、顔見知りじゃない？」彼女はたずねた。

ベラの心臓が早鐘のように打ちはじめた。この人は何者？

「お名前は？」

「クリスチナ・コソフスカ」

女性は財布から写真を取り出した。ユダヤ人仲間のグループ写真だった。ベラの姿もあった！

「本当の名前は」と彼女はささやいた。「ロンカ・コジブロツカなの」

ロンカ。ベラは彼女の話をさんざん聞かされていた。非の打ち所のないポーランド語をしゃべり、とてもきれいなアーリア人の顔をしたベテラン運び屋のロンカ。彼女は「大祭司」の英知と魅力の持ち主で、長いブロンドの編み髪が後光のように頭を取り巻いていた。ある仲間はこんなふうに書いている。「ロンカはゲシュタポにスパイとして送りこまれたのではないかと、仲間たちはよく疑っていた。二十代後半で、ワルシャワ郊外の教養のある家庭の出身。長身でほっそりしたロンカは大学で学び、八カ国語を操った。十歳近く年下のベラは頭の回転の速い労働者階級の娘で、たくましく機敏で庶民的な知恵を持ちあわせていた。かたやロンカは世の中を知っている教育ある女性の自信を漂わせていた。ロンカは人目を引く外見を仲間を圧倒するためには使わなかったが、ナチスを感心させるためには利用した。一度ならず、ゲシュタポらしき男が禁制品を入れた彼女の鞄を運んでいた。彼女がアーリア人女性だと思ったからだ」陽気で勤勉なロンカはあっという間にドロルで出世していった。国内あちこちを回り、武器や書類を運び、あるときは公文書まで運んだ。今はワルシャワからの任務でヴィルニュスに来ていた。ベラとロンカは労働者のグループにまぎれ込むと、ゲットーに入っていった——その後二人はたびたび協力して仕事をしたが、これが初めての出会いだった。

ベラは楽しく仲間たちと再会し（みんな危険の高い任務を心配してくれた）、自分の書類を渡した。それはひと晩かけて「偽造書類オフィス」で複製された。数日後、ベラはグロドノに戻る予定だった。戻ったらユーデンラートにポナリの虐殺のことを伝え、ヴィルニュスからユダヤ人をこっそり逃がすための財政的援助を頼むことになっていた。さらに、ドロルのメンバーに会い、地下レジスタンスの計画を共有する予定だった。

ヴィルニュスを発つ直前に、ベラはユダヤ人の腕章を喪中の黒いリボンに交換した。列車に乗ると、ユダヤ人の殺戮のことを考えて、おいおい泣いた。周囲の乗客は家族の死で泣いていると思って慰めてくれた。部屋に帰ると、大家の未亡人や近所の人々が同情の言葉をかけてくれた。仕事に戻ると、ナチスのオフィスの同僚たちからのカードがあり、お兄さんの死を心からお悔やみ申し上げます、と書かれていた。それを見て、彼女はようやく笑った。

ベラはゲットーに入る特別許可を申請した。とても腕のいいユダヤ人歯科医に治療してもらいたいのだ、と説明した。二週間の通行許可証をもらいユーデンラートと交渉した。ヴィルニュスでもっとも貧困にあえいでいる人たちに寄付金はもらえるだろうか？　避難民を受け入れてもらえるか？　しかし、ユーデンラートはベラを信じなかった。だいたい、さらに人を収容するスペースがどこにあるのか？　しかも、誰にも金を渡すことはできない。ベラは玄関ホールですすり泣いた。

一人のユーデンラートのメンバーが彼女に近づいてきて、避難民を助けようと言ってくれ、彼女に金と偽の身分証をいくつかくれた。地下の図書館で、彼女はドロルのグループに会った。八十人のメンバーがレジスタンスとヘブライ語のレッスンのために集まっていた。彼女はポナリについて語り、若者が立ち上がる必要があると説いた。

一九四一年のクリスマス直前、ベラは初めてツリーを飾り、大家に友人が遊びに来ると告げた。テーマ・シュナイデルマンが、お気に入りのエレガントだがカジュアルな服装でやって来た。おしゃれな黒い冬用ブーツもはいていた。彼女はいつも贈り物を持ってきてくれた――ゲットーに入るときですら。途中で積んだ野の花とか、こっそり持ちこんだレモンとか、自分自身の服とか。

ワルシャワ出身のテーマは（ヴァンダ・マイエフスカという名前も使っていた）アーリア人女性に見える運び屋だった。長身で自制心が強く、やさしい笑みを浮かべた顔をとび色の二本の編み髪が取り巻いていた。若いときに母親を失い、自立していて現実的だった。ポーランド語を流暢に話し、公立学校に通って看護師になった。フィアンセのモルデハイ・テネンバウムを通じて活動に参加するようになり、イディッシュ語を習った。戦争の初期には二人で移住書類を偽造し、仲間たちをパレスチナに送りこんだ。モルデハイは自分の偽身分証に彼女の名前を使った。彼はテーマをあがめていたが、危険な任務に送りだした。彼女の報告は地下会報で活字にされた。彼女は地下新聞でドイツ人にあててエッセイを書き、戦争の恐ろしさを訴えた。

ベラはテーマを自分が働いているオフィスに連れていった――お悔やみのカードがまだ掲示板に貼られていた。それを見て、テーマもさんざん笑った。

ベラに夢中になったナチスが彼女をオフィスのクリスマスパーティーに招待した。断ることはできなかった。その晩、テーマとロンカが部屋に泊まっていたので、ベラは二人とも連れていった。三人はドレスアップし、ゲシュタポのクリスマスパーティーに参加し、写真にポーズをとった。その後、それは運び屋の女性を象徴する写真になった。三人とも現像した写真をもらった。

まもなく、地下組織がベラをヴィルニュスに呼んだ。彼女はボスに二週間入院する必要があると伝え、列車に乗った。客車はナチスの兵士で満員で、彼女は彼らとおしゃべりした。金はブラジャーに押しこんであり、ユダヤの星はコートのポケットに入っていた。ゲットーに着くと、じゃがいもの袋を運ぶのを手伝おうと申し出て、女性労働者の一団といっしょに中に入っていった。数ブロックが何キロにも感じられた。

その後、ベラはビャウィストクのゲットーに行った。そこでベラとロンカは協力して、グロドノで生まれた子どもを隠した箱をこっそり持ちこんだ。ベラは友人たちのあいだで過ごしていてとても幸せだったので、そのままとどまることにした。フルムカが三週間の学習会を開くためにビャウィストクにやって来た。彼女はレジスタンスについて学び、考えることを続けるべきだと強く主張した。ベラとロンカは数日間、近隣を移動し、ユダヤ人を変装させて、車、列車、徒歩で学習会に連れてきた。学習会のおかげで、まともな生活を送れているような気になった。

ヴィルニュス、ビャウィストク、ヴォルィーニ、コーヴェリ——それから何カ月もベラはあちこちを旅していた。粛清を逃れるために、セメントの樽に隠れたこともあった。そしてようやく南部の実家に戻ることができた。家族の家にはウクライナ人が住んでいて、母親のリビングにはキリスト像が飾られていた。ベラは反ユダヤ主義的な言葉を口にしてから、地元のユダヤ人はどうしたのかとたずねた。

「いなくなった」

ベラは走って、声が聞こえないところまで行くとおいおい泣いた。そして、生き続けたいなら復讐のために生きるしかない、と決意したのだった。

春にロンカが四挺の銃を持ってワルシャワに派遣された。

だが、彼女は姿を消してしまった。

ビャウィストクのリーダーは彼女を見つけなくてはならないと考えた。ベラが名乗りでたが、「骨になって帰ってくることになる」とみんなが心配した。

ベラのボーイフレンドのハノフは彼女を駅まで送っていった。頑健で筋骨隆々としたハノフはナチスから武器を盗んだこともあり、彼女を激励した。二人は戦争が終わったらパレスチナに移住して結婚する計画だった。

彼はベラに二挺の銃を渡し、ベラはそれを大きなポケットに隠した。薄い紙に印刷されたヘブライ語の地下会報は髪に編みこんでいた。彼女は偽の書類ですべての検問所を通過しながら、ワルシャワに向かっていった。

ただし、マウキニャ・グルナの村に着くまでだった。

将校が列車に乗ってきて、彼女に近づいてきた。

「何でしょう？」

「いっしょに来てくれ。あんたをずっと待っていたんだ」

ひとことも言わず、ベラは立ち上がって彼のあとから列車を降りた。

列車は走り去った。

将校は彼女を駅の小部屋に連れていき、身体検査をし、スーツケースを調べ、拳銃を見つけた。彼女にはどうすることもできなかった。ベラはナチスが銃を握っているのを見て思った。これから処刑されるのだ。だから、少しも異常なことは起きていない、というふりをすることにした。男たちは彼女を森に連れていき、走れ、と叫び、背中を殴りつけた。彼女は背後から撃たれたくなかったので、落ち着こうとして歌をハミングした。

やがて刑務所に出た。ベラはパニックになった。髪に編んだヘブライ語の会報はどうしよう？　武器の運び屋だということはすでに露見していたが、ベラがユダヤ人だということは知られていないはずだった。トイレに行きたいと頼んだ。地面に穴を掘っただけの戸外の小屋に連れていかれた。どうにか髪から会報を引き抜くと、それを穴の中に放り投げた。

小部屋ではすべてが取り上げられた。もうおしまいだった。彼女がどうなったかは誰にも知られないままになるだろう。ベラは大声で泣きはじめた。将校が怒鳴った。「泣くのをやめろ、さもないと殺すぞ！」尋問が始まった。彼女は訛りがばれませんようにと祈りながら、ポーランド語だけをしゃべり、ずっと嘘をつき続けた。

「ええ、わたしの父は有名なポーランド人政治家のリマノフスキの近親者です」

「二十マルクで列車の旅行許可証を買いました」

「武器はわたしのものです」

彼らは情け容赦なくベラを殴った。ポーランド人将校についてあれこれたずねられたので、国内軍の一味だと思われていることに気づいた。

ふいに一人がたずねた。「クリスチナ・コソフスカを知っているか？」ロンカだ。

「本当のことを言え、さもないと命はないぞ」男は写真を取り出し、それを彼女の目の前に突きつけた――ロンカ、テーマ、ベラのゲシュタポのクリスマスパーティーでの写真だった。ロンカは自信たっぷりだったので、写真を任務の旅に持っていき、それが発見されたのだ。

「自分がわかるか？」

彼女はパーティーで初めてロンカと会った、と言った。彼らはそれを信じようとせず、また殴ったので歯が折れた。

六時間の尋問ののち、ベラは疲れきって、汚れた冷たい床に投げだされた。ひと晩じゅう警備兵たちが部屋に入ってこようとしたので、ベラは大声で叫んで、彼らを追い払った。朝の五時に手錠をされ、護衛をつけて列車に乗せられた。行き交う人は彼女に気の毒そうな視線を向けたが、ベラは頭を高くもたげていた。

彼女はワルシャワのシュフ通りにあるゲシュタポ本部に連れていかれた。ナチスによって占拠されたポーランド政府の大きな建物内に本部はあった。そのしゃれた界隈には広い通りが走り、上流階級の住むアールデコのアパートメントが建ち並んでいた。なかにはポーランドで初めてエレベーターがつけられた住居もあった。だから、白い柱の建物の地下に拷問部屋があるとは、誰も想像しなかっただろう。逮捕者は暗い「列車」留置場で尋問されるのを待った。そこには列車のように同じ方向を向く座席がぎっしり並び、鞭と棍棒とバットの音と悲鳴をかき消すために、ラジオが大音量でかけられていた。コンクリートの壁には、悲惨なメッセージがいたるところにあった。

ベラは小さな部屋に入れられると、壁のドイツ語のスローガンに気づいた。「前だけを見ろ、決して後ろを振り返るな」三時間、彼女はくぐもった悲鳴と泣き声を聞いていた。それから三階に連れていかれた。ずる賢い目つきの将校がまた取り調べをした。またもや嘘の答え。「どこでその武器を手に入れたのかすぐに言わないと、無理やり吐かせてみせるぞ」

彼女は激しく殴られ、地下室に連れていかれた。ゲシュタポの将校はベラの服を脱がせ、床の中央にある厚板に横たわらせた。棍棒を取り出し、ベラの体の部分を一度にひとつずつ殴りつけていった。将校は両手でベラの口をふさいでいたが、とうとう彼女は気絶した。意識を取り戻すと、全身が血まみれだった。動くこともできず、全身が黒くなり腫れていた。彼女はそこで三日間横たわっていた。それから将校がまた戻ってきて、服を着るように言い、パヴィヤク刑務所に連れていかれた。刑務所はジェルナ通りの向かいのゲットー内部にあり、政治犯の刑務所だった。囚人たちは特別な車で、刑務所とゲシュタポ本部の二カ所の拷問場所のあいだを往復した。町の人々はぞっとしながらそれを眺めていた。

パヴィヤクは地獄として知られていたが、ベラは実は幸せだった。

彼女は発見したのだ。ロンカがそこにいることを。

「ロンカは逮捕されると、パヴィヤクからメモを投げたの」イレナ・アダモヴィチはレニャとワルシャワを歩きながら説明した。「同志がそれを発見して、彼女の所在がわかった」

歩くだけで危険だったが、イレナとレニャは市内に出ていった。イレナはレニャに会えて喜んだ。イレナは長身でほっそりして繊細な顔立ちをしていた。灰色の毛が混じる金髪をうなじでまとめている。長い黒のスカートに白いブラウスを着て、がっちりした靴をはいていた。歩きながら、レニャはベンジンで必死に求めていた質問すべてに答えてもらった。

「ジヴィアが殺されたって本当だったの？」

イレナの知る限りでは、ベンジンにはまちがったニュースが伝わったようだった。

「ジヴィアは生きているわ」イレナは言った。「この瞬間にも、彼女はゲットーで戦っている」

レニャは大きく息を吸いこんだ。それを自分の目で確かめたい、強くそう思った。

# 第十五章　ワルシャワゲットー蜂起

## ジヴィア　一九四三年四月

レニャとイレナの会話が交わされた数週間前、過越《すぎこし》の祭り〔モーセが率いたユダヤ人のエジプト脱出を祝う祭り〕の前夜の一九四三年四月十八日、ジヴィアは同志たちと音楽を楽しむ集まり、「クムシッツ」を楽しんでいるところだった。すでに午前二時だったが、将来の計画について語り合っていた。そのとき、一人の同志が深刻な顔で入ってきた。「アーリア人地区から電話が入った」彼は報告した。全員が凍りついた。「ゲットーが包囲されている。ナチスが朝六時に攻撃を開始するらしい」四月二十日がヒトラーの誕生日で、ヒムラーがささやかなプレゼントとして、ゲットーの壊滅を差し出そうとしたのだが、彼らはそのことを知らなかった。

ジヴィアはぞくぞくするような喜びと同時に恐怖を感じた。何カ月も準備をしてきて、この瞬間を待ってはいたが、ついに最期だということを直視するのはつらいものだ。それでもジヴィアは感情を殺し、銃に手を伸ばした。いよいよだ。

一月の「小蜂起」から、ワルシャワゲットーは大規模な反乱を計画してきた。ユダヤ人はナチスを一掃し、アクチオンを止められる、そして生き延びられる、と考えていた。ジヴィアはゲットーの雰囲気が変わったことを感じた。もはや労働していれば安全だという幻想はなくなった。全員が移送と死が間近に迫っていることに気づいていた。金を持っているユダヤ人はアーリア人の身分証を買い、逃げようとした。他の者は瓦礫の中から建築資材を見つけてきて、うまくカモフラージュされた隠し部屋を作り、たくさんの食料を貯えた。そして応急処置用品を備え、電気を引き、換気装置をとりつけ、市の下水とつなぎ、アーリア人地区に出られるトンネルを掘った。ヴラドカも雰囲気の変化に気づいた。春にゲットーを訪ねると、ナチスの命令に耳を貸さずに抵抗しよう、とユダヤ人に呼びかけるŻOBのポスターが壁に貼ってあった。ユダヤ人たちはそれをじっくりと読んでいた。ある知り合いには、どこで銃が買えるのかとたずねられたし、みんな、それぞれに武器を手に入れているようだった。ŻOBの抵抗運動はもはや手製爆弾による子どものお遊びではなく、一目おくべき国家的闘争だとみなされていたのだ。

国内軍も一月の蜂起に刺激され、とうとう具体的な援助をすることにした。五十挺の拳銃、五十個の手榴弾、数キロの爆発物をゲットー内に送りこんだ。ŻOBはポーランド人やゲットーのユダヤ人やドイツ兵から武器を買い、ポーランド人とドイツ人の警察からも盗んだ。とはいえ新しい武器庫は寄せ集めで、さまざまな強制労働収容所で作られている異なる口径の銃弾が、集めた武器に合うとは限らなかった。

レジスタンス本部は拡大していき、作業所や実験室もできた。ヴラドカによれば、武器弾薬工場は長いテーブルと椅子が並び、ツンとくる刺激臭が立ちこめ、静かな神聖さが漂う暗い部屋だった。ただし、静かなのには理由があった。たったひとつのミスで建物ごと爆発しかねないからだ。ŻＯＢは無人の家の水道管を集めてきて原始的な爆弾を作った。水道管を三十センチぐらいに切断して、片側をはんだづけし、金属片や釘といっしょに爆発物を詰める。ただ、導火線が短いので、使用にはかなり危険がともなった。

ブントのエンジニアは、ポーランド労働者党の友人から火炎瓶の作り方を教わった。若者たちは厚手のガラスだとうまくいかなかったので、薄いガラス瓶を集めてきて、燃料保管施設を経営していたユダヤ人家族から、ガソリンや灯油を入手した。さらにユーデンラートに毎日やって来る大型トラックにガソリン満タンで来てもらい、タンクから吸い上げることもした。青酸カリと砂糖はアーリア人地区からこっそり持ち込まれた。そうやって作られた爆発物は厚い茶色の紙でくるみ、火をつけて投げる予定だった。闘士たちは戦車や兵士のヘルメットに命中させる技を学んだ。また、ゲットーの入り口の何カ所かには地雷を仕掛けた。

ŻＯＢはユーデンラートに代わってゲットーの公式な支配権を握り、いまや有能な「政府」になっていた。靴屋は銃の携帯に使っているロープの代わりに、ホルスターを作ろうと申し出てくれた。ŻＯＢはゲットーからナチスの協力者や情報提供者を一掃し、資金を集めた。何百人もの闘士を武装させるには、大金が必要だった。当初は活動に尻込みしていたが、アメリカ・ユダヤ人共同配給委員会（ジョイント）は多額の基金を提供してくれた。新しいメンバーを見つける仕事に加え、ジヴィアは寄付を求める財政委員会の副委員長になった。資金がまだ不十分だとわかると、ユーデンラートやゲットー銀行から金を徴集した。「ある晴れた日に、わたしたちは拳銃を持って銀行に入っていき、金をすべて引き出した」とジヴィアは書いている。ŻOBは金持ちのユダヤ人、とりわけナチスとつながりがある者に税金を課した。支払いを求める手紙を書き、交渉し、家族のメンバーを誘拐し、武装した戦闘員を家捜しに送りこんだりした。仲間のユダヤ人よりも威嚇的に見えるように、闘士はポーランド人の変装をしていた。しかし、自前の刑務所に入れるのが、いちばん効果があった。家族が支払いを承知するまで、後ろ暗いことで儲けた金持ちのユダヤ人をそこで拘束した。

ただし、ŻOBは金のためにユダヤ人を殺すことはなかった。ジヴィアは、やけになって暴飲暴食に走る人々の中で高いモラルを保とうとした。ŻOBは大金を集めたが、闘士は乾パンを少量口にするだけだった。ジヴィアは自分たちのために金を使ってはいけない、と強く主張していた。

ŻOBは迷路のようなゲットーの通りを観察し、一月の蜂起の結果を考慮した結果、奇襲作戦に賭けることにした。ただし一月のときよりも、もっと地に足が着いた、より体系的な戦い方をすることになった。屋根裏部屋や屋根から退却できるような隠れ場所から、ナチスを攻撃するのだ。奇襲が最善の策だった。通りの角を見張らせる戦略的な場所が念入りに選ばれた。合計五百人の闘士たち（年齢は二十歳から二十五歳）からなる二十二の戦闘グループが青年活動組織ごとに結成された。三分の一は女性だった。どのグループにも司令官がいて、戦闘場所が割り当てられ、入念な下調べをし、万一戦闘本部と連絡がとれなくなった場合の計画も立ててあった。毎晩遅くまで、銃弾を使わずにダンボールを標的にして路地で射撃訓練をした。数秒で銃をホルスターからはずしたり、組み立てたりすることも身につけた。

自分たちが生き残ることはないとジヴィアは確信していたので、いかにしてユダヤ人が応戦したかを世界に語ってくれる人を探そうとした。自分自身がポーランドを離れることは考えられなかったが、フルムカとハンチャを選ぶと、ベンジンの二人に手紙を書き、国を出るように求めた。救助計画は誰も考えていなかったし、脱出経路や隠れ家は用意していなかった。ZOBは戦闘でのけが人を治療するための「医療部屋」だけを準備した。戦いはもう目前だった。

それでも空想が現実になると、やはり動揺する。

手に武器を握りながら、ジヴィアは「今朝が最期の始まりだ」と覚悟した。ZOBのメッセンジャーたちはゲットーを走り回って、その知らせを広めた。人々は武器をとるか、隠し部屋にこもった。混乱状態だった。泣き叫んでいる赤ん坊を抱いた母親が所持品のバッグをひきずりながら、空いた場所がないかと隠し部屋から隠し部屋へと走り回っているのを、ジヴィアは上の部屋から見た。隠し部屋の内部では、間に合わせの木製棚の上で身を寄せあい、泣いたり大声を出したりする子どもたちを静かにさせようとしていた。やがてゲットーはゴーストタウンさながら人影がなくなり、静まり返った。忘れ物を危険を冒して遠くまでとりに行こうとする女性の人影があった。彼女は立ち止まり、位置についている闘士たちを感謝をこめて見上げた。

ジヴィアはナレフキ通りとゲンシャ通りの角にある建物の最上階で、三十人の闘士たちといっしょに待機していた――それはナチスを最初に迎え撃つ部隊だった。不安と興奮に押し潰されそうだった。軍隊ではなかったが、一月よりもはるかによく統率がとれていて、何百人もが拳銃、ライフル、自動ライフル、手榴弾、爆弾、それにナチスがユダヤ人の秘密兵器と呼ぶようになった何千本もの火炎瓶を手に、戦略的に配置された。多くの女性は爆弾と爆発物を手にしていた。どの闘士にも個人的なキットが渡された。女性の同志が揃えたもので、着替えの下着、食べ物、絆創膏、武器が入っていた。

太陽が昇ってくると、ナチスがゲットーに近づいてくるのが見えた。まさに戦争の前線に進軍するかのようだ。二千人のドイツ兵、装甲車、マシンガン。きちんと軍服を着て楽しげに歌いながら行進してくる。簡単に決着がつくと思いこんでいるのだ。

ŻOBの戦闘員たちは、ナチスにメイン・エントランスを通過させた。それから、スイッチを押した。

雷のような爆発。メイン・ストリートに仕掛けておいた地雷が爆発した。切断された腕や脚が宙を飛んだ。

新しい部隊が行進してきた。今度はジヴィアと仲間たちが手榴弾と爆弾を投げ、爆発が次々に起きた。ナチスはちりぢりになった。ユダヤ人闘士たちは銃を持って彼らを追いかけた。通りには吹き飛ばされバラバラになった血まみれの死体が散らばり、血の海になっていた。闘士の一人、タマルはとても興奮して歓声をあげ、聞いたこともないような声で叫んだ。「今度こそ、お返ししてやる！」

ジヴィアの部隊は何時間もナチスと戦闘を続け、司令官は元気づけに走り回り、みんなを鼓舞した。ふいに隙を突き、ドイツ兵が建物に入ってきた。火炎瓶を浴びせると、ドイツ兵は自分の血の中でころげ回った。

ユダヤ人闘士は一人も怪我をしなかった。

復讐のうっとりするような喜び。彼らは息を切らし、茫然としながらも生き延びたことに衝撃を受けていた。闘士たちは抱き合いキスを交わした。

それからパンと休憩場所を探そうとしたが、ホイッスルの音に続き、エンジンの音が響いた。あわてて持ち場に戻り、火炎瓶を戦車に投げつけた。命中！　前進を防いだ。「今回はとまどっていた」とジヴィアはのちに回想している。「どうしてこううまくいったのか、わたしたち自身も理解できなかった」

その晩、簡単な過越の祭りの儀式が、ナチスがいなくなったゲットーでおこなわれた。闘士たちは解放と救済について歌い、今夜は特別だと言い合い、《ダエイヌ》〔過越の祭りで歌う定番の歌、「これで充分だっただろう」という意味〕を歌った。ユーデンラートの食品店が開いていたので、みんな食べ物を買い込んだ。

しかし、翌日の戦いは困難をきわめた。ほとんどの隠し部屋は電気、水、ガスを切られた。さらに、ほぼすべての部隊が互いに分断された。ナチスは大砲をアーリア人地区に設置し、ひっきりなしにゲットーを砲撃した。移動はできなかった。ジヴィアはいつものように冷静さを保ち、リーダーを務め、偵察をし、闘士たちの位置と隠し部屋の夜回りをし、みんなを励まし、計画を立て、ナチスの位置を確認しようとした。こういう夜間偵察はきわめて危険で、一度、ドイツ兵に見つけられ発砲された。ジヴィアは何度か破壊された建物のてっぺんに登り、夜の静けさを味わった。「何時間もそこにいられそうだった。占領された静寂の中で。初春の空がすごい勢いで流れていく下で、そんなふうに横たわり、手で銃をなでているととても心地よかった」

ある晩、彼女と二人の同志はゲットーのメインストリート、ミワ通りにいるドロルの戦闘部隊と連絡をとるために出かけた。瓦礫の中をこっそり進み、通りや路地を突っ切り、ジグザグに目的地に近づいていった。その家が見えたとき、彼女は衝撃を受けた。人の気配がまったくしなかったのだ。うちのめされながら、どうにか合言葉を口にした。

すると、カモフラージュされていたドアが開いた。いきなり同志と旧友たちが現れて彼女を抱きしめ、キスした。ゲットーに入ってきたナチスを背後から攻撃した彼らの部隊では、一人しか死亡者が出ていなかった。この隠れ家にはラジオがあり、大音量で陽気な音楽を流していた。そのとき音楽が止んだ。「ゲットーのユダヤ同胞は」とポーランドの秘密放送が流れてきた。「比類なき勇気で戦っています」

ジヴィアは疲れ果てていたし、他のメンバーを訪ねなくてはならなかった。しかし、同志たちは彼女を帰そうとしなかった。この隠れ家は病院設備をそなえた場所になっていて、医師、看護師、医療機器、応急処置用品、薬、お湯が備えられていた。みんなはジヴィアに温かいお風呂に入ってほしいと言った。彼女のためにチキンをローストし、ワインを開けた。自分たちが成し遂げたことを思って感情があふれ、話は尽きなかった。ある者は火炎瓶をドイツ兵の頭に命中させ、火だるまにした。別の一人が戦車に命中させると、戦車からもくもくと煙が上がった。他の人々はドイツ兵の死体から武器を奪った。

他の部隊でも似たような成功談がたくさんあった。入り口での地雷、何時間にもおよぶ戦い、屋根裏の通路に追いこまれたが爆弾を放って脱出したこと。電気地雷で三百人のドイツ兵が吹き飛ばされ、「制服の端切れと肉片が四方八方に飛んだ」ある部隊の戦闘では、ドイツ兵は白い旗を振りながらまた入ってきたが、ŻOBはだまされなかった。ジポラ・レーラーは窓から体をのりだして、下にいるドイツ兵に酸の瓶を投げつけた。彼女はドイツ兵たちが信じられないように叫ぶのを聞いた。「女が戦っているぞ！」兵士たちは発砲しはじめたが、彼女は逃げようともしなかった。

ブントのマーシャ・フーテルミルヒは建物の屋根に登った。彼女は興奮に震えていたので、手榴弾の導火線に火をつけるのにいつもより時間がかかった。やっと彼女の相棒が手榴弾をナチスに投げつけた。耳を弄する爆発音、倒れるドイツ兵、そして一人が叫ぶのが聞こえた。「見ろ、女だ！女の戦士だ！」マーシャは安堵感が込みあげてきた。彼女は自分の役割を果たしたのだ。

マーシャは拳銃をつかむと、弾がなくなるまで撃ち続けた。

ハンチャは計画どおりワルシャワを去る用意をしていた。しかし、計画というものは、どうころぶかわからないものだ。出発が数日後に迫ったとき、ワルシャワゲットーは蜂起した。そこでハンチャは海外ではなく、ベンジンに戻り、ザグレンビエ地方の守りを固めることになった。戦いで死ぬにしても、姉や同志たちとともに死にたかった。蜂起の二日目、戦闘の狭間に、ハンチャは武装した仲間二人に付き添われて、ゲットーの小さな曲がりくねった通りを歩き、列車の駅に向かった。

一秒一秒が貴重だった。ゲットーからアーリア人側に出る開口部に着いた。ハンチャの後方には戦場があり、戻ることはもはやむずかしかった。あと一歩だ。

ふいに荒々しい声が叫んだ。「止まれ！」

武装した仲間たちは発砲した。警察の応援部隊が到着していた。ハンチャは必死に逃げた。しかし、ドイツ兵が中庭まで追ってきて、「わたしたちの娘をつかまえた」とレニャはすばらしい親友について、のちに書いている。「ドイツ兵は彼女の髪をつかんで塀の方にひきずっていき、マシンガンを向けた。彼女は身じろぎもせずに立ち、自分の死を見つめた。銃弾が彼女の心臓を引き裂いた」

戦闘の最初の五日間で通りの小競り合いや屋根裏への攻撃を受けたあとで、ŻOBは茫然とした。仲間たちのほぼ全員が生き残っていたのだ。もちろん、これはいい知らせだったが、難問も生じた。みな死ぬつもりでいたので、脱出ルートや当面の生存計画を考えていなかったのだ。しかも隠れ家はなく、食べ物もほとんどなかった。みんな疲れて空腹で、弱っていた。いまやジヴィアは新たな、まったく予想もしていなかった相談をすることになった。どうやって戦い続けるのか？

レニャはアーリア人地区でホテルに泊まっていた。翌朝、おそらくイレナ・アダモヴィチの連絡係だったのだろうが、「感じのいい女性」がゲットーの戦いを近くから見られる場所に連れていってくれた。ゲットーに通じるどの通りも、ナチスと戦車、バス、バイクでいっぱいだった。ドイツ兵は戦闘用ヘルメットをかぶり、武器を持ち、突撃の用意をしていた。雲は燃える家々の炎を反射して真っ赤だった。遠くからでも、叫び声が聞こえた。レニャがユダヤ人地区に近づいていくにつれ、悲鳴はさらにおぞましいものになった。ドイツ兵や憲兵がバリケードの下にいた。ナチスが完璧な戦闘隊形を整え、ゲットーの塀の前に立ち並んでいる。マシンガンの銃口が近隣のアーリア人の住居のバルコニー、窓、屋根から突き出ている。ゲットーは完全に包囲され、四方八方から重装甲戦車が砲弾を撃ちこんでいる。

しかし、レニャはそれを彼女の視点から観察していた――ナチスの戦車は破壊されつつある、ユダヤ人によって。ガリガリにやせ、やつれ、飢えている同胞たち、レジスタンスの闘士たちが手榴弾を投げ、マシンガンを構えている。

上空では日を受けて輝くナチスの戦闘機が降下してきて、ゲットーの上空を旋回しながら爆撃し、通りを火の海にした。建物がガラガラとくずれて床が落ち、もうもうとほこりがたった。「それはたんにユダヤ人がナチスと戦っているのではなく、ふたつの国と国が戦っているように思えた」とレニャは書いている。

レニャはゲットーの塀の近くにいて、間近で戦闘を見ようとした。目撃し、報告することが、彼女の任務であり、責任だった。ゲットーが燃えるのを眺めながら、彼女はその周囲を歩き、できるだけさまざまな地点から同胞たちの姿を見つけようとした。若いユダヤ人の母親は、燃えている建物の上階から子どもたちを下に投げていた。男たちは家族を下に放るか、自分がまず飛び降りて、妻や年老いた両親の落下の衝撃をやわらげようとしていた。

誰もが自殺を選ぶわけではなかった。炎が上へ上へと広がっていくあいだ、ゲットーの住人たちが建物の上階に閉じこめられているのが見えた。ふいに爆発が起き、一方の壁にひびが走ると、全員が落下し、瓦礫の中に落ちていった。奇跡的に炎から助かった数少ない母親は、子どもを胸に抱いて助けを求めて泣き、赤ん坊の命乞いをしていた。

ドイツ兵は母親の腕から子どもをひったくった。それから小さな体を地面にたたきつけ、踏みつけ、銃剣で突いた。引き裂かれ痙攣している体を炎に投げ込むのを、レニャは身の毛もよだつ思いで見つめた。兵士は母親を棒で殴りつけた。戦車が近づいてきて、死にかけている彼女の体を轢いていった。目をくりぬかれた大人の男たちが苦悶にのたうち回りながら、撃ち殺してくれと懇願する姿も見た。ドイツ兵はただ笑い、炎にその仕事をさせた。

この残虐な行為と胸の悪くなるような混沌状態の中で、ベンジンの闘士たちに伝えられるような希望か明るい見通しが得られないだろうか、と思いながら、レニャは目を背けずに戦いを見続けた。煙を透かして、燃えていない家の屋根に立つマシンガンを抱えた若いユダヤ人男性たちがぼんやりと見えた。ユダヤ人女性が拳銃を発射し、火炎瓶を投げつけた。小さなユダヤ人の子どもたち、男の子や女の子たちがドイツ兵を石と鉄棒で待ち伏せて、攻撃を仕掛けている。戦いを眺めているうちに、どの組織にも入らずレジスタンスについても何も知らないユダヤ人たちが、手当たり次第に何かをつかんで戦いに加わった。さもなければ、ひとつしか道が残されていなかったからだ——死への道しか。ゲットーには死者があふれていた。大半はユダヤ人だったが、レニャはナチスの死者もいることに気づいた。

レニャはゲットーの塀際に立ち、やはり見物している非ユダヤ人に囲まれながら、その日の戦闘の成り行きを見ていた。ある写真には、大勢のポーランド人が大人も子どもも帽子をかぶりコートを着て、ポケットに手を突っ込み、しゃべりながら目の前のもくもくと上がる黒い煙を見ているところが写っている。ヴラドカもアーリア人地区にいたので、何千人ものポーランド人がワルシャワじゅうから見物に集まって来たのを目にした。こうしたぞっとする光景を見て、見物人たちがはっきりと異なる反応を見せることに、レニャは気づいた。ドイツ人はその光景に憎悪をあらわにし、それ以上見ることができずに脇にどいた。近くの建物の窓では、ポーランド人女性が胸をかきむしっているのが見えた。その女性は叫んだ。「この世には神さまがいらっしゃらないんだ、こんな光景を天上からごらんになって、黙っているんだから」

レニャは足から力が抜ける気がした。目にした光景、その生々しい光景に、地面に倒れ込みそうだった。しかし、同時に心が軽くなるのを覚えた。「ここにはまだユダヤ人が存在している。まだ生きていて、ナチス相手に戦っているというのはささやかな幸せだった」

震えながらも、あくまでポーランド人女性のふりをしながら、レニャは戦いが続いているあいだにホテルに戻った。眠ろうとしても、いくつもの光景が甦り、寝付けなかった。「自分の目であんなものを見たのが信じられなかった。あれが想像だということはありうるだろうか？」何度も自分に問いかけた。虐待され、飢えて弱っていたユダヤ人が、本当にあんなに勇敢に戦えたのだろうか？　でも、あれは現実だった、彼女はその目で見たのだ。「ユダヤ人は立ち上がったのだ。人間らしく死にたかったからだ」

その日じゅうゲットーからのニュースが市内を駆け巡った。殺されたドイツ兵の数、ユダヤ人が奪った武器の数、破壊された戦車の数。ユダヤ人は最後の最後まで戦うつもりだ、ともっぱらの噂だった。ひと晩じゅうレニャのベッドは爆発の衝撃で揺れていた。

早朝、レニャは駅に向かった。前日よりも落ち着いた足どりで市内を歩いていった。小さな町出身の若いユダヤ人女性であるレニャは、ワルシャワの戦いで破壊された通りの死の罠をよける達人になりつつあった。その日は、ユダヤ人の大胆さと勇気についてしゃべり続けるアーリア人たちといっしょに、ずっと客車で過ごした。

これまでの女性の運び屋と同じように、レニャは見くびられ、誤解されることを逆手にとってきた。だからレジスタンスの活動家だとは誰にも思われずに、ワルシャワに潜入することができた。たまたま町を散歩している、あるいは列車で田舎に行く途中の無害な若いポーランド人女性に見えたおかげで、レニャは戦争で最大のレジスタンスを間近で見られたし、その後の車内の雑談にも参加できた。「ポーランド人がユダヤ人といっしょに戦っているにちがいない」と多くの人が推測していた。「ユダヤ人がこれほど勇敢に戦えるわけがない」これは最大のほめ言葉だった。

列車はぐんぐん走り、国境に近づいていた。レニャはいいニュースを知らせるのが待ちきれなかった。すべての場所で蜂起するときが来たのだ。次はベンジンだ！

# 第十六章　三つ編みの活動家

## ジヴィア　一九四三年五月

ジヴィアはまばゆい光に目がくらんだ。真夜中なのに真っ昼間のようだった。周囲では炎が燃えさかっている。

最初の戦いのあとで、ナチスは改めて作戦を立て直した。中庭に進軍していかずに、小さなグループごとにこっそりゲットーに侵入し、ユダヤ人が隠れていると見当をつけた建物を攻撃することにしたのだ。ŻOBは建物内部からナチスを攻撃した。小競り合いの長期化を予想すると、ナチスはさらに作戦を変更した。五月初め、司令官はゲットーの木造建築物を組織的に破壊するように命じた――火によって。

数時間のうちに、ゲットー全体が燃え上がっていた。ナチスは一度にひとつずつ建物に火を放ち、煙を上げる隠し部屋から逃げだしてくるユダヤ人を撃った。金属製の隠し部屋でも、人々は熱と煙を吸ったせいで死んでいった。家族、グループ、子どもたちは瓦礫だらけの通りを必死に走り、燃えていない隠れ家を探した。ジヴィアはぞっとしながら見ていた。「ワルシャワゲットーは火あぶりにされていた。火柱が立ち、火花がはじけた。空はいまわしい赤色に輝いている……ヨーロッパ最大のコミュニティの無残な残骸が断末魔にあえいでいた」とジヴィアはつづった。この恐怖が続いているあいだ、ゲットーの塀のすぐ外では、ポーランド人が回転木馬に乗って春の一日を楽しんでいた。

ŻOBの闘士たちは、もはや建物内部から戦うことも、屋根から屋根へ渡っていくこともできなかった。すべての屋根裏と通路は破壊されてしまった。顔に濡れた布をあてがい、足にぼろきれを巻きつけて熱を防ぎ、戦闘用の隠れ家を捨て、一般人の隠し部屋を利用した。ほとんどのユダヤ人は喜んでスペースを空けてくれ、外に行かず、ナチスに用心するように、というŻOBの命令も聞き入れた。しかし、最終的に炎は強力なレジスタンスをくじいた。煙、熱、すべての通りが炎に包まれた。ジヴィアは毎晩ゲットーを回り、「燃えさかる炎、折り重なった瓦礫、割れたガラス、天まで上がる煙」に遭遇した。彼女はこう書いている。「わたしたちは生きたまま焼かれていた」

多くの人々が火から逃げて開《ひら》けたところに出ていった。何百人もの闘士と何千人もの一般人はミワ通りの中庭に出ていき、ŻOBに指示を求めた。「もう、どこに行けばいいんだ?」ジヴィアは責任を感じたが、答えを持ち合わせていなかった。どうしたらいいのだろう?　ŻOBの計画はついに瓦解した。夢見ていた一対一の戦いは、もはや不可能だった。待ち伏せして、一度に一人ずつナチスの血を流させたいとずっと願っていたのだが。安全な場所にいる敵によって、自分たちがこんなふうに破滅させられるとは想像していなかった。ジヴィアはのちにこう強調している。「わたしたちが戦わなくてはならないのはナチスではなく、炎だった」

ジヴィアはミワ通り十八番地に入っていった。数週間前、モルデハイ・アニエレヴィッツは、ここの巨大な地下隠れ家にŻＯＢの本部を移動していた。そこはユダヤ人地下組織の有名な窃盗団によって準備された場所だった。三軒のくずれた建物の下を掘り、隠れ家の長い通路沿いに、いくつかの寝室、台所、居間が並んでいた。中央に美容院用の椅子が置かれたサロンまであり、人々がアーリア人側に行くときに手を貸す美容師もいた。どの部屋も、強制労働収容所にちなんで名づけられていた。現在、イスラエルにあるヤド・モルデハイ博物館――モルデハイの名前を冠された――では、訪問者は隠れ家の復元施設を探検することができる。レンガ壁のスペースには、木製の寝台がぎっしり並び、長いロープに服がかけられ、鍋やフライパン、ラジオ、テーブル、椅子、ウールの毛布、電話、トイレ、洗面器などが備えられていた。

最初のうち隠れ家には水の蛇口があり、焼きたてのパンや窃盗団によって持ちこまれたウォッカまでそろっていた。窃盗団のリーダーはモルデハイを尊敬していて、すべての手配をしてくれた。しかも、リーダーは立派だった。彼はŻＯＢの闘士たちを手伝うために手下を送り込み、大半の地区が破壊されたときでも、ナチスの位置を知らせてくれた。ŻＯＢの本部司令官はそこに住んでいて、さらに燃える隠し部屋から追い出された百二十人の闘士たちと一般人たちもいた。ジヴィアが到着したときには、ミワ通り十八番地には三百人以上がぎゅう詰めになっていた。いまや人が多すぎて酸素が足りなくなり、食料が減ってきたことで問題が生じはじめていた。モルデハイはアンテクへの手紙で、空気が足りないので蠟燭をつけることもできない、と書いている。

昼間、ミワ通り十八番地は人であふれ、闘士たちはゴロゴロと寝返りを打ち、空腹を抱えていた（昼間は煙が見えるので料理が許されなかったのだ）。ジヴィアはヘラ・シェパーの隣に寝そべり、巻き煙草を吸っていた。しかし夜になってナチスが引き揚げてしまうと、活動再開だった。運び屋は別の隠れ家と連絡をとった。偵察係が武器やまだ使える電話を見つけるために出ていった。実は火がつけられるまで、トシャは毎晩外部の仲間と電話で話していた。何カ月にもわたって、闘士たちは作業場の電話を使って、アーリア人地区にいる仲間に最新情報を伝えていたのだ。無人の隠れ家を漁って、使えるものを探す者たちもいた。百人以上の闘士たちには武器がなかったし、ナチスには自分たちの居場所を知られているにちがいないと思っていたが、それでもパレスチナの夢について語り合った。思い切って外に出ていき、こわばった筋肉を伸ばし、自由に歩きまわり、ジヴィアが書いているように「暗闇で燃えさしがパチパチくすぶっているゲットーの空気」を深呼吸した。下水管の中で昼間じゅう過ごしていたユダヤ人も、暗くなると現れた。ゲットーは「燃えている廃墟」であっても、夜に生き返ったのだ。

ジヴィアはこう続けた。「そして、朝日が昇ると同時に、ナチスの警備兵が獲物を探す飢えた犬さながら鼻をくんくんいわせてやって来た。あのいまいましいユダヤ人はどこだ、最後のユダヤ人は？」いずれにしても、刑の執行を延期された時間は短かった。

戦いが始まって十日ほどして、ŻＯＢは限られた数のトンネルと下水を利用して、アーリア人側に出ることを決意した。数人の闘士はすでにそれを試していたが、うまくいかなかった。撃ち殺されるか、地下で迷い、渇きと絶望のうちに死んだ。しかし、他に選択肢はなかった。ゲットーはほぼ全滅状態で、通りは大きなコンクリートの塊で封鎖され、焦げた死体の臭《にお》いは言うに及ばず、煙がたちこめていて呼吸もろくにできなかった。ジヴィアは外に任務で出ていくとき、いくつもの死体につまずくのではないかと不安だった。

ナチスはすべての隠れ家を見つけようと、ひそかにユダヤ人の会話を盗聴したり、飢えたユダヤ人の人質を拷問したりして情報を得ようとしていた。毎晩、空気を求めて外に出てくる人は減っていった。ŻOBは市民か自分たちか、どちらを救うべきか相談した。斥候たちをŻZWのトンネルに送り込み、アーリア人側で隠れ家が確保されているかどうかを確認させた。斥候にはカジクという十七歳の少年まで含まれていた。ŻZWはゲットーで最後まで戦い抜き、まえもって作っておいた脱出ルートでアーリア人側に出た。闘士たちはそこでパルチザンに合流しようと計画していたが、大半は殺されてしまった。アーリア人地区でアンテクは何度も秘密会議を開いたが、努力は実らず、闘士が逃げこめるような隠れ家は用意できずにいた。

ゲットー内部にいるモルデハイは復讐の夢を味わったが、それでも気分がふさいでいた。彼はジヴィア、トシャ、ガールフレンドのミラ・フークレ（ハンチャといっしょに脱出する予定だった勇敢なリーダー）や他の仲間たちと会い、状況を分析した。外部からの助けはなかったし、ポーランド労働者党とのつながりも希薄だった。彼らの戦いは終わった。

「もはや戦う相手も、戦うための武器も残っていなかった」とジヴィアは書いている。闘士たちは達成感で安らかな気持ちだったものの、飢え、ゆっくりと迫る死を待っていた。武器を握りしめ展開も読めないまま、こうしてまだ生きているとは、誰も予想していなかった。闘士たちは、ジヴィアに励ましと安心と指示を求めた。悲観的になっていたが、ジヴィアはどうにか気力を取り戻し、行動に移った。ワルシャワの下水設備――それが彼女の唯一の答えだった。

ジヴィアは最初のグループに付き添った――ヘラを含むアーリア人らしい外見の闘士たちだ。下水脱出計画に出発するのは、地下室とつながっている「ゴミ収集人」の隠し部屋からの予定だった。ジヴィアは隠し部屋のリーダーを説得して、ユダヤ人が外に出るのにガイドをつけてもらうつもりでいた。

まず、ゲットーを横断しなくてはならなかった。グループは一見落ち着いていてジョークを飛ばしていたが、拳銃を握りしめ、これが最後の別れかもしれないと言い合った。ミワ通り十八番地からヘビのように腹ばいになり、真っ暗闇の中に出ていった――また太陽を拝めることがあるのだろうか？　煤の臭《にお》いのする空気を吸い、足音がしないように足を布でくるみ、引き金に指をかけながら、焼け焦げた家の骸骨が並ぶ横町を抜け、風にあおられた窓がバタバタいっている以外は完全な静寂の中を進んだ。割れたガラスや焦げた死体を踏み、熱で溶けたタールに足を突っ込んだ。ジヴィアはとうとう彼らを隠し部屋まで案内し、そこでリーダーと交渉して道案内を頼むことができた。ガイドは下水道の十四のルートを知っているようだった。

グループはわずかな食べ物と砂糖のかけらと指示を与えられた。その晩、彼らは出発した。ジヴィアは必死に感情をコントロールしようとした。メンバーは一人ずつ、水音を立てながら水に入っていった。二時間後、ガイドが戻ってきて、アーリア人側に無事に到着して、マンホールから通りの真ん中に這い出たと報告した。指示されたとおり、彼らは近くの瓦礫に隠れ、そのあいだにヘラやアーリア人の外見をした仲間が運び屋の女性を見つけに行った（ただし、あとでジヴィアは彼らがナチスに襲われたことを知った。ガイドはまちがった出口に連れて行ってしまったのだ。すでに着替えていたヘラはストッキングを履き替え、顔を洗って逃げた。生き残ったのは彼女だけだった）。

夜明け近くに、疲れ切ったジヴィアはいい知らせをモルデハイに告げるために、ミワ通り十八番地に行こうとした。しかし、ジヴィアの安全のためにモルデハイが配置しておいた仲間たちは、日が出てから外を歩かせるのを許さなかった。いつも行動的で臆病者と思われたくなかったジヴィアだったが、ブントの司令官マレク・エデルマンとさんざん議論した結果、その意見に従った。

その晩、ジヴィアと彼女の護衛、それにマレクはミワ通り十八番地へ向かった。マレクはルールを破って蠟燭をつけたが、すぐに消えてしまった。途中、屋根がくずれたせいでふたつの建物のあいだに開いていた穴に、いきなりジヴィアは落ちてしまった。声は出せないので、助けは呼べなかった。すぐに拳銃を調べると、落としていないことがわかった。どうにか男たちが彼女を見つけて引っぱりあげた。「アザだらけになり、足をひきずりながら歩き続けた」とジヴィアは振り返っている。ジヴィアは脱出計画で勢いづき、ミワ通り十八番地で仲間たちに会えることに興奮していた。彼らをからかういたずらまで考えていた。だから、建物に近づいていき、カモフラージュされた入り口が開いていて、警備がどこにもいないのを見たときは、まちがった場所に来たのだと思った。それから、これはさらに強力なカモフラージュの企みにちがいないと考えた。六カ所すべての入り口を調べ、合言葉を口にした。心臓が喉元にせりあがってきた。

応答はない。

そのとき。


「トシャとジヴィア、ポーランド地下組織のトップが、ユダヤ民族の威厳を守ろうとしてワルシャワで倒れた」と《ダヴァール》紙は報じている。

ニュースはアーリア人地区にも伝わった。電報がベンジンのフルムカに送られてきた。彼女は暗号でパレスチナに連絡した。「ジヴィアは常に死の近くにいた。トシャはジヴィアといっしょだった」二人の死はヘブライ語新聞の一面の見出しになった。

国じゅうの青年活動組織が二人の死を悼んだ。ジヴィアとトシャはユダヤ人の戦う女性の伝説的な象徴――「地下組織のジャンヌ・ダルク」になっていたのだ。同志たちは「トシャの友人たち」と呼ばれていたし、活動の指導者はジヴィアAとかジヴィアBのように呼ばれた。ジヴィアという名前はポーランドのユダヤ人ばかりか、パレスチナ、イギリス、イラクにも広まっていた。「二人の名前は新しい世代を形作るだろう……犠牲の炎の中で生まれた彼女たちの戦いと友情は岩を砕き、山をくつがえす力を持っていた」と追悼記事には書かれていた。

しかし、その追悼記事はまったくまちがっていた。

その晩、応答がなかったとき、ジヴィアは近くの中庭に数人の仲間たちの姿を発見した。いつもの夜のパトロールだと思い、ほっとしながら駆け寄った。だが、そうではなかった。闘士たちは血まみれで苦痛にもだえ、震え、気を失いかけ、空気を求めてあえいでいた。それを見て、ジヴィアは愕然とした。そこにいたのは、隠れ家でおこなわれた殺戮による「人間の残骸」だった。トシャも全身にひどい傷を負って、倒れていた。

恐怖のあまり胸が悪くなりながら、ジヴィアは事情を聞いた。ナチスがミワ通り十八番地にやって来たとき、闘士たちは裏口から逃げて攻撃するべきか、警戒して入ってこないと踏んで、そのまとどまるか迷った。ナチスがガスを使うのは知っていたが、濡れた布を口と鼻にあてがっていれば充分だと言われていた。ちがった。ナチスはガスをゆっくりと注入していき、じょじょにみんなを窒息させていった。一人の闘士が自殺を呼びかけ、数人が続いた。他の者は窒息死した。結局百二十人が死に、わずかな人数だけが秘密の出口から逃れた。

ジヴィアは打ちのめされた。「わたしたちは狂ったように走り回って、封鎖された隠れ家にどうにかして入り、仲間の死体から武器を手に入れようとした」

しかし、親しい友たちの死を嘆いている時間はなかった。残ったZOBは負傷者を手当し、避難所を見つけ、これからどうするべきか考えなくてはならなかった。ジヴィア、トシャ、マレクが指揮をとった。幽霊のように生気のない一隊は、まだ活動をしているはずの隠し部屋をめざした。そこでジヴィアは本部の場所が変わったことを伝えた。常に彼女は前進し、決して受け身にならず、絶望に身を任せることはなかった。「これほどのことが起きても、同志たちへの責任感で、また立ち上がった」とジヴィアは書いている。

傷ついた闘士たちを新しい本部に運びこんでみると、その場所もナチスに知られていたことがわかった。危険はあったが、ジヴィアはそこにとどまることにした。負傷者は傷がひどくて動かすことができなかったし、闘士全員が疲労困憊して今にも死にそうだった。しかし、ジヴィアは計画を実行しなくてはならない、と主張した。彼女は別のグループを下水管からの逃亡に送りだした。残った者には負傷者の世話で忙しくさせ、動揺してパニックになる隙を与えないようにした。彼女自身も心は乱れていたが、それを胸の奥深くに隠していた。わたしはあそこにいたかもしれないのだ……燃えるゲットーに身を潜め、自分自身の命すら危うくなっていても、すでにジヴィアは生き残った罪悪感に責められていた。

だが、くよくよしている時間はなかった。出口を見つけるために下水に送りだされたグループが帰ってきて、奇跡的にポーランド人ガイドといっしょのカジクと出会った、と報告した。

ŻZWのトンネルに送りだされていたカジクはアーリア人側に行き着き、助力を求めようとした。国内軍はŻOBに下水の地図やガイドを提供しようとしなかったが、グループはポーランド労働者党の助力を約束してもらえた。高い料金と引き換えに、ポーランド人のたかり屋や協力者にも助けもらうことになった。そこで、カジクはポーランド人を救って金をもらうというふりをして、ガイドといっしょにトンネルに戻っていった。しかし、何度も足を止めるガイドをカジクは説得し、酒を飲ませたり銃を突きつけて脅したりしなくてはならなかった。最後のいちばん狭い部分を腹ばいで通過し、スカンクのように悪臭を放ちながら、午前二時にゲットーにたどり着いたのだった。しかし、ミワ通り十八番地には死体しかなく、死にかけている者のうめき声が響いているだけだったので、カジクは茫然となった。ショックのあまり、彼は回れ右をして、ゲットーの出口に向かった。下水に入ると、彼はŻOBの暗号「ヤン」を必死になって叫んだ。

ふいに女性の声が応えた。「ヤン！」

「誰だ？」銃をかまえた。

「ユダヤ人だ」曲がり角からグループが現れた。生き残った闘士たちだった。彼らは抱きあいキスしあった。カジクは想像以上に外には助けてくれる人がいたと話した。彼は闘士たちといっしょに、ジヴィアと仲間のところに戻ってきた。

五月九日、六十人の闘士と一般人が、逃亡するために新しい本部に集まった。ジヴィアは、今ここにいるはずの百二十人の闘士たちが殺されたことに打ちのめされていた。ゲットーにまだいる闘士が昼間なので来られなかったのではないかと、彼女は気をもんでいた。重傷を負い、動けない仲間もいたし、ガスや煙を吸いこんだせいで、ろくに呼吸できない者もいた。逃げることを拒絶する者もいたし、混乱している者もいた。

最終的に「お姉さん《ビッグシスター》」が、できるだけ多くの人を助けるために、きっぱりと決断を下さなくてはならなかった。ジヴィアは下水に飛び降りた。「思い切ってやることには意義があると思った」とジヴィアはのちに書いている。「深い闇に飛び降りるみたいで、汚水が周囲でピチャピチャ跳ねた。強烈な吐き気が襲ってきた。足は悪臭のする冷たく粘ついた下水で濡れた。だが歩き続けた！」

下水管では、カジクとガイドが先頭を進み、ジヴィアは数十人の闘士たちのしんがりを務めた。一列になって、ぬるぬるする下水を腰をかがめて進んでいったが、互いの顔すら見えなかった。ジヴィアは片手に蠟燭を持ち（しじゅう消えたが）、大切な銃はもう片方の手に握っていた。下水管は暗く、ずっと頭をかがめていなくてはならなかった。十字路では水と排泄物が首まであふれてきて、濡れないように銃を頭の上に差し上げた。いくつかとても狭い部分もあり、人一人が通るのすらやっとだった。メンバーは腹をすかせ、傷ついた仲間を抱えて運んでいた。飲み水もない時間は永遠にも感じられた。下水に浸かっているあいだじゅう、ジヴィアはあとに残してきた同志のことを考えていた。一方、トシャは混乱していた。彼女は負傷していたので、かまわず置いていってくれ、と何度か頼んだが、それでもどうにか歩き通すことができた。

奇跡的に、全員が夜明け前にアーリア人側のプロスタ通りの下に出た。そこはワルシャワの中心部だ。カジクの説明だと、トラックで市外に出ることになっているが、車はまだ来ていないということだった。ただし、外に出ても安全だろうと言って、助力を求めるためにカジクはマンホールから出ていった。列の最後尾のジヴィアは何が起きているのかわからなかった。彼女はこの脱出計画の詳細までは知らなかったし、外部とも連絡をとっていなかったので、不安でたまらなかった。もっとも、自分の未来が危ういせいではなく、まだゲットーにいる同志のことが胸を容赦なくしめつけていたからだ。

丸一日、グループはプロスタ通りのマンホールの下にすわり、通りの物音に耳を澄ましていた——馬車、市外電車、遊んでいるポーランド人の子どもたち。とうとうジヴィアは我慢できなくなった。彼女と、やはり後部にいたマレクは先頭の混雑した場所まで進んでいった。誰も情報をもっていなかった。ふいに、午後の半ばに、マンホールの蓋が開き、メモが投げこまれた。夜に救出がおこなわれる、と書かれていた。ほとんどのメンバーが、がっかりしてため息をついたが、ジヴィアは勢いこんで叫んだ。「戻って、残りの同志を連れてこよう！」

二人の戦闘員が戻っていき、残りのŻOBのメンバーを下水の入り口に連れてくると申し出た。そして、全員が待った。

真夜中にマンホールの蓋が持ち上げられた。スープとパンが戦闘員の元に下ろされた。だがジヴィアはあまりにも喉の渇きがひどくて、ほとんど何も食べられなかった。付近の通りはナチスがパトロールしているので、待たなくてはならない、と言われた。一部の仲間は徒歩三十分ぐらいの第二の地点に向かった。糞便だらけの水の中にあまりにも人が多すぎたからだ。危険なメタンガスが周囲で発生していた。一人が倒れ、下水の水を飲んだ。

ジヴィアは待ちながら、残りの同志を迎えに行った二人を心配していた。彼女は誰も早まった行動に出ないように、マンホール近くに待機していた。一筋の朝の光が隙間から射してくるのが見え、かすかに新鮮な空気が感じられた。すぐ上では生活の物音がしていたが、地上と地下のあいだには果てしない距離があるように感じられた。

五月十日の早朝、ゲットーに行った二人が無事に戻ってきた。だが、誰も連れてこられなかった。ナチスが下水の入り口をふさいでしまい、下水全体の水位が上がっていた、と報告した。だから、戻ってくるしかなかったのだ。もっとメンバーを救えるという希望をくじかれ、ジヴィアはひどく落ち込んだ。頭上で何が起きているかもわからないし、同志を救う方法はどれも実らなかった。そのとき、ドイツ語の声がした。

図1　ワルシャワの大シナゴーグ（右）とユダヤ人図書館。戦時中、ユダヤ人図書館はユダヤ人自助組織内にあった。現在はエマヌエル・リンゲルブルムユダヤ歴史研究所になっている。K・ヴォユティンスキ撮影、1936年から1939年

図2　イェンドジェユフの開拓者訓練共同体の青年たち。右から三番目にジヴィア・ルベツキン。1935年

図３　ラグバオメル祭りでのハショメル・ハツァイルのメンバーたち。一番下にトシャ・アルトマン。ブウォツワベク、1937 年

図４　トシャ・アルトマン。

図５　ハンチャ・プウォトニカ、バラノヴィツェの開拓者訓練共同体にて。1938 年

図６　ビャウィストクの開拓者訓練共同体のメンバーたち。右から二番目にフルムカ・プウォトニカ。1938 年

図７　グスタ・ダヴィドソン（左）とミンカ・リーベスキンド。二人ともクラクフゲットーの地下組織のメンバーだった。アキバのサマーキャンプで撮影、1938 年

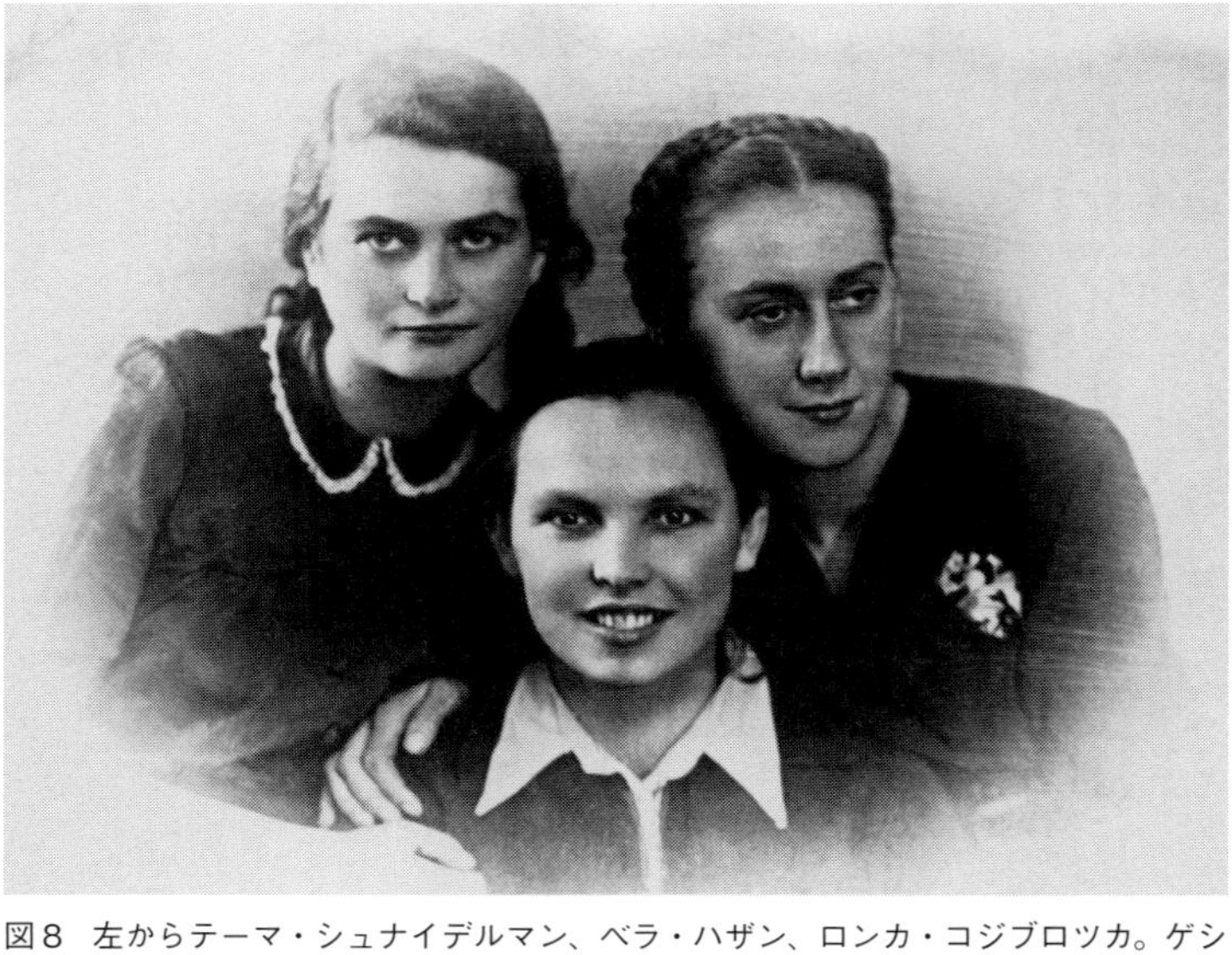

図８　左からテーマ・シュナイデルマン、ベラ・ハザン、ロンカ・コジブロツカ。ゲシュタポのクリスマスパーティーで撮影、1941 年

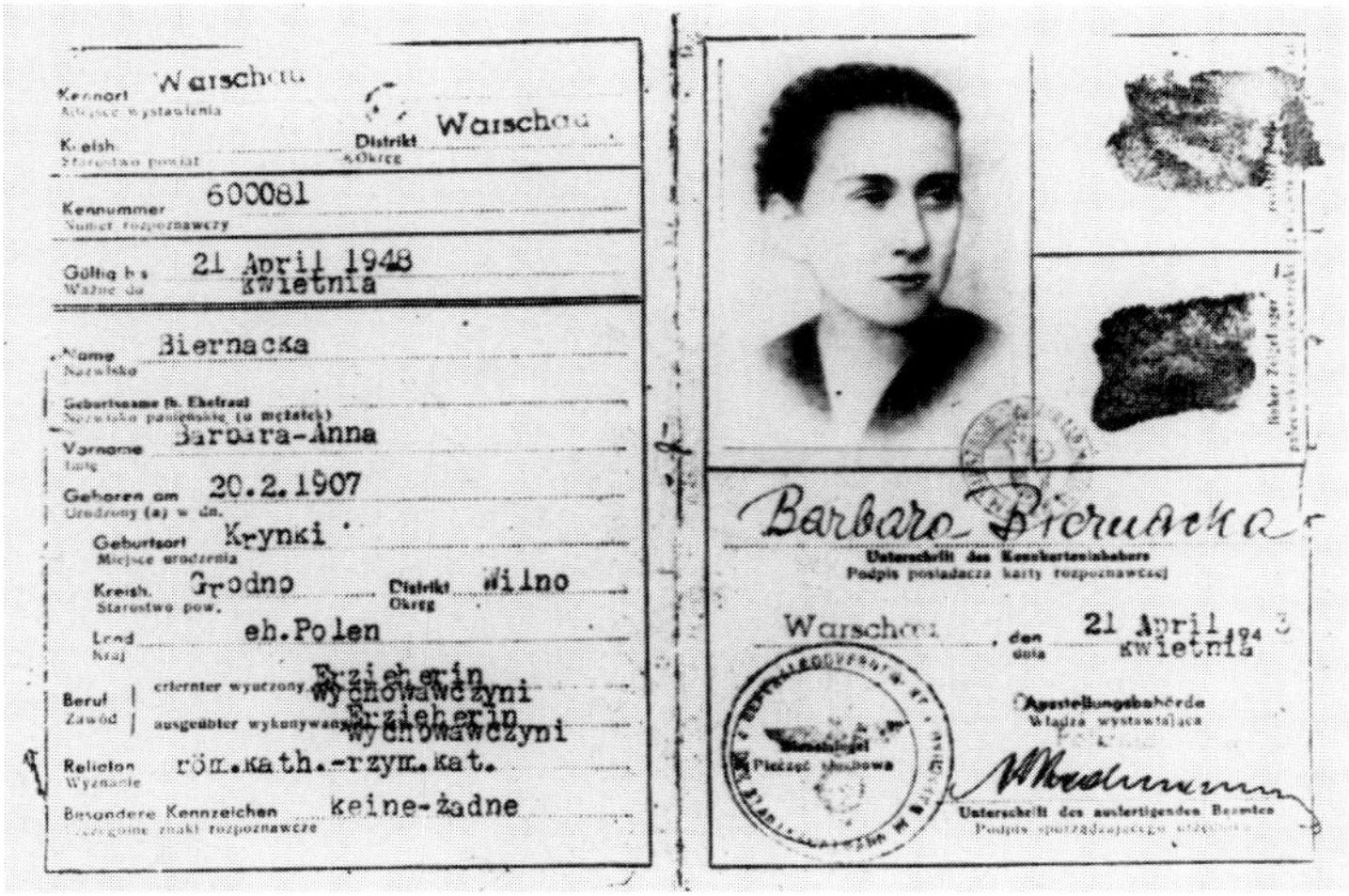
Kennort Warschau
Miejsce wystawienia
Kreish Distrikt Warschau
Starostwo powiat Okręg
Kennummer 600081
Numer rozpoznawczy
Gültig bis 21 April 1948
Ważne do kwietnia
Name Biernacka
Nazwisko
Geburtsname (b. Ehefrau)
Nazwisko panieńskie (u mężatek)
Vorname Barbara-Anna
Imię
Geboren am 20.2.1907
Urodzony (a) w dn.
Geburtsort Krynki
Miejsce urodzenia
Kreish. Grodno Distrikt Wilno
Starostwo pow. Okręg
Land eh.Polen
Kraj
Beruf erlernter wyuczony Erzieherin wychowawczyni
Zawód ausgeübter wykonywany Erzieherin wychowawczyni
Religion röm.kath.-rzym.kat.
Wyznanie
Besondere Kennzeichen keine-żadne
Szczególne znaki rozpoznawcze
Barbara Biernacka
Unterschrift des Kennkarteninhabers
Podpis posiadacza karty rozpoznawczej
Warschau , den 21 April 1943
dnia kwietnia
Ausstellungsbehörde
Władza wystawiająca
Dienstsiegel
Pieczęć służbowa
Unterschrift des ausfertigenden Beamten
Podpis sporządzającego urzędnika

図 9　ロンカ・コジブロツカの偽のアーリア人身分証のひとつ。1943 年

図 10　マルゴリット・リヒテンシュタインを描いた《眠れる女の子》クレヨン画、ゲラ・セクシュタイン作

図 11　サラ・クキエウカ。
1943 年

図 12　ハイカ・クリンゲル。
戦争中に撮影

図 13　ベンジンの農業訓練農場における青年たち。詩人ハイム・ナフマン・ビアリクの生誕記念パーティーで踊っている。1943 年

図 14　ベンジンの農業訓練農場におけるシオニスト青年の会合。中央にハイカ・クリンゲル。戦時中に撮影

図 15　ワルシャワゲットーに隣接するクラシンスキ広場の遊園地。ヤン・リソウキ撮影、1943 年 4 月

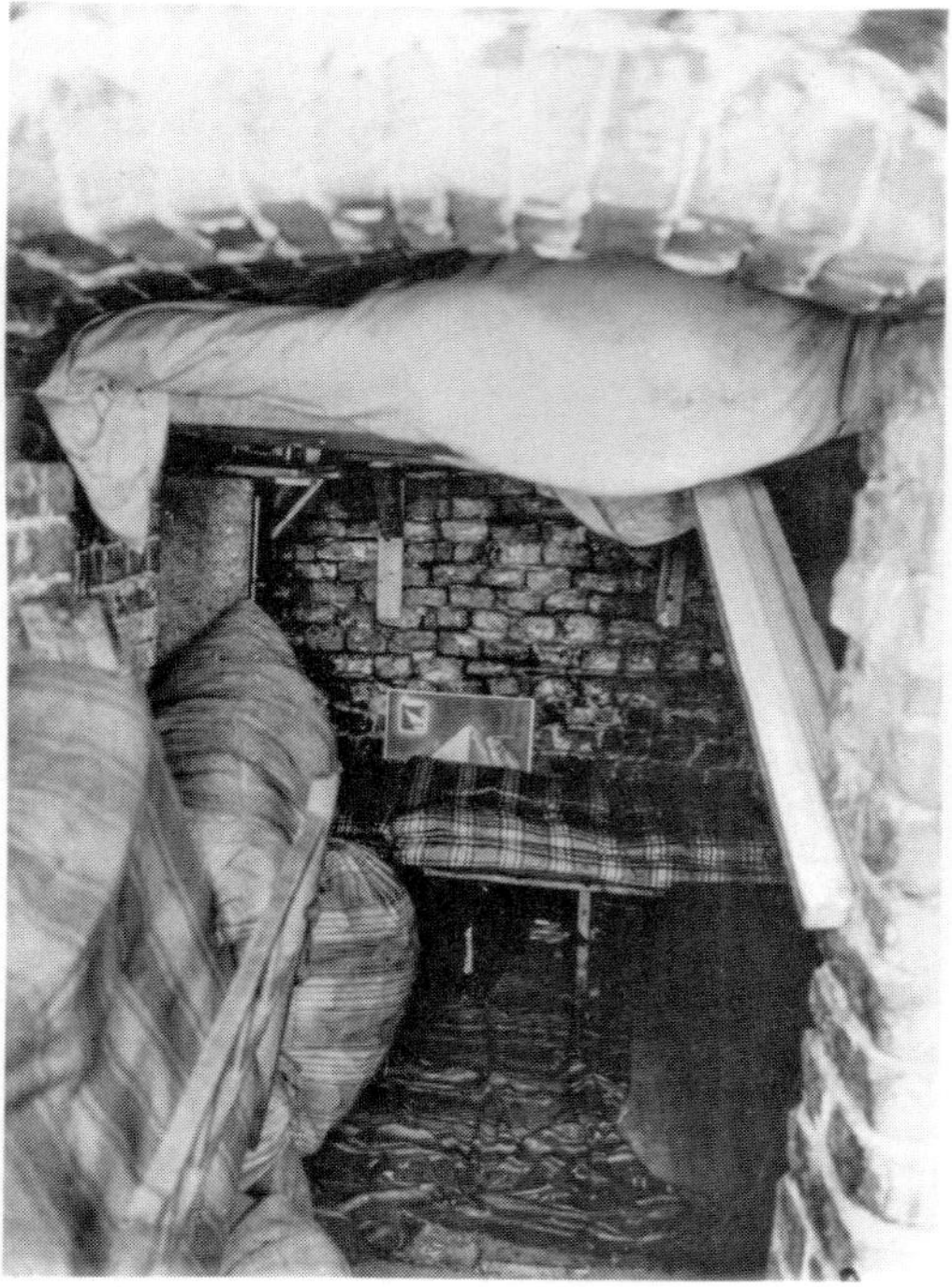

図 16　ワルシャワゲットー蜂起でユダヤ人レジスタンスが準備した隠れ家をナチスが撮影。1943 年 4 月から 5 月

図 17　学生時代のニュータ・タイテルバウム。戦時中、彼女は「三つ編みの小さなヴァンダ」として知られるようになった。ウッチ、1936 年

図 18　運び屋のヘラ・シェパー（左）とアキバのリーダー、ショシャナ・ランゲル。ワルシャワのアーリア人地区で非ユダヤ人になりすましている。1943 年 6 月 26 日

図 19　ワルシャワのアーリア人地区にいるヴラドカ・ミード。劇場広場でポーズをとっている

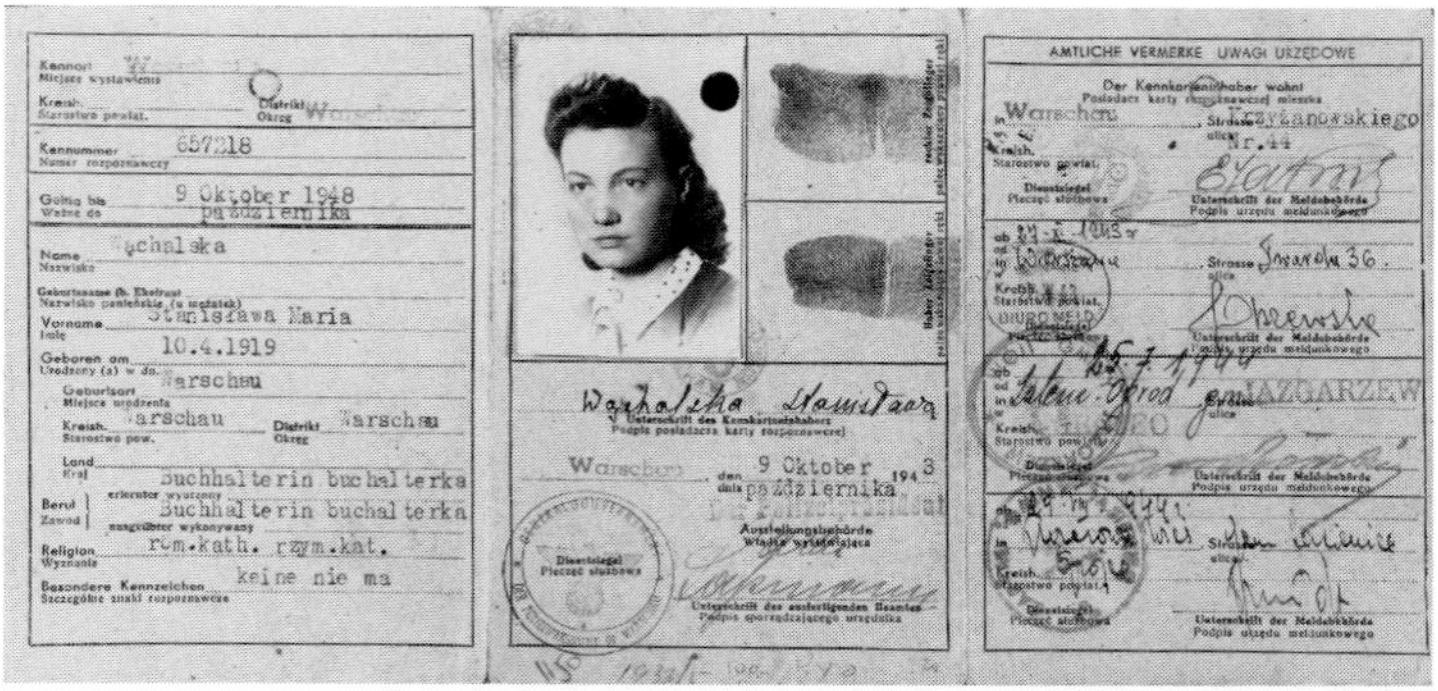


図 20　ヴラドカ・ミードの偽の身分証明書。1943 年にスタニスワヴァ・ヴァハルスカの名義で発行されている

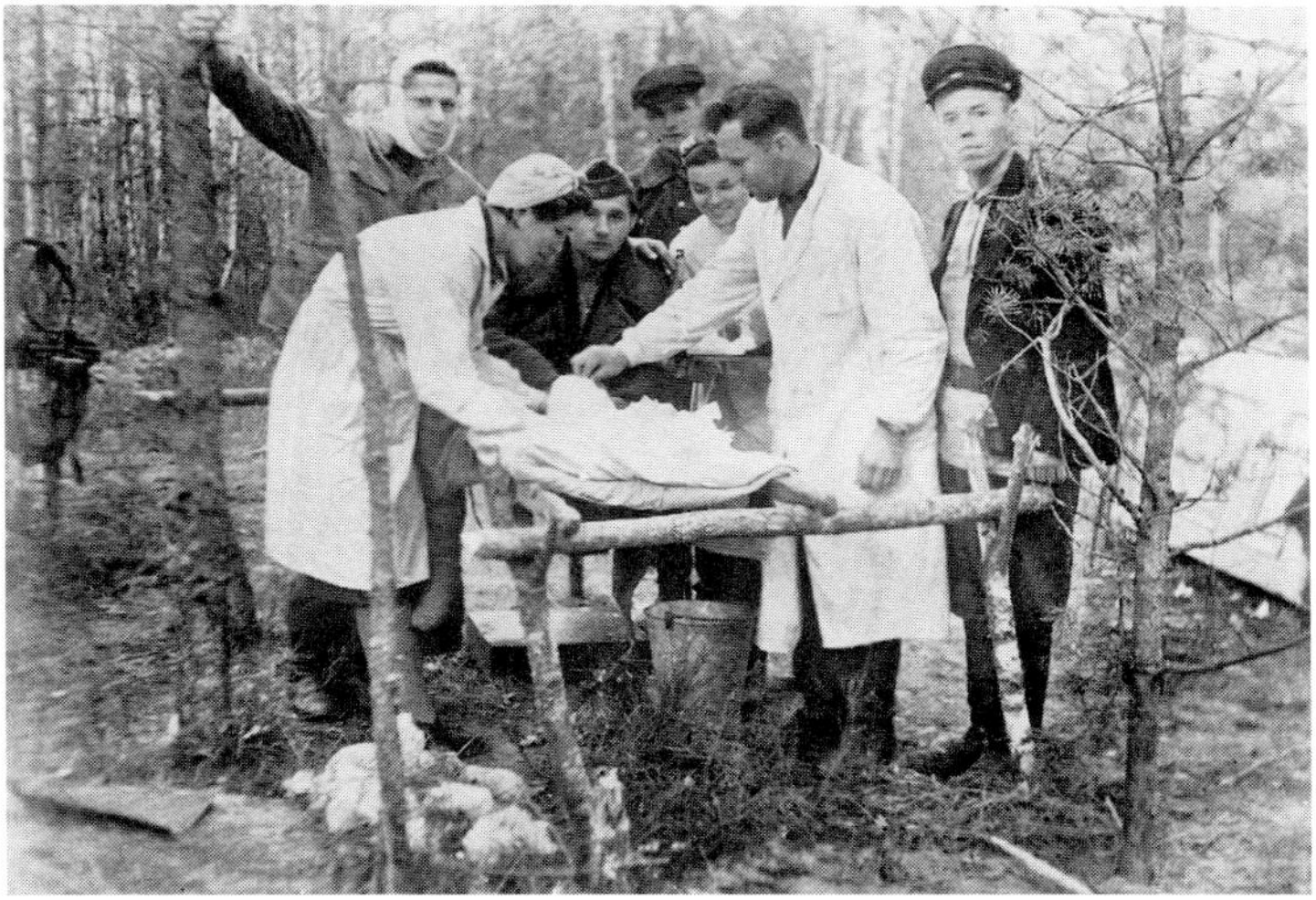

図21　負傷したパルチザンの手術を手伝うフェイ・シュルマン（右から三番目）。

העלדישע מיידלעך : זעלדע טרעגער (לינקס),
רייזל קאָרטשאַק, איטקע קעמפנער

図22　左からヴィトカ・ケンプネル、ルスカ・コルチャック、ゼルダ・トレゲル。

図 23　ヴィリニュス近郊、ルドニキの森のパルチザンの塹壕。1993 年撮影

図 24　アラ・ゲルトネル。ベンジン、1930 年代撮影

図 25　ワルシャワのアーリア人地区のプロミカ通り 41 番地と 43 番地。ジヴィアと仲間たちは 1944 年のワルシャワゲットー蜂起後、地下室に隠れていた

図 26　ブダペストに到着したドロルの仲間たち。レニャ・クキエウカ（下段右)、「小さなムニョーシュ」(モニク・ホプフェンベルグ、下段中央)、ハフカ・レンツネル（下段左)、イツハク・フィースマン（上段右から二番目)、マックス・フィシェル（上段左端)。1944 年

図27　レニャ・クキエウカ。ブダペストで撮影、1944年

図28　アンテク（イツハク・ツキェルマン）。ワルシャワ、1946年

図 29　ジヴィア・ルベツキンとアンテク。戦後に撮影

図 30　ヤグル・キブツで講演をするジヴィア・ルベツキン。イスラエルにて、1946 年

図 31　元ワルシャワゲットーの闘士たちとその家族。下段左端にジヴィア・ルベツキン。上段左二番目からヴラドカ・ミード、プニナ・グリンシュパン・フライメル、アンテク、ベニアミン・ミード、二人おいてマーシャ・フーテルミルヒ。ゲットー闘士の家博物館で撮影、1973 年

図 32　レニャ・クキエウカといちばん上の孫娘、メラフ・ヴァルドマン。メラフの妹の結婚式で。2008 年

もうおしまいなのだろうか？　ジヴィアはすっかり意気消沈していたので、ひそかにそうであることを祈ったほどだった。

朝の十時に、マンホールの蓋が持ち上げられた。太陽が射しこんできて、人々はぎくりとし、まぶしさにパニックになった。敵に発見されたのか？「急いで！　急いで！」ちがった、カジクだった。彼は急いで外に出るようにせかしていた。金属製のシャフトをよじ登らなくてはならず、上から引っぱられ、下から押された。こわばった体と、濡れて汚れた服のせいで、すばやく動けなかった。脱出は永遠にも感じられた――ある記述には三十分以上かかったと書かれている。四十人の人々が地面から現れて、トラックに乗りこんでいった。武装した二人の協力者以外に警備はいなかった。ポーランド人たちは近くの歩道から眺めていた。

トラックで、ジヴィアはようやく自分たちの姿を目の当たりにした。「汚い血まみれのボロをまとって汚れきり、顔には絶望が刻まれ、膝には力が入らなかった……全員が人間らしさをすっかり失っていた。ぎらついたまなざしだけが、まだ生きているという証拠だった」銃を握りしめて、人々は体を横たえた。運転手はユダヤ人ではなく靴を運ぶと言われていた。彼は銃を突きつけられ、指示に従うように命令された。

ふいに近くにナチスがいるという情報がもたらされた。だが二番目の地点に移動した二十人の戦闘員と、彼らを迎えに行った一人がまだマンホールに戻ってきていなかった。ここでジヴィアとカジクのあいだに「有名な闘い」が起きるのだが、ジヴィアはついにそれについて書くことはなかった。カジクによれば、ジヴィアは戦闘員たちが戻るのを待つべきだと主張した。カジクは別のトラックを迎えに寄越すと約束し、運転手に出発するように命じた。ジヴィアは激怒して、カジクを撃つと脅した（何年ものち、カジクの回想録の翻訳者は彼に質問した。『あなたはナチスと戦っていたんですよね……ジヴィアではなく？』）。

こうして朝の混雑の中、トラックは走りだした。ジヴィアはこう書いている。「四十人の武装したユダヤ人を乗せたトラックは、ナチスに占領されたワルシャワの中心地を走っていった」

新しい一日の始まりだった。

残りの二十人の戦闘員たちを救出する作戦は失敗した。ナチスは朝に通りの真ん中で大胆な作戦がおこなわれたことを知り、闘士たちが現れるのを待ち構えていたのだ。ŻOBは糞便の中で、それ以上待てなかった。周囲がナチスに包囲されていることも知らず、闘士たちは地上に出ていき、待ち伏せ攻撃を受けた。彼らとナチスとの接近戦は、見物していたポーランド人に衝撃を与えた。カジクがマンホールに戻ってきたとき、通りには撃ち殺された仲間たちの死体が散らばっていた。数人だけはゲットーに逃げ帰った。のちに、ジヴィアは仲間たちがさらに一週間戦ったことを知った。

ジヴィアもカジクも、友人たちを見捨てたという思いに苦しめられた。ジヴィアは待っていると約束しておきながら、待たなかったのだ。ジヴィアはその罪悪感に、一生、苦しめられたのだった。

最終的に、ワルシャワ蜂起では百人以上のユダヤ人女性が戦闘部隊に加わって戦った。ナチスの内輪の会議では、ユダヤ人たちは驚くほど手強く激しく抵抗し、とりわけ武装した女性たちは最後の最後まで戦った、と報告された。ミワ通り十八番地や他の場所では、何人かの女性が自殺した。多くが武器を手にしたまま死んでいった。

レア・コレンは青年組織ゴルドニアのメンバーで、下水道伝いに逃げたが、傷ついたŻＯＢの戦闘員の看病をするためにゲットーに戻ったあとで殺された。レギナ（リリス）・フデンは蜂起のあいだ部隊から部隊へ連絡をとり、下水道を通って何度か戦闘員たちを助けに戻ってきた。「喉まで水に浸かって」と彼女の死亡記事には書かれている。「彼女はあきらめず、メンバーたちを下水道の中を案内していった」何度目かのときに、二十一歳で殺された。運び屋のフラニャ・ベアトゥスは蜂起のときに割り当てられた場所を守り、その後、アーリア人地区で十七歳で自殺した。ドヴォラ・バランは「森や花の香りをかぎたがっていた」女性で、ゲットーの中央部で隠れ家が発見されたとき、部隊の司令官に最初に出るように指示されると、彼女はそのたぐいまれな美貌でナチスの気を逸らすことに成功し、一瞬、足を止めさせた。それから手榴弾を投げつけて木っ端みじんにし、そのすきに仲間たちは新しい場所に移動した。彼女は翌日、二十三歳で命を落とした。アキバのリヴカ・ペスマニクは友人の額を撃ち抜いてから、自分を撃って死んだ。ラヘル・キルセンボイムはドロルといっしょに戦い、パルチザンに加わった。その後、二十二歳で死んだ。ブントのマーシャ・フーテルミルヒは震える手で爆発物を投げつけ、下水道を通って脱出した。

ニュータ・タイテルバウムは共産主義グループ、スパルタクス団のメンバーで、ワルシャワゲットーでは有名人だった。二十代半ばの彼女は亜麻色の髪を三つ編みにし、純真な十六歳の少女に見えた。それは暗殺者としての役割を隠す変装だった。ゲシュタポの高官がいるオフィスにすたすたと入っていき、デスクにいる将校を見つけると、冷血に撃ち殺した。相手が自宅で寝ているときに殺したこともあった。ある作戦のときは、二人のゲシュタポのスパイを殺し、三人目を病院送りにした。ニュータは医師に変装して彼の病室に入っていくと、彼と彼の護衛も殺した。

別のときには、ポーランド人の農家の娘のように頭にネッカチーフを巻いて、ナチスの司令室に入っていったこともある。ナチスの兵士は彼女の明るい青い目と金髪に心を奪われ、ユダヤ人の中には他にもローレライがいるのか、とたずねた。ニュータはにっこりして、拳銃を取り出した。ゲシュタポのスーハ刑務所の外で警備兵に近づいていき、恥ずかしそうな表情をつくろいながら、「個人的な問題」について、ある将校とどうしても話したい、とささやいたこともある。この農家の娘は妊娠しているにちがいない、と警備兵たちは推測して、彼女を案内した。「ボーイフレンドのオフィス」で、彼女はサイレンサーつきの銃を取り出すと、将校の頭を撃ち抜いた。帰りがけ、彼女は案内してくれた出口の警備兵たちに内気そうに微笑んでみせた。

この「自称処刑人」はワルシャワ大学で歴史を学び、ŻOBと人民軍のために働き、爆発物と人をこっそり持ちこんでいた。ニュータはワルシャワゲットーで女性隊を組織し、武器の扱い方を教えた。蜂起のあいだ、彼女はゲットーの塀の上にすえたマシンガンで奇襲するのに加わった。「三つ編みの小さなヴァンダ」とゲシュタポにあだ名をつけられたニュータは、最重要手配者リストに載っていた。蜂起は生き延びたが、最終的には追われ、つかまって拷問され、数カ月後に二十五歳で処刑された。

ナチスの最終的解決は、トゥオマツキェ通りの大シナゴーグの炎だった。大シナゴーグはワルシャワのユダヤ教啓蒙の最盛期に建造された、ユダヤ人の卓越と相互信頼のシンボルだった。それが今や、巨大な建物全体が炎に包まれていた。まるでユダヤ民族の終わりを告げるかのように。

その炎から飛び火して、隣の建物の床も焦げた。そこにはヴラドカとジヴィアが過ごしていたユダヤ人自助組織が入っていた。のちに、この小さな白い煉瓦造りの建物は最初のホロコースト博物館になり、現在はエマヌエル・リンゲルブルムユダヤ歴史研究所になっている。


ワルシャワからのトラックの旅は楽ではなかった。ジヴィアは汚れた体で狭苦しい荷台に横たわり、疲労のあまり黙り込み、仲間たちを残してきたことに衝撃を受けていた。乗っている全員が悪臭を放っていた。武器は濡れて使い物にならなかった。それに、どこに連れて行かれるのかもわからなかった。一時間、誰もひとことも発さなかった。やがて市を出て、ウォミアンキの森に入った。低い松の若木がまばらに生えた一帯で、近くにはたくさんの村やナチスの部隊が駐在し、利用するにしても、一時的な隠れ場所にしかならなかった。もっと早くゲットーから逃げていた仲間たちが出迎えてくれたが、ジヴィアたちが生きていたことにも、彼女たちの「青ざめ飢えきった顔、下水道をこすっていた髪の毛や汚れた服」にもショックを受けていた。「これまでの戦闘と下水道での二日間で、彼らの外見は劇的に変わっていた」

新しく到着したグループはホットミルクを出され、ジヴィアはそれを飲むと頭がくらくらし、胸がいっぱいになった。気持ちのいい五月の日で、周囲の緑や花はかぐわしい香りがし、牧草地が広がっていた。ジヴィアが春の匂いを嗅いだのは久しぶりだった。ふいに、何年もなかったことだが、ジヴィアは泣きだした。これまでは泣くことを不名誉だと思い泣くまいとしてきたが、今は涙が流れるままにした。

闘士たちはまだ茫然としながら木の下にすわり、臭い服を脱ぎ、血がにじむまで顔から汚れをこすり落とした。食べ、飲み、何時間も黙りこんでいたが、たき火を囲み、自分たちが地上で最後のユダヤ人なのだと確信した。ジヴィアは眠れなかった。頭がふらついて痛かった。「まだやっていないことで、やるべきことが残っているのだろうか?」

森では八十人の闘士が集まり、とりあえず部隊を結成していた。ジヴィアとトシャとリーダーたちは枝でスッカと呼ばれる小屋を造り、今後の行動について相談した。すべての武器、資金、それに一人がゲットーから持ち出してきた宝石を記録した。いくつかのグループに分かれ、シェルターを造る枝を集めた。何時間もたったとき、あれっきりゲットーの生存者が一人も合流していないことに気づいた。二日後、ジヴィアが生き延びてここにいることを聞いて、アンテクがやって来た。

何度も打ち合わせをしたにもかかわらず、アンテクはワルシャワのアーリア人地区に新しい隠れ家をもうけることができずにいた。国内軍は約束していた協力を果たしてくれなかったのだ。ヴラドカの努力も実らなかった。ŻOBの大半はビシュクフの森にあるパルチザンのキャンプに移動する、という人民軍の提案を受け入れた。ただし数人の病人や負傷者はワルシャワの隠れ家にかくまわれた。アンテクはリーダーたちを二重壁の裏側に隠し部屋を設けた自分のアパートに移した。彼はジヴィアも移した。彼女は正式な司令官ではなかったが、「妻を特別扱いすると責められるなら、責めるがいい」とのちにアンテクは語っている。彼は妻を自分のそばに置いておきたかったのだ。

アンテクはワルシャワのセルロイド工場の経営者に莫大な金を支払い、製造を中止させた。下水道を逃げてきた数人の闘士たちは、工場内の屋根裏部屋に住むことになった。とりはずしのできる梯子で部屋に登れるようになっていた。屋根裏は天窓から光が入り、セルロイドを詰めた大きな袋の上で戦闘員たちは眠った。ポーランド人の警備員が敷地を警備し、食べ物を買ってきた。工場は相談するにはうってつけの場所だった。リーダーたちの総会議は下水道から脱出して二週間後、五月二十四日に開かれることになった。

五月二十四日、現在はセルロイド工場の屋根裏に住んでいるトシャは、会議が始まるのを待っていた。そのとき、一人の闘士が煙草を吸おうとマッチをすり、セルロイドの山に引火してあっという間に火事になった。別の説だと、トシャは怪我をして動けず屋根裏で暮らしていたが、傷を手当するために軟膏を温めているときに火事になったという。

炎はたちまち燃え広がった。梯子は取り外されていたし、天窓は高すぎたので、逃げることはほぼ不可能だった。数人の闘士は燃えている天井から脱出し、飛び降りて助かった。服に火がついたトシャはどうにか逃げたが、ひどい火傷を負って屋根からころげ落ちた。それからポーランド人に発見されてナチスに突きだされ、拷問されて死んだと伝えられている。あるいは、生きて捕まえられたくなかったので、屋根から飛び降りて自殺した、という説もある。

# 第十七章　武器、武器、武器

武器――これまで一度たりともこの破壊の道具について考えたことのない人々のために
武器――これまでずっと仕事と平和的な交渉の経験を積んできた人々のために
武器――とりわけ銃は憎むべきものだと考えるすべての人々のために
まさにこうした人々のために、武器は聖なる存在となった……
われわれは聖なる戦いのために武器を使う。自由な人間になるために。
――ルスカ・コルチャック

## レニャ　一九四三年五月

「あなたのせいじゃないって、フルムカ」レニャは友人でありリーダーである女性がわめき、取り乱しているのを目の当たりにして、何度も何度も繰り返していた。レニャは知らせを携え、任務を成功させて戻ってきたところだ――ただし、すべての知らせがいいものではなかった。「お願い、フルムカ、落ち着いて」

　フルムカの荒れ狂っている様子も激情と自己批判も、もはや常軌を逸していた。ジヴィアがまだ生きていると知って、フルムカは興奮して顔を紅潮させ、新たなやる気が湧いてくるのを感じていた。しかし、ゲットーを出ようとしたハンチャがナチスに殺されたことを聞いたとたん、すべてはだいなしになった。

「あたしの責任だ」フルムカは叫んだ。力いっぱい拳で胸を叩くので、レニャは飛び上がりそうになった。「彼女をワルシャワに行かせたのはあたしよ」フルムカは過呼吸になっていた。レニャは彼女を抱きしめるべきか逃げだすべきか迷った。仲間たちは、フルムカに妹の死をできるだけ長く伏せていた。こういう修羅場が引き起こされるにちがいないと恐れたからだ。フルムカは戦争のどうしようもないほど悲惨な現実には耐えられないリーダーだった、とレニャは記している。

　他の仲間たちも集まってきた。「きみのせいじゃない」

「あたしの責任だ！」フルムカは何度も何度も金切り声をあげた。「実の妹の死にあたしは責任があるのよ！」それから悲しみと胸の痛みにすすり泣いた。

「だけど、人は鉄でできている」とレニャはのちに書いた。「苦難に鈍感になっていくのだ。フルムカは恐ろしい痛手を負ったが、やがて自分を取り戻した」なによりも、フルムカの心の中ではさらに怒りが燃え上がっていた。復讐だ！

　レニャはフルムカが行動によって、怒りによって、救出と自死を熱心に呼びかけることによって、その悲しみをむきだしにするのを見た。両親を失ったと知ったときも、フルムカは同じように感じていた。闘うことができるなら、救われるのを待つべきではない！　自己防衛はただの贖罪だ！英雄として死ね！

しかし、フルムカだけではなかった。レニャの中でもそういう気持ちは高まっていた。いや、ベンジンの組織全体が同じ気持ちだった。六週間のワルシャワでの戦いは地下組織も含め、ナチスに対する初の都市における蜂起だった。あらゆるゲットーの闘士たちは、ポーランドの首都ワルシャワで繰り広げられた例にならいたいと考えた。ハイカはワルシャワを真似るだけではなく、それ以上のことをベンジンで実行したいと思った。ベンジンの組織はゲットー全体を燃やし尽くす計画を立て、少しずつ集めた武器の扱い方を教えた。イジャ・ペイサフソンがチェンストホヴァで捕らえられたあと、地下組織の方針は変わった。武器を運ぶすべての運び屋は、二人組で行動すること。

レニャはそうした運び屋――ケシャリヨットの一人になった。

ペアを組んだのは、二十二歳のハショメル・ハツァイルのイナ・ゲルバルトで、彼女のことを「生き生きしていて長身で敏捷なやさしい子。典型的なシレジア生まれの娘。一瞬たりとも死を恐れなかった」とレニャは描写している。

レニャとイナは、国境を越えてポーランド総督府に入ることができる偽造書類を所持していた。それはワルシャワの腕のいい偽造業者から手に入れたもので、目の玉が飛び出るほどの金を払ったが、レニャがのちに回想しているように、当時は値段交渉などできない時期だった。娘たちは国境に着くと、必要書類を自信たっぷりに提出した。政府発行の写真つきの通行許可証と、やはり写真つきの身分証明書。当時はそこからワルシャワまでの方がずっと規制がゆるかったので、書類審査に通れば無事にたどり着けるとわかっていた。

　警備兵はよし、とうなずいた。

　レニャはいまやワルシャワで諜報活動をすることに自信がつき、その都市を知り尽くしたベテランのように感じるまでになっていた。二人の娘は連絡係のタルウォフを見つけねばならなかった。「彼はアーリア人地区に住んでいるユダヤ人で、偽造業者や武器商人とつながりがあった。「彼はわたしたちの世話をしてくれた」とレニャは書いている。「そしてたっぷりと報酬をもらっていた」

　レニャが前回ひそかに運んだ拳銃と手榴弾は、ナチスの武器倉庫からとってきたものだった。「二人の兵士が武器倉庫から盗んで売っていた」と彼女は説明している。「さらに別の人間がそれを買い、また別の人間に売った。おそらくわたしたちは五人目ぐらいから買っていた」他の女性たちの説明によると、武器はナチス基地、武器修理の店、ユダヤ人が奴隷労働者として働いていた工場に加え、農場主、闇市場、居眠りしていた警備兵、ポーランド人レジスタンスからも手に入れていた。なかにはソ連兵から盗んだ銃を売るドイツ兵すらいた。一九四三年のスターリングラード攻防戦で敗北してから、ナチスのモラルは地に落ちていて、兵士たちは自分の銃ですら売りはじめていた。ライフルがいちばん手に入れやすかったが、持ち運んで隠すのがむずかしかった。拳銃はもっと威力があるが、ずっと高価だった。

　はるばるゲットーまで武器を運んできても、錆ついていて発射できなかったり、使えるような弾薬がついていなかったりすることもあった、とレニャは説明している。買う前に試すことはできなかった。「ワルシャワでは武器を試す時間も場所もなかった。どんな不良品でも人目につかない片隅ですばやくしまい込み、もし不良品なら改めて列車でワルシャワに戻り、それをもっとましなものと交換するしかなかった。そして、人々はまたも命を危険にさらした」

娘たちはタルウォフをすぐに見つけ、墓地に行くように指示された。そこで大切な商品を買うことになるのだ。爆弾、手榴弾、そして銃、銃、銃を。

レニャにとって、こっそり運んでくるどの武器も「宝物」だった。

おもなゲットーでは、どこでもユダヤ人レジスタンスが確立されていたが、武器はほとんどなかった。最初の頃、ビャウィストクの地下組織は全員が本物の武器で訓練できるように、一挺しかないライフルをグループ間で使い回さねばならなかった。ヴィルニュスでは一挺の拳銃を共有し、泥でできた地下の壁に向かって射撃練習をしていた。撃ったあとで銃弾を拾えるように。クラクフでは一挺の銃もなしに活動を始めた。ワルシャワでは最初は二挺の拳銃だけだった。

ポーランド人地下組織は武器を約束してくれたが、その発送はたびたびキャンセルされるか、武器が途中で盗まれるか、恐ろしく遅延するかだった。そこで武器や弾薬を見つけ、ゲットーやキャンプに持ち帰るために運び屋が送りだされたが、たいてい行き当たりばったりで行動し、常に大きな危険と隣り合わせだった。

このもっとも危険な仕事においては、運び屋の女性の心理的スキルがとりわけ重要になった。コネや、隠れたり、賄賂を渡したり、疑惑をそらしたりするテクニックが必須だったからだ。フルムカは初めてワルシャワゲットーに武器を持ちこんだ運び屋で、武器はじゃがいも袋の底に隠した。

アディナ・ブラディ・シュヴァイゲルは弾薬を同じように隠していたが、あるとき警備兵にバッグを開けるように命じられた。しかし、バッグを開けたときのいたずらっぽい笑顔が命を救ってくれた。ブロンカ・クリバンスキはビキャウィストクのドロルの運び屋で、拳銃一挺と手榴弾ふたつをスーツケースの中の田舎風パンの中に隠して運んでいた。列車の駅で、ナチス警官に何を運んでいるのかと質問された。「食料を運んでいる」と告白したおかげで、彼女はバッグを開けずにすんだ。彼女の「正直な告白」に、警官は守ってやろうという気持ちをかきたてられ、列車の車掌に、彼女を世話して誰も彼女やスーツケースに手出しさせないように、と指示までしてくれた。

クラクフでアキバの中心的な運び屋だったヘラ・シェパーは、ワルシャワに銃を買うために派遣されたとき、列車で丸一日、目立たずに移動しなくてはならなかった。疥癬を隠すために特別な石鹸で顔をこすり、髪を鮮やかなブロンドに染めてターバンのようなスカーフで結び、アーリア人の友人の母親からおしゃれな服を借りた。さらに、戦時中に流行していた花模様のジュートの高価なハンドバッグを買った。まるで午後の劇場に出かけるみたいないでたちだった。ヘラは人民軍の連絡係とクリニックの門で落ち合った。彼は新聞を読んでいると言われていた。指示どおりに彼女は彼に時間をたずね、新聞を見た。彼は歩み去り、ヘラは距離を置いて追っていき、列車のちがう車両に乗ると、靴製造業者のアパートメントまで行った。

品物が届くまで、ヘラは数日間待たねばならなかった。五挺の武器と四ポンドの爆薬、いくつかの弾倉。拳銃は肌にテープで留め、弾薬はおしゃれなバッグにしまった。劇場には行かなかったが、彼女自身の行動が劇場だった。ある写真では、ワルシャワのアーリア人地区にいる彼女が満足そうな笑顔で写っている。しゃれたスカートは膝のすぐ上までしかなく、ローファーをはき、髪をアップにし、ラペルにピンを留めている。そして、小さなおしゃれなバッグを持っていた。グスタはヘラをこう描写した。「挑発的な笑顔をふりまき、列車で堂々と男性をからかう様子を見たら、フィアンセを訪ねる途中か休暇にでも行くところだと思っただろう」そのヘラですら、つかまったことがあった。だが刑務所のトイレから逃げだすと、一目散に走った。走るときに脚にからまないように、ヘラは任務では決して長いコートを着なかった。

ワルシャワでは、アーリア人地区にいるŻOBのメンバーたちが何カ月も武器を入手しようと苦労していた。ポーランド人のふりをして地下室や修道院のレストランでひそかに相談し、ウェイトレスが近づいてくると話題を変えた。ヴラドカはゲットーに金属製やすりをまず持ちこんだ。ユダヤ人がトレブリンカ行きの列車に押しこまれたときに、やすりで窓の鉄格子を切断して飛び降りるためだ。彼女は農家の娘のような格好をして、非ユダヤ人が物資を受け渡している場所に行くと塀を乗り越えた。ヴラドカは最初の銃を大家の甥から二千ズウォティで買った。さらに壁の穴から箱を入れてもらうために、大家に七十五ズウォティ払った。その付近では警備兵を簡単に買収できた。「贈り物」を持った人々はアーリア人側から労働者グループにまぎれたり、ゲットーを通過する列車から飛び降りたりした。あるいは品物をゴミ収集トラックや救急車で運び入れたり、配水管から送りこんだりした。ワルシャワでは多くの密使が裁判所を利用していた。裁判所にはユダヤ人側とアーリア人側両方に出入り口があったのだ。

あるとき、ヴラドカはゲットーの境にある建物の地下にある作業場の小さな窓から入れられるように、三箱のダイナマイトをもっと小さな包みに梱包し直すことになった。三百ズウォティとウォッカひと瓶で買収された非ユダヤ人の見張りが、彼女といっしょに必死になって暗がりで作業した。そのあいだ、「見張りは木の葉のように震えていた」とヴラドカは回想している。作業が終わったとき、「こういうことは二度とやるつもりはないよ」と見張りは汗びっしょりになってつぶやいた。ヴラドカが去るときに、彼は包みの中は何かと質問した。「粉ペンキよ」ヴラドカは答え、床にこぼれた爆薬を慎重に拾い集めた。

ハフカ・フォルマンとテーマ・シュナイデルマンは手榴弾を生理用パッドに隠して下着につけ、ワルシャワゲットーに運び込んだ。市内で混雑した路面電車に乗っていたとき、一席が空き、ポーランド人男性が騎士道精神を発揮してテーマにすわるように勧めた。だが、彼女がすわったら、バスの全員が爆破されてしまうだろう。娘たちは巧みにその勧めをかわし、大きな笑い声をあげて、とてつもない恐怖を隠したのだった。

ビャウィストクで、運び屋のハシャ・ビエリツカは地元のレジスタンスが武装するために、十八人のユダヤ人女性とともに仕事をしていた。女性たちはポーランド人農家から部屋を借り、ナチスの自宅、ホテル、レストランなどで日払いの仕事を続けていた。ハシャはナチスの男の家でメイドをしていたが、男は鳥を撃つために戸棚にぎっしり拳銃を並べていた。ハシャは定期的にいくつかの銃弾をくすね、コートのポケットにしまいこんでいた。あるとき、男が怒って彼女を戸棚のところに呼び寄せた。ばれたにちがいない、と覚悟したが、武器がきれいに並べられていないことで腹を立てていただけだった。

ビャウィストクのゲットーの粛清と若者の暴動のあとで、運び屋グループは情報と武器をパルチザンに供給し続けたので、パルチザンはゲシュタポの武器庫に押し入ることができた。大きな銃を森に届けるために、女性たちは一度にひとつずつ鉄製部品を運んでいった。昼間にハシャは煙突に似た金属製の筒に入れて長いライフルを運んだことがあった。ふいに二人の警官が目の前に現れた。ハシャは先に何か言わなければ、向こうが質問してくるだろうとわかったので時間をたずねた。

「大変、もうそんな時間なの？」ハシャは叫んだ。「ありがとう、みんな、家であたしたちのことを心配しているわ」ハシャが言うように、「完璧な自信」を装うことが、彼女の運び屋としての流儀だった。折にふれ、（偽の）身分証明書の発行にこんなに待たされることで、ゲシュタポに文句を言っていた。あるときはゲットーに入ろうとしているところをナチスに見られたが、とっさに下着を下ろして小便をし、彼の疑いをそらした。同じように、ユダヤ人男性はポーランド人女性からユダヤ人の疑いをかけられたら、下着を脱いで割礼をしていない証拠を見せよう、とすぐさま提案するようにしていた。これでたいていの場合、女性はあわてて逃げていった。

ハシャは新しく昼間の仕事についた。雇い主はドイツ人市民で、建設監督としてナチスの仕事をしていた。ユダヤ人労働者が食べ物をもらえるように彼が手を貸しているのをハシャは知っていたので、ある晩、実は自分もユダヤ人だと打ち明けた。ハシャのルームメイトのハイカ・グロスマンはビャウィストクの蜂起を率い、移送から逃れ、さらに反ナチのドイツ人のために働いていた。まだ生き残っていた五人の運び屋の女性たちは、反ナチのドイツ人グループを率いはじめた。その一帯にソ連軍がやって来ると、彼女たちはグループを紹介し、地元のすべてのレジスタンス組織が加わったビャウィストク反ファシスト委員会を主宰した。女性たちは友好的なドイツ人から受けとった銃をソ連軍に渡し、ビャウィストクを赤軍が占領するために役立つ情報を提供し、逃亡中の枢軸国の兵士たちから武器を回収した。

ワルシャワでも、ゲットー蜂起のあとで闘士たちは防衛のために武器を必要としていた。リーア・ハメルシュタインはアーリア人地区のリハビリ病院で調理場補助として働いていた。ハショメル・ハツァイルの仲間に、あるとき銃を盗んでくれないかと頼まれて、彼女は度肝を抜かれた。それっきり催促されることはなかったが、リーアの頭にはその言葉がいすわっていた。

ある日、リーアは誰もいないドイツ兵の病室を通りかかった。思わずクロゼットに近づくと、拳銃が目の前にあった。すばやく服の下に滑りこませるとトイレに歩いていき、ドアに鍵をかけた。どうしたらいいだろう？　彼女はトイレの屋根に小さな窓が開いていることに気づいた。拳銃を下着でくるむと、窓から外に押しだした。あとで、じゃがいもの皮を捨ててくる番になると、屋根に上がって拳銃を取り返し、病院の庭に投げこんだ。病院じゅうの捜索がおこなわれたが、彼女は心配しなかった――誰も彼女を疑わないだろう。シフトが終わると、雑草のあいだから包まれた銃を拾い、バッグにしまって家に帰った。

ワルシャワ墓地で、レニャは靴にしまってきた現金を取り出した。彼女とイナは武器を買い受けると、丈夫な繊維で作られたベルトで小柄な体に拳銃をくくりつけた。残りの禁制品――手榴弾、火炎瓶は秘密の仕切りのある二重底のバッグに入れた。

しかしワルシャワからベンジンまでの旅は、来るときよりもずっと困難だった。森が続く南への列車では、より頻繁に、より徹底的に、抜き打ち検査がおこなわれた。レニャは警官がありとあらゆる小さなスーツケースまで調べているのを見て、必死に震えをこらえた。別の警官は食べ物の包みをすべて没収した。三番目は武器を探していた。「運び屋にも、その帰りを待っている人々にも、とてつもない金と力と神経が必要だった」とレニャは回想している。「予定時刻に運び屋が帰ってこなかったら、仲間たちは動揺した。遅れたということは、何が起こったとしてもおかしくなかったからだ」

警官がレニャのところまで来ると、彼女はブロンカ・クリバンスキと同じ手を利用し、食べ物をこっそり運んでいるふりをした。「じゃがいもを少しだけなんです」

警官は自分でいくつかじゃがいもをとると、彼女を解放した。

旅のあいだじゅう、レニャとイナはどんなことだって起きる可能性があると身構えていた。いつ撃たれるかわからなかったので、必要とあらば、走っている列車から飛び降りるつもりだった。徹底的な検査がおこなわれているあいだに、捕まった場合どうするかを、はっきりと決めておかなくてはならなかった。しかも、どうにかしてユダヤ人として捕まらないようにしなくてはならなかった。絶対に不幸そうに見えないようにし、ナチスの視線には笑顔で応えねばならなかった。拷問されても何もしゃべらず、一切の情報を明かしてはならなかった。運び屋の中には尋問されたときに備え、青酸カリの粉末を携帯している者もいた。ひもを引けば、コートの裏地のポケットにゆるく縫い込まれた紙にくるんだ粉末が手のひらに落ちる仕掛けになっていた。

しかし、レニャはそうした手段を持たなかった。「揺るぎない、断固としたふるまいをしなくてはならなかった」と彼女は説明している。「鉄の意志を持たねばならなかった」列車が森を走り抜けていくあいだ、そのことを何度も胸の内で繰り返していた。それがレニャの理解するに至った教訓だった。銃を体に貼りつけ、唇には笑みを浮かべて。

それはずっと思い描いていた速記者の人生とは似ても似つかなかった。

# 第十八章　絞首台

## レニャ　一九四三年六月

ベンジンに戻ってきたある朝早く、レニャは遠くで銃声を聞いた。窓からのぞくと、空が昼間のように明るくなっていた。投光機が騒ぎを照らしだしている。警察、ゲシュタポ、兵士たちがゲットーを取り囲んでいる。シャツだけ着て、あるいは素っ裸で、人々は通りを走っていった。「まるで巣から追いだされた蜂のようだった」

レニャはベッドから飛び出した。移送だ！　ワルシャワから戻ってきてから、まだ数日しかたっていなかった。仲間たちは彼女が運んできた武器に大喜びし、姉のサラはレニャが無事に帰ってきたことに失神しそうになるほどだった。それが、こうした事態になるとは。

しかし、とっくに準備はしてあった。

朝の四時。フルムカとヘルシェルは全員に隠し部屋に下りるように命じた。ただし疑いをそらすために、数人は部屋に残った――ゾンダーパスを持つ人々だ。ナチスは建物が無人だと知ったら、捜索するだろう。隠し部屋を発見されたら、全員が死ぬことになる。いつものように仕事に出かけたと思わせる方がよかった。

考えている時間はなかった。野心的な計画を立てる時間もなかった。九人が部屋に残っていた。レニャも含め残りは、蓋を持ち上げたコンロの上部からもぐりこんでいった。一人また一人と用意した隠し部屋に入った。上に残る仲間がコンロの蓋を元どおりに閉めた。

レニャはじっとすわっていた。

一時間後、ブーツの足音が響いた。それからドイツ語の声、罵り、クロゼットを開ける音、家具をひっくり返す音。部屋を捜索している。彼女たちを探しているのだ。

レニャと仲間たちは身じろぎもせず、息をひそめていた。

静寂。

ようやく、ナチスは去ったのだ。

しかし、みんなはそれから何時間も、身動きせずにすわったままでいた。三十人近い人々が狭苦しい隠し部屋にぎゅう詰めになっていた。空気は壁の小さな隙間からわずかに流れこんでくるだけだ。ハエがブンブン飛び回っているだけで完全な静寂。耐えがたい熱気が入ってきた。それから悪臭。人々は両手であおいで互いに空気を送りあい、友人が気絶しないようにした。いきなりツィポラ・マルデルが倒れた。幸い、水と嗅ぎ塩が蓄えてあったので正気づかせようとしたが、若い女性は汗びっしょりでぐったりしたままだ。どうしたらいいのだろう？　全員が息もろくに吸えなかった。彼女の体じゅうをつねっていると、ようやく弱々しく身じろぎした。酸素不足で吐き気が込みあげてきた。「口はカラカラで、ひどく喉が渇いていた」とレニャは回想している。

朝の十一時。誰も戻ってこなかった。隠れ家で七時間。あとどのぐらい持ちこたえられるだろう？　さらに三十分すわっていた。そのとき遠くから声がした。墓から聞こえてくるような声だ。ぞっとする叫び声と悲鳴のコーラス。頭の上で体がのたうち痙攣している音がした。

仲間が蓋を持ち上げてくれるのを待った。「あたしたちがまだここにいることを誰か知ってるの？」フルムカがたずねた。希望がぺしゃんこになった。誰も来なかった。

ついに足音が聞こえてきた。ドアが開かれた。

孤児院のアティードで孤児たちの世話をしていたマックス・フィシェルと若いイウザ・ハンスドルフが戻ってきたのだ。手違いのおかげで二人だけが移送されなかった。レニャの喉から怒号がほとばしった。すばらしい七人の仲間が連れていかれてしまった。

彼らが語るのを聞くのすら、レニャにとっては大変な苦痛だった。ユダヤ人警察によって張られたロープで仕切られた空き地に、全員が集められた。ユダヤ人は長い列に並んだ。ナチスは労働許可証を見なかったし、若いか老人かでも選別しなかった。ゲシュタポはステッキを持って歩きまわり、人々を分けていった。何人かは右に行かせ、残りは左に行かせた。どちらのグループが殺人者の元に送られ、どちらが生き延びられるのか？　最後に右側の人々が列車の駅に連れていかれた。残りは家に戻された。小さなステッキを右か左に小さく一振りするだけで、一人のユダヤ人が生か死を宣告されたのだった。

逃げようとして、多くの人々が撃ち殺された。

レニャと仲間たちは外に出て、小さな家の前に立った。すべてがむなしかった。列車に乗ることになったグループから誰かを救うのは不可能だった。周囲では泣きながら警察署から逃げてくる人々がいた。ある者は母を失い、別の者は父親、夫、息子、娘、兄弟姉妹を失った。残った全員が「家族の誰かを奪われていた」通りで気絶する人々もいた。移送グループに入りたくて、気も狂わんばかりになっている母親――ナチスは彼女の成人した二人の息子を連行したのだ。五人の子どもたちが泣きながら戻ってきた。父と母が連れていかれたのだった。子どもたちはどこにも行くところがなかった。いちばん上の子は十五歳だった。ユーデンラートの副議長の娘が地面に倒れ、服をひきちぎった。父親、母親、兄が移送されたのだ。彼女はひとりぼっちになった。なぜ彼女が生きねばならないのか？　悲鳴。絶望。虚無。連行された者は二度と戻ってこないだろう。

ヘルシェル・スプリンゲルも連れていかれた。ヘルシェルは昼も夜も人々を救うことに懸命で、ユダヤ人全員に愛され、コミュニティに尊敬されていた。父親を失ったかのように、みんな彼のために泣いた。もちろん、レニャも。

通りには意識を失った者、苦悶にのたうち回る者、有害なダムダム弾で傷口が変形した者たちが並べられていた。その苦しみを楽にしてやることができず、やむなく血縁者が外に運び出してもだえ苦しむまま放置したのだ。通行人は彼らの体をまたいでいった。誰も蘇生させようとしなかった。助ける術はなかった。全員がおのおの苦しみを抱えていて、自分の苦痛こそが最悪だと考えていたのだ。銃弾を浴びた死体が荷馬車に乗せられた。畑の穀物は、トウモロコシの根元に隠れていた人々によって踏み荒らされてしまった。腐りかけた死体がそこらじゅうに散らばっている。レニャはいたるところで死にかけている者のうめき声を聞いた。

　こうした光景を見ることはレニャにとっても誰にとっても、耐えがたい辛さだった。グループは家に戻った。ベッドがひっくり返されている。どの通りの角でも、地面に倒れた人が泣いていた。すすり泣いている孤児院の子どもたちは慰めようがなかった。

　フルムカは髪をかきむしり、壁に頭を打ちつけた。「あたしのせいだ！」彼女は叫んだ。「どうして部屋にいるように言ったんだろう？　あたしが殺したんだ、あたしが死に送ったんだ」またもや、レニャは彼女を落ち着かせようとした。

　数分のち、隣の部屋でフルムカがナイフを自分に向けているところを発見された。仲間たちはナイフを手からもぎとったが、フルムカは叫んだ。「あたしが殺したんだ！」

　銃撃は止まなかった。移送されるグループは武装兵士に見張られながら駅に立っていた。数人が道路との境の金属製の柵を飛び越えて逃げようとした。柵の反対側でもポーランド人とドイツ人が見張っていた。「少数が残されるのは残念だが、最期はすぐに来るよ」レニャはそう言っているのを聞いた。「一度に全員を送れないしな」すると誰かがこう応じた。「今、ヒトラーが連中を殺さなくても、戦後にわれわれが殺すだろう」

　列車が到着した。ナチスは人々を家畜用車両に押しこんだ。隙間はほとんどなかった。残されたユダヤ人は、かつて孤児と老人の施設として使われていた大きな建物に押しこめられた。

　レニャは列車がアウシュヴィッツめざして走り去るのを見つめていた。

　乗車した全員が、今日の終わりには死んでいるだろう。

閉じこめられた残りのユダヤ人は四階の窓からのぞき、救済者が現れないかと必死に祈った。建物はゲシュタポによって包囲されていた。民兵たちは集まって、家族や友人を助けられないか頭を絞った。結局、アルフレート・ロスナーのところで働く技能のある従業員は全員が解放された。自分が生きている限り、うちの労働者が移送されるのを許すつもりはなかった、とロスナーは語っている。しかし、ゲシュタポはたいしたちがいはないことを知っていた。遅かれ早かれ、すべてのユダヤ人が殺されるだろう、と。

残ったユダヤ人は翌朝送られる予定だったが、千人を移送するには、まだ数百人足りなかった。「そのキリのいい数字がなぜそれほど重要なのか、わたしたちには理解できなかった」のちにレニャは書いている。「ナチスが殺すことのできる最小単位なのだろう、とよく冗談を言い合ったものだ」この蛮行のさなかでも、ユダヤ人にとって絞首台の冗談は恐怖を和らげ、死の重みを否定し、人生をいくらかコントロールできると感じるのに役立った。

数時間後、ゲシュタポは作業場のひとつに押し入り、足りない人数を捕まえた。そして、二日間でナチスは千人をベンジンから移送して殺戮した。そこには撃ち殺されたり、悲嘆と恐怖のせいで死んだりした人数は入っていない。

ヘルシェルがいなくなり、フルムカはもはやキブツを運営することが不可能になった。彼女は将来の不安に耐えられず、計画を立てることもできなくなっていた。ドロルは瓦解しはじめた。誰も外に行こうとしなかった。「頭の上に移送がぶらさがっているときに、仕事をする気分にはなれなかった」とレニャは書いている。仲間たちは全員が殺されるのは時間の問題だ――それも間近に迫った問題だと悟っていた。ゲットーを離れ、ばらばらになり、それぞれの目的地に逃げることを考えはじめた。

ユーデンラートのリーダーたちはコミュニティに対して楽観的な演説をした。仕事、そう、仕事だけが残りのユダヤ人の命を救うだろう、と。ふだんの生活を求め、労働に戻る者もいた。足取りはとても重かったが。

そして、ベンジンの移送から数日後、ささやかな奇跡が起きた。ある民兵が手紙を持ってきたのだ。レニャは目を疑った。ヘルシェルの筆跡だった。これは現実なのだろうか？

レニャ、アリツァ・ズィデンフェルト、マックス・フィシェルは民兵に案内されて作業場に行った。途中で何度もゲシュタポに停止させられた。ひどく血を流している民兵の前を通り過ぎた。彼の耳はちぎられ、頰は潰されていた。白い制服は赤くなり、顔は真っ青だった。ゲシュタポが面白半分に狙撃したのだ。

民兵は、いちばん上の階にある散らかった小さなホールに三人を連れていった。商品の山をどかすと、その隙間に、まるで鳥の巣にすわっているようにヘルシェルがいた。

レニャは駆け寄った。彼は顔が変形するほどひどく殴られ、脚を怪我していた。しかし、彼は笑って、みんなを父親のように抱きしめながら、こけた頰に涙を流した。命が危うくなるようなことは何も起きなかった、と言って安心させた。脚は潰れたかもしれないが、「いちばん大切なのはまだ生きているってことだ。だから、みんなに会わずにいられなかった。何も失われてないよ」彼はポケットの中身を見せ、何があったかを語った。

「やつらはおれたちを列車に押しこんだ……全員が殴られた……おれは脱出方法を探した。ポケットナイフとノミを持っていた。簡単じゃなかったが、それでどうにか窓をこじ開けた。ものすごく混んでいたんで、誰も気づかなかったが、飛び降りようとしたとたん、みんなが腕や脚をつかんで叫んだ。『何をしているんだ？　おまえのせいで、やつらに家畜みたいに殺される！』

　列車は走り続けた。ヨエルとグテクが自殺するためにカミソリを取り出した。おれは二人を止め、みんなが見ていないときまで待って、いっしょに飛び降りようと言った。いきなりチャンスが来た。躊躇せずに飛び降りた。あとから誰かが飛び降りてきた……アウシュヴィッツで死ぬより、ここで死にたかった。背後で銃声が聞こえた。道路を守っていたナチスが撃ったんだ。穴に身を投げた。列車はそのまま走り続けた。遠くで道に横たわっている人々が見えた。たぶん飛び降りて撃ち殺されたんだろう。そこからあまり遠くない場所で、女性が畑仕事をしていた。彼女はポーランド人で、おれを道から離れた畑に入れてくれた。

　脚を怪我して、もう歩けなかった。アウシュヴィッツはすぐ近くだと、彼女は言ったので、飛び降りて正解だったし、他のユダヤ人たちは死へと運ばれていった。女性は家から食べ物を持ってきてくれ、おれのジャケットを破いて脚を包帯してくれた。それからここから立ち去るように言った。村の人間に見られたら、ナチスに引き渡されるからと。もう夜だったから、おれは四つん這いになって彼女が教えてくれた方へ這っていった。昼間は畑に横たわっていて、ニンジン、カブ、雑草を食べた。一週間這い続けて、ここに着いたんだ」

その晩、親切な民兵の助けを借りて、レニャはヘルシェルをキブツに運んだ。彼はゲシュタポを避けるために、ずっと隠れ家に閉じこもっていなくてはならないだろう。信じられなかった。みんなの父が死の淵から生還したのだ。ときには人生はうまくいくこともある。

しかし、喜びはつかのまだということもわかっていた。ユーデンラートがキブツの活動に気づき、疑いを持ちはじめた。いまやカミオンカのゲットーは住人たちが殺され、空室ばかりだったので、ドロルのグループは三つに分割された。その十人ずつのグループは、ゲットーの異なる地区の住居に住んだが、まだ共同生活は維持していた。「われわれはひとつの家族だ」という理念が常に彼らを導いていたのだ。

# 第十九章　森の中のドロル――パルチザン部隊

## レニャ、フェイ、ヴィトカ、ルスカ、ゼルダ　一九四三年六月

一九四三年晩春、金髪で青い目のマレク・エデルマンが、最近の蜂起と彼自身の成功のおかげで、元気はつらつとしてワルシャワからベンジンに戻ってきた。数カ月前、マレクと弟はポーランド人というふれこみで、中部の町でパルチザンに加わった。ナチスの兵舎を攻撃し、軍用列車の下部に地雷を仕掛け、政府の建物を焼き打ちした。悲しいことにマレクの弟は言い争いから殺されたが、闘士として死んだ。レニャはマレクの話は奇跡だと思いながら、一語一語に耳を傾けていた。

今、マレクにはある計画があった。彼の参加しているパルチザンはユダヤ人の受け入れを拒否していたが、彼はソハというポーランド人士官とずっと連絡をとっていた。ソハは、ユダヤ人の加入を認めてくれそうな地元のパルチザングループにザグレンビエのユダヤ人を喜んで紹介すると言ってくれた。ソハはベンジンに家族といっしょに住んでいた。

キブツの全員が興奮した。最初のうち、彼らはゲットーのユダヤ人として戦うつもりだった。し

かし、粛清がおこなわれ、効果的な蜂起のチャンスが失われると、数少ない選択肢しか残されていなかった。パルチザンに加わることは行動への道が開けることで、すばらしいチャンスなのだが、これまでずっとパルチザンに連絡をつけようとしてもうまくいかなかったのだ。

ユダヤ人を進んで助けようとするポーランド人の男は、いったい何者なのか？　マレクとズヴィ・ブランデスは状況を把握する必要があった。二人はソハのつつましい部屋を訪ねた。食べ物をほしがって泣いている赤ん坊と、典型的な農場の妻という労働者階級の家族だった。二人はソハに好印象を抱いた。

そうしよう、と二人は言った。きみと行動をともにしよう。

ŻOBは、それぞれの活動グループから数人ずつを送り込むことにした。全員が男性だった。拳銃を持っている者もいた。ゲットーから脱出したらユダヤ人のしるしのダビデの星を捨て、前もって決めた地点でソハと合流し、彼について森に行くことになった。彼らは到着したら、手紙を書くように指示された。

長い一週間が過ぎた頃、仲間たちはソハが町に戻ってきたと聞きつけた。キブツの住所を教えたくなかったので、心配したマレクがソハの部屋に行ってみた。

ソハはいいニュースを教えてくれた。闘士たちは無事に到着し、歓迎されたというのだ。その当日に、さっそく彼らはナチスと戦いに出かけてしまった。ソハは謝った——とても興奮していたので手紙を書くのを忘れてしまったのだと。

ついに報復だ！　高揚しながらŻOBは第二陣を送ることに決めた。全員の移送が迫っていたので、誰もが選ばれたがった。レニャは行動を起こしたい、戦いたいという思いが抑え切れず、入隊を嘆願した。

リストが読み上げられた。ハショメル・ハツァイルからはハイカ・クリンゲルのボーイフレンド、ダヴィド・コズヴォフスキ、それにハイカが新しい戦時中の女性のシンボルだと言っていたヘラ・カツェンゴルド（「ブーツと乗馬ズボンをはき、拳銃を持っていると、彼女が女性だとはまずわからない」）。ドロルからはツィポラ・マルデル、五人の男性と孤児の少年一人。またもや出発する人々は、到着したら手紙を書き、次の派遣グループをどう準備したらいいのか知らせるように、と指示された。残りの戦闘員たちはうらやましかったが、次を期待し、新しいグループがマッチ箱に銃弾を詰めるのを眺めた。全員がウォッカで祝杯をあげた。

しかし、レニャは自分の名前が呼ばれなかったことで気落ちした。フルムカとヘルシェルは、ŻOBはレニャに再びワルシャワに行き、銃を手に入れてきてもらいたがっているのだ、と説明した。というのも、森に行く闘士たちがありったけの武器を持っていってしまうからだ。その派遣が終わったときには、レニャもパルチザンに加わることが許されるだろう。

レニャはため息をついた。理解はできた。しかし、すぐにでも戦いに加わりたい、と思わずにいられなかった。

パルチザンに加わるのはとてもむずかしかった、とりわけユダヤ人女性の場合は。さまざまな種類のパルチザン部隊があり、どこもそれぞれの方針と価値観を持っていたが、一般的にふたつの条件に従って受け入れていた。ひとつ、国家主義または反ユダヤ主義のせいでユダヤ人は受け入れない。あるいは、たんにユダヤ人が戦えるとは思えないので受け入れない。大半のユダヤ人は武器も軍事訓練もなく森にやって来て、精神的にも肉体的にも非常に衰弱しているように見えた——お荷物にしか思えなかった。ふたつ、女性は戦闘要員ではなく、料理、洗濯、看護のみに役に立つとみなされる。

にもかかわらず、たいていは出自を隠すか、人の二倍は役に立つことを証明することによって、三万人のユダヤ人がパルチザン部隊に登録していた。このうち一割が女性だった。ほとんどのユダヤ人女性は東部で活動している部隊に参加した。というのも、逃走経路がまえもって計画されていたからだ。パルチザンに加わるのは生き残るための唯一のチャンスだったので、危険を冒したのだ。

パルチザンのキャンプにたどり着くだけでも、きわめて危険だった。ユダヤ人だと見破られ警察に通報されるかもしれなかったし、ナチスにあおられた反ユダヤ主義のせいで、非ユダヤ人市民に途中で殺されるかもしれなかった。パルチザンは避難しているユダヤ人も含め誰彼かまわず、はぐれ者を撃ち殺した。女性をナチスのスパイではないかと疑うパルチザン部隊もあった。あるパルチザンの司令官は、ゲシュタポが食べ物に毒を入れるために女性グループを送りこんだ、と聞いたせいで、接触してきたユダヤ人女性のグループ全員を撃ち殺した。森には強盗、ナチスの協力者、ナチスを恐れている敵意ある地元の人間たちがうようよしていた。パルチザン隊員自身も暴力的で、多くの女性たちがレイプされた。

戦前にはポーランドのユダヤ人の多くが都会に住んでいた。森は動物や昆虫がたくさんいて、小川や沼があり、冬は凍え夏は焼けつくようで、都会とは別世界だった。肉体的にも精神的にも、不快なことに満ちた世界だった。パルチザンの多くが「売春婦」と呼ぶ女性たちは、医学的な知識があるか料理ができるか魅力的でなければ受け入れられなかった。大半のユダヤ人女性は男性に依存し、セックスと引き換えに服、靴、避難所を求めた。それを与えてくれたガイドに、感謝のしるしにセックスを強要されることもあった。森では夜に襲われることがあったので、女性は庇護者の近くで眠る必要があった。あるパルチザンは不満を述べている。「昼間の平穏を維持するために、夜間の〝不穏さ〟を受け入れるしかなかった」セックスと庇護の関係、すなわち、彼は彼女を守る、彼女は彼の女になるという関係ができあがった。あるユダヤ人女性はすぐに士官を選ぶように言われたことを回想している。「女性はセックスをする相手」だとソ連部隊ではみなされていた、とある女性パルチザンは語った。「レイプとは呼ばないけれど、それに近かった」あるとき、ソ連のパルチザン司令官が、女性たちがシャワーを浴びているところに入ってきた。一人がバケツの水を彼に浴びせると、彼は銃を撃ちはじめた。他の男にいやがらせをされないためだけに、一人の男の愛人になる女性は多かった。

　親密な関係は多くの意味で複雑だった。第一に、パルチザンに入ってきた女性たちの多くが家族全員を失ったばかりで悲嘆に暮れていて、恋愛感情を抱く気分ではなかった。第二に、社会階級のちがいが明らかだったせいだ。戦前まで都会のユダヤ人女性は教育があり、中流階級としての野心を抱いていた。かたや非ユダヤ人のパルチザンはたいてい田舎の出身で、教育のない農家の男だった。都会のエリートの男性は森では役立たずで、銃を持った強い男だけが評価された。女性たちはユダヤ人らしさばかりか、洗練された考え方やしゃべり方も隠さねばならなかった。

当然、多くの女性たちは司令官の「戦時中の妻」となった。ときには本物のロマンスが生まれたが、ほとんどが便宜上の関係だった。地下壕で麻酔なしの堕胎がおこなわれることもよくあった。ファニー・ソロミアン・ルツ大尉はユダヤ人理学療法士で、ピンスク近くの部隊の主治医になった。彼女は森で採取した薬草を使う治療を専門とし、キニーネを使って何件かの堕胎を成功させたが、多くの場合、女性たちは手術台で死亡する結果になった。

大半のユダヤ人女性パルチザンは身元を隠し、男性に依存した。拳銃は没収されたので、男性戦闘員のために革ブーツを作り、料理し、洗濯し、男の肌を布でこすらねばならなかった。森だと料理は楽な仕事ではなかった。まず薪を集め、水を運び、限られた材料で何かしらこしらえなくてはならなかったのだ。パルチザン本部の女性は事務員、速記者、通訳者で、少数の医師や看護師もいた。

しかし、ユダヤ人女性の中には例外がいて、諜報員や偵察員として働いたり、物資や武器を集めて運ぶ仕事や妨害工作、逃亡した戦争捕虜の発見といった任務をこなしたり、完全に自立した森の戦闘員となる者もいた。女性たちが背中に銃を、ときには子どもを背負い、武装して現れたとき、地元の農民たちはショックを受けたものだ。

フェイ・シュルマンは東部の国境の町レーニン出身で、現代正統派ユダヤ教徒の写真家だった。家族も含め一八五〇人が大量虐殺されたとき、彼女は「役に立つスキル」のおかげで生き延びた——ナチスがユダヤ人を虐待している写真の現像技術を持っていたからだ。自分の終わりも近いことを察すると、フェイは森に逃げ、震えながらパルチザンの司令官に仲間に入れてくれと懇願した。司令官は彼女が医師の家族だということを知っていたので、看護師になれと命じた。医学のことはまったく知らなかったが、獣医に指導されて枝でこしらえた手術台で戸外の手術をこなし、ウォッカでパルチザンを麻痺させておいてから、歯で彼の指を噛み切った。発熱したときは、それに気づかれて、お荷物だからと殺されないように、感染した自分の肉を切開したこともあった。フェイは十九歳にして常に生か死かの決断を下さねばならず、自分だけが頼りだった。

フェイは戦闘に参加し、自分自身の町を報復のために襲撃したい、と訴えた。「ナチスは墓を泥と砂で覆ったが、死体が腐敗していくにつれ、何日たっても地面は動き続けていた。いちばん上の層はひび割れ、血が染みだしてきた……巨大な血を流している傷さながら」と、のちに彼女は記している。「自分自身の家族の血が溝からあふれているのに、隠れていることなどとうてい不可能だった」彼女はカメラを取り返した。頻繁なゲリラ任務の合間に、森に埋めておいたのだ。彼女にはレンズと拳銃が親友で、夜は恋人の代わりにそれを抱いて眠った。戦争のせいでまともな恋愛ができなくなってしまったことはわかっていた。「青春を苦しみとともに失った」と彼女は回想している。フェイはダンスが好きだったが、それももうおしまいだった。「家族は拷問され、いたぶられて殺された。もはや自分が楽しんだり幸せであることが許せなかった」実際に、あるとき目覚めると頭に拳銃が突きつけられていたことがあった。口説かれたが断った男だった（幸い、友人が銃から弾を抜いておいてくれた）。しかし、ふだんは「少年の一人」だと思われていて、スプーンをブーツから取り出して、同じ鍋から食事をし、食後に新聞紙で巻いた煙草を男たちといっしょに吸い、地雷だらけの森を歩き、優秀な戦士だと認められ、捕らえたスパイを刺し殺す場にも呼ばれた。もっとも、フェイは殺人を犯すのを避けるために、あえて遅れて到着した。彼女はとてつもなく勇敢だったが、無慈悲ではなかった。

そのあいだじゅう、彼女はユダヤ人であることを秘密にしていて、過越の祭りで一人きりで食事をするときは作り話をした。戦後になって、気に入っていた男に無視されたのは、彼も実はユダヤ人で、彼女といっしょにいれば疑われるかもしれないと恐れたせいだと知った。ならず者たちのあいだでも、ユダヤ人は身元を常に隠していたのだ。

ただし、全員がユダヤ人のパルチザン部隊に加わっているなら話はちがう。こうした特別な隊は東部の深い森で、ユダヤ人リーダーに率いられていた。元々はユダヤ人避難民をかくまう民族キャンプだった（有名なのはビエルスキ兄弟による千二百人のユダヤ人パルチザン部隊で、ユダヤ人を歓迎していた）。対ナチスの妨害工作員のなかには多くの女性も含まれていた。ルドニキの森にはユダヤ人パルチザンが大勢集まり、行動を起こそうとしていた。これがヴィルニュスの戦闘員たちだ。

アッバ・コヴネルは、最初の地下活動についての会合で、「食肉処理場にひきずられていく羊のようになるな」というせりふを口にした。ヴィルニュスのさまざまなユダヤ人組織はすぐさま意気込んで集まってきた。彼らはＦＰＯ――統一パルチザン機構を設立した。大勢の女性が運び屋、まとめ役、妨害工作員として参加し、その中にはハショメル・ハツァイルの一員、ルスカ・コルチャックとヴィトカ・ケンプネルも含まれていた。

一九三九年にヒトラーがポーランドに侵攻したとき、幼いルスカ・コルチャックは、どうにかヴィルニュスまでたどり着いた。彼女は救貧院だった施設に入り、そこでは千人のティーンエイジャーや、当時はまだ可能だったアリヤーを待つシオニストの避難民などが暮らしていた（その後、ヴィルニュスはいきなりリトアニアの支配になるのだが）。家族、学校、努力、夢――ルスカのそれまでの生活すべてが変わった。ルスカは人の話をじっくり聞き、争いを解決する傑出した能力を備えていたので、たちまちリーダーになった。

ある朝、ルスカが社会主義シオニズムの研究書に読みふけっていると、完璧なポーランド語を話す長い睫《まつげ》をした元気のいい女の子が近づいてきた。

「そんなむずかしい本をよく読むね」彼女はケチをつけた。

「世界はむずかしい場所よ」ルスカは答えた。ルスカの生まれた町にはほとんどユダヤ人がいなかったし、公立学校の教師は反ユダヤ主義の意見を口にしたので、彼女は廊下に机を移動していた。自由時間には図書館で過ごす内気なよそ者だった。

「世界はそんなにむずかしい場所じゃないと思うな」その若い女の子、ヴィトカは応じた。それから、もしむずかしいとしても、「だからこそ、むずかしい本を読まない理由になる」と言った。彼女のお気に入りは『モンテ・クリスト伯』だった。

ヴィトカは故郷の小さな町でナチスがすべてのユダヤ人をシナゴーグに閉じこめたとき、トイレの窓をよじ登って逃げだし、ヴィルニュスにやって来たのだった。ユダヤ人学校でトップクラスの生徒だったヴィトカは、武装青年組織のベタルに入った最初の女性となり、「準軍事訓練」を受けた。彼女は自分をポーランド愛国者とみなし、いくつもの青年組織を渡り歩いたあとでハショメル・ハツァイルに落ち着いた。

ルスカとヴィトカはたちまち友人になった。ルスカは高潔で謙虚だった。ヴィトカはすべてを失ったにもかかわらず、徹底してお調子者だった。ある日、居心地が悪そうにこちらを観察しているハショメル・ハツァイルのリーダーに気づいた。彼は帽子を目深に引き下ろしていた。みんなは彼を魅力的だと思ったが、ヴィトカは変わっていると感じていた。誰も彼に近づこうとしなかった。「どうして誰も話しかけないんだろう、と思った」とのちにヴィトカは語っている。そこで彼女は挨拶しに行った。それがアッバ・コヴネルだった。

ヴィルニュスがソ連軍に占領されるとヴィトカは逃げたが、ナチスが占拠すると戻ってきた。ナチスがそこらじゅうにいるなら、ルスカといっしょにいた方がいい、と思ったのだ。ナチスの車にヒッチハイクして乗せてもらったが、ユダヤ人だと打ち明けると、すぐさま降ろされた。貨物列車に乗りヴィルニュスに入ると、黄色の星をつけずに大胆に道を歩いていった。ルスカは彼女を見てぎょっとした。「頭がどうかしたの？　殺されたいの？」

二人はゲットーに移動し、ひとつのベッドで眠り、ときにはナチス隊の妻のふりをして、どうにか暴虐を受けずにすんだ。ハショメル・ハツァイルはヴィトカをアーリア人側に送り込むことにした。ルスカは彼女の髪を染めてやったが、真っ赤になってしまい、ユダヤ人美容師に金を支払って漂白してもらわねばならなかった。ルスカによると、「髪の色でも彼女の少し長いユダヤ人らしい鼻を隠せなかったし、その目はとりわけユダヤ人らしい表情を浮かべていた」が、それでもヴィトカは自信たっぷりで、ポーランド人をだますつもりでいた。ドイツ人をだますのは簡単だ、と彼女は気づいていた。「ドイツ人は言われたことを信じるのだ」黄色い星を忘れたときに、黄色の木の葉を代わりにつけたこともあった。

一九四一年十二月、ヴィトカに与えられた任務は、修道僧の格好をして修道院に隠れているアッバを連れ戻すことだった。ヴィトカは彼をゲットーに連れ帰ると、ポナリの大虐殺で生き残ったサラという少女に会わせた。アッバは彼女の話を聞き、武装抵抗しか道はないと悟った。そして、かの有名な新年の会合を招集し、FPOを立ち上げた。

ヴィトカとルスカの働きによって、FPOは銃、石、硫酸のボトルを貯えた。本部前にはタルムードの本を並べて厚い防弾壁を作り、レジスタンスを呼びかけるビラをタイプし、抵抗の計画を立てた。

やがてアッバは愛情の証として、ヴィトカを画期的な任務に送りだした。兵士と物資を運ぶナチスの列車を爆破する作戦だ。二週間というもの、ヴィトカは毎晩ゲットーを抜け出して、線路を歩きながら爆弾を仕掛けるのにいちばんいい場所を探した。ユダヤ人のいる場所からは遠くて、怪我をしたり疑われたりすることがないが、工作員たちが隠れられるように森に近い場所。さらに、彼女が好きなときに出入りできるようにゲットーからもあまり遠くない場所。ヴィトカは線路をじっくり調べ、ありとあらゆる詳細をメモした。というのも、妨害工作は真っ暗な夜に実行しなくてはならなかったからだ。線路はナチスに警備されていて、一般市民は出入りできなかった。一度ならず、ヴィトカは兵士に制止された。「ただ家に帰る道を探していたんです」彼女は嘘をついた。「ここを歩いちゃいけないなんて知らなかった」彼女はだまされやすい兵士から離れると、ずっと先に行ってから、また線路に近づいた。

あるとき、夜間外出禁止の時間が過ぎ、犬が吠えていたので、いつものルートでゲットーに戻れなくなったとき、ナチスの射撃練習場に入ってしまったことがあった。もう少しで撃ち殺されるところだった。道に迷ったふりをして涙ぐみながら、警備兵に近づいていった。兵士は彼女を気の毒に思い、他の二人に外に連れていくように命じた。のちにヴィトカはどんなに危険な状況になっても、「氷のような冷静さ」によって窮地を脱せるのだ、と語った。それは遠くからその場を見ているような感覚で、そのおかげで状況を分析し、安全を確保できそうな方法を思いつくことができた。

七月の暑い夜、ヴィトカは二人の男性と一人の女性とともにゲットーを出た。ほっそりしたヴィトカはいつもはゲットーの壁の隙間から出入りしていたが、今回は三人を煙突から屋根に連れていった。三人は上着の下に拳銃、手榴弾、起爆装置を隠していた。ヴィトカはアッバがパイプで作った爆弾を上着の下に抱えていた。ルスカは「紙部隊」、すなわちユダヤ人の本を安全に保管するグループの一員だった。ヴィルニュスのイディッシュ科学研究所、ＹＩＶＯと呼ばれる図書館で、ルスカはフィンランドがソ連軍の侵攻に備えたときに書かれたパンフレットを見つけた。パンフレットにはゲリラ戦の戦術と爆弾を作る方法が略図とともに載っていた。これが彼らのレシピ本となった。

ヴィトカは見つけておいた完璧な地点にグループを案内すると、列車が近づいてこないかをたびたびチェックしながら、暗闇で起爆装置を線路にとりつけた。それから仲間たちとともに森に隠れた。機関車が走ってきた――とたんにオレンジ色の炎が夜空を切り裂いた。ヴィトカは列車の横を併走しながら追加の手榴弾を投げつけた。すると列車は脱線し、車両が煙を上げて横倒しになり、機関車は溝にはまりこんだ。ナチスは森に銃弾をめくらめっぽうに撃ちこんできたので、連れてきた女性が命を落とした。ヴィトカは森の奥にもぐり込み、夜明け前にゲットーに走って帰ってきた。

その後、ナチスの列車の破壊はパルチザンのあいだではよくある妨害工作になったが、当時、占領されたヨーロッパじゅうで初めて列車を爆破したのは、ヴィトカだった。

数日後、地下新聞はポーランド人パルチザンが列車を爆破し、二百人以上のドイツ兵を殺した、と報道した。報復として、ナチスはいちばん近い町の住人を六十人も殺した。「そのことに罪悪感は覚えなかった」と、のちにヴィトカは語っている。「その人々を殺したのはわたしではない――ナチスだ」

その後、ヴィトカはゲットーを頻繁に出入りして、二百人の仲間が森に逃げるのを手伝った。何日も何十キロもヴィルニュスを歩き回り、ユダヤ人のグループが気づかれずに通れる場所を探した。ヴィトカはいつも彼らを見送っていったが、まず、銃と手榴弾が新しい墓石の下に埋められている墓地に連れていった（「ナチスは生きた人間がゲットーの門を通過することを許さなかった」とルスカは書いている。「しかし、死人は外に出ることを許された」）。ヴィトカは武器を仲間たちに配り、一人一人にさよならのキスをした。彼女自身はゲットーに残り、ＦＰＯの闘士の一人として戦った。だが、彼女の部隊はまもなく奇襲攻撃にあい、唯一生き残ったのはヴィトカだけになった。

「彼女はただ道をそれた。その足取りは自然で、自信にあふれていた。まるで別の場所にいるかのように」と、記録史家はのちに記している。「誰も彼女を制止できなかった」

ユダヤ人組織の公の支援がなかったので、FPOの夢であるゲットーの蜂起は数発の銃弾が発射されただけで、大きな失望のうちに終わった。ヴィトカに率いられ、闘士たちはヴィルニュスの下水を使ってゲットーを脱出し、森にたどり着いた。みんな戦いたくてうずうずしていた。防御から攻撃にギアが切り替わったのだ。アッバがユダヤ人部隊の司令官になり、隊は四つの分隊に分けられた。彼は「復讐者」部隊を率い、ヴィトカは自分自身がスカウトしたメンバーで部隊を結成した。

森では、料理や縫い物をする女性を住まわせるために家族キャンプを作るようにと、提携していたソ連軍士官たちからアドバイスされた。アッバは男性と女性にちがいを認めていなかったので、その提案を拒絶した。戦える者は全員が戦う、と彼は宣言した。全員が共通の武器庫から武器を借り、自尊心を回復するチャンスを得る。それに、彼は女性たちのすばらしい勇気をこれまで目の当たりにしてきた。ヴィトカによると、アッバは任務ごとに最低でも一人の女性が参加することを主張した。ただし、男性はそれが気に入らなかったが——爆発物は十キロの重さがあったし、目的地まで五十キロ近く歩くことになり、たいていの女性は同じ重さの物を運べなかった。

ルスカは最初のユダヤ人主導の妨害工作に、四人の男性とともにに指名された。六十四キロを歩き、武器弾薬を運ぶ列車を爆破する予定だった。ルスカはゲットーで、その信頼できる落ち着いた性格から「リトル・シスター」というあだ名をつけられていた。彼女は紙部隊で本をこっそり持ち込むだけではなく、闘士を募集し、戦意を鼓舞し、ゲットーの戦闘隊で副司令官を務めていた。彼女のタフさによって、ユダヤ人女性が戦闘で役に立つことが証明されるだろう、とアッバは思った。

ルスカと男たちは凍てつくような寒い日、夜の早い時間に出発した。おのおの一挺の拳銃と手榴弾を二個持っていた。小柄なルスカは二十キロぐらいある地雷を自分も順番に持つと言い張った。一隊は凍りついた道を川まで進んだが、川の水があふれかけていて、武器を持ったまま、川にかかる丸太の上をじりじりと進んでいかねばならなかった。ルスカが水に落ちた。彼女は丸太をつかんで体を引き揚げたが、脚は感覚がなくなり冷たくなっていた。リーダーはルスカがびしょ濡れなのを見て、凍死しないようにキャンプに戻れと命じた。だが、彼女はどうしても残ると言い張った。「この任務からはずしたいなら、あたしの頭に銃弾を撃ちこまなくちゃならないよ」そこで、数キロ先で一行は農家に押し入り、ルスカのために乾いた服を盗まねばならなかった——男性の服だったので、袖をめくりあげ裾はソックスに突っ込んだ。それから農民に銃を突きつけ、めざす地点まで案内させた。この作戦の結果、五十人のドイツ兵が死に、ナチスの武器倉庫が破壊された。「最初の待ち伏せ攻撃のことは、今日起きたことのように覚えている」とのちにルスカは書いている。「戦争が始まって以降、わたしの最大の幸せはその瞬間だった。破壊された車がころがり、七、八人のドイツ兵が潰されているのを目にしたときだ。わたしたちがそれを実行したのだ。もう永遠に幸せを感じることはないと思っていたこのわたしが高揚した」ルスカは警備隊の司令官になった。

彼女の大好きな戦闘任務に加え、ルスカは補給係だった。森の生活は驚くほど進化した。パルチザンのキャンプは設営地点や滞在期間によっておのおの異なっていたが、村さながらの地下の小屋があり、クラブハウス、印刷機、診療所、無線機、墓地、水に熱した石を入れた「汗ぐっしょりになる風呂」まで備えているところもあった。食べ物、靴、服、コートなど、必需品はたいてい銃を突きつけて地元の住人から盗んできた。煙で居所を知られないように、パルチザン部隊が料理をするのは夜だけだった。村人から盗んできた容器には、キャンプから何時間もかかる場所にある泉や川の水を入れた。冬には飲み水のために雪や氷を溶かし、地下の防空壕で並んで眠った。防空壕は枝と丸太からできていて草や木の葉で覆われ、雪が積もらないように傾斜がつけてあった。上と横から見ると、防空壕はやぶに覆われた丘のようだった。こうしたよくできた隠れ家は満員で、空気は「悪臭がして吐き気を催した」

「復讐者」隊で、ルスカは人々の健康を管理していた。感冒、壊血病、シラミ、肺炎、かさぶた、くる病、歯周病、ビタミン不足による肌荒れが急速に蔓延していた（ヴィトカが仲間に一度コートを貸したら、シラミだらけになって戻ってきた。彼女はコートを馬にかぶせ、すべてのシラミを馬に移動させた）。ルスカは洗濯場を作り、週に二度、水と灰を沸かした穴に服を持ってこさせた。彼女は霜焼けも診察した。パンの配給を分け――肉とじゃがいもだけの食事では宝物だった――病人に優先して与えた。

武器と同じく薬品も手に入れるのはむずかしく、どちらもヴィルニュスまで旅をする運び屋に入手してもらった。小柄で金色の髪をしたゼルダ・トレゲルが中心的な運び屋だった。彼女は静かで決然とした態度で森から都市まで、沼や湖を抜ける道なき道を進んで十八回も往復した。ゼルダは十四歳のときに亡くなった歯科医の母親に育てられた。彼女は幼稚園の先生になるために勉強していたが、戦争が始まるとゲットーから逃げ、家族として登録してくれたポーランド人の農場で働くようになり、正式なキリスト教徒の身分証明書をもらった。数カ月後、手の怪我から感染症になったのでゲットーに戻ってくると、ハショメル・ハツァイルの司令官を見つけて、ＦＰＯに加わったのだった。

アーリア人のような外見のおかげで、ゼルダはすぐに運び屋になった。武器を農婦の所持品のように包み、柩に入れて運んだ。闘士たちのためにふたつの森（片方は二百キロも離れていた）に逃げる経路を見つけ、ゲットーからグループを先導していった。小さなレジスタンスで戦い、ヴィトカが下水道経由の脱出を企てるのを手伝った。強制労働収容所から何百人ものユダヤ人を救いだすのに手を貸し、彼らを森に連れていった。ゼルダは何度か捕まったが、いつも逃げおおせた。うぶな田舎娘のふりをして病気の祖母を訪ねるところだと弁明したり、たどたどしくしゃべって精神病のふりをしたり、たんに書類をつかんで逃げるなど、さまざまな手を使った。

ある寒い冬の土曜日、武器を手に入れる任務に派遣されたゼルダは田舎風の毛皮の上着を着て、ヘッドスカーフを目まで下げていた。バスケットの中には町の地下組織宛の暗号化された手紙が入っていた。彼女は堂々と道を歩いて町に行き、頭をまっすぐ上げて警備兵の前を通り過ぎていった。到着したときは遅くなっていて、知り合いのキリスト教徒の女性のところに泊まらなくてはならなかった。近所の住人の一人がゼルダを脅迫しようとしたが、追い払った。ゼルダと友人がしゃべっていると、ノックの音がした。ゼルダの心臓が早鐘のように打ちはじめた。

入ってきたのはリトアニア人の警官とドイツ兵だった。二人はゼルダの身分証明書を見たがった。彼女は偽の証明書を見せた。それでも二人は疑っていて、ゼルダの服を探しはじめた。二人はゲットーからの手紙を見つけた。「おまえはユダヤ人なんだ！」ドイツ兵は叫び、彼女を平手打ちした。「ゲシュタポに連行する」

ゼルダは隣の部屋に駆け込み、窓から飛び降りると斜面をころがり、暗闇を走りはじめた。フェンスで行く手を遮られ、犬が吠え、背後から銃が発射された。ドイツ兵が彼女の腕をつかんで引きずり倒した。「どうして逃げたんだ？」

「お願い、すぐ殺して」ゼルダは訴えた。「拷問のために連れていかないで」

リトアニア人警官がささやいた。「金と引き換えに命を助けてやるぞ」

ゼルダはチャンスだと思った。友人の部屋に一杯やらないかと二人を招いた。「今、少し払い、残りはユダヤ人からもらってきます」彼女は約束した。警官たちは彼女の腕をつかんで戻っていった。友人と子どもたちはヒステリックになっていた。「これがあなたのお返しなの？」友人は怒ってゼルダをなじった。「この子たちは孤児になりかねないのよ」

ゼルダは自分の恐怖を鎮め、友人をなだめ、テーブルをセットして男たちに酒を出してあげてほしいと言った。ドイツ兵は酒を飲み、自ら子どもたちを落ち着かせようとした。そして、あるユダヤ人女性を深く愛していることをゼルダに打ち明けた。「おれはユダヤ人に死んでほしくない」彼は酔ってろれつが回らなくなっていた。「だが、命令は命令だ。おまえを連行しなくちゃらならない」勤務の交代時間が近づいていたので、彼はせっかちになっていた。ゼルダを外に呼びだした。

「金を渡して逃げろ」

「今、手元にはまったくないの」ゼルダは訴えた。「約束する、明日、お金を手に入れてくる」

リトアニア人の警官は彼女を信じたようで、ドイツ兵に明日自分が金を持っていくと言った。彼は帰っていった。警官はゼルダの腕をつかみ、自分の家に連れていった。ゼルダは他にどうすることもできなかった。

しかし家に入ったとたん大家が出てきて、女を家に連れ込むなとわめいた。大家は斧を振り上げ、それを警官の頭に振り上げた。乱闘、混沌状態となり、おかげでゼルダは逃げることができ、警官が探しているあいだ真っ暗な庭に隠れていた。彼はとうとうあきらめたようだった。

こうしてゼルダは任務を続けたのだ。

ロシア人パルチザンは、ナチスに占拠されている都市を破壊しようと目論んでいた。もっとも武器はあったが、情報はなかった。彼らはアッバ・コヴネルに接触してきて、「数人のユダヤ人女性を借してほしい」と言ってきた。アッバはそれを逆手にとり、これはユダヤ人の任務であるべきだ、ロシア人は武器を渡すべきだ、と主張した。贖罪の日の夜、男女二人ずつの若者が農民に変装してユダヤ人キャンプを出発した。女性のうちの一人、ヴィトカはオンボロのスーツケースを持っていた。中に入っているのは、金属の表面ならどこにでも貼りつけられる時限爆弾だった。

一行はヴィルニュスの周囲の丘陵に入っていき、カイリス強制労働収容所の毛皮工場にたどり着いた。そこではまだ少数のユダヤ人が働いていて、彼らと夜を過ごすことになっていた。工場の家に住んでいるブロンドのユダヤ人共産主義者、ソニャ・マデイスカは、ヴィルニュスの地下組織に残っているただ一人のつながりだった。ソニャの話だと、工場はもうすぐ閉鎖され、ユダヤ人は絶滅収容所に送られることになるらしい。全員がヴィトカといっしょに森に逃げたがっていた。

パルチザンの司令官は、避難民としてキャンプで暮らしているユダヤ人が増えすぎていることに頭を抱えていて、新参者は断るようにと指示していた。ユダヤ人の大半は戦闘の経験がなく武器を使えなかったし、それらを学べるほど機敏でもなかった。ユダヤ人は戦争が終わるのをじっと待ちたがっていたが、それでも食料と服は必要だった。ヴィトカはそれをソニャに説明し、自分は人道主義者としてではなく兵士としてヴィルニュスに来たのだ、と告げた。だがヴィトカがこれらの人々を受け入れてくれなければ、彼らは死ぬ、とソニャは反論した。

しかし、まずヴィトカは任務を果たさねばならなかった。その朝、いつもどおりに仕事に出る労働者に混じって、ヴィトカは憎悪をたぎらせながら標的を発見した。青年たちは水道設備を爆破する。ヴィトカたちは変圧器を狙う。黄昏に青年たちはマンホールに下りていき、水中に爆弾を仕掛けた。ヴィトカたちはヴィルニュスの川沿いの工場街に入った。変圧器の扉は開いていたが、ペンキで塗られた地雷は貼りつけられなかった。何度も滑り落ちてしまい、時間がどんどん経っていった。ヴィトカは指から血がにじむまで、必死にペンキを爪で削り落とした。女性二人は物陰に隠れ、ナチスの警備兵が通りすぎるたびに息を止めた。半時間かかったが、どうにかやり遂げた。どちらの爆弾も爆発時刻を四時間後に設定していた。

青年たちは疲れていたので、その晩は毛皮工場で休息をとりたがった。しかし、爆発後は警備が厳しくなり、そのなかを移動するのは危険だ、とヴィトカは反対した。青年たちのせいで、工場内のすべての人間の命を危険にさらすことになるだろう、と。青年たちは反論した。ナチスはユダヤ人がこんな大がかりな攻撃を仕掛けるとは思ってもいないさ！　議論はだらだらと続き、ヴィトカは時間をむだにしていることに気づいた。彼女はソニャに出発の準備ができている人々全員を集めるように伝えた——すぐに森に連れていくと。二人の青年は残った。

一時間しないうちにヴィトカは六十人のユダヤ人の一団を率いて暗い道を進み、市外に出た。爆発音が聞こえ、ヴィルニュスが真っ暗になるのが見えた。

翌日、青年たちは捕まった。「わたしたちは逃げおおせたが、彼らはちがった」とヴィトカはのちに語った。「彼らは疲れていたし、わたしたちも疲れていたが、女は男よりも強かったのだ」女性は規範によって行動する。女は男と同じように戦えるばかりか、くじけたり危険を冒したりすることはなく、何かから逃げる言い訳をすることはめったになかった。「女の方がスタミナがあった」と彼女は回想している。

何年ものち、司令官の命令に背いて工場のユダヤ人を森にこっそり連れてきた理由を、ヴィトカはこう説明した。「司令官だってどうしようもないでしょ？　追い出すわけにいかない。だからわたしは命令に背いた。たいした問題じゃないわ！」

「彼女は恐怖というものを知らなかった。恐れる心を持っていなかった」とヴィトカについてルスカは語っている。「彼女はいつもやさしく、エネルギーにあふれ、人々を引っ張った」

ルスカ、ヴィトカ、ゼルダ、それにユダヤ人パルチザンたちは、一九四三年から四四年にかけて困難な冬を過ごした。彼らは雪に足跡をつけずに歩くことを習得した。反対方向に行ったと見せかけるために、後ろ向きに歩くこともあった。車や建物を爆破し、より安全に仕掛けられる爆弾を開発した。一九四四年、ユダヤ人パルチザンだけで五十一両の列車、何百台ものトラック、何十もの橋を爆破し、電柱を倒し電線をひきむしり、レールをはずした。アッバは化学工場に侵入して樽に火をつけ、橋を焼き落とした。ナチスは凍りついた湖を渡れず、ナチスとユダヤ人は両岸で互いににらみあい、燃えさかる炎が両者のあいだの氷を照らしていた。

ある四月の朝、日が昇り、女性たちが冗談に笑い合っていると、アッバが悲しそうな笑みを浮かべて近づいてきた。「あたしはどこに行くの？」ヴィトカは彼の気持ちをくみとってたずねた。

ヴィトカは必要な医薬品のリストに加え、市の共産主義者の反乱声明書も手にヴィルニュスに向かった。途中で、年老いた農民がヴィトカを見て、いっしょに旅をしないかと声をかけてきた。二人で橋を渡ると、いきなりその農民はドイツ兵といっしょにいるリトアニア人兵士にささやきかけた。パルチザンでユダヤ人のヴィトカは、たっぷり報償をもらえそうなカモだったのだ。

ヴィトカは書類を出すように命じられた。リトアニア兵はそれを偽物だと判断した。ドイツ兵は、ブロンドの髪をしている、と反論した。「だが、根元は黒い」リトアニア兵は言った。それに服はパルチザンのたき火で焦げているし、睫の先端は白い。

ヴィトカは声明書を引き裂いて放り投げたが、農民が紙片をつかみ、兵士たちに渡した。身体検査をされ、薬のリストが発見された。「村人たちのためです」彼女は弁解した。だが、ゲシュタポに送られることになった。

ヴィトカは荷馬車にすわり、カトリックだった少女時代について話した。今ここで、終わりが来るとは信じられなかった。拷問、それから殺害。飛び降りて森で撃ち殺されるほうがいいだろうか？　彼女は相手の一挙一動を観察し、道のでこぼこに注意し、タイミングを待った。

　ふいに、ヴィトカは作戦を変更した。「あなたたちの言うとおりよ。わたしはユダヤ人でパルチザンです。だから、解放するべきよ」ナチスは敗色が濃厚だから、彼女を殺した者はじきに殺害されることになる、と説得した。それに、多くの警察官はパルチザンのために仕事をしていた。ゲシュタポに着くと、警察官の一人が彼女を脇の入り口に連れていった。彼はヴィトカの書類を返し、二度と橋を渡るなと釘を刺してから、いつか彼女の司令官に会いたいと思っている、と言った。

　ヴィトカはキャンプに戻ってくると、闇市場で薬を買って干し草の中に隠れていたら、捜索され、熊手が頭の横わずか数センチのところに突き刺さった、という逸話を披露した。それから、これが最後の任務だ、と宣言した。「戻ってこられたのは奇跡だった。人は何度奇跡に頼れるのだろう？」


　結局、そう何度も頼れないことがわかった。奇跡は蜃気楼とさほど変わらないのだ。

　第二のグループがパルチザンに加わるためにベンジンを離れて数日後、ハショメル・ハツァイル出身のイザークが戻ってきた。彼の顔は変わり果て、服は引き裂かれ、恐怖に身を震わせて歩くのもおぼつかないほどだった。レニャは衝撃を受けた。

　彼はその暑い七月の日に何が起きたかを語った。

「ゲットーを出てユダヤ人の印をはずし、最初の森が見えると、ナチスを殺すという夢が本当になったんだ、と興奮して武器を取り出した……六時間歩いたあとで、夜になった。ソハがもうナチスにつかまる危険はないから、すわって夕食を食べても安全だと言った。ソハは水をくれ、おれたちはぞっとするゲットーから脱出できたことがうれしくてたまらなかった。また歩き始める前に少し休憩しろ、とソハは言い、彼は位置を確認するために出ていった。

いきなり取り囲まれていた。馬に乗った軍人たちに。やつらは銃を乱射しはじめた。おれはやぶの下にすわっていたので、倒れたが怪我はしなかった。どうにか生き延びられた。だけど、ナチスはおれ以外を皆殺しにした。一人残らず。それから連中は懐中電灯を取り出して、死体を調べはじめ、ポケットに入っているものを奪っていった。おれは茂みに隠れて、じっとしていた。一人のナチスはおれの脚を持ち上げたが、死んでいると思ったようだ。連中が引き揚げると、おれは茂みから這い出して逃げてきた」

ベンジンの仲間たちは彼の言葉が信じられなかった。

最初からそういう計略だったのだ。信じていたソハに売られたのだ。泣いている赤ん坊のいたアパートですら偽物だった。自分たちは必死に変装したというのに、敵のなりすましを見抜けなかった。

最愛の人々が亡くなってしまった。粛清のあいだに亡くなった者もいたし、今度はふたつのグループの二十五人が命を落とした。もはや戦うだけの人員は残っていなかった。

「その話にわたしたちは言葉を失った」レニャはのちに書いている。「やることなすことに失敗していた」

マレクは自殺しようとした。悔恨に責めさいなまれ、彼はこっそりゲットーを出た。誰にも出ていくところを見られなかった。

この裏切りに加え、マレクはハイカが夫を失ったことがつらかった。仲間たちに言わずに、少し前にハイカとダヴィド・コズヴォフスキはラビの立ち会いでひそかに結婚したのだ。ダヴィドはポーランドを出る書類をもらっていたが、行こうとしなかった。司令官に出世すると、自分が訓練した青年たちといっしょに戦うと主張して、何人かを連れてソハといっしょに森に行ったのだった。少なくとも、彼は苦しむ暇も考える暇もなかったにちがいない、とハイカは自分を慰めるしかなかった。

いまやハイカは未亡人で、絶望し、怒りをたぎらせていた。これまで以上に復讐心が募った。

# 第二十章　隠れ家、金、救出

## レニャとヴラドカ　一九四三年七月

パルチザンの大失策から何週間もたち、ベンジンのユーデンラートの会長が逮捕された。レニャはそれが意味するところを悟った。最終的な粛清が迫っているのだ。ゲットーの終焉。ユダヤ人の終わり。

キブツは準備をしなくてはならなかった。

しかし、意見はまとまらなかった。大半の者たちは、もはや壮大な戦いを夢見ていなかった。力のある闘士の多くがすでに死んでしまったからだ。そろそろ逃げるときだった。しかし、ハイカとリヴカ・モスコヴィチは去ることを拒み、まだ抵抗しようと訴えた。戦うか、逃げるか。

フルムカとヘルシェルは子どもたちをゲットーの外に送りだすことにした。強ければ生き延びるだろう。孤児院アティードの教師、アリツァ・ズィデンフェルトは子どもたちをアーリア人に変装させてドイツの農場に送り込むことにした。レニャと仲間たちは偽の情報と指紋で書類の古いデータを改竄《かいざん》した。夜明けにイウザ・ハンスドルフが子どもたちをこっそり連れ出し、田舎の村の役場まで連れていった。子どもたちは親がいないので仕事を探している、と説明した。多くの農場主は受け入れてくれた——安い労働力は歓迎だった。数日のうちに、イウザは八人の子どもたちの居場所を見つけた。計画では、孤児たちはポーランドの住所宛に手紙を書き、すべて順調だと報告することになっていた。やがて二人の少女から手紙が来なくなった。レニャは身元がばれたのだと思った。「あの子たちに何があったのかは誰にもわからない」

ユダヤ人らしい外見の子どもたちはゲットーに残った。

ジヴィアはワルシャワの隠れ家からベンジンのグループに手紙を書いた。一通の手紙では、レジスタンスの夢はあきらめるようにと訴えた。自分自身の蜂起の結果を見て、彼女はもはや戦うことを勧める気になれなかった——あれだけ多くの死者が出ては戦う価値がない。生き延びたいなら、ワルシャワに来てほしい、と彼女は言った。

ハイカは激怒し、この手紙を「顔を殴られたかのようなショックだった」と言っている。ワルシャワの闘士たちは精神的に疲弊しているし、負っている責任があまりにも重すぎるのだろう、と推測した。「ベンジンのメンバーはあの人たちの栄光の影で生き、あの人たちの名誉で満足しなくてはならないのか？」

ジヴィアは、アーリア人の外見をしているなら偽書類によって大都会で生き延びられる、と提案した。ユダヤ人らしい特徴のある人間は隠れ家で暮らすことになるだろう。「ポーランド人は隠れ家に入れてくれるはずだ」レニャは「当然、多額の金と引き換えだった」と説明している。それは人をかくまう秘密のビジネスだった。

戦争の末期、とりわけゲットーが破壊されたあと、運び屋の女性たちの主な役目は隠れ家にいるユダヤ人の支援と物資を運ぶことになった。アーリア人として隠れていても、ユダヤ人として隠れ家にこもっていても。運び屋たちは、多くの子どもたちも含めゲットーのユダヤ人の部屋を町のアーリア人地区で見つけた。そして偽の書類を提供し、かくまっているポーランド人に金を払った。東部では多くのユダヤ人をパルチザンのキャンプに住まわせた。ワルシャワと西部の町では、ときどき運び屋たちは住まいを訪れ、ニュースを知らせ、精神的な支えになった。隠れ家を「焼く」と脅すゆすり屋どもを頻繁に追い払わねばならなかったし、大家に追い出されたり発見されそうになったりして、しばしば居所を変えなくてはならないこともあった。彼女たち自身が偽の生活を送りながら、こうしたことをすべてやってのけたのだ。

ヴラドカは、ゲットーがまだ機能していたときに子どもたちを助けるようになった。ナチスはユダヤ人の未来を潰そうとしていたので、とりわけ子どもに対して残虐だった。奴隷労働に利用できない少年少女は、まず最初に殺された。マリシャというユダヤ人の児童病院の電話交換手と、小児科医でブントのメンバーのインカ（アディナ・ブラディ・シュヴァイゲル）といっしょに、ヴラドカはワルシャワに残っている少数の子どもたちをポーランド人家庭に託そうとした。彼女たちは泣いている母親たちの腕から子どもたちを連れていった。母親たちはこれっきり会えないと覚悟していたが、子どもたちが生き残るチャンスはおそらくアーリア人側の方が高いと考えたのだ。

ユダヤ人の子どもたちは塀を越え、身元を秘密にし、新しい名前をつけてもらい、ゲットーのことは一切口にしないようにと言い聞かされた。質問はできず、子どもっぽいおしゃべりもできず、ちゃんとしたポーランド語をしゃべらなくてはならなかった。捕まっても、情報をもらすわけにはいかなかった。預かる家庭の方も、責任を持ち、ぎりぎりで手を引くことは許されなかった。ある養母は戸口に連れてこられた十歳の双子がいかにもユダヤ人らしい外見だったのであわててしまった。結局、双子を受け入れたが、二人は母親から引き離されたせいで落ち込み、食べ物を口にしなくなった。ヴラドカは二人をたびたび訪れ、手紙を運んだ。その一家がゲットーの向かいの部屋に越したとき、女の子たちは窓越しに母親が見えることに気づいた。子どもたちは母親に食べ物を運んでいって、窓のことを伝えてくれ、と家の主人（ゲットー内で働いていた）に頼んだ。母親は一日に何度も窓の前を通り過ぎた。女の子たちは母親を見て大喜びしたが、こっそりのぞかなくてはならなかった。もし警備兵に見つかったら、カービン銃で窓を狙われるからだ。ヴラドカは心を鬼にして、二人がしていることは全員の命を危険にさらしているのだ、と注意して止めさせた。

別の家庭にはユダヤ人幼児といっしょに服、おもちゃ、食べ物も持っていったが、養親はそれらすべてを自分の子どもたちにあげてしまった。何度も移動させなくてはならない六歳の男の子もいた。養親が男の子の落ち込みぶりに対応できなかったり、毎月二千五百ズウォティもらっていても、ナチスの手入れがあるのではないかと不安になったりしたせいだ。戦争中、貨幣価値は大きく変動したが、一九四〇年から四一年のレートだと、それは現在の八〇〇〇ドルに相当しただろう。二〇〇八年、ロンドンのホロコースト生存者センターでおこなわれた証言で、「隠されていた子ども」

だったブヴォドカ・ロベルトソンは家庭から家庭へ渡り歩いたことを語った。自分の「賃料」を誰も払ってくれないのではないかと毎月不安になったが、必ずヴラドカ・ミードがやって来ては励まし、やさしい言葉をかけ、必要なときには顔を出してくれたそうだ。

ゲットーが壊滅すると、アーリア人地区にいたレジスタンスの活動家たちは途方に暮れた——蜂起は彼らの存在意義だったからだ。まだあたりに瓦礫の燃える臭《にお》いがたちこめ、ナチスがいたるところにいて捜索し、ユダヤ人を助けた人々を逮捕し、殺していた。市中でポーランド防衛隊が設立された。防衛隊は近隣の人々の安全は守ったが、よそ者は一人残らず報告したので、ヴラドカの仕事はさらにむずかしくなった。いまやŻOBは生き残っているユダヤ人だけではなく、生き残った闘士も助けようとしていた。党派に基づき、複数のユダヤ人救出組織が設立された。ユダヤ人救済委員会（ジェゴタ）は一九四二年に設立されたカトリックのポーランド人による組織だったが、やはり任務遂行が困難になっていた。ジェゴタのリーダーはユダヤ人を救うためにできるだけのことをする、と宣言し、そのために命を危険にさらした。もっとも、戦後になればユダヤ人はポーランドを永遠に去るだろう、とジェゴタは期待していたようだ。

こうした組織はユダヤ人の隠れ家を見つけて支援し、子どもたちを助け、ポーランド人地下組織、強制労働収容所、パルチザン部隊と連絡を取り合った。どの組織も、ロンドンのポーランド亡命政府を含め、海外から資金を受けとっていた。ブントを支持しているアメリカのポーランド人労働委員会や、ゲットーの無料給食所や蜂起に出資したアメリカ・ユダヤ人共同配給委員会（ジョイント）もそうだ。一九四一年までは、アメリカのユダヤ人からの寄付で、ジョイントは直接ポーランドに資金を送ることができた。一九四一年以降、国境が閉鎖され、ポーランド国内の裕福なユダヤ人（二千ズウォティ以上を所持することが禁じられていた）や、逃亡中で貯えを持っていけなかったユダヤ人から資金を借りた。その大半は戦前の財産から出資されたものだったが、ワルシャワゲットーで金を稼いでいたユダヤ人もいた。ゲットー地区の倉庫の品物を売ったり、ナチスやポーランド人のために何かを製造したりして。それ以外の金はポーランドに違法に持ちこまれた。数々の回想記で、ロンドンから持ちこまれた現金が闇市場でドルからポンドへ、さらにズウォティに両替されたことが語られている。どの段階でも、換金レートをごまかした、とお互いになじりあった。結局、ジョイントは戦時中にアメリカドルで七千八百万ドル以上をヨーロッパに提供した。現在の貨幣価値だと、ざっと十一億ドルに相当する。そして一九四三年から四四年にかけて、ポーランドのユダヤ人地下組織に三十万ドルが寄付された。

逃げたがっているユダヤ人のために十字架や聖書をこっそり持ち込むため、あるいは堕胎やペニスや鼻の外科手術のために、その資金は使われた。ジェゴタは偽書類を作る「工場」を所有していて、出生証明書、洗礼や結婚の証明書、労働証明書を偽造した。さらに医療部門には信頼できるユダヤ人やポーランド人の医師がいて、隠れ家を訪れ、病気のユダヤ人を治療した。ヴラドカはユダヤ人の隠れ家まで来て偽書類のための写真を撮ってくれる写真家も見つけた。彼女は救出のための中心的存在で、その組織はワルシャワで一万二千人のユダヤ人を助けた。さらに彼女はポーランド人の名前や住所を書き留めることなく、すべてを暗記していた。

一九四三年終わりまで生き延びたユダヤ人は、大半が大人で専門職についていた。彼らは運び屋に金を渡すことができたし、非ユダヤ人ともつながりがあったし、より洗練されたポーランド語を話すことができたからだ。非ユダヤ人の友人に貴重品を預けた者もいたが、大半は一文無しになった。ワルシャワでは、二万から三万人のユダヤ人が隠れ家に残っていて、ヴラドカの仕事は口伝えに広まった。ユダヤ人は互いの友人を通して彼女のことを知り、通りでさりげなく彼女に接触した。助力を受けるために、ユダヤ人は自分の立場と「予算」について、詳細を記した申込書を提出しなくてはならなかった。ヴラドカはそうした書類をじっくりと読んだ。

大半の申込書は、収容所から逃げてきたか列車から飛び降りたかして、家族でただ一人生き残った人間からのものだった。口腔外科医は仕事ができるように歯科用器具を求めた。孤児になった姪と甥を助けるために、金を求める者もいた。新聞配達の少年は家族の中で一人だけ生き延び、世話をしてくれるポーランド人家庭の隠れ家を見つけたが、下宿代を入れなくてはならなかった。少年は寒い季節にも仕事を続けられるように、どうしても冬用コートが必要だった。組織は一人に一カ月あたり五百から千ズウォティしか支払えなかったが、実際の生活費は二千ズウォティかかった。アーリア人の外見をした若いユダヤ人女性たちが毎月の金を届けに出ていき、隠れている人々を訪ね、計画が挫折したときには手を差し伸べることもしょっちゅうあった。

空き家の広告は罠であることが多かった。詮索好きな隣人がいることもあったし、ユダヤ人がやって来ると大家はしばしば家賃を釣り上げた。運び屋はポーランド人レジスタンスが協力していることを口にし、大家に誇りを感じさせるようにした。ある隠れ家で、一人の女性がイディッシュ語でうなされるようになった。彼らをかくまっていたポーランド人家庭の息子は恐怖から彼女を毒殺し、死体を床下に隠した。この女性の娘も含め、残りのユダヤ人たちはそのことに精神的ショックを受けていたので、ヴラドカは新しいアパートを手配して彼らを移した。

また、ヴラドカはマリーという若いユダヤ人女性に家政婦の仕事を見つけてやったことがある。食事と住まいが提供され、めったに外に行く必要はないので、住み込み家政婦は最高の仕事だった。ある日、その家の小さな女の子がゲットーでの暮らしはどんなだったのか、とマリーにたずねた。マリーはパニックになった。なんと、女の子の母親はユダヤ人で、父親が妻をゲットーに追い出したということがわかった。ゲシュタポが行方不明の母親を探しに家までやって来た。そのせいでマリーが動揺したので、ヴラドカは新しい隠れ家を見つけてやらねばならなかった。

ナチスの住居内にある狭苦しい部屋で、元メイドといっしょに暮らしていたユダヤ人夫婦もいた。ヴラドカはその夫婦も移動させた。別の女性と息子は瓦礫の下で暮らしていて、真っ暗な中で何カ月もそこにこもり、一度も体を洗うことがなかった。大家は彼らの服をすべて売り払ってしまっていた。やはりヴラドカは新しい引っ越し先を見つけ、二人に医療手当を受けさせなくてはならなかった。

ナチスが東の戦線で敗北を喫するようになると、ワルシャワの恐怖はふくらんでいった。ポーランド人は奴隷労働のために誘拐されたり、パヴィヤク刑務所に送られたりした。隠れ場所にはさらに工夫が凝らされるようになった。ある部屋では、トイレの隣に壁を作り、ユダヤ人がトイレ内のスペースに隠れられるようにした。その壁にはペンキが塗られ、飾りブラシがぶらさげられた。空洞にしたタイル貼りのコンロの中に隠れたユダヤ人もいた。

もっと住みやすい隠れ家にいて、閉じこめられている不安や憂鬱にもかかわらず、自分の役割を果たすことができた人たちもいた。ずっと音叉で演奏をしていた音楽家のところには、ヴラドカは作曲用紙を持っていった。二人の女性には、家庭内の子どもたちを教えられるように本を持っていった。

歴史家のリンゲルブルムを含む三十人のユダヤ人は、庭園の地下にある郊外の安全な隠れ家で暮らしていた。賃貸料は一人当たり二万ズウォティだった。そこにいるユダヤ人はさまざまな調査を行い、エッセイや報告書を書いていた。大量に食料を運び込むことを隠すために、家主は食料品店を開いた。残念なことに、家主は愛人と諍《いさか》いを起こした。愛人は家族以外で隠れ家のことを知る唯一の人物だったのだが、彼女はそれを密告し、全員が殺される羽目になった。

ヴラドカはハンガリー人の運び屋、パルチザン、ワルシャワ以外のユダヤ人たちともつながりがあった。チェンストホヴァのゲットーから脱出して田舎の農場に隠れているユダヤ人闘士のグループを助けるために、彼女は書類なしで旅に出ると、列車では偽の品物を運んでいる闇商人のふりをした。ユダヤ人のための金はベルトの下に隠していた。大がかりな検問では、「仲間の闇商人」がみんなで隠れている貨物列車に連れていってくれた。ポーランド人闇商人はナチスを避けるための手段を持っていることを知り、彼女はたびたびそれに従った。ヴラドカは村に着き、アンテクに説明された家を見つけたが、女性大家は何も知らないと言い張った。ヴラドカが譲らないと、ようやく大家は彼女を小屋に案内した。すでに借金をしていた仲間たちは大喜びして、その後、彼女は現金、衣類、薬を定期的に運ぶようになった。あるときアメリカとロンドンからの資金が届かず、遅れて訪ねると、大家がすでに彼らを追い出したあとだった。数人は殺され、他の者たちはパルチザンに加わり、数人は森に隠れやせこけていた。ヴラドカは彼らを引き受けてくれる新しいポーランド人を手配した。

ヴラドカは強制労働収容所のユダヤ人も助けたが、大半がおぞましいほど肉体的にも精神的にも衰弱した状態にあった。ラドムの暴力的な強制労働収容所に行ったときは、ユダヤ人と連絡をとるのが大変だった。ユダヤ人から安く品物を買える場所を地元民に聞き回ると、ユダヤ人にはもう売れるものが何も残っていないようだったが、フェンスに近づけるユダヤ人の入浴時間を聞きだすことができた。ヴラドカが行ってみると、ちっぽけな食べ物を売りつけようとする闇商人たちが詰めかけていた。連中は競合が迷惑だったので、彼女を追い出そうとしたが、イディッシュ語をしゃべってみせても、ヴラドカを信用しなかった。ようやく一人のユダヤ人と口をきくことができたが、彼女は自分は買い手だと納得させた。かつて別の連絡係に金をまきあげられたことがあったのだ。

とうとう、信頼してくれるユダヤ人女性と話すことができた。彼女は自分たちが忘れられていなかったことに喜び、おもに隠された子どもたちについて質問した。彼女としゃべっていると、地元の子どもたちがヴラドカに石を投げつけ、「ユダヤ人」と叫んだので、ヴラドカは荷馬車を見つけて逃げ、列車の駅でひと晩じゅう過ごした。その後まもなく、ヴラドカは五万ズウォティを持ってラドムの強制労働収容所に戻っていった。ウクライナ人警備兵に、ユダヤ人から靴を買いたいと言って中に入る許可をとりつけ、無事に現金を渡すことができた。その晩、警備兵はヴラドカをデートに誘うつもりだったが、夕食の時間には彼女は姿を消していた。

こうした危ない仕事のとき、どの運び屋も自分の人生について作り話をし、恐喝者や密告者と渡り合わねばならなかった。マリシャは子ども時代に近所に住んでいたポーランド人と通りでばったり出くわした。彼はいっしょにゲシュタポに行くか、ホテルの部屋に行くか、どちらかだと脅した。彼女が菓子屋に駆け込むと、経営者たちが近くの「自宅」まで送ってくれた。また彼に見つからないように、マリシャはその晩を森で過ごした。

ヴラドカは部屋を何度か引っ越していた。ブントのリーダーを部屋にかくまっていたときには、密告者に部屋を見つけられてしまった。ドアが開かないようにされたので、ヴラドカはすべての書類に火をつけ、シーツをつないで窓から下りようとしたが、リーダーはひどい傷を負った。二人とも逮捕されたが、仲間たちが看守に賄賂を払ってくれたので、彼女は一万ズウォティと引き換えに釈放された。ブントのリーダーは亡くなった。ほとぼりがさめるまで、ヴラドカはしばらく田舎に送られた。自分を偽らなくてすむ森の中では自由を感じられたが、常におのれを偽って生きることは耐えがたかった。とりわけ、日曜の村の教会では。

ワルシャワに戻ると、ヴラドカは自分のためにちゃんとした身分証明書を探しはじめた。あちこち移動でき、ひと晩じゅう外にいる説明がつけられる闇商人になりすませるものだ。彼女は別のユダヤ人運び屋から、小さくて陰気な部屋を譲り受けた。墓地の小屋に住んでいた運び屋のベニアミンが、二重底のスーツケースや空洞の柄がついた杓子などを持ってきてくれた。近所の人々は前の住人がユダヤ人だと知ったので、ヴラドカのことも疑いはじめた。しかし、もし彼女が去れば、よけいに疑いを募らせることになるし、長年にわたって築いてきたキリスト教徒としての身分も揺らぐことになる。彼女はそこに住み続け、いかにもポーランド人らしくふるまった。ポーランド人の友人や「母親」を手配し、頻繁に訪ねてきてもらった。蓄音機を買い、陽気な音楽をかけ、近所の人々をお茶に招いた。隠れているユダヤ人たちは、近隣の町から自分宛に手紙を送った。地元に友人や家族がいるように見せかけるためだ。ハシャは「求婚者」に訪ねてきてもらったし、ヴラドカの「母親」は守護聖人の日のパーティーを主催し、ヴラドカはブントの生き残っている友人たちを招いた。全員がポーランド語だけで歌い、イディッシュ語でささやいた。ただ若いユダヤ人にとって、パーティーは辛いものだった――うれしそうなふりをすればするほど、悲しみが募ったからだ。

ヴラドカのようにポーランド人として生き延びたおよそ三万人のユダヤ人にとって、毎日が常に演技だった。ほとんどが若く独身で、中流や上流階級の「ちゃんとした」ポーランド語が話せる女性たちで、書類も外見もそろっていた。半数の父親は商売をしているか、弁護士、医師、教授だった。男性よりも女性の方が変装が容易だったので、ポーランド人として通用しやすかった。女性は助力を求めることができたし、一般的に礼儀正しく扱われた。多くのユダヤ人は親が、特に母親が殺されると、何としても生き延びようという気になり、最終的には孤独と同時に自由を感じた。男性はその決断を感情のままに一人だけで下したが、女性はたいていい友人や親戚に勧められた。親の中には子どもたちをアーリア人地区に行かせ、「家族のために生きる」任務と許可を与えた者もいた。

ユダヤ人とも交際があった人々はふたつの人格を生きていたが、最終的にはよりよい精神状態を手に入れられた。なぜなら「舞台裏」を持てたからだ。すなわち演技を休止し、エネルギーを再び蓄える場所だ。その勇気を賞賛してくれる友人たちのおかげで、「表舞台」で演技する自信がもらえた。ポーランド人になりすましたユダヤ人は、どの組織にも属していないことが多かったが、ポーランド人地下組織に誘われる者もいた。こうした女性たちは「市内のあらゆる地下組織の中でも、もっとも地下にある場所で暮らしていた」と救出作戦のリーダー、バシャ・ベルマンは書いている。「すべての名前が偽りで、口にされるすべての言葉には二重の意味があり、すべての電話の会話は外国大使館の秘密文書以上に暗号化されていた」

　こうした欺瞞の行為を通じて、ヴラドカとジェゴタは家族のようになった。多くのポーランド人が金のためではなく、キリスト教徒としての道義心、反ナチ感情、同情からユダヤ人を助け、仕事や隠れ家や会合場所、銀行口座、食べ物を提供し、彼らは非ユダヤ人だと証言してくれた。レジスタンスのメンバーたちは、訪問者を疑う大家がいなくて、床下に書類を隠せ、隠し金庫を取り付けられるような部屋を探した。そうした部屋で、玄関ドア近くから飛び出している二本の釘は実は秘密のドアベルだった――釘のあいだにコインを差し込むと、電流が流れてベルが鳴る仕掛けだった。インカとマリシャはおもな会合場所となるアパートを借りた。どの床下やへこみにも、書類や現金が隠されていた。しょっちゅうレコードをかけて物音を消したので、近所の人々は二人は売春婦で、男をひっきりなしにもてなしているのだと思っていた。

　もうひとつの活動の中心が、ジヴィアの隠れ家だった。彼女はユダヤ人らしい外見をしていたので通りには出ていけなかった。何年にもわたる無謀で危険な活動ののち、ジヴィアはいまやたくさんの時間ができた。隠れるということは、必ずしもいっしょに暮らしたくない相手と寝食を共にすることだ。外の世界は「他人を通して見る」ことになり、ドアがノックされるたびにあわててシェルターにもぐりこんだ。夫のアンテクは暇つぶしに探偵小説を持ってきてくれたが、彼女の罪悪感と憂鬱はふくらんでいった。とりつかれたように家事をし、手紙を書くことに打ち込んだ。とりわけ、自分のアドバイスをどうしても与えたかった。ワルシャワでの大勢の死者を見てきたので、ジヴィアはベンジンのグループに戦わずに逃げてくれ、と懇願した。さらにリヴカ・グランツにはパルチザンに入ってほしいと頼んだ。しかし、彼女は仲間を置き去りにするのを拒否し、ワルシャワにとどまっていた。

ジヴィアはジェゴタのために仕事をするようになり、金や偽造書類を配給する責任者になった。あちこちに連絡をとり、予算を管理し、再び「ジヴィアの娘たち」に連絡をとり、情報を伝え、ユダヤ人を守る任務をひっきりなしに与えた。困っている闘士のために女性たちを派遣したり、ときには謎めいた失踪をした運び屋を探しにも行かせた。

# 第二十一章　血の花

## レニャ　一九四三年七月

ベンジンのŻOBはジヴィアの訴えを聞いて、計画を立てた。アーリア人らしい顔をしている人々は列車でワルシャワに移動する。他の者はアンテクに手配してもらい、バスでこっそりワルシャワに入る。旅行者のための偽造書類は、ワルシャワからの運び屋経由で手に入った。しかし、その数は少なかった。残りのビザはレニャとイナ・ゲルバルトがワルシャワに行ってもらってくる。それまでレニャとイナは、金、武器、指示をブラジャーやバッグやベルトに隠して何度か運び、成功させていた。

ある晩、イナは住所、金、偽造業者に渡す資料を持って出発した。翌朝、レニャは同じものを持って、リヴカ・モスコヴィチといっしょに出発した。二十二歳のリヴカはベンジンの労働者階級の家族の中でただ一人生き残り、ドロルで熱心に活動していたが、病気になってしまい、回復するあいだ隠れ家で静養する必要があった。リヴカはアーリア人らしい外見をしていたし、国境を越えるビザと書類も持っていた。彼女はベンジンに残って戦いたがっていたが、仲間は病気が治ったらワルシャワで隠れ家を見つける手助けをしてくれ、と説得した。ようやく、リヴカは旅の荷物を鞄に詰めた。

イナとは、ワルシャワ市内の約束の場所で落ち合うことになっていた。レニャとリヴカはヴァンダとゾシャという名前の二人のポーランド人女性として、列車で旅をする予定だった。ずっとレニャは頭の中で、無事に国境を越えられますように、と祈っていた。

国境に到着した。「書類の検査！」

レニャは震えを止めようとして自分の体を抱きしめた。リヴカはやりきれるだろうか？　嘘をつき続け、震えずに作り話をできるだろうか？

「けっこう《ゴート》！」

息を吐く。

しかし、大きく息を吸うことはできなかった。列車は混雑し、二センチほどの隙間すらなかった。空気が足りなかった。病気のリヴカは、人に押されて気分が悪くなった。今にも失神しそうに見え、そうなると騒ぎになるだろう。レニャはあたりを見回し、軍用列車の車両の中間あたりに空いた席を見つけた。リヴカはすわると気分がよくなったが、レニャは内心、吐きそうだった。笑顔で頭をもたげ、落ち着き払い、鋼のような意志で実際に感じていることと正反対の気持ちだと思いこまなくてはならなかった。しかも、兵士たちがおぞましい「獣のような喜び」を感じながらユダヤ人を殺すことについて話しているのが耳に入ってくる。

「おれはその場にいたんだ」一人が言った。「ザグレンビエのユダヤ人たちが殺されに連れていかれるのをこの目で見てたんだ」

他の連中が笑った。「馬鹿な！　実際にはユダヤ人を殺しちゃいないよ」

彼らは前線から帰ってきたばかりで、ポーランドで稼働している殺人機械のことを知らないのだ、とレニャは思った。

「幸せな想像だな！」一人が続けるのが聞こえた。「ユダヤ人が本物の羊みたいに死へ向かって歩いていくのを見られたらうれしいね」

レニャは殺された家族のことを考えなかった。死んだ友人たちのこと、赤ん坊の弟のことを考えなかった。ただ頭から押しやった。

レニャは微笑んだ。リヴカを見た。さらに微笑んだ。

丸一日の旅だった。木々、町、駅、汽笛。長旅と休憩のない演技に疲れ果て、女性たちはようやくワルシャワに到着した。約束の時間と場所でイナと会うために、静かな夜の通りを歩いていった。レニャはふたつ先の角で、警察が通行人全員の書類を調べていることに気づいた。二人の偽書類は移動中は通用したが、ワルシャワの憲兵はスタンプが偽造だと見抜くだろう、とレニャはすばやく計算した。リヴカに手振りで合図し、レニャはすばやく角を曲がり、人混みにまぎれた。女性たちは後ろを振り返らなかった、ただ前へ前へと、人混みをかきわけて進んだ。

ようやく待ち合わせ場所に着いた。息が切れていた。

しかしイナはいなかった。

どのぐらいここに立っていられるだろう？　どのぐらい待つべきだろう？

不審に見えるにちがいない。待ち合わせ場所はウィンドウショッピングをしたり、並べられた本をめくったりできる店先のこともあった。しかし、ここには何もなかった。

イナは途中で逮捕されたのか？

彼女はどこだろう？　近くにいるのか？　誰に見られるかわかったものではない。

レニャは他の住所を知らなかった。万一つかまって拷問されたときのことを考え、運び屋は一度に大量の情報を持たないようにしていたのだ。

レニャはあと一日分の現金は持っていた。

だが、代替計画はなかった。

一分がおそろしく長く感じられた。さまざまな考えがレニャの頭で渦巻き、これからどうしたらいいのか決めようとした。リヴカをどこかに連れていき、地下組織の誰かを見つけなくてはならない。知り合いの誰か。しかし、どこで？　誰とも連絡がつかなかったらどうしよう？　リヴカをベンジンに連れ帰る？　それは体調が悪すぎて無理だ。

レニャは泊まるつもりでいた宿にリヴカを置いてくることにした。そのあと一人で出かけて答えを見つけよう。

そのときいい考えが閃いた。ベンジンの知り合いの妹がキリスト教徒として、アーリア人地区に住んでいたのだ。レニャはマレク・フォルマンのことを考えた——たぶん、彼だったら悲劇的なパルチザンの失態のあとで、こっちに戻ってきたのでは？

「もしかしてマレクの住所を知っている？」レニャは到着するなり彼女にたずねた。

その女性は小さなノートを取り出して、じっくり調べたあげく、ようやくマレクの母親の住所を見つけた。

どんな情報でも黄金の価値があった。

レニャは宿に戻り、所持金の大半を部屋代に費やした。

翌朝、病気のリヴカを連れて教えられた住所に向かった。マレクの母親ロザリはそこにいた。彼の義理の妹もいっしょだった。マレクの弟である夫がパルチザンの戦いで亡くなってしまい、未亡人になったのだ。マレクの妹ハフカは下着にダイナマイトを忍ばせて運ぶドロルの運び屋だった。彼女はアウシュビッツにいると聞いていた。マレクの母親もŻOBを助けていた——本物の闘士の家族なのだ。しかし、困ったことに、母親はマレクの居所を知らなかった。最後に聞いたのは、ベンジンでレニャといっしょにいるという古い情報だった。「本当にごめんなさい」ロザリは言い、首を振った。「リヴカは家に置いておけないわ」軍曹やナチスの協力者が毎日ドアをノックするのだ。自分たちもできるだけ早くアパートを引っ越そうと考えていた。

しかし、ある考えを思いついた。みんなでリヴカをポーランド人の隣人のところに連れていった。レニャは彼女にさよならを言い、安全に隠れていることを祈った。また一人、市内にユダヤ人が隠されたのだ。

一人になると、レニャはいつものようにワルシャワを歩きまわった。広場は混雑し、店は開いていた。ゲットーが破壊されたことなどなかったかのように。宿屋にもう一泊できる金しかなかった。

翌朝、マレクの母親がレニャをカジクに紹介してくれた。下水からの脱出を率いたŻOBの闘士だ。レニャは通りの角で彼と待ち合わせたが、何か言う前に、銃声が聞こえた。警官がカジクを追ってきたので、彼は逃げ、車のあいだに消えてしまった。レニャはすばやく反対方向に歩きだした。決して走らず、決して振り返らずに。

幸いカジクはアンテクとの会合を手配してくれた。レニャが手紙や逸話から知っていた、あのアンテクだ。彼はアーリア人地区にいる忙しいユダヤ人リーダーで、ポーランド人地下組織と会合を開き、財政問題を管理し、パルチザンに人々を送り込み、武器を運び込み、書類の偽造者と連絡をとっていた。誰もが彼に協力している、とレニャは聞いていた。

レニャとアンテクは別の通りの角で会うことになった。今回は職業訓練校の前だった。レニャは用意してもらったドレスと新しい靴をはいた。彼に気づいてもらえるように、鮮やかな赤い花を三つ編みに留めた。すべてうまくいきますように、彼をそこで見つけられますように、と祈りながら、約束の地点に歩いていった。ほしいものを手に入れ、急いでベンジンに、友人たちのところへ、姉のサラのところに帰れますようにと願った。遠くから、レニャは一人の男を見つけた、新聞をたたんで脇にはさんでいる——彼の目印だ。

レニャは、この長身でブロンドの「裕福な貴族のような見事な口髭を生やした」青年をあまりじろじろ見ないように努めた。彼は全身を緑で統一していた。

彼女は通り過ぎながら足をゆるめ、花を見せるようにした。

だが、彼は動かなかった。

どうしたらいい？

彼女は思いきって回れ右すると、道を戻った。

それでも反応はない。

どうして彼は近づいてこないの？　ちがう人？　偽者？　それとも見張られていることに気づいているの？　罠にはめられた？

レニャの直感が思い切って行動しろ、と告げた。「こんにちは」レニャはポーランド語で声をかけた。「あなた、アンテク？」

「きみはヴァンダ？」

「そうよ」

「きみ、ユダヤ人なのか？」彼はささやき、驚きを浮かべた。それから丁重にお辞儀をした。彼女の演技はすばらしい、と。

「あなたこそ、ユダヤ人だというの？」レニャはほっとしながら返した。

アンテクはアーリア人地区のコンクリートの道を、レニャと並んで確かな力強い足どりで歩いていった。自信たっぷりに歩く貴族のような男性がユダヤ人だとは、レニャには信じられなかった。抜け目がなく自信にあふれ、ウサギのように警戒しながら周囲のものすべてを観察している、とレニャはアンテクについてのちに書いている。彼は相手を見たとたん、どういう人間かを見抜く眼力を備えていた。

しかし、話しはじめると、彼のポーランド語の訛りに気づいた。レニャにはそれが聞きとれた。

やはり彼はヴィルニュス出身のユダヤ人なのだ。

アンテクとレニャはイナが突然姿を消した悲しいできごとについて話した。「国境の書類検査でつまずいたにちがいない」レニャは言った。

「確かなことはまだわからない」アンテクは彼女を慰めようとした。「もしかしたら予想外のことが起きて家に戻ったのかもしれないよ」娘であるかのようにアンテクはやさしく愛情深く接してくれた、とのちにレニャは感じた。早くに孤児になったので、彼は実際よりもずっと年上に感じられたのだ。

アンテクは残りのグループのために、できるだけ早くビザを用意する、と約束した。さらにユダヤ人らしい外見の者のためのバスも。どれも簡単ではなかった。何日もかかるだろう。こうして二人は別れた。

さらにリヴカがずっといられるアパートを見つけるまで、彼女を隠れ家に連れていくことにした。アンテクはレニャに住所を教え、ひと晩につき二百ズウォティと食費を払ってくれた。

レニャは地下室の入り口で寝て、ワルシャワで七日も待機した。ポーランド人の外見をしたユダヤ人少年が、この地下室の通路に住んでいた。レニャは彼の姉のふりをして、弟に会うために違法にドイツから逃げてきた、だから住民登録したくないのだ、と管理人に説明した。レニャはほんの数日いるだけだ、と約束した。レニャは女性家主を避けるようにして過ごした。彼女や近所の人にばったり出会うわけにいかなかった。ポーランド人になりすましている大半のユダヤ人は、昼間の活動について仕事に行くとか家族と会うとか作り話をしていたのだ。そして、八時間家を留守にして町をさまよいながら、どこかに向かう途中だというふりをしていた。

実際にはビザとバスが用意されるという約束をしてもらっただけで、レニャはいらだちがどんどん募っていった。毎日アンテクに会い、急いでくれとせかした。それに、ベンジンへ戻るのをもはや延期するわけにはいかなかった。いつ全員退去の命令が出るかわからなかったからだ。これ以上待たず、用意されている書類だけを持って出発した方がいいのでは？　彼女はさんざん迷った。一日一日が重要だという気がしてならなかった。時計は容赦なく時を刻み、針はますます早く死へ向かって進んでいた。

待機は長引き、延期が繰り返されたが、ついに数日後、バスが用意され、レニャはバスがカミオンカゲットーに近づいたときに電報を打ってもらう手配をした。ビザの一部も用意された。武器はそれ以上調達できなかった。だが、手に入れられるものだけを持ち、アンテクにこれ以上はワルシャワにいられない、と告げた。

レニャは二十数通の偽のビザと、そのビザのための写真や旅行証明書を体に貼りつけたり、スカートに縫いこんだりした。通りに出たとたん、鼓動が激しくなった。一歩ごとにつまずいてころぶのではないかと不安だった。イナはどうしたのだろう？

列車に乗るといつもの検査があったが、今回は身体検査もあった。憲兵が彼女に近づいてきた。

憲兵たちの姿を見ただけで動揺したが、彼女は落ち着きを失わないように努めた。

彼女はやさしく相手の目を見つめた。荷物を大きく開けた。「連中は砂をつつくニワトリみたいに、荷物の中を調べた」と彼女は回想している。気持ちを奮い立たせ、自信たっぷりに笑いかけ、レニャは彼らとおしゃべりをし、視線をはずさなかったので、憲兵は身体検査まではしようとしなかった。レニャからは恐怖がまったく感じられなかったからだ。

憲兵たちは疑いを抱かずに去っていった。

それでも、演技は続けねばならなかった。

レニャはチェンストホヴァに寄って、運び屋のリヴカ・グランツと会い、情報を交換することにした。神経質で繊細で生き生きしたリヴカ・グランツは地下組織のリーダー、運び屋、オーガナイザーとして有名だった。ナチスが最初に侵攻してきたとき、リヴカは任務で港湾都市のグディニャにいた。彼女は仲間たちが船で海へ逃げるのを見ていた。彼女はナチスに追い払われるまで、そこにとどまっていた。それから急いで小さなスーツケースに荷物を詰めたが、ふとキブツにあるハーモニカに気づいた。仲間たちに多くの幸せをもたらしてきた小さな楽器への思いに圧倒され、鞄を放りだしてそれを手にとった。しかし、ウッチに着いたとき、リヴカは恥じ入っていた。生活用品はおろか、服一枚持っていなかったのだ。彼女はキブツのドアのわきにハーモニカを隠し、何も持たずに入ってきた。「何も持ってこられなかったの」と彼女は言った。のちに、仲間たちはハーモニカを発見し、喜びの源となった楽器をとっておきたかった彼女の気持ちを察した。ハーモニカはレジスタンスの伝説となった。

レニャはハーモニカの話を思い出すと、リヴカ・グランツと会ってその親切心や勇気に触れたくてたまらなくなった。しかし、それももはや不可能だった。国境の町に着くと、ゲットー全体が破壊され、焼き尽くされていて、レニャは心底震えあがった。どこにも人影がなかった。絶滅させられたのだ。

「何が起きたんですか？」レニャはどうにか言葉を発した。地元のポーランド人は数週間前、ゲットーで戦闘が起きたと語った。わずかな銃と数百の火炎瓶しかない若いユダヤ人たちが、待ち伏せ攻撃を仕掛けたのだと。ナチスから武器を盗んだ者もいた。それ以外の者は、ゲットーの台所の大樽を利用して、武器工場から爆薬の材料をあれこれ盗んでいた。何本かのトンネルも掘られた。結局、武力であっさり制圧されたが、それでも五日間も戦い続けた。多くのユダヤ人は森に逃げこんだ。森でのパルチザンの行動を恐れて、ナチスは隠れているユダヤ人を見つけるように地元の警察に指示した。警察は一人ずつ見つけていったが、全員見つけたわけではなかった。

レニャにわかったのは、リヴカ・グランツは部隊を率いていて、両手に武器を握ったまま死んだということだった。「彼女のことで心がどれほど涙を流したことか！」レニャは書いている。「彼女はチェンストホヴァのすべてのユダヤ人の母親のような存在だった」リヴカが去りたがっていたのに、町に残っているユダヤ人がそれを許そうとしなかったことを思い返した。リヴカがいっしょにいてくれれば安全な気がする、と誰もが言っていた。

レニャはあらゆる感情を押し殺して、急いで列車の駅に戻った。いまや、どうしても家に帰る必要があった。ひと晩じゅう列車は森の多い田舎を走り続けた。ひりひりする目は閉じたがっていたが、だめだめ、眠るわけにいかない、と自分に言い聞かせた。ずっと明晰な頭脳でいなくては。ちゃんと目を覚まし、警戒していなくてはならない。いつ検札がくるか、書類を調べに来るか、何が起きるかわからない。これからのことは予測がつかなかった。

しばらくたってから、レニャはイナが国境近くの検問で女性のナチス警備兵につかまったことを知った。ゲシュタポにアウシュビッツへ送られる途中、イナは列車から飛び降りて逃げた。疲れ果て、絶望し、打ちのめされて、彼女は地元のゲットーの友人のところに避難した。しかし、ナチスは彼女の首に高い値段をつけた（イナか、さもなければ二十人のユダヤ人を殺す）。そのため、ユダヤ人民兵は彼女を突きだした。今回はゲシュタポの上官が自ら彼女をアウシュビッツ行きの列車に乗せ、車両にいる彼女を襲うように犬に命じた。彼女は士官の顔に唾を吐きかけると、移送中に死んだのだった。

# 第二十二章　ザグレンビエのエルサレムが燃えている

## レニャ　一九四三年八月

ようやくレニャはベンジンに着いた。旅の道中で汚れ、疲れきって。しかし列車を降りると、目の前が真っ暗になった。ナチスが駅から乗客を追い出していたのだ。

遠くから、耳をつんざくような悲鳴や騒ぎが聞こえてくる。

「何が起きているんですか？」近くに集まっていたポーランド人にたずねた。

「金曜からユダヤ人を町から追い出しているんだ。次から次に」

その日は月曜だった。四日目だ。しかも、まだ最終日ではなかった。

「すべてのユダヤ人を追放するつもりなんですか？」レニャは自分のものではないような声でたずねた。気にしていないどころか、喜んでいるふりをしていた。物見高い野次馬のふり。これは何カ月も前から予見して恐れていたことだ、という気持ちは一切見せないようにした。

この時のことについて、のちに彼女は「わたしの心はズタズタに引き裂かれた」と書いている。

ナチスはレニャの友人全員、姉、すべての人を追放していた。みながどうなるのかは見当もつかなかったし、今後、会えるのかもわからなかった。

ゲットーは完全にナチスの部隊に囲まれていた。中に入ることは不可能だった。レニャは聞き耳を立て、噂に耳を澄まし、できるだけ観察しようとした。ゲットー内部では、ナチスは隠れ家を捜索し、その場で人々を殺していた。四日間ぶっ続けで、ユダヤ人を貨物列車に押し込み、四方八方からゲットーに発砲した。ユダヤ人民兵は負傷者や死者を乗せ、布で覆ったストレッチャーを運んでいった。通りでは、ナチスが若者たちを犯罪者のように手かせ足かせでつなぎ、蹴りつけながら列車の方に引っ立てていた。少年少女たちは逃げようとしたが、ポーランド人につかまり、ナチスに引き渡された。私服を着たゲシュタポが野犬のようにうろつき回り、書類を調べ、一人一人の顔をのぞき込み、さらなる犠牲者を探していた。

そのとき、駅の隣の空き地、柵の反対側の場所がレニャの目に入った。そこには大勢の人が立っていた。その中には友人たちもいた。ポーランド人はまるで動物園の動物でもあるかのように、その人々、「犯罪者たち」を眺めている。レニャの仲間たち、愛する人たちは、ライフルや鞭や拳銃を持った暴徒に囲まれていた。

サラはどこにも見当たらなかった。

レニャはほとんど立っていられなくなった。気を失いそうだった。できるだけ早く逃げるべきだとわかっていた。書類を調べられたら、もうおしまいだ。

「でも」と彼女はのちに書いている。「その瞬間、自分の心臓が石と化したのを知った。もっとも親しい人々の運命について知らずに立ち去ることなどできなかった」彼女は自分に唯一残された家族が死へ運ばれていくのを見ていた。ゲットーには入れなかった。「心の中で思った。わたしの人生はすべての意味を失った。すべてを奪われて、どうして生きていくのか？　家族、親戚、いまや愛する友人たちもいないのに？」レニャは人生を再建し、仲間たちのため、姉のためなら、どんな危険なことでも進んでするつもりでいた。

「心の中の悪魔が人生を終わりにしろ、とささやいた。それから、その弱さに屈辱を感じた。いやだ！　ナチスの仕事を自分から楽にしてやるつもりはない！」そして、彼女は復讐を心に誓った。

レニャはあてどもなく歩いた。もう家はなかった、どこにも存在しなかった。

彼女にはひとつの道しか残されていなかった。ワルシャワへ戻ること。でも、どうやって？　次の列車は翌朝五時まで出発しなかった。

レニャ・クキエウカは最後に残ったドロルの運び屋だった。

レニャは夜じゅう、さらに夜が明けても歩き続け、すでに午後三時になっていた。疲れ果て、記憶にある限り何も食べていなかった。頭に浮かぶのはパンのことだけ。しかし、パンは配給カードがなくては買えないので、手ぶらで店に入っていくことはできなかった。ユダヤ人だと疑われてしまうだろう。ふと、一人の知り合いを思い出した。ユダヤ人ではないロシア人女性、歯科医のヴァイスだ。ベンジンから南に六キロ半ほどのソスノビエツに住んでいた。

レニャは路面電車に乗った。車両の反対側で書類が調べられている。彼女はできるだけ遠くの駅まで乗ると、飛び降り、次の電車に乗り換えた。こうして電車から電車に何度も乗り換え、とうとう目的地に着いた。

ソスノビエツでもゲットーは包囲されていた。

やはり退去が始まっていた。ナチスがそこらじゅうにいて、叫び、発砲している。

レニャは歯科医の自宅に走っていった。

ヴァイスはドアを開け、ショックもあらわにレニャを見た。「どうやってここまで来たの?」

彼女はレニャがくずおれそうだったので椅子にすわらせた。それから、台所に行ってお茶を淹れた。

そのとき初めて、レニャは自分が気を失いそうになっていたことに気づいた。気持ちをひきしめると、ヴァイスにすべてを話そうとした。

しかし、できなかった。

喉に大きな塊がつかえていたのだ。

ふいに彼女は泣きだした。激しく泣きじゃくった。

レニャは恥ずかしかった。しかし、苦しみがあふれてきてこらえられなかった。泣かなかったら、胸が苦悩のあまり張り裂けそうだった。

ヴァイスはレニャの頭をなでた。「泣かないで」彼女は言った。「ずっと勇敢だったわね。あなたは英雄よ。あなたの勇気はわたしにとってもお手本だわ。強くならなくてはだめよ。きっと仲間の誰かは生き延びてる」

レニャは激しい空腹を感じたが、食べ物が喉を通らなかった。すでに限界を越えていたのだ。「心は死にたがっていた」と書いている。

しかし、徐々にリラックスしてきたので、数時間ほど休息をとって自分を取り戻したいと思った。生きたかった。

「わたしの家に泊まってもらえればと思ってる」ヴァイスが言ったので、レニャは安堵の息を吐いた。「だけど、ナチスが頻繁に家に入ってきて、ユダヤ人が隠れていないか探すの。ナチスがこの一帯にまで来ているなら、必ずここにもやって来る。わたしはロシア人だから、すでにユダヤ人とつながりがあるんじゃないかと疑われているの」彼女はため息をついた。「許して、でも、命の危険は冒せない」

レニャは耳を疑った。これほど意気消沈して怯えているときに、どこに行って夜を過ごせばいいのだろう？　鉄道駅では書類が調べられるだろう。通りは危険すぎる。町には誰一人知り合いがいなかった。

ヴァイスは道中の食べ物をくれ、涙ながらに幸運を祈り、またレニャに赦しを乞うた。「本当にごめんなさい」

レニャは行く当てもなく安息の場を出た。「足のおもむくままに歩いていった」と彼女は回想している。

町を出て、寂しい森に近づいていった。昼間の光が再び黄昏に変わりかけていた。月の明るい夏の夜だった。月の光が彼女の顔を照らし、星が目をきらめかせた。レニャは両親、きょうだい、仲間たちの姿を見た。まるで隣に立っているかのように、悲しみにゆがんだ顔が見てとれた。苦難の跡が全身に刻まれていた。レニャは彼らを抱きしめようとした、愛情こめて胸に引き寄せようとした。しかし、幻は薄れていき、映画の画面の姿のように消えてしまった。レニャには抱きしめるものはもう何も残っていなかった。

自分の人生を振り返った。「誰かに重荷を負わせたことがあっただろうか？　大きな罪を犯しただろうか？　人を殺しただろうか？　なぜこんな苦しみが与えられるのだろう？」

ふいに木々のあいだに男の姿が見えた。こんな夜遅くに誰だろう？　人影はこちらに近づいてくる。背筋が凍りついた。男は酔っ払っていて、地面にすわりこんだ。レニャはあとずさった。男はまた近づいてくる。獲物を狙う動物のように目がぎらついている。彼女に何か叫びはじめた。怒りと敵意が入り交じった言葉だ。レニャは叫ぶことも走ることもできなかった。たとえ叫んでも誰にも聞こえない。男は彼女を追ってきた、ほしいものを手に入れようと迫ってきた。

ユダヤ人女性に対する性暴力は、屈辱を与えることからレイプまでさまざまだが、ホロコーストのあいだに広く蔓延していた。初期の戦争の回想録には性暴力について触れられていたが、戦後はこうした話は沈黙させられた。インタビュアーも、その質問をあえてしなかったし、進んでそれについて語られることはめったになかった。被害者は加害者の名前を知らないことがほとんどで、多くの女性たちはレイプされたあとに殺された。あるいは、あまりの屈辱で口にできなかったか、結婚できないのではないかと恐れたせいもある。その問題を提起した女性たちはたいてい信じてもらえなかった。慰められるどころか、公にすることを阻止されたのだ。

ナチスは強制収容所近くに公式な売春宿を設けた。五百人以上の売春婦がナチスの士官、兵隊、特権のある囚人のために奉仕していた、と書かれた資料もある。女性囚人は性の奴隷になるように強要された。法律では、ナチスの看守が囚人と、とりわけユダヤ人と関係を持つことは禁じられていたが、実際はちがった。とりわけ東部ではナチスは個人的に性の奴隷を囲っていた。収容所のドイツ人司令官やポーランド人上官は、ユダヤ人女性をもてあそび、妊娠させた。ある例だと、美しいユダヤ人女性たちがナチスの個人的なパーティーで裸の召使いとして奉仕し、パーティー後に客たちにレイプされ、大半は殺された。ワルシャワのあるナチスは、ゲットーの美しい娘のいる家に霊柩車で乗りつけた。彼は娘をレイプし、その場で殺した。きれいなティーンエイジャーは顔に練り粉を塗りつけて、醜く見せていた。ナチスは処刑場で殺されようとしている女性たちをレイプした。エイシシュケスの村では、地元のポーランド人がきれいな未婚のユダヤ人女性のリストをナチスに渡した。女性たちは近くのやぶに連れて行かれ、ナチスに集団レイプされ、虐殺された。ルブリンの強制労働収容所では、あらゆる年代のユダヤ人女性が殴打され、拷問され、飢えさせられ、際限なく働かされた。仕事のミスが発覚すると、グループの女性全員が下着を脱ぐように言われ、ナチスは棒で股を何十回も打擲した。

ユダヤ人同士のあいだでも、似たようなことがおこなわれた。スカルジスコ゠カミエンナの強制労働収容所では、マイダネク強制労働収容所から移された裸足の少女たちは「買える品物」だった。また男性強制労働収容所のエリートと「親類」になり、いっしょに小屋に移り住む女性もいた。パルチザン部隊と同じように、中流階級のユダヤ人女性とユダヤ人村の「靴屋」のあいだの恋愛は、女性に庇護を与えた。なかには戦後も続いた関係もあった。ゲットーでは、セックスはパンと交換できる商品だったのだ。

ハシャ・ビエリツカの話だと、グロドノ近くの強制労働収容所で、司令官に美しいと認められたユダヤ人女性たちはイブニングドレスを与えられ、ナチスのパーティーに連れていかれた。全員が交替で、招待客全員の前で一人の男性と踊るように命じられた。そこへ、いきなり司令官が近づいてくると拳銃を引き抜き、その女性の頭を撃ち抜いた。「舞踏会の会場に広がった恐怖と氷のような静寂、それに女性の肌に張りついたドレスを想像することしかできなかった」ハシャはのちに語っている。「ダンスフロアに導かれたとき、女性たちはよくぞ脚が震えたり、膝がガクガクいったりしなかったものだと思う」

強制労働収容所に入るための手続きは、それ自体が性暴力だった。女性たちはシャワー室に押しこめられ、見知らぬ男性やナチスの看守の前で服を脱ぐように命じられる。新しい女性囚人たちは子どもや家族を奪われ、燃えている肉の臭《にお》いを嗅いだばかりだというのに、ナチスは猥褻な言葉を口にし、スタイルについて意見を言い、胸を鞭でつつき、犬をけしかけ虐待した。頭は剃られ、体じゅうの開口部が調べられた。ヴァギナに宝石を隠していないか調べるために、ナチスは裸のユダヤ人女性に婦人科の検査をした。女性は受胎と妊娠に関連した「医学的」実験の対象にもされた。ナチスの看守はユダヤ人女性たちの前で何人かの女性たちと性的行為をおこなったり、拷問をしたりした。

ユダヤ人ゲットーのリーダーの中には、移送を免除してもらうためにナチスにユダヤ人女性をあっせんして性暴力に加担した者もいて、何人かの女性はゲットーのリーダーを性的虐待で告発している。ある記事によると、リヴカ・グランツはウッチのユーデンラートのリーダーに性的虐待を受けて仕事を辞めたそうだ。他の記事では、この男は他の女性も虐待しようとしたという。

ユダヤ人を守り、かくまってくれた憲兵の中には、そのお返しにセックスを求める者もいた。恐喝者は金ばかりかセックスを、あるいは金の代わりにセックスを要求した。クラクフのレジスタンス活動家のアンカ・フィッシャーはアーリア人地区でアパートと仕事を見つけたが、脅迫を受けた。性的奉仕をしなければ、ユダヤ人だと密告すると脅されたのだ。彼女はそれを拒否し、じきに逮捕された。隠れ家にいたティーンエイジャーの女の子は、妹たちを守るために性的な命令に従うしかなかった。セックスは彼女たちが持つ唯一の貨幣だったし、殺されないように守ってくれるものだったからだ。たとえ一時的とはいえ。

逃亡中のユダヤ人女性までが性暴力を経験した。十五歳のミナ・ステルンは、ある日、ゲットーにはもううんざりだと思って、強制労働の仕事から逃げだした。気がつくと森をさまよっていて、ユダヤ人だと目をつけた二人の農夫から逃げようとして、さらに森の奥深くに入っていった。夜になると、どこにも隠れるところはなかった。ふいに三人の男がのしかかってきて、集団レイプされた。「何をされているのか、まったくわかりませんでした。セックスについてほとんど知らなかったのです」と彼女は回想している。「恐ろしい虐待を加えながら、連中は獣みたいにわたしを噛みはじめたんです。腕に噛みつかれ、乳首も噛み切られました」ミナは意識を失った。彼らはミナが死んだと思ったにちがいない。しかし、彼女は血を流しながらショックと痛みで目を覚ましたものの立ち上がれなかった。何年もたって妊娠して死にかけたとき、初めてミナは連中が自分の臓器に与えた損傷について知ったのだった。

絶望と疲労にもかかわらず、暗黒の森でレニャは頭をはっきりさせておかねばならないと考えた。男はじりじり近づいてきて、あれこれ質問を始めた。レニャはたどたどしい答えを返し、精神遅滞者のふりをした。

そのあいだじゅう、もう歩けないと考えていた。すでに午前一時だった。時間は貴重だった。彼女はゆっくりと男と距離をとっていき、いきなり走りだした。

彼はあとを追ってきた。

残っていたエネルギーを振り絞って、一軒の家に飛びこんだ。開いたドアから建物に滑り込み、暗い廊下に入った。息を詰め、階段の下に「追われた犬のようにうずくまっていた」

朝になると、レニャは疲れた体をひきずってワルシャワに出発した。

# 第三部
## どんな国境をも越えていく

彼女たちはあらゆる準備をしているし、どんな国境をも越えていくだろう。

——ハイカ・グロスマン、『ゲットーの娘たち』から「抵抗運動をする女性たちについて」

# 第二十三章　隠れ家からその先へ

## レニャとハイカ　一九四三年八月

家はない。住所がなく、精神的な拠り所もない。一時しのぎの住まいもなければ、パンもない。家族はいない。友人もいない。仕事もなく、金もなく、身分証明書もない。祖国はない、一族の千年の遺産以外には。自分を待っている者はなく、誰も自分がどこにいるか気にしていない。生きているかすら、誰も知らない。

しかし、生き延びた者は進んでいかなくてはならない。生き続けなくてはならない。

とうとうワルシャワにたどり着き、アンテクの連絡係にかくまわれたとき、レニャは疲れきっていた。「ひと目わたしを見たとたん、何があったのか、どんな知らせをベンジンから持ってきたのか、みんなが悟った」誰にも彼女の心を落ち着かせることはできなかった。レニャは今にも正気を失いそうな気がしていた。

毎日、レニャはベンジンからの知らせを待ち続けた。

友人たちは、愛する人たちは、姉はどうなったのか？

いまやザグレンビエの蜂起はなくなり、これからどうしたらいいのか？　レニャは自分の立ち位置を知り、今後の行動を決めたかった。

三週間かかったが、ついにイウザ・ハンスドルフから葉書が届いた。「ベンジンにすぐに来てください」レニャは一語一語を咀嚼するように読んだ。「こちらに着いたら、すべてを説明します」

すぐにレニャはアンテクに連絡して、旅の支度をした。地下組織はとてつもなく高価な偽の旅行許可証を与え、さらに誰かがベンジンで生きていたときのために追加で二枚の許可証も渡した。予想外の必要が生じたときのため数千マルクも渡された。恐喝者、警察の賄賂、避難場所、食べ物、備品などのためだ。

また列車に乗った。レニャはイウザの葉書の住所に着いた。そこはキブツの洗濯場で働いていたポーランド人修理工の家だった。彼はドロルのメンバーたちと連絡をとり続け、ずっと助けてくれていたのだ。全員が彼の住所を知っていた。

ドアが開くと、ひどくやせてやつれた男女がテーブルについていた。だが、二人ともレニャを見て喜んだ。

夫婦はメイル・シュルマンと妻のナハだった。メイルはレジスタンスのメンバーではなかったが、献身的な友人だった。ずっとキブツのすぐそばに住んでいた。とても有能な人間で技術的な知識があり、隠れ家を作ったり、秘密の無線を設置したりするのに手を貸してくれた。壊れたり消耗したりした武器をきれいにし、修理もしてくれた。爆弾を作るようにワルシャワの同志から指示されたとき、必要な材料を買ってきてくれたのはメイルだった。偽のゴムスタンプを作り、偽金を印刷しようとまでした。

今、その彼がここにいるなら、どうしても知りたい質問に答えてくれるにちがいない、とレニャは期待した。みんなはどこにいるのか？　移送のあいだに何が起きたのか？　闘士たちはどうなったのか？　サラは？

ハイカ・クリンゲルの視点からの物語はこうだ。

数週間前の日曜、朝の三時に銃声が響いた。

ハイカですら驚いた。ナチスが休日をだいなしにするとは信じられなかった。全員が飛び起きた。ズヴィ・ブランデスは隠れ家の薄板を持ち上げ、ひとつかみの武器を取り出した。「どうしてそれしかないの？」ハイカはたずねた。

こういう事態を予想していなかったことがわかった。ほとんどの武器は別の場所に置いてあり、ヘルシェルのドロルの隠れ家には、ひとつも保管されていなかった。ハイカは怒りを爆発させた。「防衛のことを考えていたっていうのに、何ひとつ武器がないわけ？……移送されるわけにはいかない。思い切った行動に出なくちゃ。一発だけでも発砲すれば、何かが起きる。何かを起こさなくちゃ」いっしょにいたワルシャワゲットーの闘士の一人が武器を手にとり、それが汚れていることに腹を立て、手入れを始めた。

全員が下に降りた。パンと水を手にすると、オーブンの入り口から二十人がドロルの隠れ家に入っていった。

そこは狭く、まだ完成していなかった。耐えられないほどのぎゅう詰めだった。入ると、オーブンのドアに鍵をかけた。小さな穴から空気が細く流れこんでくるだけだった。バケツもなかった。ハイカは屈辱に腹を立てた。眠る場所で排泄をしなくてはならないなんて、拷問よりもひどいことに思えた。

その隠れ家は二本の通りの交差点の下にあった。ナチスは何度も建物に入ってきて、上階を探した。床をつるはしで壊し、オーブンを開けようとした。さらに地面を掘り返しはじめた。ズヴィは銃をかまえ、ワルシャワの闘士に戦いの準備をするように言った。「逃げろ」彼はみんなに言った。「成功すれば、けっこう。失敗すれば、最悪だ」

全員が息をひそめていた。今にも隠れ家は吹き飛ばされそうだった。ひっきりなしに銃声が響いている。

これが丸三日間続いた。一日に十回も。

外から声がしなくなった。他のZOBの隠れ家とは連絡がとれなかった。自分たちが最後のユダヤ人なのではないかという恐怖が込みあげてきた。ズヴィはドロルのキブツを調べに行くことにした。ハイカと仲間たちは彼の身を案じた。彼は愛すべきリーダーで、尊敬する兄であり父親だった。

彼は出ていった。ハンマーやつるはしの音が響くぞっとする一日が過ぎた。ナチスはすぐそばで三時間作業をして床を半分壊し、出てこいと呼びかけた。パニック。ハイカはありったけの力を振り絞って、みんなを落ち着かせた。「うつぶせになって」みんな従った。「とっさに指揮をとった」とのちにハイカは書いている。「ひとつだけ期待が持てた。連中の怠惰さだ。案の定、思ったとおりだった」ナチスは去っていった。

ズヴィが戻ってきたのでほっとした。しかし、食料は充分になかった。水もなくなりかけていた。彼らはハッチを開けた。銃声が聞こえた。誰かが廊下にいる。動けなかった。しかし、水がなければ死ぬだろう。オーブンのドアを開けると大きくきしみ、全員がすくみあがった。いつものようにズヴィがもう一人といっしょに出ていき、水を持って戻ってきた。

しかし、この地下牢であとどのぐらい耐えられるだろう？　あまりにも息苦しく、日ごとに人々は弱っていった。まさにそこは地獄だった、とハイカは語っている。

喉の渇いた人々が半裸でボロ切れの上に横たわっていた。「すぐ隣にはたくさんの脚があり押しつけられ、手は汗ばんでべとついていた。しかも、ここで愛を交わしている人がいた。それが二人にとって最後の機会になるかもしれない。せめて、さよならを言わせてあげたかった」

翌日、またもや水がなくなった。今回は地面の上から何も聞こえてこなかった。ナチスは水の供給を止めたのだ。ズヴィの妹のペサはヒステリー状態になり、声を限りにナチスにもう殺してくれ、と叫んでいた。全員が彼女を静かにさせようとしたが、うまくいかなかった。

ズヴィはドロルのキブツに移動する必要があると判断した。まず彼のガールフレンドのドラとカシャという女性が行った。さらにズヴィと妹も。ハイカはスルーレクという仲間といっしょにオーブンからこっそり外に出ていった。最初のうち道路は人影がなかった。だがいきなりロケット弾が通り全体を照らしだした。銃声が響き、閃光が走り、あらゆる方向から爆弾の破片や石が飛んできた。それらは土をえぐった。ハイカの鼓動が激しくなった。こんなふうに死ぬのか、何もせずに、戦わずに逃げるときに、通りで一人きりで？　惨めさと孤独は耐えがたかった。しかし、人生で楽しいことも経験した、と地面に伏せながらハイカは自分を慰めた。仲間がいて深い絆を結んだし、ダヴィドとすばらしい時間も過ごした。自分も撃たれて死ぬのだ、夫と同じように。「残念ね」ハイカはつぶやいた。

だが、どうにかハイカは近くの建物まで這っていき、部屋に入った。自分の体を触ってみた。まだ生きている。彼女とスルーレクはお祝いにキスをし、水を飲んだ。二人はどうにかドロルのキブツまでたどり着いた。全員が顔を揃えていた。二十人以上いた。

ズヴィの妹は上の部屋に入れられていた。開けたスペースで落ち着いてくれることを祈ったが、彼女はまだヒステリー状態だった。ドイツ兵が彼女を見つけた。

ズヴィがドイツ兵を背後から撃った。

「最初の一発で仕留めた。とても誇らしく、とてもうれしかった」とハイカは書いている。だがハイカの喜びはすぐに消えた。一人は倒したが、あっという間に大勢の仲間が殺されたのだ。「みんなでいっしょに行動し、こんなふうに八つ裂きにされるつもりではなかった。何かを成し遂げるつもりだった。すばらしいことを。そのことで体の奥から怒りと悲鳴が込みあげてきて、体の中を切り裂いた」とハイカは続けている。

この新しい隠れ家、メイルとナハが避難していた場所は、ハイカが出てきた場所よりもひどかった。持ってきた銃は二挺しかなく、その隠れ家には大勢が詰め込まれ、全員が汗まみれで、半裸か寝間着で歩きまわっていた。あるいは死体のように床にころがっていた。ハイカはろくに息ができず、扇風機が送ってくる風に当たっていた。ただし、本物の台所があり電気調理器があった。大半が無気力だったが、ドロルの医師、ハフカ・レンツネルはセモリナ粉を調理してくれ、グループのメンバーたちはレニャの姉のサラも含め、パンの代わりに温かいランチにありつけた。ハイカはハフカが好きだった。ハフカは熱いコンロのわきに立って料理し、仲間たちの面倒を見て、傷を手当てし、皮膚に塗るタルカムパウダー〔汗止めパウダー〕をくれ、シラミがつかないように体を洗ってねとアドバイスしてくれた。「彼女を見ているととても気分がよかった」とハイカは楽しげに回想している。「とても清潔で親切だった」

ただ、「最後の息は戸外で吸いたかった。空をもう一度見上げたかった。思い切り水を飲み、空気を吸いたかった」息苦しさも喉の渇きも暗闇も耐えがたかった。

夜になると、ハッチを開けた。ハイカは外に出て空気に当たると心が高揚した。「新鮮で健康的な空気」を思い切り吸い、できるだけ体にとり込み、あとあとまで保存しておきたいと思った。

ふいに銃声が響いた。

ロケット弾が建物を照らした。ハイカはあとじさった。それから臆病な自分に腹を立て、あえて表を歩いた。小屋から明かりがもれているのが見えた。ナチスがユダヤ人を列車に乗せている移送センターだ。サーチライト、監視塔。逃げることは不可能だ。さらにロケット弾。ハイカは大きな声で笑った。これが前線なのだ。喉が渇き武器も持たず、隠し部屋にこもっているユダヤ人相手に、ナチスは必死で戦っている。もちろん、彼らは戦いに勝つだろう。

男たちが水を持って戻ってきた。そのために命がけで行動したのだ。ハイカは次こそ自分がいっしょに行くと決意した。全員が地下に戻った。新鮮な空気を吸った方がいいと思っていたが、すべてをいっそう辛く感じさせただけだった。というのも、地下では何も吸わないようにしなくてはならなかったからだ。しかも、隠し部屋の中は騒々しかった。女たちはハッチを開けたままラグのことでもめていた。なんて馬鹿げているのだろう？　ハイカは怒りのあまり涙が出てきた。

一人の仲間が情報を得るために出ていった。何時間もして、彼は息を切らしながら戻ってきた。数人のユダヤ人が残って、ユダヤ人の所持品を整理するために設けられた清算作業所で働いている、と報告した。

残りの人間はどんどん減っていた。もはや、ぐずぐず先延ばしはできない。ハイカはズヴィかヘルシェル・スプリンゲルといっしょに脱出したかったが、アリツァ・ズィデンフェルトは延期し続けていた。ズヴィの弟か妹と出発してもいい。そうするべきだろうか？　今すぐに？　どこからともなく悲鳴が聞こえた。ナチスがそばにいる。石炭をひっかいている。ハッチを開けようとしているのだ。

ついに発見されてしまった。

逃げた仲間は作業所を管理しているヴォルフ・ボムと計画を立てていた。ボムがユダヤ人を一人送り込み、みんなを隠し部屋から出して作業所に連れていく。ただし、ドイツ兵二人が同行する。

ハイカはその取り決めを知らなかったので、どうして隠し部屋が発見されたのか理解できなかった。

全員が荷物や書類鞄をつかんだ。そして、女性と子どもたちがまず外に出ると決めた。ハイカは裸の体にドレスを着た。靴はなかった。メイルとナハは二番目の出口を開け、ハイカが二人のあとから外に出ようとしたとたん、あわてて閉めた。たくさんの警備兵が外にいたのだ。

ハイカは外に出たが、すぐに戻ってきた。ドイツ兵がヘルシェルはいるかとたずね、全員が一斉に出てくればロスナーの工場近くの通りに連れていく、と言ったからだ。ハイカはおそらくボムがその取り決めをしたのだろう、と推測した。ひと筋の希望が見えてきた。しかし、銃はどうしたらいいいだろう？　ズヴィはメイルに銃を持って出ていけ、と怒鳴ったが、彼は拒否し、寝台の下に隠れた。みんな急いで外に出ていった。ヘルシェルは大金をみんなに分配した。

ハイカは外に出ていった。三人の兵士が入り口に立っていた。彼らはユダヤ人一人ひとりから、すべての金を奪った。アリツァは青ざめながら、ロスナーの工場近くの通りに移動することについて静かにたずねた。ハイカは現金をどうしようか迷った。このままではナチスにすべての蓄えを奪われてしまう。どこかに隠せるだろうか――下着の中とか？

隣にいたペサがささやいた。「銃はどうしたらいい？　女性は調べないだろうからって渡されたんだけど」ハイカは恐怖に凍りついた。誰がそんな馬鹿なことを考えたのだろう？

ハイカは銃を石炭の中に隠すように言った。だが銃のことで注意がそれ、その隙に有り金をドイツ兵にとられてしまった。

そのとき一人の兵士が石炭のそばに行き、手を突っ込んで血まみれのバッグをひきずりだした。銃だ。

兵士はわめいた。「おい、われわれを攻撃するものを持っているんだな！」

女性たちは泣きはじめ、訴えた。「わたしたちのものじゃないです。誰かが置いたんです」

「なんてやつらだ。助けてやろうとしたのに、おれたちを殺そうとしていたとは」

もはやおしまいだった。ハイカは隠し部屋に戻った。ズヴィはあせっていた。もうひとつの銃も見当たらなかった。彼はそれを書類鞄に入れておいたのだ。全員が必死に探していた。

ワルシャワから来た男が戻って来た。「全員を地面に寝かせている。きみが出てこないなら、全員を殺すと言っている」

沈黙。

「おれが犠牲になる」ズヴィは言った。「おれが出ていく」彼は出ていった。

メイルとナハは動こうとしなかった。ハイカは決意した。いいわ、あたしも行く。

十二人の人々が両腕を広げて地面に横たわっていた。ハイカはそれに加わった。

「中にまだ誰かいるか？」

ヘルシェルにチェックに行かせた。「誰もいない」彼はメイルとナハのことを告げようとしなかった。

ドイツ兵が書類鞄をとりあげると中に手を入れた。銃だ。彼はそれを取り出し、笑いだした。

「おまえらのものじゃないな？」さらに書類鞄を探って、アリツァの写真を見つけた。「写真を残しておくとはずいぶんまぬけだな」彼らはせせら笑った。

アリツァは訴えた。「あたしのものじゃありません」

ハイカは怒りがふくらんだ。せめてアリツァには勇敢にふるまってもらいたかった。

すると、彼はハイカを指さした。「それから、これはおまえのものだ」

運命が裁きを下したのだ、とハイカは思った。「え、あたしのですって？」

彼は何も言わず、ハイカを二度蹴りつけ、棒で殴りつけた。ハイカは悲鳴をあげ、相手がひどく怒っているのに気づいた。

ハイカは地面から見上げ、空を見るのもこれが最後だと思いながら、すべてを目に焼き付けた。

ドイツ兵は全員に立つように命じた。ハイカは靴をはくことも、鞄を持つことも禁じられた。服は地面に横たわったせいで泥まみれだった。

ハイカはしんがりを歩くように命じられ、ライフルの床尾で殴られた。「おれがすぐに息の根を止めてやる」一人の兵士が言った。

もう一人の兵士がたしなめた。「手を出すな。勝手に何もするんじゃない」

一列で彼らは小屋の反対側の広場に着いた。兵士たち、士官たち。全員が指さしている。

アリツァは泣きながら懇願していた。

「馬鹿ね、落ち着いて」ハイカは声をひそめて言った。「威厳を保って」

ゲットーは閑散としていた。アクチオンが一週間続いていたせいだ。ユダヤ人粛清の訓練を受けた兵士たちが、隠れ家からユダヤ人をひきずりだすために召集された。ユダヤ人は屋根つきの家畜用列車に乗せられた。ただしユーデンラートは二輪馬車に乗った。みんな逃げようとした。ロスナーは五百人のユダヤ人をかくまっていたが、全員が捕まった。数人のユダヤ人は労働収容所に送られ、少数のグループがカミオンカに残され、ゲットーの部屋の片付けに従事していた。移送者は小屋に閉じこめられていたが、その中では自由に歩き回れた。だが、レジスタンスグループは外の地面にすわらされて動くことを禁じられ、警備兵によって調べられた。

ハイカは人々が「野生の動物のように水バケツに飛んでいく」のを見ていた。喉の渇きは耐えがたかった。ずっとまともな水がなく、雨水や尿ですら飲んでいた。怯え汚れきった老人や子どもたちがハイカは気の毒でならなかった。

ユダヤ人はナチスに賄賂をあげて仕事をもらおうとしたが、賄賂として差しだせるものはもう何もなかった。ハイカのグループはボランティアを申し出たが無視された。ハイカは生きたかった。でも、どうしたらいい？　奇跡は信じていなかった。

ナチスは彼女とアリツァを呼んだ。

これでおしまいだ。処刑されるのだ。

「さよなら」ハイカは告げると、頭をもたげて堂々と歩いていった。

民兵がいた建物に二人は連れていかれた――今では閉鎖されていて誰の目もなかった。まずアリツァが中に入っていき、ハイカは外で待つように言われた。ユーデンラートの事務員が通りかかり、怯えた顔になった。「ここで何をしているんだ？」

「別に何も」ハイカは答えた。「あいつらはあたしを殺したがっているの」

「またどうして？　何が理由で？」

「隠し部屋で何か見つけたのよ」

彼はリンゴをのせたトレイを運んでいた。ハイカはゆっくりと腕を伸ばし、ひとつとると、かぶりついた。頭がどうかしたのか、と言わんばかりに、彼はハイカを見た。彼女はリンゴの芯を地面に投げ捨て、最後の瞬間に言おうと思っていたせりふを練習した。「人殺しども、いつか報いを受ける日が来るだろう。われわれの一族は恨みを晴らす。おまえの最期はすぐそこだ」

ハイカは部屋に入っていくときに悲鳴をあげそうになったが、そのあたりは人気がなく、誰も聞いていないだろう。他の人々のために自制した。命じられてはいなくても無言を貫こうと決意した。そして、自己批判をしていよう。

アリツァは部屋の隅にいた。血まみれだった。激しく殴られ骨が折れていた。

これから拷問をされるのだと悟った。

横になるように命じられた。司令官がやって来た。殴り殺すつもりなのだ。殴打が始まった。全身が打たれた。激しく容赦なく。さらに頭も殴られた。叫ぶまいとし、「ちっぽけなユダヤ人女性に何ができるかを見せてやろうとした」

しかし、彼女は容疑を否定し、悲鳴をあげて無実を訴えた。

「この銃が誰のものか言え、そうすれば解放してやる！」彼らは叫んだ。

「知らない」ハイカは叫んだ。「無実です。ママ！　ママ！」

ようやく彼らは手を止め、アリツァの方に戻っていった。「わたしは卑劣な動物だったにちがいない」ハイカはのちに書いている。「何もしなかったからだ」自分の顔を覆っているだけで、友人を殴りつけている彼らに刃向かったりしなかった。しかし、とてつもない痛みを感じていた。同時に、ひねくれた喜びも。きっとまだ耐えられるという喜びだ。

一人の兵士がハイカの方に近づいてきた。「長身でやせたグレイハウンド」で、「よく見かける詮索屋の目つき」だった、とハイカは書いている。ハイカは彼を小馬鹿にした目つきで見た。そのせいで彼はハイカを殴ったように思えた。

頬、顔、目。血が噴き出した。「少しずれていたら、片目を失っていただろう」彼はやせた腕をハイカの細い首に回し、締め上げた。彼女は息ができなくなりはじめた。そのとき腕がはずれた。「人が死ぬ瞬間を知りかけた」と回想している。「かねがね、どんなふうに死の苦悶を感じるのか興味があった」彼はハイカを窒息させるのを中止し、アリツァとハイカは外に連れだされた。アウシュビッツという言葉が聞こえた。

ハイカはよろめきながら仲間のところに戻った。彼女とアリツァを見るなり、みんな泣きだした。みんなはハイカをすわらせようとして、タオルやシャツを差しだした。彼女の体は「石のように、ゴムのように固く、真っ黒だった。青いのではなく黒かった」と説明している。「すわるのではなく、わたしは猫のように丸くなってペサに寄りかかった」コートもなく、靴もなく、ストッキングもなかった。暗くなってきて寒かった。兵士たちは古い家具を切って燃やしていた。

ふいにズヴィが立ち上がった。

彼はすごい勢いで走りだしたので、ハイカは目で追えないほどだった。

逃げていくんだ！

兵士のあいだにざわめきが起きた。銃声、逃亡。司令官は激怒してわめいた。「やつを追って、連れ戻せ、生きていようが死んでいようが」

何分か過ぎた。ハイカの鼓動は速くなっていた。兵士たちが戻ってきた。すでに暗くなって顔は見えなかったが、一人が言うのが聞こえた。「もう仕留めました！　おれが捕まえました！」

ハイカはそんなの嘘だ、と自分に言い聞かせた。ほらを吹いているだけだ。しかし、心の底ではズヴィが死んだとわかっていた。最高の仲間を失ったのだ。仲間であり本物のリーダーを。大切な大切な友人を。

彼の妹と弟が隣にすわっていた。「あの人たちは何と言っているの？」

「わからない」ハイカは嘘をついた。心の中は空っぽになっていた。「ノックされたら、こだまが帰ってきただろう」

暗闇にすわり、ハイカは兵士たちの生活について、逃亡の可能性について、アウシュビッツについて考えていた。絶対に行くまい、と決心した。列車を飛び降り、自分をまず撃とう。トイレに行ったときに洗濯場にそっと這っていくことを考えた。しかし、警備兵がすぐそばにいた。勇気がなかった。ズヴィのことを思った。明日ではもう遅すぎるだろう。

朝になると、また拷問が再開された。食べ物はなかった。水を懇願した。通り過ぎるユダヤ人が少しでも水をくれないかと期待したが、みんな目をそむけて近づいてこなかった。これが自分の命をかけようとした国なのか？　そのとき、改めて気づいた、ナチスのせいで、みんなこうなったのだ。

ついに兵士は哀れに思ったのか、水と、子どもたちのためにわずかな食べ物をくれた。

午後になると、ナチスがやって来た。四人の男を連れていった。ハイカは一度に四人ずつ処刑するのだと思った。

しかし、そうではなかった。男たちは何かを運んできた。

ズヴィの遺体だ。

ナチスの力を見せつけるためだ。

妹はうめき声をあげていた。ハイカはそれをやめさせようとした。誇り高く、ナチスの顔をにらみつけてほしかった。

しかし、何かがハイカの中で猛り狂っていた。「頭皮の感覚がなくなった。毛の根元が灰色になった気がした」ズヴィを運んでいる男たちは今にもくずおれそうだった。ズヴィの顔はひどい有様だった。「体はすっかり変形し、穴だらけだった」愛する高潔な友。ヘルシェルはすすり泣いていた。

男たちが穴を掘るために狩り出された――自分自身の墓を掘るのだ。一日に十度、ナチスは自分たちを殺しに来る、とハイカは思った。「待機は死よりも辛かった」夜になると、命令が下された。ハイカは移送待ちの小屋に入ることになった。他のユダヤ人といっしょになるのだ。そして、明日、アウシュビッツに移送させられるのだろう。

ハイカは恐怖に鷲づかみにされた。アウシュビッツに行くべきなのか？　どうしてこれまで待っていたのだろう？　少なくとも外にいれば、逃げるチャンスはあった。人混みにまぎれて逃げる？　ヘルシェルは彼女を慰めた。移送はそんなにすぐに実行されないだろう、と。

朝になると、ユダヤ人は自分のタオルを持って顔を洗った。まるで当たり前の一日のように。ハイカはいきりたっていた。お願いだから、抵抗して！　窓から飛び降りて……どうしてみんな落ち着いているの？　噂だと列車は十時に来るらしいのに。

それとも、たんに自分自身を責めているのか？　とっくに逃げるべきだったのだ。

ハイカは移送者の中に機略に富んだ少年ベレクを見つけた。ハイカは彼を信じた――正直な目をしていたからだ。彼はいつも労働部隊に入っていて、その日も出ていく予定だった。彼は役に立とうとして、女性たちを調理場に連れていこうと言ってくれた。ただ、ハイカの傷だらけの顔はいっしょに行くには目立ちすぎた。少年たちが仕事に出かけたので、いっしょに行くようにヘルシェルを押しやった。だが、彼はハイカと残った。

もうすぐ十時。ベレクは移送待ちの小屋の隣で馬といっしょに立っていた。

ハイカは絶好の瞬間をただひたすら待っていた。ふいに人波が動いた。ベレクがハイカにウィンクした。

逃げろ。

彼女はそれに従った。彼のところに歩いていった。

「調理場の建物に行け」彼はささやいた。

「いっしょに来て」

「だめだ。一人で行け」

ハイカは行った。

兵士がドアの前に立っていた。

彼はハイカを入れてくれた。

アリツァ、ペサ、ハフカ、ワルシャワからの男、それにサラ——レニャの姉——がハイカといっしょに調理場にやって来た。民兵はヘルシェルを連れに行った。そのとき司令官が現れた。顔を見たら戻されるとハイカは覚悟した。アリツァは隠れてしまった。しかし、ハイカは隠れなかった。もう、うんざりだったのだ。

「司令官はじっとハイカの顔を見ていたが、首を振った。「新顔どもか」彼は言った。「まあいい、残ってよし」

十時に、移送列車はアウシュビッツに向かって出発した。ヘルシェルは他の人たちといっしょに去った。「なんて妙なのだろう」とハイカはのちに回想している。「小屋から二分歩いて調理場に来たことで、アウシュビッツから、死から救われたのだ。わたしたちの人生はなんて不思議なのだろう！」

他の人々が隠れ家から連れだされたあと、メイルとナハのシュルマン夫妻は寝台の下に数日隠れてから、このポーランド人修理工の家に逃げてきたのだ、とレニャに話した。「少しお金は持っていた」彼は言った。「だけど、それがなくなったらどうなるだろう?」ハショメル・ハツァイルの女性二人が民兵に変装して、まだベンジンにいることは知っていた。シュルマン夫妻はそれ以外は何も知らず、調理場に移動した女性たちのことも知らなかった。

レニャが一九四〇年代に書いた記録には、姉のサラについては言及されていない。おそらく、保安の理由からだろう。もしかしたらレニャはすっかり打ちのめされて、姉について書けなかったのかもしれない。あるいは常に近親者よりも仲間を優先する信念を忠実に守ったせいかもしれない。しかし、サラはどうなったのか?　死んだのか?　他にも生き延びたクキエウカ家の家族はいたのか?　それともレニャはひとりぼっちになったのか?

レニャは正気を失いかけていた。

だが、幸いちょうどそのとき、イウザ・ハンスドルフが修理工のアパートにやって来た。泣きながら彼女はレニャを抱きしめ、言葉が口からあふれでた。「フルムカが死んだ。仲間たちが死んだ」イウザはレニャに別の隠し部屋での話をした。「闘士たちの隠れ家」は、斜面の小さな家の地下にあった。フルムカと六人のドロルの仲間たちは、この家の下に作られた、とてもうまくカモフラージュされた地下室で暮らしていた。仲間うちでも最高の建物で、入り口は壁に巧みに隠され、電気、水、暖房も備えていた。

七人は外の物音をすべて聞いていた。ドロルのリーダー、バルク・ガフテクは小さな割れ目のわきに立ち、隠れ家を守っていた。いきなりドイツ兵たちの声が聞こえた――すぐ上に立ち、大声でしゃべっている。割れ目からもれる光に気づいたのだろうか？　思わず怒りに駆られ、バルクは叫んだ。「倒れる前に報復してやる！」そして撃鉄を起こすと、開口部から撃った。二人のドイツ兵が地面に倒れ、その大きな体の重みで地面が揺れた。

彼のガールフレンドは背後からバルクをきつく抱きしめた。二人の骨の鳴る音が聞こえるほどきつく。

銃声は注意を引いた。ナチスの一隊があわてて家を取り囲んだが、あまり近づけなかった。彼らは二人の死体を運んでいったが、激しい怒りを感じると同時に、まだ戦おうとするユダヤ人がいることに驚いていた。

隠し部屋では禁煙と言われているにもかかわらず、フルムカはチェーンスモーカーで、誰よりも背が高く目立っていた。タフで冷静な彼女は武器を持ち、ずっと憂鬱そうだった目がいつになく輝いていた。「充分に注意して」彼女は叫んだ。「でも何人か殺したら、名誉の死を遂げよう！」仲間たちは銃を取り出し、発砲した。

何十人ものナチスは家を手榴弾や発煙弾で攻撃した。隠し部屋の中は真っ暗だった。爆弾の煙や、上で家が燃えているせいで目がヒリヒリしてきた。しだいに息ができなくなった。喉をつかみ、武器を使えないと叫んだ。手榴弾を投げたが、ドイツ兵たちはよけてしまった。

「家は炎に包まれていた」とイウザは語った。「黒い煙が空へ上がっていき、焦げた肉や髪の臭《にお》いが漂った。銃声、ため息、悲鳴、うめき声、罵り、耳をつんざくようなドイツ語の怒声が聞こえた。クッションの羽毛が宙を舞った。一面の炎だった」

ナチスはユダヤ人民兵に火を消すように命じた。一人のドイツ兵が拳銃を死体班のメンバー、アブラム・ポタシュに向け、死体を運びだすように命じた。アブラムはマシンガンを三十分にわたって浴びせて開けた穴から隠れ家に入っていった。床には黒焦げになった体がいくつかころがっていて、いくつかはまだ生きていて痙攣し、身をよじっていたが、ほとんど人間とは思えなかった。アブラムは砕かれた頭蓋骨から脳が流れ出ているのを見た。「飛行中隊のブーンという音に似た非人間的なうめき声が、横たわった闘士たちの口から発せられていた」のちにアブラムは書いている。一斉射撃で枕と羽毛に火がつき、濃い煙がもくもくと立ち上っていた。アブラムは変形した死体をひとつずつ庭に引きずりだしていった。フルムカは半ば焼けていたが、まだ六連発の拳銃を握りしめていた。

水膨れだらけの七体の遺体は頭が割れ、頭蓋内が露出し、目は虚ろだった。アブラムは死体を仰向けに寝かせ、女性は裸にするように命じた。

フルムカは上半身が持ち上げられた――下半身は完全に焦げていた。誇り高く何か言おうとしたが、その表情はおぞましかった、目が見えないようだった。彼女は何かつぶやき、周囲を見てから頭がガクンと下がった。ゲシュタポの一人が有用な情報を言うのではないかとかがみこんだ。しかし、二人目がすばやくやって来て、笑いながら顔を重いブーツで蹴飛ばした。彼はフルムカの死体を「ぞっとするほどサディステックな冷静さ」で踏みつけた。彼らは頭と心臓に弾を撃ち込み、繰り返し死体を蹂躙した。

ナチスは七人全員の死体にマシンガンで発砲した。しかし、蜂の巣のように穴だらけにされた死体ではまだ満足できなかった。死体を蹴り、踏みつけ、「腐肉を漁るハイエナさながら死体に襲いかかった」七人の死体は青黒くなり血を流し、潰れた人間の残骸となった。

翌日、フルムカの遺体は燃やすためにアウシュビッツに運ばれていった。

レニャがベンジンに戻ってきて、彼女が修理工のアパートにすわっていた頃、ハイカは生き延びて整理収容所の調理場で働き、いまや空《から》になったユダヤ人の部屋の荷物を片付ける人々のために食事を用意していた。彼女はハショメル・ハツァイルのベンジンにおける最後のリーダーだった。他のユダヤ人はハイカの傷を気の毒がった。それでも、彼女に出ていってもらいたがっていた――ゲシュタポが彼女の正体を思い出したら、全員が殺されるのではないかと恐れていたからだ。彼女を殴ったナチスがやって来たときは、ハイカはバスタブの下に隠れた。

殺されたユダヤ人の持ち物が集められた小屋をハイカは見た。「ナチスの手早さと組織力」にハイカは言葉を失った。それぞれの小屋には特定の品物がギャラリーのように分類されて置かれていた。その整然とした様子について、のちにハイカは描写している。「ある小屋には青いキッチンの調理器具が整然と並べられていた。品質に従って、美しく仕分けられていた」鍋、ガラス食器、シルク、銀器などの小屋もあった。分類を命じられると、ハイカは陶器のセットを粉々に砕いてやりたくなった。ドイツ人女性は盗んだユダヤ人のツーピースとキツネの毛皮をまとって整理収容所に入ってきて、家族のための品物を選び、互いに見せ合いながら、自分の方が趣味がいいことを証明しようとしていた。

ハイカは「選ばれた」ユダヤ人女性に、もはや好意を持てなくなった。調理場で働いているきれいな娘たちは、肉やケーキをもらえ、ドレスや個室を与えられていた。しかも、彼女たちは他の人には一切分け与えようとしなかった。「ああ、ユダヤ人娼婦たち！」のちに彼女は書いている。「あんたたちの首を絞めてやりたい」

常に選別がおこなわれていたので、どのユダヤ人も生と死のあいだの細い縁にあぶなっかしく立っているようなものだった。整理収容所の生活はとりわけ秩序がなく、道徳的に腐敗していた。殴打、盗み、ユダヤ人の家の略奪、闇市での販売。食べ物と快楽に貪欲な人間はもちろん、死を目前にした刹那主義者もその瞬間を楽しんだ。ウォッカ、ワイン。男たちはひっきりなしにハイカを誘った。「いいえ、あんたなんかお断りよ！」ハイカは男たち全員に叫んだ。「死ぬ前に自分を甘やかしたくなかった。吐き気がした」

ベンジンに配備されていた兵士たちは前線に行くように命じられた。おそらくソ連の侵攻を防ぐためだろう。今度は年配の兵士たちが到着した。ハイカは彼らと仲良くなった。彼らも苦労してきたのだ。しかし、大量虐殺の話は信じようとしなかった。地下活動グループに頼まれたように、ハイカはその話を広め、ドイツ兵を啓蒙し、何が起きているかを正確に知らせる責任を負った。

# 第二十四章　ゲシュタポのネット

## レニャ　一九四三年八月

だけど、どうやって脱出させたらいいのだろう？

新たな情報に興奮し、レニャは整理収容所にいる仲間たちを助けることしか考えられなくなった。ハイカ以外に、アリツァ、ハフカ・レンツネル、孤児院の子どもたち、それに姉のサラまでいるという話だった。毎日、さらに多くのユダヤ人が死へと移送されていった。レニャは警備兵も知らなかったし、入り口の場所も知らなかったので、自分で中に入ることはできなかった。

必死に訊き回り、ボルク・コジャックについて知った。彼はシオニスト青年組織（ハノアア・ハッツィオーニ）のメンバーだった。これはユダヤ人の多元主義と救済を中心にしたシオニストの政治色が薄い青年グループだ。ボルクは数人の警備兵と知り合いで、毎日収容所を出入りし、カトリックになりすましてベンジンのアーリア人地区に住んでいた。彼は何人かのドロルのメンバーと友人だったので、レニャは彼が助けてくれることを――せめてアドバイスをくれることを祈った。イウザをいっしょに連れて、レニャは「通りで犬みたいに立って」、彼と会うのを二日間待った。遠くからいきなりボルクが現れ、レニャは飛び上がって、期待で胸をふくらませて彼の方に駆けていった。

二人は散歩をしているみたいにのんびり歩き、市場のベンチにすわった。自然にふるまっていたが、近くに年配のポーランド人女性が二人いたので、ささやき声で話していた。レニャは懇願した。「どうかわたしに力を貸して」

「おれの優先順位はシオニスト青年組織のメンバーを救出することだ」と彼が言ったので、レニャはがっかりした。あと少し、もう少しだったのに。

だが、レニャはあきらめなかった。いつものように、ほしいものを手に入れるためにあらゆることをした。声をひそめて交渉した。とうとう、一人でもドロルのキブツのメンバーを助けてくれたら、数千マルク支払うことを提案した。

「明日、また会ってくれ」彼は言った。「朝の六時に」

二人は別れ、ボルクと反対の方向にレニャとイウザは歩きだした。近くの町カトヴィツェに行くために、急いで路面電車に乗ろうとしていた。今夜は向こうに泊まる予定だった。先ほど近くにすわっていた年配の女性たちがいきなり現れ、大声で言い立てた。「あんた、ユダヤ人なんじゃない？」

女性たちは二人を追ってきて、そのあとから子どもたちのグループが「ユダヤ人！　ユダヤ人！」とはやしたてながらついてきた。

「走ろう」イウザがささやいた。

「だめ」レニャは疑われたくなかった。二人は足早に歩いて、かつてユダヤ人が住んでいた無人の建物に入っていった。だが、そのときにはたくさんの人々が、年配女性たちのあとからついてきていた。年配女性たちは「ポーランド人のふりをしているんだろ。あんたらユダヤ人の男と会ってただろ！」とわめいていた。群衆が二人を取り囲んだ。「ユダヤ人は殺さなくちゃいけないんだ、一人残らず！」片方の女が叫んだ。「ヒトラーがその仕事をしないなら、あたしらがするよ！」

躊躇せずに、レニャは女の横面を張っていた。それからもう一度ひっぱたいた。さらにもう一度。「あたしが本当にユダヤ人だったら」とレニャはひっぱたきながら言った。「ユダヤ人にはどんなことができるか、これでわかったでしょ。もう一度、ユダヤ人って呼んだら、もっとひっぱたくよ」彼女は脅した。

二人のゲシュタポが現れた。実のところ、レニャはほっとした。「何の騒ぎだ？」彼らはたずねた。

レニャはポーランド語で事情を説明した。通りにいた少年が通訳した。「あたしがユダヤ人だと疑うなんて、その女性は頭がどうかしているんです」レニャは落ち着き払って言うと、指紋のついた書類を取り出した。「あたしたちの書類を見てください」

ゲシュタポはフルネーム、年齢、出生地をたずねた。もちろん彼女はすべてを覚えていたし、イウザも同じだった。変装と同じように、偽の人生の詳細についてすらすら言えるように、何時間も練習していた。真夜中に起こしても、偽の出生について暗唱しただろう。警官が近づいてきた。

「ドイツ語をしゃべらないんだから、きっとポーランド人にちがいない。ユダヤ人はみんなドイツ語がわかるからな」

この娘たちはユダヤ人らしく見えないと、群衆はそれに同意した。

いまや年配女性たちはきまり悪そうにしていた。レニャはまた女をひっぱたいた。今回はゲシュタポと警官たちに見せるためだ。「彼女の名前と住所を調べてください」レニャはゲシュタポに訴えた。「たぶん、いつか仕返しをしてやるから」

ゲシュタポたちは笑った。「どっちもポーランド人のあばずれだ」片方が言った。「この女に何ができるって言うんだ？」

レニャとイウザは背中を向けた。背後で子どもたちがはやしたてた。「ユダヤ人って疑ったんだから、歯を折ってやればいい」

「彼女は白髪があるから、もう老人よ」レニャは答えた。「失礼な真似はしたくない」

その晩、彼女たちはサラの知り合いのドイツ人女性のところに泊まった。もし本当のことを話すことができたら、同情深い彼女は仲間たちを助けてくれただろう。その日あったことを話すと、彼女はレニャを落ち着かせ、慰めようとした。レニャは翌日ボルクと会ったら、どれほど危険な羽目に陥ったかを話すことにした。

朝の五時、まだ町は眠っている。レニャは路面電車に乗り、ワルシャワからの資金を手に、待ち合わせの場所に向かった。一時間待ったが、ボルクは現れなかった。

最初は意外だった。そのうち怒りが、猛烈な怒りが込みあげてきた。彼女を待たせ、一カ所に足止めすることがどんなに危険か、彼は知っているはずだ。丸二時間待ち、レニャはこのままではあまりに危険だと感じた。しかし、これからどうしたらいい？　整理収容所にこっそり忍びこめて、逃げ道を知っている別の人間が必要だ。

数日が過ぎたが、まだ答えは出なかった。この残酷な世の中では、一分一分が重要だということは嫌というほどわかっていた。

するといきなり、宿泊先の家に夢から出てきたかのような人物が現れた。

サラ！

レニャの喜びはたとえようもなかった。

すぐに姉は逃亡してきた話をしてくれた。彼女は憲兵の格好をしていた。民兵が警備兵に賄賂をつかませたので、アーリア人側にこっそり出たのだ。これでサラは脱出方法がわかったので、あとは数人を隠せる場所を見つけねばならなかった。サラは仲間たちが逃げるためにはどんなことでもする、と約束した。

サラはその日、収容所に戻っていった。一刻の猶予もなかったからだ。

一方、レニャはイウザをワルシャワに連れていき、アーリア人地区に住まわせなくてはならなかった。その後、自分自身がどこに落ち着くかを考えなくてはならないだろう。

カトヴィツェからワルシャワへ。チケットは購入した。イウザとレニャは、二時間後に国境を越えるために、パスポートと旅行証明書を握りしめていた。二人ともワルシャワの同じ業者から偽書類を手に入れた。二人は別々の車両にすわっていた。レニャはリヴカ・モスコヴィチを連れて国境を越えた経験を何度も思い出しながら、今回もうまくいきますように、と祈っていた。

真夜中を十五分ほど過ぎたとき、国境に到着した。警備兵たちが外を歩いていて、車両に乗り込もうとしているのが見えた。イウザはいちばん前の車両にいる――彼女がまず調べられるだろう。レニャはできるだけ楽観的な気分で待った。これまで何度もうまくいっている、と自分に言い聞かせた。

だが、待ち時間は長引いた。どうしてこんなに時間がかかっているのだろう？　通常、切符とパスポートの検査にはこれほど時間がかからなかった。何か起きたというのは、ただの想像だろうか？　ようやく、レニャの車両のドアが開いた。レニャはパスポートと書類を差しだした。

彼らは書類に目を通した。

「これは前の車両で見たものと同じだ」一人が言った。

レニャの心臓が一瞬止まり、それから早鐘のように打ちはじめた。レニャはいつものようにドイツ語がわからないふりをして、何も言わなかった。

彼らは書類を返そうとしなかった。

親切な男性が、彼女のために通訳してくれた。

レニャは警備兵の目をまっすぐ見つめた。しかし、その瞬間、これまで避けていた考えが頭をよぎった。これでおしまいだ。

レニャは集中するようにした。悪夢だ。警官がそこらじゅうにいる。目立たないようにレニャはバッグを開け、住所の書いた紙片を取り出すと、小さく丸めて口に入れ、丸ごと飲みこんだ。札束は横に放り投げた。指紋のついた偽造書類とワルシャワのいくつかの住所はガーターベルトに縫いこんであった。しかし、それを人前で取り出すことはできなかった。

彼女は税関に連れていかれた。そこではイウザが警官に囲まれていた。

警官はこの女性を知っているか、とレニャにたずねた。

「いいえ」

イウザの顔は赤くなった。その目はこう言っているのがわかった。「あたしたちは死刑執行人の手に落ちたのよ」

レニャは小さな取り調べ室に連れていかれた。「苦しげに鼻で息をしている太ったドイツ人の女性警官が調査を担当した。彼女はレニャの服を調べた――ジャケット、シャツ、スカート――ナイフを使って縫い目を切り裂いていく。皮膚のすぐそばを切られているあいだ、レニャはじっとしていようとした。まさに皮膚ぎりぎりだった。

そして、女性警官はガーターベルトを発見した。指紋つきの偽造書類と住所。

レニャはすぐさま彼女の良心に訴えかけようとした。「お願いです」

反応なし。

レニャは時計をはずして、書類を破棄してくれたらあげる、と言った。

「だめ」

彼女はレニャを大きなホールに連れていった。書類と住所を提出しただけではなく、レニャが買収しようとしたことも報告した。

警官たちが集まってきた。連中は笑いはじめた。この娘たちは何者なんだ？　こいつらをどうするべきだろう？

レニャは裸足だった。靴は切り裂かれ、ジャケットはほどかれ、バッグは切り刻まれた。歯磨きペーストに何か隠されていないか棒を突き刺している。鏡を割り、時計を分解した。ありとあらゆるものが調べられた。

まず、イウザに質問し、それからレニャにたずねた。どこで書類を手に入れたのか？　そのためにいくら払ったのか？　どうやってパスポートに写真を載せたのか？　どこのゲットーから逃げていたのか、ユダヤ人なのか？　どこに行くのか？　なぜか？

「あたしはカトリックです。書類は本物です。事務員として働いている会社からもらいました」レニャはあくまで作り話を繰り返した。「ドイツで働いている親戚を訪ねるつもりだったんですけど、親戚がすでに引っ越したとある女性から聞いて、ワルシャワに戻るところなんです。知らない人たちといっしょに田舎で泊まったんです。宿泊代をその人たちに払いました」

「じゃあ、戻ろう」警官は言った。「あんたが泊まったところを教えてくれ」

レニャは一瞬も躊躇しなかった。「その地方に行ったのは初めてだったんです。その人たちも知りません。町の名前や家の正確な場所を覚えていられるほど、記憶力がよくありません。わかっていたら、すぐにその住所を書いてあげたんですけど」

レニャの答えに警官は腹を立てた。一人がレニャをひっぱたき蹴飛ばした。髪の毛をつかむと床をひきずっていった。彼は嘘をつくのはやめろ、真実を言え、と命じた。しかし、彼らが叫べば叫ぶほど、殴れば殴るほど、レニャはますますかたくなになっていくのを感じた。

「今週、これと同じ書類を持った十人以上のユダヤ人が犬みたいに撃ち殺されたよ」一人の警官が言った。

レニャは笑った。「つまり、ワルシャワで発行されたすべてのパスポートは偽物で、それを所有しているのはユダヤ人だと言いたいんでしょうね。だけど、ちがいます。だって、わたしはカトリックで、書類は本物だからです」

正直になった方がいいと、警官たちは脅した。「おれたちはいざとなれば、絶対に真実を見つけ出すからな」

レニャは頑固だった。

そこで手順に従うことになった。彼女の顔を写真と比較した。名前を何度もサインさせ、パスポートのものと比較した。彼女の書類はすべてちゃんとしていたが、スタンプだけが本物とはわずかにちがっていた。

レニャは髪の毛をごっそり抜かれ、髪の房が床に散らばっていた。頭がずきずき疼《うず》いている。尋問は三時間も続いていた。時刻は朝の四時だった。

彼らはレニャに床掃除をさせた。

レニャは逃げる方法がないか、突破口がないかと見回した。しかし、ドアも窓も金属製の格子でふさがれている。武装警官が彼女を見張っていた。

朝の七時に、警官たちは仕事を始めた。レニャは狭い留置場に入れられた。初めての経験だった。撃ち殺されるのだろうか？　どんな残虐な拷問が待っているのだろう？　どんどん気持ちが沈んでいった。今すぐ撃ち殺して苦しみを終わりにしてほしい、とまで思った。

床にすわったまま、疲れ果ててうとうとしかけた。鍵が回る音ではっと目覚めた。年配と若者の二人の警官が留置場に入ってきた。彼女はさらに取り調べのために大部屋に連れていかれた。若い警官は彼女に微笑みかけた。待って！　この人を知っている！　若い警官は国境で彼女のパスポートを調べたことがあった。ワルシャワからベンジンまで違法なものを運ぶときは、検査のあいだバッグを持っていてくれと、いつも彼に頼んだ。食べ物が入っているから、国境の警備員に盗まれたくないのだと。

今、彼は留置場の勤務についていたのだ。なんてついているのだろう！　彼はレニャの頭をなで、心配することはないと言った。「何もされないよ。元気を出して、すぐに釈放される」彼はまたレニャを留置場に戻して鍵をかけた。わたしがユダヤ人だと知ったら、こんなに親切じゃなかっただろう、とレニャは思った。

大部屋で警官が議論しているのが聞こえた。若い警官は約束を守った。「いや、彼女はユダヤ人には思えませんよ」彼は言った。「おれが担当のときに何度も国境を越えてます。つい最近もワルシャワからベンジンまでの書類を調べました。すぐに釈放するべきです」

しかし、年嵩《としかさ》のもっと厳しい警官——前夜に彼女を殴りつけた警官は耳を貸さなかった。「きみは書類が偽だと知らなかったんだ。今はこのスタンプが押されたワルシャワの書類はすべて偽物だとわかっている」大声で笑った。「これでおしまいだ。数時間後には、カナリアみたいに何もかもしゃべっているだろう。これまでにも、ああいう歌鳥をさんざん見てきたからな」

数分おきに警官は留置場のドアを開け、彼女が何をしているのか確認した。彼らは馬鹿にしたように笑った。レニャは仕返しをしてやりたくてたまらなかった。うぬぼれをぺしゃんこにしてやりたくて、どうしても黙っていられなくなった。「それで幸せなの？」彼女は言ってやった。「無実の女性を傷つけて？」彼らは無言でドアを閉めた。

十時にドアが大きく開いた。イウザがいた。警官は手錠をかけ、二人を大部屋に連れていくと、自分の持ち物をすべてとれと言った。レニャの腕時計やアクセサリーなどの貴重品はゲシュタポ士官の袋に入れられていて、彼はこれから二人を駅に連れていくようだった。

二人が出ていくとき、若い警官が心配そうにレニャを見た。助けようとしたが、彼女の罪が大きすぎてうまくいかなかった、とその目は言っているようだった。

列車が到着した。乗客はゲシュタポが二人を特別車に押し込み、鍵をかけるの見ていた。囚人車だ。小さな窓から射しこんでくる一条の光に慰められ、これから待っているおぞましい時間のことを一瞬だが忘れられた。

ゲシュタポの男は待ち構えている恐ろしい拷問について二人に警告した。「われわれはカトヴィツェのオフィスで、すべてを見つけだす」彼は二人の顔をひっぱたき、旅のあいだじゅうすわることを許さなかった。

列車を降りると、この若い女性たちがどうして逮捕されたのか好奇心に駆られた乗客たちが、あとをぞろぞろついてきた。

二人はいっしょに縛られていた。手錠はきつく、レニャの皮膚が切れた。イウザは青ざめ、震えていた。レニャは彼女が気の毒だった。まだ十七になったばかりで、とても若い。レニャはささやいた。「ユダヤ人だってことは絶対に白状しちゃだめよ、絶対に。それからわたしのことはひとことも言わないで」

ゲシュタポの男がレニャを蹴飛ばした。「さっさと歩け」

縛られたまま三十分歩いて、狭い通りに着いた。そこにはドイツ国旗と鉤《かぎ》十字で飾られた四階建ての大きな建物があった。その建物全体がゲシュタポのオフィスだった。

レニャとイウザは背後からゲシュタポの男に小突かれながら、緑の絨毯敷きの階段を上っていった。いくつもの部屋からうめき声やすすり泣きがもれてくる。誰かが拷問されているのだ。

二人を連れてきた男が壁に向かって立て、と命じた。彼は管理官に事情を説明した。数語ごとに、目の前に白い星が散るほど強くレニャを殴りつけた。それから偽の書類を取り出した。年下のゲシュタポが入ってきて、手錠をはずした。さらに数発殴られた。

「ここはカトヴィツェの刑務所だ！」二人を連れてきたゲシュタポが怒鳴った。カトヴィツェはナチスの刑務所と政治犯の拘留施設で、恐ろしく暴力的なことで悪名高かった。「真実を言わなければ、ボコボコに殴られるぞ」

二人の持ち物は二階の部屋に保管されていた。二人は湿っぽい地下室に連れていかれ、別々の留置場に閉じこめられた。

暑い夏の日だったが、レニャは震えていた。目がゆっくりと暗闇に慣れていった。寝台はふたつあり、ひとつにすわると、凝固した血に覆われていることに気づいた。ぞっとして立ち上がった。窓は二本の金属棒で補強されている。片方の棒ははずすことができたが、窓が小さすぎて、頭すら入らなかった。誰にも気づかれないように網戸を元どおりにした。

刻一刻と寒くなってきた。レニャは寝台の端にすわり、体を丸めて温まろうとした。何が起こるにしても、起こるまでのことだ、と自分を慰めようとした。

教会の音楽が小さな窓から流れこんできた。日曜だった。ポーランド人にとっては神の日だ。運び屋の日々を思い返して、レニャの心は乱れた。この辛い人生には生きる価値があるのだろうか？　彼女の助けを待っている人がいることがうしろめたかった。レニャが金を持ってワルシャワから戻ってくるのを待っていることだろう。出発前、メイルとサラにポーランド人の支援者のイレナ・アダモヴィチの住所を書き残してきた。必要なら、彼女に連絡をとるだろう。それから無理やり仲間のことを頭から追い払った。何者かが壁の穴を通して、レニャの心を読んでいるかもしれない。どんな可能性だって考えられた。

午後遅く、娘たちは留置場から出された。持ち物をまとめるように言われた――まだ撃ち殺されないようだ。ゲシュタポが通りを歩かせた。「つながれた犬みたいだな」彼は二人の手錠に鎖をつけた。こういうふうにつながれた一家全員が撃ち殺されるのをレニャは見たことがあった。通行人たちは目を丸くしている。ドイツ人の子どもたちが石を投げてきた。ゲシュタポの男はにやにやしていた。

背の高い建物に近づいてきた。中央刑務所だ。太い金属棒がつけられた小さな窓。大きくきしみながら鉄門が開いた。警備兵がゲシュタポに敬礼した。彼らの背後で門は閉まった。ゲシュタポは手錠をはずすと管理官に二人を引き渡し、レニャの耳元でなにやらささやくと歩み去った。レニャは少し気分がよくなった。彼がそばにいると、とてつもない恐怖を感じたからだ。

事務員が外見、年齢、出生地、逮捕場所などを書き留め、二人は同じ留置場に入れられた。

八時に管理官がドアを開いた。若いやつれた女性たちが小さな黒パンと軍隊用ピッチャーに入ったコーヒーを運んできた。レニャとイウザは食べ物を受けとった。ドアはまた閉められた。二人は丸一日、何も食べていなかったが、食事に手をつけることができなかった。ピッチャーは不潔だったし、パンは喉を通らなかった。

脱走は不可能だった。二人は頭を寄せあって、自殺の選択肢について話し合った。イウザは拷問されれば絶対にしゃべってしまうと思っていた。殴られたら、すべてを話してしまうだろう。自分が誰で、誰といっしょに過ごしていたか。「あたしは撃たれて、それですべてが終わる」

レニャは驚かなかった。イウザはまだ若くて経験がなかった。黙っている根性があるだろうか？イウザがしゃべったら、さらにいくつもの命が奪われることになる、とレニャは説明した。「たしかに、あたしたちは失敗した」レニャはきっぱりと言った。「だけど、他の人を苦しませる必要はない」

疲れきって、二人は不潔な藁のマットレスに横たわった。しかし、寝ていられなかった。ノミに嚙まれ、痛くてたまらなかったのだ。体を乱暴にかきむしった。暗闇でノミをつかまえようとし、肌の上にいるノミを潰した。悪臭は息がつまるほどだったが、やがてむきだしの床に横になった。

真夜中に、一ダースの女性たちが二人の留置場に入れられた。彼女たちは終身刑の囚人で、ドイツに移送される途中、その晩だけここに泊ったのだ。老いも若きも、それぞれ来歴を語った。あるドイツ人女性は、フランス人婚約者がいたために五年の刑を宣告された。三年間投獄されてから、重労働に移動させられることになっていた。二人の若い女性たちはずっと泣いていた。ドイツで小作農のところで働いていたが、こき使われ、食事もろくに与えられなかったので逃げてきたのだった。九カ月ワルシャワで過ごしていたが、隣人に突きだされた。彼女たちも重労働につかされることになっていた。二人の年配の女性たちは酒と豚の脂身を運ぼうとして、列車で逮捕された。二人は自分たちの刑すら知らなかった。一年半、刑務所に入れられ、ここが六つ目の刑務所だった。

たしかに彼女たちは苦労していたが、レニャはうらやましかった。重労働なんて、これから与えられる拷問に比べれば夢のようだ。

「あんたたちは何をしたの？」女たちはレニャとイウザにたずねた。「そんなに若いのに」

「こっそり国境を越えようとしてつかまったの」

「ああ、それならたった半年だよ。ドイツで働かせるために連れていくんだよ」

全員がサーディンのようにぎっしり床に寝て、他人の汗の染みついた毛布をかけた。何週間も刑務所を移動させられて、汚れきっている女たちもいた。レニャはすでにシラミにたかられていた。ノミを防ぐために明かりはつけっぱなしにした。それでも、ずっと噛まれ続け、レニャは眠れなかった。

夜明けまでに女たちはいなくなった。レニャとイウザは虫に噛まれた赤い点々だらけになり、いまや虫は服の上を這っていた。「すくなくとも夢中になれることがあった」とレニャは苦いユーモアをこめてのちに書いている。「ノミをつかまえることだ」

八時。パン、コーヒー、トイレ。レニャは反ナチ活動を疑われたポーランド人士官の若い奥さんとトイレで会った。彼女は骸骨のようで、足を持ち上げるのもやっとだった。数週間後に死刑になる予定だった。彼女の唯一の希望は戦争が早く終わることだった。夫は亡くなった。三人の幼い子どもたちはどうしただろう？

トイレにいた別のポーランド人女性は妹が数日前にこの刑務所で首を切り落とされた、と言った。違法に豚を殺したせいだ。彼女は七人の子どもたちを残して死んだ。おなかにはもう一人いた。

女たちが話していると、冷酷な看守が死の天使さながら近づいてきた。彼女は鍵束で囚人の頭を割るので有名だった。みんな黙りこんだ。

昼食のあとで、レニャと仲間の囚人たちは体を洗い、囚人服を着せられた。ゲシュタポは自分たちのことを忘れてくれたのかもしれない、とイウザはうれしそうだった。刑務所に数カ月入っているあいだに戦争が終わるかもしれなかった。

夜が来て、それとともに昼間の緊張が和らいだ。ゲシュタポは何時間も現れなかった、だが、ノミはいた。レニャはうとうとしていたが、ふと目が覚め、愕然とした。イウザがベルトで首を吊ろうとしていた。しかし、ベルトは彼女の重みで切れ、下に落ちた。

レニャは頭がおかしくなったみたいに激しく笑いだした。それから笑いをひっこめた。イウザのそばに寄ったが、自殺の失敗に腹を立てていて、レニャを押しのけた。こういうことがあるから、レジスタンスのスパイは青酸カリのカプセルを携行しているのだ。パルチザンは自爆するために、余分の手榴弾を持っているのだ。

夜明けに管理官がわめきながら、二人を外に出した。それから別々の留置場に入れられた。レニャの新しい留置場には八人の女性がいて、前よりはましでベッドにはマットレスがあった。ボウルとスプーンが棚に並べられていた。すわることのできる清潔なベンチもあった。

「あんた、何をやったの？」一人のきれいな顔立ちの女性がたずねた。

「国境を越えようとして逮捕されたの」

「あたしはトランプ占いのせいで逮捕されたんだよ」女は言うと、泣きだした。彼女は成人した息子が二人いる助産師だった。隣人の一人が悪意から彼女は占い師だとゲシュタポに告げた。女はカトヴィツェに七カ月いるが、まだ刑も宣告されていなかった。「他の女に話すことには用心した方がいいよ」彼女はレニャにささやいた。「そこらじゅうにスパイがいるからね」

レニャはうなずいた。この女性は母親らしい感じのいい人に見えた。

家族のことを考えちゃだめ。感じてもだめ。

朝食後、中央の廊下に移動させられた。いきなり女性看守がレニャを強くひっぱたいた。「ただぼうっとすわってるだけで、何もしたくないんだろ。ドイツ人には考えられないことだ。さっさと仕事にとりかかれ！　甘やかされたレディには我慢ならない！」

廊下には長いテーブルが並んでいて、女性たちが水鳥の羽根から固い柄を取り除いていた。レニャはそこに加わった。作業をしながら、こっそりイウザがいないか見回した。近くに見つけたが、話すことはできなかった。鞭を持った管理官が立っていたのだ――私語は禁止だった。レニャの前にはさっきの女性がすわっていた。レニャは彼女の悲しげなきれいな目を見つめ、その目に輝きと強さが浮かんでいるのに気づいた。その顔は受けてきた拷問を物語っていたし、レニャに対する同情も浮かんでいた。彼女の目に涙が浮かびはじめた。レニャはその光景に胸が痛み、顔をそむけずにはいられなかった。

昼食のために留置場に戻された。野菜屑が浮かんだ焦げたスープだった。レニャがうんざりして食事を押しやると、別の囚人たちがボウルをつかみガツガツと食べてしまった。「ここでしばらく過ごしたら、こういうスープでも待ち遠しくてたまらなくなるよ」

「彼女はレディなのさ」小作人の奥さんが憤慨したようにつぶやいた。「このスープは口にあわないと思ってるんだろうけど、そのうち大喜びで飲むようになるよ」

昼食後はまた仕事に戻った。さらに四時間、羽毛の柄をむしった。そのあいだ、十五分ごとに囚人が呼ばれ、尋問のために外に連れていかれた。

ドアが開くたびに全身に震えが走り、ちがう名前が呼ばれると汗が噴きだした。そしてついに。

「ヴァンダ・ヴィドゥホフスカ！」

レニャは凍りついた。鞭が彼女の背中をたたいた。

「いっしょに来い」

# 第二十五章　カッコー

## ベラとレニャ　一九四三年八月

キリスト教徒のポーランド人としてワルシャワで投獄され、尋問され、拷問された運び屋は、レニャが最初ではなかった。ドロルのベラ・ハザンは自分でも想像していなかったほど長く、非ユダヤ人の変装を続けた。秘密は苦しい重荷だったが、それでも好都合だった。

シュフ通りのゲシュタポ本部からパヴィヤク刑務所に到着したベラは、ロンカ・コジブロツカ、彼女を理解してくれるこの世でただひとりの人に会えることを期待したが、独房に入れられてしまった。真っ暗な地下牢だ。狭いベッドを手探りで見つけたが、拷問された体が痛くて横になれなかったので、小さな湿っぽい独房を歩きまわり、パンをかじり、水と代用コーヒーをすすって、他の囚人たちの悲鳴を聞きながら過ごした。自分が死んでも誰にも知らされないだろうと思うと怖かった。だが、ロンカはすぐそばにいたのだ。

拷問から六週間たって体が回復すると、ベラは病棟に移された。ずっと暗闇で過ごしたので、じょじょに光に慣れるようにサングラスを与えられた。それからまた雑居房に移動した。

そこにロンカがいた。体の肉がそげ落ち骸骨のようで、青ざめた顔をしていた。もちろん駆け寄ることはできなかったので、数分見つめあってから、そっと涙を浮かべた。ベラはもはや我慢できなかった。彼女はこう言った。「どこかで会った気がするけど」ポーランド語で言った。

ロンカはうなずいた。

しばらくして他の人が聞いていないときに、二人だけで言葉を交わせた。「ユダヤ人として捕まったの、それともポーランド人？」ロンカはささやいた。

「ポーランド人」

ロンカはほっとしてため息をついた。「どうしてここに来たの？」

「あなたを探していたの」

「あたしが辛い思いをするだけじゃ足りないの？　どうしてあなたまで苦しむの？」ロンカはベラにそれ以上話をさせずに、マットレスに横になって泣いた。

「どうして泣いているの？」同房のポーランド人がたずねた。

「歯が痛いの」ロンカは答えた。

ベラはずっと孤独に過ごしてきたので、同房者たちに賞賛の念を抱くようになった。ポーランド人たちといっしょに膝をついて祈りを捧げた。親しくなった人の中には、ポーランドの知識階級の年上の女性たちもいた。ナチスの絵を描くように命令された画家とも親しくなった。彼女は窓からゲットーを眺めているベラの絵を描いてくれた。この画家は敬虔で、ベラは彼女の鋭いまなざしを信じた。ある晩、爆弾がワルシャワに雪のように落ち、隣の男性房にも落ちたとき、ベラは画家に自分はユダヤ人だと打ち明けた。画家は彼女を抱きしめ、必ず助けると約束した。彼女は釈放されたあと、赤十字を通じてベラに食べ物の小包を送ってきてくれた。看守たちは肉をくすねたが、ベラは添えられた手紙がうれしかった。外にいる誰かが自分のことを考えてくれるおかげで、自分の人生は現実だと感じることができた。

しかし、ベラはロンカとはめったにしゃべることができなかった。周囲にいる同房者のことを常に警戒していたからだ。ロンカは陽気な性格で同房者たちから好かれていた。それでも、裕福で恵まれた家庭出身のロンカは刑務所のような肉体的苦難に耐えられないことに気づいて、ベラは辛かった。下痢、腹痛――ロンカの肉体は衰弱していった。

ベラの窓はゲットーに向いていた。つまりドロルの向かいだった。「みんなに見られているような気がした」とロンカはよく言っていたし、彼女とベラはジヴィアとアンテクがこちらを見ている想像をした。ロンカは窓からメモを投げた。あるとき誰かが拾うのを見たので、彼女の居所を知らせてくれることを祈った。ベラはユダヤ人の子どもたちが孤児院で遊んでいるのを窓から眺めたが、警察がユダヤ人を威嚇している光景も目に入った。だが、ベラはそのことでうれしそうなふりをしなくてはならなかった。一度、すさまじい悲鳴を聞きつけて、何が起きているのかもっとよく見ようと、窓辺にひきずっていった椅子の上に立った。ナチスがユダヤ人の子どもたちを殴り殺そうとしているのが見えた。やめてくれと懇願した年配の男性のことは棍棒で殴っていた。彼が撃ち殺されると、息子は言った。「おれも殺してくれ、もう生きている意味はないから」ゲシュタポは喜んで同意したが、まず彼に父親を埋めさせた。息子は号泣しながら、亡くなった父親の額にキスした。ナチスは息子を撃ち殺し、近くにいたユダヤ人全員に血を洗い流せ、と命令した。ベラは凍りつき、復讐心が湧きあがったが、同房者たちには今見たことを話せなかった。取り乱して、泣いてしまいそうだったからだ。

ユダヤ人政治犯が入れられている近くの監獄の状態は、さらにひどかった。ろくに食べていない半裸のユダヤ人は床に寝て、トイレ掃除を強制された。一日に二度、外に連れだされ、殴打されながら体操をした。ロンカは囚人の一人が十六歳のショシャナ・ギエデナだということに気づいた。ワルシャワの労働者家庭の一人娘だ。彼女は若くしてドロルに入り、ゲットーの地下活動に参加していた。ショシャナは活動の新聞を運んでいるところをつかまったのだった。彼女は中庭からベラとロンカの視線をとらえようとし、トイレで会うと喜び、自分が殺されたあとは証人になってほしいと頼んだ。

ある晩、ベラはすさまじい悲鳴を聞いた。ショシャナのことが心配で眠れなかった。朝いちばんにトイレに行く許可を求めた。ショシャナは真っ青になって泣いていた。夜のあいだにユダヤ人たちは寝間着のまま外に連れだされ、犬をけしかけられたのだそうだ。彼女は服を持ち上げて見せた。右脚の肉がごっそり食いちぎられていた。痛みに耐えながらも、トイレ掃除をしていた。ベラはすぐに女性医師のところに行き、ショシャナの傷をトイレでこっそり手当してもらった。ベラは絆創膏をスカーフで隠してやった。

ポーランド人も含めて女性の囚人たちは、頻繁に処刑されていた。ナチスに刃向かう事件があるたびに、数人がポーランド人への警告として、市内の広場で絞首刑にされた。ある晩、女性たちはベッドからたたき起こされ、別の建物まで十人ずつの列になって走らされた。ベラは列の七番目だった。ロンカは九番目だった。十番目ごとに列から出ろと命じられた。のちにベラは知ったのだが、列から出た女性たちはワルシャワじゅうの電柱から吊るされたのだった。

ときどきポーランド人秘書が新聞を持ってくるぐらいで、囚人たちは外のニュースにほとんど触れることができなかった。戦況はよくわからなかったが、ソ連の戦闘機が頭上を飛んでいると、みんなわくわくした。

日曜には上層部全員が彼女たちを調べた。ある週に、ベラはポーランド人司令官に仕事をさせてほしいと訴えた。何もしないでいると、おかしくなりそうだからと。翌日、彼女は洗濯場の仕事を与えられた。ベラが司令官に友人の「クリサ」も働きたがっていると言うと、ロンカは調理場のじゃがいもの皮むきにされた。労働のおかげで飢えや弱さを忘れることができ、一日が早く過ぎていった。ロンカはじゃがいもをいくつか盗み調理場の暖炉で調理すると、ユダヤ人女性たちにあげるためにショシャナに渡した。

ベラは四カ月も尋問を受け続けていた。あるとき、誰から武器をもらったのか白状しなければ、即座に殺すと言われた。いつものように、彼女は自分ものだと主張した。蹴られ、殴られ、森まで通りをひきずられていき、生きていられるのはあと一時間だと宣告された。だがしばらくして警備兵は急に穏やかになり、彼女を留置場に戻した。ロンカは窓辺で待っていた。「彼女の表情を見たとき、自分の痛みを忘れた」とのちにベラは書いている。

一九四二年十一月、五十人の名前が読み上げられた。移送だ。ベラとロンカもリストに載っていた。ベラは実は興奮していた。ようやく逃亡のチャンスがやってきたのだ。女性たちはパンとジャムを与えられ、警備兵だらけの幌つきのトラックに乗せられ、静かにするように命じられた。それから開口部のない真っ暗な囚人列車に押しこめられた。ベラとロンカは夏服で隅っこにすわり、抱き合って互いを温めあい、ずっと警戒していた。

何時間もたって目的地に到着すると、列車を降りた。バンドがナチスのマーチを演奏していた。駅の名前を読んだ。アウシュヴィッツ。ゲートの上の鉄細工は「働けば自由になれる」という文字だった。ベラはその意味することがわからなかったが、すぐに、入り口は巨大だが出口はないことに気づいた。

アウシュヴィッツ＝ビルケナウ強制収容所は、もともとポーランド人リーダーや知識階級のための刑務所と奴隷労働収容所として建てられた。ベラとロンカはユダヤ人とは別にされ、鉄条網の前を行進するように命じられた。そこではストライプの服を着た何百人もの女たちが彼女たちを見て、叫び、殴られていた。シャワー室ではスロバキア系ユダヤ人の女たちが働いていた。ベラは同じ民族に自分の出自を隠さねばならないことで葛藤を覚えた。

ベラはブーツと革ジャケットをとられ、裸で立ち、男性囚人によって感染症を検査され、恥辱のあまり死にたくなった。丸刈りではなくてもう少し髪を残してもらえないか、と散髪係を買収しようとした。「わたしだって髪がないんだから、あんたも同じになるんだよ」散髪係は言った。頭がついている限り髪はまた伸びてくる、とベラは自分を慰めた。それから服を受けとった。ストライプの服、靴紐がついた上着、水入れ。ブラジャーも下着もなかった。木靴はサイズが合わなかった。何時間も立たされて、右腕に電気ペンで数字のタトゥーが入れられた。とてつもなく痛かった。土砂降りの雨でぬかるんだ地面に敷かれたマットの上で、ロンカとベラは片隅にうずくまって眠った。

朝の三時に点呼がおこなわれた。裸足が泥にめり込み、寝ぼけた何千人もの女たちが暖まろうとして互いの背中をたたいていた。何時間も立たされた。周囲には武装警備兵と犬。飲み水はなかった。ゴムの棍棒でリズムをとりながら、雨の中を延々と行進させられた。脆弱な女性は倒れ、殴られた。警備兵は女たちがドイツ語がわからないことで腹を立てた。たとえ逃げても追跡できるように写真を撮られた――ネッカチーフをかぶったものと、かぶらないもの。ベラの顔写真は笑っていて、健康そうにすら見えた。

一日が行進と待機と飢えで過ぎていった。他の六人の女たちの足下に丸まり、ベラはいちばん上の寝台で眠った――いちばんネズミから遠い場所だ。遠くの遺体焼却炉から肉の焦げる臭《にお》いが漂ってきた。彼女は濡れた服のまま毛布もなく横になり、夜じゅうまったく身動きできなかった。それでも他の女性たちの体温で暖かくなった。夜のあいだマットレスの中の鋭い物に体を突かれたが、あとから以前の囚人の骨だとわかった。それが彼女のアウシュヴィッツ一日目だった。

ベラとロンカは畑の作業に割り当てられた。収容所を出られることに期待したが、そこでも厳重な監視下に置かれた。女性の警備兵の方がさらに残酷だった。囚人を拷問すればするほど、昇進が早くなったのだ。一人殺すたびに袖章が増えた。いつも犬のトローリを連れている五十歳のバーマンという女が、ベラの監視役だった。トローリはリズムよく行進できなかった人間を片っ端から襲った。ベラはつるはしを与えられ、朝の七時から午後四時までぶっ続けで働いた。休むと二十五回鞭でぶたれた。腕は痛くなったが、作業を続けた——少なくとも、それで暖かくなった。

一日の終わりにバーマンに殴られるのを防ぐために、女たちの一団は弱い人を中央に入れるようにして行進した。作業班はいっしょに収容所に戻ると、歌うように命じられた。ゲートではマーチングバンドが待っていて、徹底した検査もされた（ナチスを楽しませる演奏をするために、バンドは囚人から編成されていた。同時に新しく到着した人々をだます役目もあった）。あるとき、ベラはじゃがいもを四つ隠し持っているのを見つかり、顔を左右に動かさずにひと晩じゅうひざまずいているように命じられた。さもなければ撃ち殺すと。「わたしはとても強靭だったにちがいない」彼女はのちに回想している。「母はこの手の拷問に耐える体を与えてくれた」

ベラとロンカはひと晩じゅう話し合い、どうしたらちがう仕事につけるか思案した。ある朝、点呼の後で二人はトイレに隠れた。女性囚人たちはトイレを「コミュニティセンター」とか「コーヒーハウス」とか呼んでいた。あらゆる言語を話すさまざまな国籍の何十人もの女性たちが、仕事をさぼるためにトイレにこもった。作業班が出発してしまうと、二人は監督官に近づいていき、ドイツ語でしゃべって彼女を驚かせた。ロンカは何カ国語もしゃべれるので、オフィスで働けると訴えた。ベラは経験のある看護師だと言った。それは功を奏した。ロンカは通訳としてオフィスに派遣され、ベラは病院棟に行かされた。

女性病院はポーランド人、ドイツ人、ユダヤ人の棟に分かれていた。ベラはドイツ人棟に派遣された。ドイツ人を助けるのは気が進まなかったが、屋根の下で働けるのはありがたかった。とはいえ、ひとつのベッドに三人の患者が寝かされ、たいていは発疹チフス、赤痢、下痢だった。彼らは糞尿を垂れ流し、苦悶に叫び声をあげていた。薬はなかった。

唯一のポーランド人だとみなされ、ベラはドイツ人患者にひどい扱いを受け、汚れたシーツを頭に投げつけられた。彼女はいちばん大変な作業をやらされた。たとえば、調理場から十三ガロンの水桶を積んだカートを運ぶなどだ。あるときは、スタッフ全員のランチを運ぶように命じられた。彼女はトレイを持ち上げたが、その重さに耐えきれず落としてしまった。そのために何度も腹を蹴られ、床に倒れても殴打された。ベラは泣いて、外の作業に戻してほしいと頼んだ。少なくとも木や風は残酷ではなかった。

ベラは畑に戻った。反ユダヤ主義のポーランド人の会話を立ち聞きすると、この労苦もすべて汚いユダヤ人のせいだ、と言っていた。ベラは自分の身元がばれるのではないか、寝言をイディッシュ語でつぶやいてしまうのではないか、と不安でたまらなかった。

小屋にはさらに人が入ってきた。シラミで媒介される発疹チフスが流行し、畑でひと月作業したあとで、ベラも感染した。彼女は四日間、小屋で寝て過ごした。監督官に点呼のときにベッドにいてもいいかとたずねると、殴り倒された。熱が四十度を超えると、病院に行くことが許された。今や病人が増えすぎて、病棟はさまざまな人種が混じり合っていて、ひとつのベッドに六人が寝かされている状態だった。互いに抱き合うようにして寝ていたが、何週間分もの汗で体と体がべったり貼りついた。シャワーの水もなく、包帯もなく、横になれるスペースもなかった。ベラは体を起こしてすわっていなくてはならなかった。あらゆるところから隙間風が吹きこんできて、全員が自分の方に掛け布団をひっぱった。ドイツ人患者はベラをひっぱたき、彼女の食べ物をくすねた。ひっきりなしの騒音、叫び声、助けを求める声。ベラは喉の渇きで死ぬにちがいないと思ったが、それでも運ばれてくる雨水を飲んだ。隣の患者がすでに死んでいるのにも気づかず、しがみついていたこともあった。

ポーランド人の友人たちは彼女のために祈ってくれた。彼女はもう死んだと思っていた人もいた。だが、奇跡が起きた。ベラは回復したのだ。ある日、ベラは目を開け、何も思い出せず、熱にうなされて秘密をしゃべってしまったのではないかと不安になった。彼女はすべての会話に「神」ではなく「キリストさまと聖母さま」をつけ加えるようにした。

ロンカが訪ねてくると、彼女も病気にかかりどんどん衰弱しているのがわかった。肉体的にも精神的にも、ロンカは生きる意志を失いかけていた。ベラは友人が気力をかき集めて自分を励まそうとしているのがわかった。だがベラの状態がよくなっていくにつれ、ロンカは悪化していき、同じ病棟に運ばれてきたときは見る影もなくやつれていた。ベラは二人を同じベッドにしてほしい、と医師に頼みこんだ。二人は昼も夜も抱き合っていた。

六週間後、ベラはだいぶ回復した。腫れた足に布を巻き、歩くことができた。退院して働かなくては、ガス室送りになることはわかっていた。しかしロンカのそばにいて、健康を取り戻せるまで看病したかった。ベラはまた病院の仕事をしようと決意した。彼女は囚人だったので、いちばん大変な仕事を押しつけられた。ベッドとベッドのあいだの石床からナイフで泥を取り除くことや、糞尿のバケツを空《から》にすることなどだ。

一方、ロンカは発疹チフスで高熱が出ていた。さらにおたふく風邪にもかかった。次に赤痢。ベラは自分のことは忘れ、できるだけのことをした。友人を雪で洗い、命がけで飲み水を盗み、別の友人の兄の下水掃除人を通じて、男性収容所から薬を盗んだ。

そんなとき、メンゲレについて聞いた。メンゲレはナチスの医師で、囚人に非人間的な人体実験をし、死の天使と呼ばれていた。その男が選別のためにやって来るという。ロンカは重病なのでガス室に送られるにちがいなかった。ベラはロンカを病棟から自分の小屋に運び出し、友人は苛酷な労働のせいで疲れただけだ、と周囲には説明した。しかし、発疹チフスを隠し、点呼のあいだ何時間も立たせておくことは無理だったので、またロンカを病院に戻した。彼女の病状はますます悪化していた。目は色を失い落ちくぼみ、骨と皮のようにやせこけていた。

ロンカはベラをベッドに呼び寄せた。「あなたを一人で残していくのが心配なの。秘密を守れなくなるでしょうから」ロンカはささやいた。「ユダヤ人だということは絶対に明かしてはだめよ」ロンカはベラをベッドの脇に四時間も引き留め、しゃべり、泣き、ドロルの仲間のこと、兄のことを話した。ロンカはベラの手を握りしめた。「わたしは人生の幕引きをする。でも、あなたは生き続けて、この話を世間に語って。最後まで見届けて。やさしいままでいて。みんなの目を見て。自分を失わないで。そうすれば生き延びられる」

ロンカはさよならとささやいた。そして息をひきとった。

ベラは身動きできなかった。ロンカの手を放したくなかった。最愛の友人がいなくて、この地獄でどうやって生きていけばいいんだろう？　誰に頼ればいいのだろう？　誰と話せば？
ベラがどこにいるのか、何者なのかを知っている、世界じゅうでただ一人の人がいなくなってしまった。

ポーランド人女性が近づいてきて祈りを捧げ、キリストのカードと聖像をロンカの指にはさんだ。ベラは親友がキリスト教徒として死ぬのを見たくなかったが、どうにか言葉をのみこんだ。

死体を集める係員がやって来た。通常、死体を乱暴につかみ、うつ伏せで木製の台に放り投げ、頭と脚は両端からだらりと垂れ下がった状態で運んでいく。ベラはロンカをそんなふうに運ばせたくなかった。医師にストレッチャーを特別に借りられないかと頼んだ。ロンカは親戚なので、墓地まで運んでいきたいのだと。墓地というのは、火葬の前に死体を積んでおく場所だ。最初、医師は死者を区別することを拒否したが、最後には許してくれた。

パヴィアク刑務所のときからロンカを知っていた女性たち全員が集まった。ベラは震えながら死体を寝台から移動し、こっそり毛布を持ちあげて、キリストのカードと聖像をはずした。四人の女性がストレッチャーを運んでいき、残りの女性は悲歌を歌った。死体置き場で、ロンカの顔を覆っていた布をもう一度めくり、無言でカディシュ〔ユダヤ人の葬儀の祈り〕を唱えた。

それから、ロンカが生き続けて、と言ったことを思い出した。「死後の世界では、ロンカはわたしといつもいっしょにいるだろう」とベラは書いている。

しかし、現世では、ベラはひとりぼっちになった。

カトヴィツェで、羽毛の柄をむしりながら、レニャはイウザをもう一度見た。「いっしょに来い」という声がした。呼び出しを受けたのだ。イウザが同情をこめてレニャを見た。

レニャは階段をいくつか上って建物の最上階に行き、監督官のオフィスに入った。目の前がぼやけ、体から力が抜けた。彼女を待っていたゲシュタポの男は険しい目つきをしていた。彼女とイウザが最初に連れてこられたときにデスクにいた男だった。「服を着ろ」彼は命令した。どこに連れていかれるのだろう？

レニャはスカートとセーターを着た。何も持っていなかった。監督官とゲシュタポは逮捕について相談していた。ゲシュタポは小声で何かささやいてから、大声で言った。「今のところ彼女の名前はヴィドゥホフスカだが、尋問すれば白状するだろう。そうしたら本当の名前がわかる」皮肉なことに、本名のクキエウカのもうひとつの意味は「カッコー」――孤独で秘密主義の歌鳥だった。

監督官はレニャを房に戻すのかとたずねた。ゲシュタポはわからないと答えた。

またもやレニャは鎖につながれて、ゲシュタポの警備兵に先導されて通りを歩いていった。「着ている服をよく見ておくんだな」彼はドイツ語で言った。彼女はわからないふりをした。「殴られたあとは、それがビリビリに裂けているだろう」

レニャは自分でも意外だった。恐怖を感じなかったのだ。警備兵の言葉に震えあがることはなかった。別の誰かのことを話しているみたいに感じられた。彼女は自分の肉体から距離を置き、耐える準備をした。

ゲシュタポの建物に入ると、ドイツ語がわかるのかとたずねられた。彼女はわからないと言った。

すると、猛烈な平手打ちを食わせられた。レニャは何も起きなかったかのように、平然として立っていた。

　さらに四人のゲシュタポと女性通訳が入ってきた。カトヴィツェのゲシュタポの副長官ゲリンガーと、ここに連れてきた男がもっぱら尋問を担当した。

　尋問が始まり、レニャは質問攻めにされた。男たちはそれぞれ別の質問をして、彼女を混乱させようとした。

　しかし、彼女は自分の話を押し通し、一貫した答えを返した。書類は本物だ。父親はソ連軍に投獄されたポーランド人士官だった。母親は亡くなった。オフィスで働き、あるだけの一家の貴重品を売って、つつましい生活をしていた、と。一人のゲシュタポが引き出しから書類の束を取り出し、この書類を持っていた人たち全員が国境で逮捕されたと言った。書類はレニャのものと同じで、同じ偽スタンプが押されていた。

　レニャは血の気が引いた。幸い、ぶたれたせいで頬がまだ赤かった。さもなければ青ざめたことがばれただろう。

　彼らはレニャの答えを待った。もちろん、お金を支払う人には誰にでも、偽造業者がそうした書類を売っていることは知っている、と答えた。だが、彼女は平然とした顔を保った。「そうした人の書類は偽物かもしれません。だからといって、わたしの書類が偽だという証明にはなりません。わたしが働いている会社は本物です。三年も働いています。通行許可証は会社の事務員が書いたものです。スタンプを押したのはワルシャワの市長です。わたしの書類は偽造じゃありません」

興奮したゲシュタポがつかみかかってきた。「つかまった全員が同じことを言い、あとからユダヤ人だとわかった。翌日には全員が撃ち殺されたよ。犯罪を認めれば、おまえは生かしておくと約束しよう」

レニャは皮肉っぽく笑った。「わたしにはいろいろ才能がありますけど、嘘をつくのは苦手なんです。両親は本物ですから、偽者だとは言えません。わたしはカトリックです。ですから、ユダヤ人だとは言えません」

その言葉に激高して、ゲシュタポは激しくレニャを殴った。通訳が、レニャはユダヤ人じゃないと保証する、と意見を言った。顔立ちはアーリア人ですし、ポーランド語は完璧です、と。

「じゃあ、おまえはスパイだ」ゲシュタポの副長官は言い、全員が同意した。

新たな方向の尋問になった。どの組織のための運び屋として働いているのか？　社会主義者か、ポーランド亡命政府の首相だった故ヴワディスワフ・シコルスキの組織か？　どういう仕事のために金をもらっていたのか？　何を運んでいたのか？　パルチザンの前哨基地はどこか？

一人がいい警官の役をした。「怖がることはない。上司をかばうのはやめるんだ。おまえが失敗したと聞いても、連中は助けないだろう。真実を言え。そうしたら釈放してやる」

レニャはこうした「親切な」言葉をよく知っていた。「わかりました」彼女はのろのろと言った。「真実を言います」

全員が熱心に耳をそばだてた。

「運び屋とは何なのかわかりません」レニャは言った。「新聞を運ぶ人ですか？」彼女は精一杯うぶな表情をとりつくろった。「ポーランド労働者党もシコルスキも知りません。ただ話に出たのを小耳にはさんだぐらいです。パルチザンについて知っているのは、森で暮らしていて非武装の人たちを襲うってことだけです。どこにいるか知っていたら喜んでお話しします。嘘をつきたければ、とっくに名前を思いついていたでしょう」

ゲシュタポたちは激怒した。三時間も尋問しているのに、何もわからないのだ。

教育についてたずねられると、レニャは七年生まで小学校に通ったと言った。

「しゃべらないのも不思議じゃないな」彼らは笑った。「自分の命が他の人間の命よりも大切だってことが、頭が悪いからわからないんだ」

一人が反論した。「他のことで嘘をついているのと同じく、教育についても嘘をついているよ。ハイスクールにも行っていない馬鹿な娘が、こんなふうにだませるわけがない」

努力がむだだと悟り、副長官はレニャを別室に移動させるように命じた。もっと広くて何もない部屋だ。彼女のあとから太い鞭を持った数人のゲシュタポがついてきた。「この懲罰の後で、おまえは歌うだろう。すべてを白状するだろう」

レニャは床に蹴り倒された。一人が足を押さえ、もう一人が頭を抑え、残りが鞭を振るいはじめた。全身に痛みが走った。十回ぶたれ、彼女は叫んだ。「ママ!」押さえつけられていたのに、彼女は網にかかった魚のように身をくねらせた。一人が髪の毛をつかみ、床をひきずっていった。いまや鞭は背中だけではなく、全身に打ち下ろされた。顔、首、脚。どんどん抵抗が弱っていったが、それでもレニャはしゃべらなかった。弱さを見せたくなかった。絶対に。そのとき、すべてが真っ暗になった。痛みが消えた。レニャは気を失っていた。

気づいたとき、プールの中で泳いでいるような気がした。スカートしかはいていなかった。周囲には意識を取り戻させるために水をかけたバケツがころがっていた。

二人のゲシュタポが彼女を助け起こした。彼女はセーターに手を伸ばしてそれを着た。

尋問が再開された。

彼らは証言が照合するかを調べた。なぜ白状しようとしないのか？

拳銃を片手に握り、一人のゲシュタポが言った。「しゃべりたくないなら、いっしょに来い。犬みたいに撃ち殺してやる」

レニャは彼のあとから階段を降りていった。拳銃が光っている。レニャは幸せだった。ようやく拷問が終わるのだ。

最後に振り向いて日没を見た。すべての色と、すべての濃淡を味わい、うっとりと見とれた。正確に優雅に、刻々と色を変えていく完璧な自然の美。

通りに出ると、ゲシュタポの男が驚いたようにたずねた。「こんなに若くして死ぬなんて無駄だと思わないのか？　どうしてそんなに愚かなんだ？　どうして真実を言わないんだ？」

よく考えもせずにレニャは言っていた。「この世にあなたみたいない人がいるなら、もう生きていたくありません。真実を言ったのに、嘘を無理やり引きだそうとしている。嘘はつきません！　撃たれても満足です」

彼はレニャを数回蹴りつけてから、建物の中に連れていき、他の人間に引き渡した。「たぶんわたしの相手をするのにうんざりしたのだろう」とレニャはのちに回想している。

一人のゲシュタポが椅子を持ってきてくれた。親切にして攻略しようとしているのだ、とレニャは思った。彼は真実を言えば、ワルシャワに送りこんでゲシュタポのスパイとして働かせる、と言った。スパイになることは承知したが、証言は変えようとしなかった。

副長官は彼女と交渉するのはもうやめろと言った。「あと二十五回鞭打ちをして真実を吐かせるんだ」

ふたりのゲシュタポが容赦なく彼女をたたきのめした。頭や鼻から血がほとばしった。通訳は拷問を見るのに耐えられず、部屋から出ていった。苦痛のあまりレニャは部屋の端から端までころがった。副長官は部下たちに続けろと命じ、自分も加わって何度か蹴りつけた。

レニャは失神した。記憶も感情もなくなった。しばらくして、誰かが口をこじ開けて、水を入れようとしているのに気づいた。目は閉じたままだった。誰かがすぐそばで話しかけている。「もう死んでしまった。冷たいし、口の端から泡が出ている」さらにバケツの水が浴びせられた。彼女は半裸で凍えるように寒く、意識を失ったふりをしていた。二人のゲシュタポが脈を調べ、何度か顔をはたいた。「まだ大丈夫だ――心拍がある」彼らは彼女が何か言うのではないかと身をかがめた。彼女の腫れた目をのぞきこんだ。「おまえの完全な負けだ」彼らはレニャをベンチに横たわらせた。全身から血と水が滴った。そのとき、彼女は意識を取り戻したことを後悔した。また殴られるだろう。ただ、今度は耐えられないだろう。心臓の鼓動は弱かった。もう彼女からは何も聞きだせないと気づき、ただ撃ち殺すにちがいない、と思うとわずかな慰めになった。

レニャは一人で立ち上がれなかった。一人のゲシュタポが汚い布を頭に巻いてくれ、セーターを体にかけると、腕をとり、デスクに連れていった。報告書を渡して言った。「この無礼な言葉にサインしろ」そう言ったとき、彼の妻が入ってきた。レニャの顔を見て、彼女はぎくりとして顔をそむけた。それからテーブルのレニャの腕時計に気づき、ほしがった。いずれやるけれど、まだだめだ、と彼は説明した。それに腹を立て、妻は足音も荒く部屋を出ていった。

ゲシュタポはペンを握るのに手を貸し、レニャはサインした。

それからタクシーを呼んだ。

運転手はゲシュタポの警備兵に助手席にすわったらどうか、と勧めた。彼女がひどく「不快」だからだ。

しかし、警備兵は断った。「死体みたいに見えても、ドアをこじ開けて逃げかねないんだ」

夜。暗闇。男たちの会話から、レニャはカトヴィツェに戻るのではなく、ムィスウォヴィツェの刑務所に連れて行かれるのだと知った。

タクシーの運転手は笑った。「傲慢さには、それが唯一の治療だと思いますよ」

# 第二十六章　姉妹たち、復讐を！

## レニャとアンナ　一九四三年九月

ムィスウォヴィツェ。彼らは暗闇の中、広い中庭に入った。四方八方から大型犬が飛びかかってきた。武装警備員が庭を歩きまわり、警戒の目を光らせている。ゲシュタポの男は建物に入っていって彼女の証言を提出すると、タクシーに戻ってきて走り去った。二十二歳ぐらいの初めて会うゲシュタポがレニャを見た。「かなりこっぴどくやられたみたいだね？」

レニャは返事をしなかった。

彼はついてくるように合図した。

彼はレニャを独房に閉じこめた。暗闇に目を凝らした。ベッドがひとつ。痛みのあまり、すわることも横になることもできなかった。耐えがたい痛みに、とうとううつ伏せになった。骨、あばら、脊椎がバラバラに砕けたように感じられた。全身が腫れていた。腕も脚も動かすことができなかった。

亡くなった人がうらやましかった。「これほどの打擲に人間が耐えられるとは想像もしなかった」とのちに書いている。「木がわたしみたいに打たれれば、マッチ棒みたいに折れただろう。それでも、わたしは生きている。息をして考えている」

だがレニャの記憶はぼやけていた。頭の中が混乱していた。ただ頭がはっきりしていないとわかるぐらいには、頭ははっきりしていた。もちろん、それは理想的とは言えなかったが。

状態は悪化した。何日も包帯をしてベッドに横たわっていた。昼食には薄いスープと水を一杯出され、水は口と顔を洗うのに使った。ずっとシャワーを浴びていなかった。どこにもトイレがなかったので、悪臭は息が詰まるほどだった。それに暗闇も。生き埋めにされたのだ。「わたしは死を待ったが、だめだった」とのちに当時の精神状態を描写している。「死に命令することはできないのだ」

一週間が経って、若い女性が彼女の独房にやって来た。彼女はレニャをオフィスに連れていった。ゲシュタポが彼女に質問し、詳細を書き留めた。レニャは驚いていた。どうして処刑されなかったのだろう？　別の独房に閉じこめるのか？　女性は彼女を風呂に連れていき、痛みに気づき、服を脱ぐのを手伝った。

レニャは初めて殴打の跡を目にした。どこにも白い部分はなかった。黄色、青、赤い皮膚だけで、打ち身は黒くなっていた。若い女性はすすり泣き、ポーランド語で話し、同情をこめて彼女をなで、キスをした。その思いやりにレニャは涙が出てきた。まだ誰かがわたしを気遣ってくれるの？　同情を感じることのできるドイツ人も残っているの？　この女性は何者なんだろう？

「わたしは二年半投獄されていた」女性は言った。「最後の一年はここで過ごしたの。ここは尋問収容所で、尋問が終わるまで、ここに閉じこめられる。ムィスウォヴィツェには二千人の囚人がいる」

彼女は戦前は教師だったが、戦争が始まると政治活動を疑われて逮捕された。自分も拷問されたと、レニャに全身の傷痕を見せた。鎖で殴られた傷、熱した金属ピンを爪の下に突き刺された跡。ここは政治犯のための収容所で、毎日十人以上が鞭で打たれて死に、大半が処刑されるそうだ。

レニャは風呂に浸かりながら、その情報を嚙みしめた。

女性はレニャの友人になると言ってくれた。必要なものを手に入れてあげると。「これまでは独房に閉じこめられていたんだけど、今は風呂担当になっている。まだ囚人みたいに扱われているけど、少なくとも施設内を自由に歩き回れるの」彼女は言った。

レニャは鉄網が張られた窓がふたつある細長い部屋に連れていかれた。寝台が片側に並び、ドアのわきには部屋を監視するテーブルがあり、感じのいい囚人の一人が部屋を清掃する責任者だった。隅には豚の餌入れのようなボウルが積み重ねてあった。

教師や上流社会の人々を含む囚人たちはレニャを取り囲み、じっくりと観察し、次々に質問を発した。どこの出身か？　どうして逮捕されたのか？　どのぐらい刑務所に入っているのか？　二週間前に逮捕されたばかりだと知ると、外の世界についてたずねた。レニャはこのさまざまな女性たちのあいだで、一人だけ部外者のような気がした。そこには悪人も善人もいたし、老いも若きもいて、重罪を犯した人も軽罪の人もいた。一人はあきらかに狂っていて、ダンスをしながら意味不明の歌を口ずさんでいた。

意地悪な女がレニャに言った。「まだ入ったばかりなのに、ひどい有様だね。どうやってこれからやっていくつもり？　空腹があまりにもひどくて体の中をヒューヒュー風が吹いていくみたいになるよ。あんた、パンを持ってない？　あったらちょうだい」

十歳か十五歳ぐらいの感じのいい顔をした少女がいた。言葉を交わしもしないうちに、レニャは彼女に好感を持った。その少女はじっとレニャを見つめていた。少しして、近づいてきてたずねた。「ベンジンやソスノヴィエツにはユダヤ人がまだ残っているの？」その少女ミルカはユダヤ人だった。ソスノヴィエツから移送されたのだが、姉といっしょに列車から飛び降りたのだ。姉はひどい傷を負ったが、生きていた。ミルカはどうしたらいいかわからず、近所の警察署に行った。そしてゲシュタポに引き渡された。姉は病院に移送されたようだったが、連絡は一切なかった。おそらくその場で撃ち殺されたのだろう。ミルカは三週間前にムィスウォヴィツェに連れてこられた。

「あたしはどうしても生きたいの」ミルカはゾンビのように歩きまわりながら言った。「きっと戦争はもうじき終わる。毎晩、刑務所のゲートが開いて、自由になる夢を見るんだ」

「釈放されたら、あたしに食べ物を送ってね、マダム」

ミルカはレニャに刑務所生活について教えてくれた。どうふるまったらいいか、ボウルを手にとって食べ物をちゃんともらい、夜には藁の枕をもらうこと。

そこでレニャは自分のスープをテーブルに置き、ミルカに食べるようにとささやいた。「あんたはいいの？」ミルカは気遣ったが、心配しないで、とレニャは言った。どんなに彼女に真実を告げたかったか、自分の存在を証明したかったか。

その棟には、六十五人の女性が収容されていた。毎日、数人が連れていかれた――尋問や殴打のため、あるいは別の刑務所、または死へ。その代わり、毎日新しい女性が入ってきた。ここは拷問の工場ラインだった。

レニャの監房の看守は冷酷なサディストで、鍵束や鞭で殴打するチャンスを常に求めていた。どんなときでも即座に囚人を思い切りひっぱたいた。戦争が終わったら、彼女を八つ裂きにして犬にくれてやろう、と女性たちは夢想し、怒りをのみこんだ。何もかもが戦後まで延期された。戦前まで、その残虐な看守と夫は櫛や鏡やおもちゃの小さな店をやっていて、市場や祭りで売っていたことを一人の囚人が話してくれた。占領が始まると夫は飢え死にし、看守は家から逃げて身元を変え、民族ドイツ人になった。彼女の身分は貧しい未亡人から、五百人の囚人を監督する「ドイツ人女性」になったのだ。「このポーランド人の豚め！」彼女は叫びながら囚人たちを殴りつけた。ゲシュタポはそのやり方を気に入っていた。

レニャの日々のルーティンは、退屈でぞっとするものだった。朝の六時に起きる。十人ずつトイレに行き、シンクで手早く水を浴びる。七時に暴力的な看守がやって来ると、誰も廊下に出ようとしない。点呼のときは一列に三人ずつ並ばされ、廊下の監督官が数を数え、ゲシュタポの看守に囚人の数を報告する。その後、五十グラムのパンと、ときどき少量のジャム、黒くて苦いコーヒーが出される。房のドアは鍵がかけられ、囚人はただすわって、おなかをすかせている。十一時になると、中庭で三十分歩くことが許され、鞭をふるう音と獣のような悲鳴が響く。外では男たちが尋問へ連れていかれたり、戻ってきたりするのを目にしたが、みんな死体のようだった。見開かれた目は血走り、頭には包帯が巻かれ、手や歯が折られ、手足の関節がはずれ、顔は黄ばみ傷痕や皺だらけで、破れた服から腐りかけた肉がのぞいていた。アウシュヴィッツに囚人を運んでいくバスに、死体もいっしょに積まれているのを見かけることもあった。監房の中にいる方がましだった。

監房の中では誰もしゃべらなかった。看守は廊下をパトロールしていた。レニャの胃は空腹のせいで痛かった。鍋がカタカタいう音がすると、正午だとわかり、どの女もボウルを用意した。食べものは軽犯罪を犯した二人の囚人によって盛り付けられ、武装した看守が監視した。他の者は一列で待った。監督官はドアわきに立っていた。空腹にもかかわらず、それはみんなを震えさせ、押す者はいなかった。「秩序が何よりも最優先だった」とレニャはナチスの刑務所制度について書いている。

水っぽいスープにキャベツやカリフラワーの葉が浮かんだものがボウルに入れられた。スープには虫が浮かんでいた。女たちは目に見える虫を取り除き、葉も含めてすべてを食べた。「こんなスープは犬でも食べないだろう」と彼女は書いている。誰もスプーンを持っていなかったので、液体よりも濃いものは指で食べた。いつもよりたくさん葉が入っていれば幸運で、多少とも飢えから解放された。液体しか入っていない女もいた。不運にも、そのことで誰にも文句を言えなかった。食後、何時間も、レニャは虫や傷んだ葉を吐きだしたい衝動と闘った。胃は中身が詰まった袋みたいな感じがしたが、満腹感はなかった。胃が痙攣するのが感じられた。最初のとき、スープを断ったことを思い出した。今ではもっとほしくてたまらなかった。

その後、囚人たちは壁際のベンチにぐったりとすわり、夕食を待った。自由になれたら、まず最初に気分が悪くなるまで食べてやる、と女たちは夢見た。ケーキやごちそうの夢想はしなかった。ただ、パン、ソーセージ、虫の入っていないスープでよかった。「だけど、誰がここを生きて出られるだろう？」とレニャは思った。あまり考えたくないことだった。

七時になると、夕食のために並んだ。マーガリンがついた百グラムのパンとブラックコーヒー。パンをがつがつ食べ、満腹を感じられるようにコーヒーをちびちび飲んだ。九時、消灯。痛いほどの空腹に苛まれて、レニャはなかなか寝付けなかった。

ムィスウォヴィツェはカトヴィツェよりも清潔だった。一九四二年、栄養不良と非衛生的な環境のせいで、発疹チフスが蔓延した。そのときから、ムィスウォヴィツェ刑務所は衛生に厳しくなり、囚人にマットレスを支給した。ただし、藁の詰め物が充分ではないので、ベッドの板が体に食いこんだ。囚人たちはパルチザンが襲ってきたらすぐに逃げられるように、服を着て寝た。夜、武装した警備兵が廊下をパトロールし、物音に耳をそばだてた。女性たちは消灯以降は房を離れられなかったので、おまるに排泄した。

ときどき、銃声がして飛び起きた。おそらく男性棟の誰かが逃げようとしたのだろう。逃亡は不可能だった。窓には金網が張られていたし、ドアは鍵がかけられ、刑務所の塀にはいくつもの監視場所が設けられていた。建物を囲む警備兵は二時間おきに交替し、怪しいものには何であれ三度ずつ発砲した。

夜のあいだに男が首を吊ったとか、女がトイレから逃げようとして殴打され、暗黒房に入れられたと聞くこともあった。

レニャは逃亡について考えながら、眠れぬ夜を過ごした。でも、どうやって逃亡できるだろう？

ある日、ソスノヴィエツから五人のユダヤ人女性がやって来た。変装のために髪を漂白していたが、カトヴィツェの駅でつかまったのだという。ポーランド人の子どもが疑いを抱き、ゲシュタポに知らせたからだ。すべての所持品は没収された。夜、レニャは彼女たちと話をしたが、用心して自分がユダヤ人だということは黙っていた。

数日ごとに、さらにユダヤ人女性がやって来た。一人は書類の検問で逮捕された。もう一人は警官の友人の家に隠れているところを見つかった。誰が通報したのかはわからなかった。ドイツ人の警官一家全員が逮捕された。年配の母親と二人の娘は偽造書類を持っていて、列車内で逮捕された。娘の一人は泣いてユダヤ人であることを告白してしまった。大半の女性はポーランド人によってゲシュタポに突き出された、とレニャは書いている。

二十人のユダヤ人女性のグループが集められ、アウシュヴィッツに送られていった。彼女たちが去っていくのを見て、レニャは胸が苦しくなった。同じ民族なのに、あの人たちは送られ、自分は残っている。彼女たちは最後まで幻想を見ていた——戦争はもうじき終わると。しかし、去っていくとき、死ぬために行くのだとはっきりと悟り、嗚咽していた。みんなが彼女たちとともに泣いた。

尋問される名前は、いきなり発表された。自分の名前が呼ばれて失神してしまう女性もいて、ストレッチャーで診察室に運ばれた。彼女たちは意識を失うまで殴打されて戻ってきた。ときには死んで戻ってきた。

大半の囚人は政治活動を疑われていた。家族全員が逮捕される場合もあり、母親と娘がレニャといっしょに女性棟に収監されていた。夫は男性棟にいた。妻は尋問の最中に夫は死んだとか、アウシュヴィッツに送られたと聞かされた。母親は夫や息子についてしじゅうそういう告知をされた。そのあとは生きる意欲を失い、病気になった。

ユダヤ人を通報したポーランド人も大勢いたが、多くのポーランド人がユダヤ人を助けた罪で処刑されていた。ユダヤ人の元経営者をかくまった罪で、ある女性が絞首刑にされた。まだ二十五歳で幼い二人の子どもと夫、両親を残して。ユダヤ人と結婚した女性が人質として収監されていることもあった。ユダヤ人の夫が警察から逃げていたからだ。なぜ逮捕されたかすら知らない人もいた。正式な告発もなく、事件を調べようとする人もなく、三年も刑務所にいる人たちもいた。被告人不在で判決が下されることも頻繁にあった。投獄された人間はなぜ、いつ処刑されるのかすら知らなかった。あるとき、村人全員――数百人の人々がいっしょに収容された。村人たちは、パルチザンと接触があったとみなされたのだ。

ある日、休み時間にレニャが庭に出ていたとき、子どもたちをぎっしり積んだトラックが入ってきた。パルチザンの一隊がそのあたりで活動していたので、ナチスは無実の人々を虐待し、子どもを盗んで報復したのだ。子どもたちは年配の囚人に世話をしてもらいながら、特別房で暮らした。子どもたちは大人たちと同じような食事を与えられ、尋問を受けた。無理やり引き出した自白でも、ナチスにとっては充分だった。子どもたちはドイツの学校に送られ、そこで「尊敬されるドイツ人」になるために再教育されることになっていた。

あるポーランド人女性がレニャに両手を見せた。爪が一本もなかった。熱したピンを爪の下に刺され、爪がすべて抜けてしまったのだ。熱した金属棒で打たれたせいで、かかとは腐っていた。脇の下には鎖の跡がついていた。三十分間吊るされて殴られたのだ。さらに逆さに吊るされ、また殴られた。髪の毛がむしられた頭頂部は禿げていた。そもそも、そんなことをされるような何をしたというのか？　一九四〇年に息子がいなくなった。噂だと、彼はパルチザンの一隊を率いているということだった。ナチスは親戚が彼と連絡をとっているのではないかと疑った。一族のうち、もう彼女しか生き残っていなかった。

レニャの同房者には軽い罪の者もいた。闇市場で品物を売ったり、灯火管制で明かりをつけたりした罪だ。そうした囚人の生活は少し楽だった。食べ物や衣類の小包を外部から受けとることが許可されたからだ。もっとも看守たちは中身を漁って、いい品はくすねていた。

どうしてまだムィスウォヴィツェにいるのだろう？　とレニャは考え続けていた。どうしてどこかに移送されないのか？　なぜまだ生きているのか？　たくさんの女性たちが死に、たくさんの女性たちがその代わりに入ってきた。

ある午後、ついにレニャの番になった。男性監督官が監房に入ってきた。彼はレニャを見て、どうして刑務所に入ったのかとたずねた。レニャは国境を越えるときに逮捕された、と答えた。

「出ろ」

どうなるの？　銃弾？　絞首刑？　中世の拷問？　それともアウシュヴィッツ？　レニャは手続きのことは知らなかったが、その結果はよく知っていた。

これが彼女の最期なのだ。これが。

すさまじい暴力の現場となっているアウシュヴィッツは、ムィスウォヴィツェからバスですぐの距離にあった。しかし、悪名高い状況にもかかわらず、収容所ではひそかにレジスタンスが芽生えていた。アウシュヴィッツの地下活動はさまざまな国籍の人間と信条で構成されていて、すぐにはガス室に送られず奴隷労働に従事している若いユダヤ人も含まれていた。元気そうに見えて労働に回されるように、ユダヤ人女性たちは若見えする努力をしていた。靴のタッセルから赤い染料をこすり落として頬紅や口紅に使ったり、マーガリンで髪に艶を出したり、白髪を隠したりした。ベンジンからの移送者にはレジスタンスの仲間も含まれていたので、地下活動に新たなエネルギーを注ぐのに役立った。

アンナ・ハイルマンは、ずっとポーランド人になりすましている同房のユダヤ人少女から、初めてレジスタンスについて聞いた。アンナはまだ十四歳で、一年前に姉のエステルといっしょにアウシュヴィッツに来た。二人の少女はワルシャワのポーランド人社会に溶けこんだ上流階級のユダヤ人家庭の出身で、乳母がつき、高級なアイスクリーム店によく足を運んでいた。今、二人はアウシュヴィッツの女性収容所で暮らし、組合工場で働いていた。「自転車工場」と名乗っていたが、実際には軍需工場で、大きな一階建てのガラス屋根の建物では、ナチスのための大砲の砲弾の雷管を製造していた。アウシュヴィッツには五十ほどの提携収容所があり、多くの人々が私的産業に貸しだされていた。

アンナはレジスタンスについて聞いて、胸をときめかせた。ワルシャワゲットーではハショメル・ハツァイルに加わっていたのだ。それは彼女にとって精神的な救いだった。ゲットーの蜂起を目の当たりにしていたので、もっと活動をしたいとずっと願っていた。そんなとき、国内軍がワルシャワでレジスタンスを組織し、アウシュヴィッツの地下組織に連絡をとったという話を耳にした。外から収容所を攻撃する計画を立てていて、囚人たちが合言葉を伝えられたら、内部からも攻撃を開始する手はずになっていた。アンナのグループは戦いのための材料を集めはじめた――マッチ、ガソリン、重いもの。農場の道具小屋の鍵を手に入れ、熊手やくわを盗んだ。どのブロックでも五人ぐらいの女性が参加し、リーダーが一人決められた。リーダーだけが、このひそかな組織的作戦の本部と連絡をとることができた。

アンナは毎日仕事に行く途中、錠前師の仕事をしている男性とすれちがい、彼に微笑みかけられた。ある朝、彼女はワイヤーカッターがほしいと、思い切って彼に頼んでみた。電流が流れているワイヤーを切断するためだ。彼は驚いてアンナを見たが、無言だった。不注意だっただろうか、捕まるかもしれない、とそれから何日もアンナは気をもんでいた。ある午後、彼がアンナの作業台に箱を置いた。工場の女性たちはからかった。「彼、あんたの恋人なの！」――恋人とは男性庇護者を意味した。アンナはテーブルの下に箱を置いて、こっそりのぞいた。パンが丸ごと入っている！

うれしかったが、同時に失望もした。その日はありがたいことに検査がなかったので、パンを収容所にこっそり持ち帰り、小さなバッグに入れて衣類の下に隠した。

　恋人はしばしば女性に贈り物を持ってくる。どんな所持品も禁じられているので、つかまったら、女性は「見つけたんです」と弁解した。ベッドにうずくまり、アンナはエステルにパンを見せた。二人はパンが空洞になっていることに気づいた。中には絶縁された赤い取っ手のついた美しいワイヤーカッターが入っていた。姉妹はこの宝物をマットレスの中に隠し、二人がいないときに合言葉が発動された場合に備え、友人たちにもそのことを伝えた。その一人がアラ・ゲルトネルだった。

　何日かして、アラは友人で二十三歳のハショメル・ハツァイルの仲間、ロザ・ロボタからメッセージを伝えられた。ロザの恋人は殺されたユダヤ人の持ち物を整理する部門で働いていて、遺体を移動し火葬をとりしきる特殊部隊にいた。恋人は彼の部隊はもうじき殺される、とロザに話した。特殊部隊は定期的に引退させられていた――つまり殺されたのだ。暴動はもうじきだ、と彼は言った。

　彼らには武器がなかった。そのとき、アンナは閃いた。彼女たちは火薬工場で働いている。アンナは火薬室で働いているエステルに、いくらか火薬を盗んでほしいと頼んだ。ただし、火薬を盗むように女たちに頼んでほしい、とロザに言ったのは男性で、ロザはすぐに承知した、という説もある。

　工場は全体が見渡せるように作られていて、秘密を持つのが不可能な構造になっていた。見張りがブースにすわって監視していた。仕事中のトイレ、食事、休憩はすべて禁止だった。火薬室は三メートル×一・八メートルしかなく、エステルは「無理よ、忘れて」と答えたものの、少し考えてみることにした。

常に監視され、喉の渇きに苦しみ、拷問を受け、集団で罰を与えると脅されていても、強制収容所のユダヤ人女性たちはナチスに刃向かった。フランチェスカ・マンというワルシャワの〈メロディ・パレス〉というナイトクラブで踊っていた有名なユダヤ人バレリーナは、アウシュヴィッツで服を脱ぐように言われると、好色なナチスに靴を投げつけ、彼の銃を奪い、二人の警備兵を撃って一人を殺した。五百人の女性が棒を与えられ、じゃがいもの皮を盗んだ二人の少女を殴るように命じられたときは、誰も動こうとしなかった。代わりに彼女たちがぶたれ、夜通し食べ物なしで凍てつく寒さの中に立たされたにもかかわらず。ソビボル強制収容所では、女性たちはナチスから武器を盗み、それを地下組織に渡した。

アウシュヴィッツでは、マラ・ジーメットバウムという六カ国語を話せるベルギー人女性が、ナチスの通訳に選ばれていた。通訳は自由に収容所内を動き回れる仕事だったので、彼女はその特権を利用してユダヤ人を助けた。薬を運んだり、家族のメンバーに連絡をとったり、入ってくるユダヤ人をごまかしたり、体の弱い者に楽な仕事を見つけたり、選別が近づくと病院の患者に警告したり、集団罰を与えないようにナチスの将校を説得したり、囚人に靴下をはかせるように頼むことまでした。マラは男性囚人の格好をして、偽の「労働日」に収容所を脱走した。彼女は逃亡に成功した最初の女性だったが、ポーランドを出ようとしたときにつかまった。彼女の刑が読み上げられたとき、彼女は髪の毛に隠していたカミソリで手首を切った。ナチスが彼女につかみかかると、血まみれの手で彼の顔をひっぱたき、「わたしはヒロインとして死ぬ。だけど、おまえは豚のように死ぬだろう！」と叫んだ。

ベラは相変わらず看護師の立場を利用して、病気のユダヤ人を助け、ほんの少しだけキャベツが多いスープを与え、水を飲ませながら額をやさしくなでてやった。そして、自ら志願してユダヤ人の疥癬病棟で働いていた。周囲は共産主義の理念でそうしているのだろう、あるいは彼女が言うように、疥癬がポーランド人やドイツ人に広まらないようにしているのだろう、と推測した。

自分の親切はユダヤ人囚人にとって不思議なだけではなく、疑いも招くことをベラは承知していた。もちろん、彼女はスパイかもしれない、とイディッシュ語でささやきあっていることはわかっていた。それでも、病院で働いているユダヤ人女性たちにハヌカーのパーティーを開く許可を与えると、喜ばれた。ベラは内心、自分が参加できないことが無念だったが、ポーランド人らしくふるまわなくてはならなかったので、クリスマスツリーを飾り、サンタクロースの人形をぶらさげた。

ベラの監督官の一人、アーナ・クークは小柄で短気で無慈悲だった。ベラに自分の部屋を掃除させ、コーヒーを運ばせ、ブーツを磨かせた。ある朝、ベラが務めを果たすために部屋に行くと、アーナはベッドに両脚を大きく広げて横たわり、ジャーマンシェパードとセックスをしていた。ベラはドアを閉めて逃げた。つかまったら、殺されると思ったからだ。

あとからアーナは時間どおりに来なかったと言って、ベラを殴りつけた。さらにベラを奴隷労働に戻し、塹壕を掘る作業につかせた。恐ろしく骨の折れる作業だった。一切の休憩は許されず、ひっきりなしに殴られた。倒れた女性は撃ち殺された。残りの者たちは行進曲に合わせて、その死体を運ばねばならなかった。

あるとき、作業中にナチスが一人の娘を森にひきずっていった。彼女の悲鳴が聞こえてきた。そして二度と戻ってこなかった。あとから彼女は犬と無理やりセックスさせられたことがわかった。彼女は殺してくれ、と懇願した。ナチスは笑っていた。「この犬は快楽のためにうってつけの相手を見つけたな」と彼らが言うのをベラは聞いた。こうしたことが起きたのは一回だけではなかった。別のアウシュヴィッツの生存者は、幼い娘の服を脱がせ犬にレイプされるところを見るようにナチスに強制させられた、と証言している。

ベラと仲間の囚人たちは仕事に行くのが怖くなった。またこういうことが起きたらグループ全員で抵抗しよう、と決めた。犬のレイプが三度起きたあとで、また別の娘がひきずられそうになったとき、二十人の女性全員が悲鳴をあげた。女性たちは地下室に閉じこめられ、何日も昼夜ぶっ続けで立たされ、四日に一度しか食べ物を与えられなかった。肉体的に極限状態になって解放されたが、抵抗したという事実に心は慰められた。女性たちは結束し、お互いを守ったのだ。

アウシュヴィッツを含め、多くの強制労働所の女性たちは、生産性や品質を劣化させる妨害工作をすることで抵抗した。紡績工場では麻繊維の糸を弱くし、爆弾の部品の寸法をまちがえ、玉軸受けのあいだに針金を落とし、パイプが凍りつくようにひと晩じゅう窓を開けっぱなしにし、火薬に砂粒を入れた。妨害工作された軍事物資のせいで、ナチスの武器は逆噴射を起こしたり、暴発したりした。

アンナに頼まれたエステルは、最後には火薬を盗むことを承知した。

エステルは濃灰色の火薬をチェッカーの駒のような形に固める機械の前で、十二時間の労働をしていた。

アンナはツンとする臭《にお》いがするほこりっぽい廊下を歩いていき、数人の監視係の前を通り過ぎ、ゴミ集めの当番のような顔をして火薬室に向かった。エステルの場所はドアの近くだったので、彼女はアンナにゴミ捨てに使うような小さな金属製の箱を渡した。エステルは布に包んだ少量の火薬をゴミのあいだに隠しておいた（布はシャツを裂くか、パンと交換したネッカチーフを利用した）。アンナは箱を自分のテーブルに持っていくと、布の包みを取り出し、それを服の下に滑りこませた。トイレで友人のアラと落ち合い、包みを分け、おのおのの服に隠した。その日の終わりに、エステルは少量を自分の服にも隠し、行進しながら収容所に帰っていった。収容所までは雨でも雪でも、灼熱の暑さでも、木靴で一キロ半ぐらいは行進した。検査があったら布をひっぱって粉末を地面に捨て、足で踏み潰した。アラは集めた火薬をロザに渡した。

この作戦に加わったのは、彼女たちだけではなかった。十八歳から二十二歳のユダヤ人女性のグループが火薬を盗み、その代わり、くず火薬を製品に詰めていた。火薬はマッチ箱や胸の谷間に入れたり、布で包んでポケットに入れた。ある日、三人の女性たちはティースプーン二杯分を手に入れることができ、アンナの親しい友人の一人、マルタが「回収」までの数日間、その包みを保管していた。お互いに知らない四つのグループの女性たちが火薬の盗みに加わっていた。すべての火薬は、いくつかのレジスタンス工場と連絡をとっているロザのところに集められた。

ロザは火薬を男たちに渡した。死体を運ぶために女性の収容所に入ることが許されている部隊が、火薬を二重底になったスープボウルに入れたり、エプロンの縫い目に入れたり、夜のあいだに死んだユダヤ人を運搬する荷車に隠したりして運んだ。火薬の包みは死体の下に隠され、遺体焼却所に保管された。そしてロシア人囚人がサーディンや靴用ワックスの空き缶を使って、爆弾を作った。

　女性たちは恐怖と興奮の中で暮らしていた。ある日、いきなり騒動が起きた。警告もなし、合言葉もなし。何カ月も計画を練っていた蜂起は、スケジュールどおりには運ばなかった。なぜなら死体運搬部隊がすぐにガス室送りになると判明したからだ。今か、さもなければ機会は永遠に来ないだろう。

　一九四四年十月七日、ユダヤ人地下活動グループがナチスをハンマー、斧、石で襲い、遺体焼却所を爆発させた。オイルとアルコールを染み込ませたボロ切れを置いておいたのだ。隠しておいた武器を掘り出し、ナチスの警備兵を何人か殺し負傷させた。特に残虐だったナチスは生きたまま焼却炉に投げこんだ。そして鉄条網を切って逃げた。

　しかし、あまり速く走れなかった。ナチスはグループの三百人全員を撃ち殺し、死体をすべて隊列に並べて全員を仕留めたかを確認した。騒ぎに乗じて数百人の囚人も逃げたが、彼らも撃ち殺された。

　その後、ナチスは手製の手榴弾を見つけた。火薬が詰められた缶から、火薬室までたどっていった。厳しい尋問がおこなわれた。次々に人が連れていかれ、拷問され、いくつもの矛盾する証言が引き出された。アンナの記憶によると、同房のクララはパンを持っていてつかまり、罰の代わりにアラを売った。アラは拷問され、ロザとエステルが関わっていることをしゃべった。別の説だと、ナチスが送りこんでいたチェフというユダヤ人の血を引いているスパイが、アラをチョコレート、煙草、愛情で買収し、名前を聞きだしたという。

エステルは懲罰房に連れていかれた。アンナは恐怖と絶望に沈んだ。ある日、彼女も尋問のために連れていかれ、警告として殴られた。彼女の顔から血をぬぐいながら、「いい警官」はお父さんのような口調でたずねた。「誰が火薬を盗んだんだ？　なぜだ？　どこから？　おまえの姉さんはどう言っていた？」

アンナは無言のまま彼を見つめた。

「エステルはすべてを白状した。だから、おまえもしゃべった方がいいぞ」

「どうしてエステルが何かを白状できるんですか？」アンナは言い返した。「姉は無実だし、嘘つきじゃありません」彼女は解放され、エステルも監房に戻された。エステルは全身あざだらけで、背中の皮膚はひものように切り裂かれていた。動くこともしゃべることもできなかった。アンナと友人のマルタが彼女を介抱し、少しずつよくなっていった。

しかし、数日後、またナチスが戻ってきてアラ、エステル、ロザ、火薬室の監視係のベンジン出身のレギナを連れていった。

女性たちは絞首刑を宣告された。アンナは狂ったようになった。マルタはアンナが自殺しないように入院させた。アンナは姉と連絡をとって会おうとしたが、かなわなかった。

ロザの故郷の地下組織の男性メンバーが、拷問棟の警備兵にウォッカを差し入れ、ロザと会わせてもらった。「わたしはロザの房に入った」と彼は回想している。「冷たいコンクリートの上に、ボ口切れのような姿が横たわっていた。ドアが開く音で彼女は顔をこちらに向けた……そして最期の言葉を口にした。彼女は誰も裏切らなかったから、恐れる必要はない、これからも活動を続けてほしいと仲間たちに伝えてくれ、と」彼女は後悔していなかったし、残念がってもいなかったが、死ぬ前に地下活動が続くことを確認したがった。ロザは仲間へのメモを彼に渡した。そこには激励の言葉が記されていた。「力と勇気を持って《チャザク・ヴァマ》」

エステルはアンナに最後の手紙を書き、マルタには「心配せずに死ねるように、わたしの妹の面倒を見てやってください」と頼んできた。

「収容所の姉妹たち」は家族だった。

処刑の日、四人の女性たちは絞首刑にされた。女性囚人たちを怯えさせ、今後、妨害工作や謀反を起こす気をそぐために、めったにない公開処刑がおこなわれた。二人は昼間の勤務のあいだに処刑され、残りの二人は夜の勤務で処刑された。ユダヤ人女性全員が処刑を見ることを強制された。目を少しでもそらせば殴打された。アンナの友人たちは彼女を囲み、見なくてもすむようにしゃがませた。だが、彼女は「ドラムの音、何千人もの喉からもれるうめき声」を耳にしたと、のちにその場面を描写している。そのあとの記憶はぼやけていた。ベラ・ハザンもその場にいた。死体を運ぶポーランド人看護師として。

縄が閉まる寸前に、ロザはポーランド語で叫んだ。「姉妹たち、復讐を！」

# 第二十七章　日々の光

## レニャ　一九四三年十月

ムィスウォヴィツェの監房の外で、警官がレニャを待っていた。

「おまえか」彼は言った。

レニャはすでに心の準備をしていた。死ぬ覚悟はできていた。

「近いうちに、おまえを新しい仕事に連れていく。警察の調理場で働いてもらうことになった」

なんですって？

レニャはひとことも発しなかったが、安堵のあまり体が震えていた。奇跡的にアウシュヴィッツではなかったのだ。尋問すらされず、いわば昇進だった。

収監されてからひと月ぶりに、レニャはムィスウォヴィツェを出た。通りを警察署に向かって歩きながら、誰か知っている人はいないかと必死に視線をさまよわせた。投獄されたことを知らせることのできる誰か。だが、見知らぬ人ばかりだった。

レニャの勤務は朝の四時から午後四時になった。夜明け前のまだ暗いうちに監房を出た。コックは大食いのドイツ人女性だったが、まともな食べ物を出してくれたので、レニャは力を取り戻していった。毎日検査があり食べ物を監房に持ち帰ることはできなかったが、仕事先で充分に食べられたので、刑務所の夕食は自分よりもおなかをすかせている女性たち、たいていユダヤ人女性たちにあげた。もらえない者は憤慨したように彼女をにらんでいた。

レニャの仕事先まで付き添う警官の一人はやさしく、煙草やリンゴやバターつきパンをくれた。長年ポーランドに住んでいたが、元々はベルリンの出身で、民族ドイツ人になった、と彼は話した。ポーランド人の妻とは離婚するしかなく、彼女は赤ん坊を連れて実家に帰ってしまった、と。

「なぜ彼を信用したのかわからないけれど、とにかく信頼した」とレニャはのちに書いている。「彼は正直で、彼の友情は役に立つ、と直感した」

ある晩、囚人が寝ているときにレニャは手紙を書いた。危険を冒すしかなかった。その親切な警官に、ワルシャワの「両親」に手紙を送ってほしいと頼んだ。自分が逮捕されてから、誰も居所を知らないのだ、と説明した。彼は切手を貼って投函すると約束してくれた。それから人差し指を唇にあて、誰にも言うな、と警告した。

しかし、その瞬間から、レニャは眠れなくなった。警官が手紙をゲシュタポに渡したらどうしよう？　彼女の立場はさらに悪くなるだろう。手紙は暗号化されてはいたが、情報といくつかの住所が含まれていて、そうした場所から移動する必要がある物資について書いてあった。もっとも重要なのは、仲間たちに自分の居所を伝えることだった。しかし、一日一日と過ぎるうちに、ますます誰かに見つけてもらう可能性は低くなっていく気がした。

ある晩遅く、四人の女性と赤ん坊が監房に連れてこられた。三人がユダヤ人で、残りの一人はタチアナ・クプリエンコというロシア人で、ポーランド生まれだった。レニャはタチアナと仲良くなった。ポーランド語とロシア語を混ぜながら、タチアナは戦前に助けてくれたユダヤ人たちをかくまっていたのだ、と説明した。屋根裏に六人の大人と赤ん坊を隠して食べ物を運んでいた。さらにドイツで彼らが仕事を見つけられるように、偽造業者に依頼して、ものすごく高価なポーランド人の書類を手配してもらった。だが、女性の大半はユダヤ人だとすぐわかる顔立ちをしていたので、夫の元を離れるのを躊躇した。そのうち一人のユダヤ人女性はドイツに向けて出発し、仕事を見つけたと連絡してきた。

だが二カ月後、十七歳の少年が警官を連れてやって来て、タチアナがユダヤ人を隠していると密告した。タチアナも二人の兄弟も偽造業者も、全員が逮捕された。いまだに、なぜユダヤ人をかくまっていたことから、偽造書類のこと、ドイツにいる女性のことまでばれたのかわからない、とタチアナは嘆いた。

警察署でタチアナは殴られ、ロシア人で幸運だった、さもなければ絞首刑になっていた、とゲシュタポに言われた。

二日後、ユダヤ人女性と夫たちはアウシュヴィッツに移送されていった。その二日後、ドイツに逃げていた女性が連れてこられた。戦争が終わるまでベルリン近くで農婦として過ごせると思っていたのに、いきなり逮捕され、彼女は絶望していた。尋問後、その女性はストレッチャーで監房に戻されたが、顔はほとんど見分けがつかないほど変形していた。ナチスは猿ぐつわをかませ、金属棒で足を殴り、熱した鉄棒で皮膚を突き刺した。この拷問にもかかわらず、ユダヤ人女性は偽造業者の名前や、タチアナを知っていることを白状しなかった。ナチスは同じやり方でタチアナを拷問した。

ある日、少し気分がいいときに、タチアナはレニャに言った。「こういう目に遭ったけれど、いつかきっと自由になれると信じてるの。わたしは母を介護するために生きなくちゃならない。ワルシャワに金持ちの義兄がいるから、きっと賄賂を払ってくれるはずよ」

レニャは微笑んだが、タチアナは拷問のせいで頭がおかしくなってしまったのだろう、と思っていた。

数日後、タチアナの名前が呼ばれた。彼女は真っ青になった。また尋問だ。これで最後になるだろう。彼女はゲシュタポに連れられて監房を出ていった。

だが、数分後、レニャはたがのはずれた笑い声を聞いた。タチアナが戻ってきて、全員にキスし、解放されたと伝えた。家に帰れるのだ！

レニャにキスしながら、彼女は耳元でささやいた。義兄が彼女のために五百グラムの金を払ってくれたのだと。

レニャは目を輝かせた。ここムィスウォヴィツェですらゲシュタポを買収できるなら、まだ希望はあった。

ある午後、一台のタクシーが収容所のゲートに横付けになった。私服の二人の男が降りてきて、自分たちはスパイ活動をしているゲシュタポだと名乗り、男性棟のうち、もっともおぞましい監房に向かった。そこでは生きる屍がベッドに鎖でつながれていた。私服ゲシュタポは、パルチザンを率いた罪を宣告されていた二人の青年の名前を呼んだ。二人は鎖を解かれ、待っている車に押し込まれると、あっという間に四人は消えた。警備兵はゲシュタポが囚人を連れていくのを見て、これまで一度もなかったことなので疑いを抱き、タクシーが行ってしまってからカトヴィツェのゲシュタポに連絡した。すると二人の「私服のゲシュタポ」は偽造書類を利用したパルチザンだと判明した。四人とも姿を消し、自由になった。

レニャはとても気分が高揚した。「その事件は人生への情熱と自由を信じる気持ちを目覚めさせた」と回想している。「もしかしたら、わたしにも奇跡が起きるかもしれない」

しかし、刑務所の上層部は激怒した。警備兵は投獄された。規律がひきしめられ、事件が再検討された。ある朝、レニャは仕事に行かなくていいと、突然言われた。代わりに彼女は殴られ、暗黒房に閉じこめられた。おそらく、国境を密輸品を持って越えただけだ、という嘘に対する罰だったのだろう。いまや彼女はスパイの容疑をかけられていた。そのときの殴打で、永遠に消えない傷が額に刻まれた。

レニャは女性政治犯の監房に移された。誰も仕事に出かけなかった。数日おきにゲシュタポがやって来て、取り調べられた。外に出られる希望はなかった。

たまたま、カトヴィツェから来た女性から、イウザがユダヤ人であることを白状して絞首刑になったということを聞いた。胸が引き裂かれたが、レニャは顔の筋肉ひとつ動かさなかった。「ナイフで刺されても、白状するわけにはいかなかった」

夜も昼も、レニャは仲間たちの運命について考えていた。記憶がどんどん薄れていくような気がした。集中できなかった。自分の証言すら思い出せなかった。また尋問されたときに自分を信用できるか、もはや自信がなくなっていた。常に頭痛がした。体がすっかり弱り、ろくに立っていられなかった。昼間ベッドに横になることは禁じられていたが、看守は彼女を憐れみ、寝台にすわることを許可した。だが監督官がやって来る音がすると、レニャはさっと立ち上がった。

しかし、彼女は自由まであと少しのところにいたのだった。

# 第二十八章　大脱走

## レニャ、グスタ　一九四三年十一月

「これ、あんたに」ベリツコヴァという女はささやき、レニャに手紙を渡した。「畑で仕事をしていたら渡された」レニャはトイレに行く途中だった。「その女性は明日、戻ってくるから返事をもらいたいって。食べ物も持ってくるそうだよ」

紙片を受けとるレニャの手は震えていた。これが待っていたものなの？　一日中、それを握りしめていた。

夜になり周囲の人々が寝てしまうと、レニャは宝物を開き、一語一語をむさぼるように読んだ。その手書き文字は姉のサラのものだった。

姉は仲間たちがまだ生きていると報告していた。全員がポーランド人の家に隠し部屋を見つけて移動していた。ワルシャワでジヴィアが受けとった手紙から、仲間たちはレニャの運命を知ったのだった。警官は本当に投函してくれたのだ！　サラはどうやったら助けられるのか知りたがっていた。彼女を脱出させるためなら、仲間たちは何でもするつもりだと書かれていた。「勇気を失わないで」サラは励ましてくれた。

レニャは何度も手紙を読み直した。

考え、計画を立てた。

全員が寝ていることを確認した。すでに真夜中過ぎだった。

ベッドからこっそり出ると、監視係のデスクに歩いていった。できるだけ静かに暗闇で鉛筆を探し、一本見つけた。

サラは常に用意周到なので、返信用の紙片を入れておいてくれた。

レニャはそっとベッドに戻って書いた。

「一、この手紙を持ってきてくれた女性にお礼をたっぷり払ってください。彼女は命を危険にさらしたのです。二、わたしと場所を交換するために彼女に支払いをしてもらえませんか？　そうすればわたしは畑に出ていき、そこで会って、相談できます」

朝になると、トイレでレニャは紙片をベリツコヴァにこっそり渡し、その晩またそこで落ち合うことを約束した。

一日じゅう何度も、レニャはサラの手紙を読み返した。「そこからあなたを出すためなら、どんなことでもします。ジヴィアはお金を持った人を派遣しました」

その晩、もう一通の手紙が届いた。

「すべて大丈夫です。説得した結果、ベリツコヴァは自分の代わりにあなたを畑に行かせることを承知しました。今日、彼女の家にお金を届けます。彼女は貧しいので、お金をもらえて喜んでいます」

翌日、レニャはすばやくベリツコヴァの服に着替え、彼女の監房に移動した。ベリツコヴァはレニャの代わりに点呼を受けることになっていた。寒い十一月の朝だったので、レニャはありったけのぼろ布で顔を覆った。幸いどの警備兵も彼女を知らなかった。

ベリツコヴァの作業グループと広場に着き、大勢のロシア人、フランス人、イタリア人の囚人たちといっしょに仕事にとりかかった。レンガを列車の車両に積む比較的簡単な作業にもかかわらず、レニャは体が弱っていてうまくこなせなかった。レンガを持ち上げるたびに地面に落としてしまい、注目を浴びた。ひどくあせってきた。サラはいつ来るのだろう？　一秒が永遠にも感じられた。

そのとき、遠くから、二人のとても身なりのいい優雅な女性がやって来た――片方はサラで、自信たっぷりな歩き方で進んできた。姉が周囲をうかがっているのが見えた。たぶん、わたしの存在に気づいていないのだろう。レニャはそちらに歩きだした。女性囚人たちは困惑したように眺めていた。このワルシャワの女は何者なの？　地元に親戚がいないのに、話しに行くなんて？

「あの人たちは同房の友人の知り合いなんです」レニャは平然として嘘をつくと、ゲートに向かって歩いていった。

警備責任者がレニャのあとをついてきた。ありがたいことに彼はレニャを知らなかったので、政治犯としての過去も知らなかった。レニャが塀に近づいていくと、警備責任者がすぐ後ろにいるにもかかわらず、姉妹は涙を抑えきれなかった。サラは警備責任者にお菓子をあげ、レニャはもう一人の女性と話をした。ジヴィアがその女性、ハリナをワルシャワから派遣したのだ。レニャにはその理由がわかった。「失敗しても問題じゃないわ」ハリナは緑色の瞳でじっとレニャを見つめた。「外に出るためにはやってみるしかない。どっちみち、命は危険にさらされているんだから」

来週も同じ場所で会う約束をした。女性たちはレニャが着替える服を持ってきてくれることになった。レニャは脱走の心構えをしなくてはならなかった。

疑いを招くので、ずっと塀際に立っているわけにいかなかった。姉とハリナが歩き去るのを見送りながら、感動に震え、久しぶりに決意が湧き上がるのを感じた。心の中でハリナの言葉を繰り返した。やってみるしかない。

しかし、レニャは仕事から戻るなり倒れてしまった。頭がズキズキして、立ち上がれなかった。サラとの再会が、頭の中の何かの引き金を引いたのだ、とのちに書いている。薬は効かなかった。熱は三日連続で四十度まで上がった。朦朧としながらうわごとを言いはじめ、恐ろしい脅威となった。イディッシュ語でしゃべったら？　真実を明かしてしまったら？　数人の同房者が気の毒に思って朝食のパンを分けてくれたが、レニャは飲み込むこともできなかった。チャンスを逃すことになるかもしれない。このまま死ぬのだろう。

ついに熱が奇跡的に下がったとき、仲間の囚人たちは日曜の祈禱で神に回復を感謝した。レニャも心からありがたいと思い、いっしょにひざまずき、習ったとおりに熱心に祈りを捧げた。

しかし、祈りを唱えている最中に熱がまたぶり返し、レニャは意識を失った。ドアは鍵をかけられていて水を手に入れられなかったので、同房者たちはボウルを洗った汚い水をレニャにかけた。

レニャは意識を取り戻したが、さらに二日間、ベッドに横になっていた。起きなくてはならなかった。回復しなくてはならなかった。どうしても。やってみるしかないのだ。

「一九四三年十一月十二日はわたしの記憶に刻まれた日だ」とレニャは回想録で書いている。眠れぬ夜を過ごしたあと、彼女は最初にベッドから飛びだした。今日がその日だ。

「だめ。今日は畑には行けない」いきなり監房長が言った。

「どうして？　先週は行かせてくれたのに」ベリツコヴァは多額の金と引き換えに、再び場所を交換することを承知していた。

「危険すぎるから。畑の責任者があんたが政治犯の監房から来たと知ったらどうなるの？　全員がやっかいなことになる」

「お願い」レニャは懇願した。もはや最後のチャンスだった。「お願い、どうか行かせて」

監房長は渋ったが、とうとう許可してくれた。またもや小さな奇跡が起きた。

ベリツコヴァの服を着てネッカチーフをかぶると、レニャは出発した。監督官は彼女に気づかなかった。彼女は倒れないように両側から女たちに支えられていた。彼女を生かしておくためには、多くの女性たちの助けが必要だった。とうとう、広場に着いた。十五人の女性、十五人の警備兵。

レニャはレンガを並べながら、サラとハリナはいないかと見回した。

朝の十時に二人はやって来た。レニャが周囲を見ると、全員が自分のレンガを運ぶことに熱中していた。大丈夫だ。すばやく作業場を離れた。

しかし、二人のところに行き着く前に、警備責任者が叫んだ。「おれの許可もなく、どうして持ち場を離れるんだ？」

サラが彼に話しかけ、懐柔しようとした。

「煙草とお酒を持って二時に戻ってきて」レニャはハリナにささやいた。

囚人たちはレニャが責任者に従わないことで腹を立てていた。彼女は全員を危険にさらしているのだ。

レニャはレンガのところに戻った。それから、昼食の直前に、警備責任者が彼女を呼び寄せた。「おまえ、政治犯だってな」背筋が凍りついた。「だが、とても若いし、かわいそうだ。さもなけりゃ、収容所の司令官に報告してたところだ」

彼はレニャの顔の前で指を振り、脱走なんて考えるな、と釘を刺した。バラバラに切り刻んでやるぞ。

「脱走する可能性なんてありませんよ。つかまるに決まってるって考えるだけの頭はあります。国境を越えようとしてつかまっただけですし、もうじき釈放されるでしょう。そのチャンスを潰すわけがないでしょ？」

女たちが警備責任者にレニャの秘密をしゃべったにちがいない。当然だった。レニャが逃げたら、全員がひどい目に遭うからだ。パルチザンが脱獄して以来、警戒が猛烈に厳しくなっていた。

そのせいで、いっそう脱走はむずかしくなった。全員がレニャを見張っていた。警備兵も仲間の囚人たちも。それに嘘がばれてしまった。いまや、みんなは彼女が政治犯だと知っている。どちらにしても、もはや絶体絶命だ。

サラとハリナはどこだろう？　レニャは腕時計をとられていたので、二人が去ってから何時間もたった気がした。何か起きたのか？　戻ってこなかったら？　一人で脱出できるだろうか？

ついに、遠くにふたつの人影が見えた。

今回は積極的に行動することにした。「いっしょに来てください」レニャは警備責任者に言った。彼はついてきた。

三人のユダヤ人女性と警備責任者は爆破された建物の塀の陰に立った。

ハリナは数本のウィスキーのボトルを彼に渡した。二人が煙草をポケットに押しこんでいるあいだに、彼は一本をゴクゴクと飲み干した。レニャは小さな酒瓶数本と煙草のパックをネッカチーフで包んだ。彼女は他の警備兵たちにそれを渡し、他の女たちを塀の陰に来させないようにしてくれ、と頼んだ。知り合いが熱いスープを持ってきてくれたので、それを他の人に分けたくないから、と説明した。警備兵たちはたいして気にしなかった。警備責任者が彼女に目をつけていることを知っていたからだ。

すでに警備責任者はべろんべろんに酔っていた。レニャは彼をどうにかして追い払わねばならなかった。「女たちがこっちを見ていないか、確認してきた方がいいんじゃない？」レニャは提案した。彼は千鳥足で歩み去った。

今こそ、そのときだった。チャンスは今だ、さもなければ二度と手に入らないだろう。

刑務所から逃げようとした女性活動家はレニャだけではなかった。

クラクフの爆撃の後、シムションが行方不明になった。グスタはありとあらゆる警察署を探し回って、やっと夫を見つけた。それっきり、彼のそばを離れようとしなかった。こうして二度目に、妻は結婚の約束にのっとり、自分も刑務所に入ったのだった。

グスタはクラクフのモンテルピッチ刑務所の女子棟に収監された。美しい古い街の中央にあるモンテルピッチは、中世の拷問を実践することを自慢にしている、おぞましいゲシュタポの刑務所だった。グスタを徹底的に殴りつけてから、ナチスは彼女を夫のところに連れていった。痛めつけられた妻を利用して、シムションから自白を引きだそうとしたのだ。だが、グスタは彼らに言った。

「あたしたちがやった。あたしたちが闘争グループを組織した。そして、ここを出たら、またもっと強いグループを組織するつもりだよ」

グスタは大きな明かりのない「十五番房」に五十人の女性たちといっしょに入れられた。その中には数人のユダヤ人地下活動家もいた。グスタは仲間の囚人たちのために日々の行動を主導した。すべて水が利用できる限り、体を洗わせ、髪の毛をブラッシングさせ、テーブルをきれいにさせた。すべて清潔さと人間らしさを保つためだった。自分が中心になって、定期的に哲学、歴史、文学、聖書についての討論会を開いた。詩を暗唱し、新しい詩を作った。そして、誰かが撃ち殺されるために連れだされたときは、残った者たちは歌ってその悲しみを分かちあった。

ポーランド人レジスタンスの印刷所でナチスに逮捕されたゴーラ・マイアが同じ房に連れてこら

れると、「精神的高揚」と「姉妹の絆」が生まれた。ゴーラはいつもイディッシュ語とヘブライ語で詩を書いていて、それをしばしば夫と亡くなった子どもに捧げていた。度重なる尋問で激しく殴打され、彼女の体は灰色になり、爪ははがされ、髪の毛は抜け、一時的に盲目になった。しかし監房に戻ってくると、ゴーラは鉛筆を握って詩を書き、同房者たちに読んで聞かせるのだった。

グスタも殴打の合間に自分の自叙伝を記録していた。ユダヤ人女性たちに囲まれて部屋の隅にすわり、他の囚人たちには執筆を隠していた。なかには信頼できない囚人がいたからだ。女性たちのスカートの繊維で縫い合わせたトイレットペーパーの三角形の紙片に、ポーランド人女性たちがひそかに食べ物の容器に入れてくれた鉛筆を使い、拷問で潰れた指で、クラクフのレジスタンスの物語をつづった。安全のために全員を偽名にし、自分のことは「ユステナ」という地下活動での暗号名を使い、三人称で書いた。

記録の大半は、シムションや他の同房者たちの客観的な視点から描かれていた。念のため、グスタはすでにゲシュタポに知られている過去のできごとだけを記すようにした。疲れて手が痛くなるまで書き続け、その後は鉛筆を渡して口述筆記をし、同房者が交代で書き続けた。それでも独特の文学的で内省的な文体は保たれ、闘士や隠れている者たちばかりか敵ですら、その内面が生き生きと描かれた。口述する声を隠すために、女たちは歌った。看守を見張る係の女たちもいた。グスタは一ページ一ページ見直し、正確さにこだわって少なくとも十回は推敲した。自分たちの物語がいつか語られるという夢想に魅了され、女性たちは写本して同じ日記を四部こしらえた。三部は刑務所内に隠された——コンロの中、ドアの張り地の中、床下——そして一部はゲシュタポのために働いているユダヤ人自動車修理工によって、こっそり外に持ちだされた。彼はグスタに鉛筆とトイレットペーパーの差し入れもしていた。戦後、監房の床下に隠されていた日記が発見された。

一九四三年四月二十九日、脱走を計画していたグスタと仲間たちは次の死へと移送されることを知り、レニャのように、今、決行しなくては二度とチャンスはないと知った。人通りの多い市内の通りで、移送用荷車に乗せられるとき、グスタ、ゴーラ、ゲニャ・メルチェルなどの数人の仲間がいきなり立ち止まって動かなくなった。ゲシュタポの警備兵は困惑した。警備兵の一人が銃を取りだした。ゲニャが彼の後ろに走っていき、片腕を宙に押し上げた。

そのとたん、女性たちは馬と荷車を回りこんで、逃げだした。ゲシュタポは混雑した通りで発砲し、彼女たちは物陰に隠れた。

グスタとゲニャだけが生き残った。ゲニャはドアの陰に隠れ、グスタは脚を怪我した。

女性たちに知られずに、シムションもその日、脱獄していた。彼とグスタはクラクフ郊外の小さな町で落ち合った。そこにはアキバのメンバーも何人か隠れていた。彼らは森での闘いを再開し、戦闘グループを組織し、地下解放組織の広報ビラを執筆し、配布した。数カ月後、レニャが投獄されていた頃、ハンガリーに密入国しようとしていたシムションが再び逮捕された。彼はゲシュタポに妻を連れに行ってくれと言い、彼女はすぐにやって来た。三度目は不運だった。どちらも殺されたのだった。

あっという間に二人はレニャに新しい服を着せ、ショールをかけ靴をはかせた。

サラとレニャは片方へ、ハリナは反対側へ向かった。

失敗するとしても、レニャはハリナを巻き込みたくなかった。

それから、できるだけ速く走りだした。息を切らしながら。

姉妹たちは丘にさしかかった。レニャはもはや登れなかった。もうだめだ、もうだめ。

しかし、また奇跡が起きた。イタリア人の囚人が通りかかったのだ。「さあ」彼は手を差し伸べ、レニャが登るのを手伝ってくれた。

敷地を囲んでいる鉄条網をどうにか越え、二人は通りに降り立った。ここが脱走でもっともむずかしい部分であり、生死を分ける瞬間だった。二人は道がわからなかったので、とにかくまっすぐ進んだ。レニャの服は丘を登ったせいで泥まみれだったが、ありったけの力をかき集めて走り続けた。もっと速く、もっと速く。レニャは誰も追ってこないか確認するために振り返った。風が汗ばんだ体と顔を冷やしてくれた。父と母の存在を感じた。まるで二人がすぐそばにいて、守ってくれているかのようだった。

一台の車が近づいてきた。

サラは両手で頭を抱えた。「見つかった！　もうおしまいだ」

だが、車は通り過ぎていった。

サラは叫んだ。「レニャ、もっと速く走って。ここががんばりどころよ。逃げきれれば、二人とも生き延びられる」

しだいにレニャは体に力が入らなくなってきた。必死に努力したが、脚は思うように動いてくれない。道に倒れこんだ。サラが彼女を助け起こした。姉は泣いていた。「レニャ」必死に呼びかけた。「お願い、歩き続けて。じゃないと、二人ともおしまいよ。がんばって。あたしにはあんたしかいないの。あんたを失うわけにはいかないのよ。お願い」

その涙がレニャの顔に落ちると、レニャは生気を取り戻し、立ち上がった。二人はまた歩きはじめた。

しかし、レニャは呼吸が苦しくなっていた。唇は乾き、卒中でも起こしたかのように腕の感覚がなかった。脚はゴムのようで、今にもくずおれそうだった。

通り過ぎるバスの音を聞くたびに心臓が止まった。通行人は足を止めて、二人を見ている。頭がおかしいと思ったにちがいなかった。

サラはレニャの三十メートルほど先を歩いていた。警備兵もいなくて、一人きりで歩くのはなんて妙な感じなんだろう。ゆっくりと、カトヴィツェに近づいていた。ここまで六キロ半も歩いてきたのだ。

サラはネッカチーフに唾をつけてレニャの顔をふき、ジャケットの泥とゴミを落とした。サラはうれしそうに笑った。メイル・シュルマンの妻、ナハはカトリックになりすまして、ドイツ人のところでお針子として働いていた。そこまで、もうすぐだった。あとわずかな距離だ。

レニャは道のわきを一歩一歩、のろのろと進んだ。そのとき、遠くに警官の一団が見えた。制服警官だ。レニャは震えた。引き返すにはもはや遅すぎる。

警官たちは近づいてきて、二人を見た……そのまま通り過ぎていった。

レニャは前へ進み続けたが、二、三歩ごとに休まなくてはならなかった。息をするのが苦しかった。

「あと少しよ」サラが励ました。可能なら妹を抱えて運ぶつもりだった。

レニャは酔っ払いのようによろよろと進んだ。サラは妹を支えて進み続けた。二人の服は汗でぐっしょり濡れていた。

レニャは姉のためにありったけの力を振り絞った。

とうとう、シェミャノヴィツェの郊外の建物に近づいた。レニャは壁に寄りかかって休まなければ、一歩も進めなくなっていた。視界がぼやけ、通行人の姿もろくに見えなかった。

レニャは誰かの中庭の井戸のところで休み、顔に水をかけた。さあ起きて。

町を進んでいくあいだレニャは必死に体をまっすぐにしようとした。路地から路地へ移動し、ついに狭い通りに着いた。サラは二階建ての建物を指さした。「あそこよ」

それからサラはかがみ込むと小柄な妹を抱え、花嫁のように抱いて階段を上がっていった。「姉のどこにそんな力があるのかわからなかった」とレニャは書いている。ドアが開いたが、レニャは中を見ることができなかった。そこで失神したのだ。

意識を取り戻したレニャは薬を飲んだが、熱は下がらなかった。汚いぼろきれをはずして、清潔なベッドに入った——二度と味わえないと思っていた贅沢だった。歯がガチガチ鳴り、毛布の下でも寒さに体が震えた。

サラとナハはベッドの脇にすわって泣いていた。ナハには誰だかわからないほど、レニャは面変わりしていた。だが、サラは二人を慰めた。「すべて忘れて。大切なのは、あんたが自由だってことよ」

サラは大家のドイツ人女性にレニャは病気の友人で休息が必要だ、と話した。しかし、レニャはいつまでもそこにいるわけにいかなかった。

その晩、どうにかレニャはまた立ち上がった。ミハウコヴィツェまで四キロ。脚をひきずり、よろよろ歩いていく姿は暗闇が隠してくれた。

夜の十一時に村に着き、ポーランド人農家のコビレツ家をめざした。コビレツ夫妻は二人を温かく出迎えた。レニャに食べ物を出してくれたが、彼女はリビングに長居せず、隠し部屋に入ることにした。レニャは階段の下の窓から地下に滑りこんだ。窓はとても狭く、やせたレニャがぎりぎり入れるぐらいだった。それから梯子を下りていった。二十人の仲間たちが大喜びで迎えてくれた。

「まるでわたしが生まれたての赤ん坊であるかのようだった」

みんなはすぐに詳細を知りたがった。レニャは弱っていたので横にならなければならなかったが、サラが脱出の経緯を語った。

耳を傾けている人々をレニャは眺めた。熱があるせいか、まだ監獄にいて追われているような気がした。この感覚は永遠に消え去らないのだろうか？

数時間後にハリナが現れ、ここに来るまでの冒険を話してくれた。

ハリナは歩きだすとすぐに上着を裏返しにして着て、ネッカチーフもとった。前方に線路工事人がいたので、いっしょに歩いてくれと頼み、腕を組んで歩いていった。彼はハリナを売春婦だと思ったようだった。まもなく二人の警備兵が大あわてでやって来て、三人の女たちを見なかったかと訊き、服装を説明したが、ハリナは上着を裏返しにしていたので気づかれなかった。そしてハリナは線路工事人と明日、会う約束をして別れたのだった。

翌朝、ハリナは上機嫌でワルシャワに発った。一週間後、彼女から手紙が届いた。旅はつつがなく、国境は歩いて渡ったという。ハリナはレニャの逃亡に手を貸すことができて喜んでいた。マレク・フォルマンの母親とジヴィアからも、真心のこもった手紙が届いた。アンテクと、病気が治って運び屋として仕事をしていたリヴカ・モスコヴィチは、レニャが脱出したことを心から喜んでくれた。

しかし、マレクは不運な最期を迎えた。ベンジンからワルシャワに向かう途中、ソハの裏切りによる罪悪感に苛まれ錯乱状態になっていたので、チェンストホヴァで列車を乗り換えるときにナチスに気づかれてしまった。彼はその場で射殺された。

レニャが隠れたコビレツ家の隠し部屋は、メイル・シュルマンが作ったものだった。メイルはコビレツ家の長男ミテクと戦前からずっとつきあいがあった。ミテクはクラクフのゲシュタポのところで働いていたが、ずっとゲットーのユダヤ人と連絡をとっていた。彼の友人の一人が酔っ払って、その秘密をしゃべったので、ミテクはバイクに飛び乗って逃げた。メイルは、ミテクが金をもらってビエルスコの友人たちの家にユダヤ人をかくまってもらっていることを知った。そこで、ミテクの両親の家の地下に隠し部屋を作らせてくれ、と頼んだ。最初のうち父親のコビレツ氏は拒否したが、自分自身がゲシュタポから隠れるのにも使える、と息子に説得されて承知したのだった。

隠し部屋が完成するまで、数人のユダヤ人が屋根裏に隠れていた。メイルは近所に気づかれないように夜中に作業をしなくてはならなかった。レニャの回想録によると、コビレツはユダヤ人をかくまうために大金を支払ってもらっていたそうだ。「彼は同情からだと言っていたが、利益のためにやったのだ」他の記述では、コビレツ家は支払いを受けたが、反ナチ主義と同情からそうしたのだ、とある。

レニャはとりあえず安全で、ほぼ自由だったが、コビレツ家の隠し部屋は恒久的な解決にはならなかった。隠し部屋は二、三人が住むように作られていたのに、ますます多くのゲットーからの逃亡者がやって来て、数少ないベッドでいっしょに眠るようになった。食べ物は数日ごとに偽の配給切符が集められ、ヤブウォンカまで一人の女性が危険を冒して買いに行った。昼食はコビレツ夫人が用意してくれた。みんなは最初のうちゲットーから持ってきた自分の金で払おうとしていたが、その後はハリナがジヴィアからの資金を運んできてくれるようになった。

狭苦しさに加え、隠し部屋の人々は近所にばれるのではないかと不安だった。それはコビレツ家の人々も同じだった。

到着して数日後、レニャは真夜中に梯子を登り、コビレツ家の娘、バナシコヴァの家に移動した。その引っ越しのおかげで、レニャは元気が出た。ドロルの仲間たち、ハフカやアリツァと合流できたからだ。バナシコヴァがすべての世話をしてくれた。彼女の夫は軍隊に入っていたのでほとんど生活費がなく、人々を隠すことで得られる金や物品に助けられていた。
ベンジンの清算収容所や地元のゲットーにはまだ数百人の人々がいたが、移送のたびに人口は減っていった。サラ、ハフカ、カシャ、ドルカなど、ユダヤ人らしくない顔をした娘たちはできるだけたくさんのユダヤ人を救うために活動していたが、隠れ場所を見つけるのはほぼ不可能に近かった。

全員がこの息苦しい生活から脱するには、スロバキアに行くしかないとわかっていた。今のところ、そこならユダヤ人は比較的自由があった。しかし、仲間をそこに移すにはつてが必要だった。いろいろな試みの結果、オランダのハーグの住所を教えられた。しかし、どうやってそこまで行けばいいのか？　ソハに残酷にも裏切られてから、全員がとても用心深くなっていた。シオニストの青年運動組織は、越境業者が誰なのかを明かそうとしなかった、とレニャは書いている。ミテクは越境業者の手配をしようとしたが、いつものように簡単にはいかなかった。コビレッツ家はしだいに自分たちの命を心配するようになり、多額の支払いにもかかわらず、みんなに出ていってほしいと言ってきた。またもや時限爆弾がチクタクいいはじめた。

レニャたちのグループはワルシャワと常に連絡をとっていた。ジヴィアとアンテクも彼らにスロバキアに行くように勧めたが、レニャはワルシャワに連れて来るようにと言った。その方が安全だと考えたからだ。しかし、レニャは仲間たちと離れたくなかった。「彼らと運命を共にしたかった」のだ。

とうとう、ミテクがしっかりした越境業者を見つけてきた。まず第一陣を送り込み、無事にたどり着くことができれば、残りの者も続くことになった。

最初のグループが十二月の初めに出発した。ポーランド人の格好をして、偽の旅行許可証と労働許可証を持った。一団は列車でカトヴィツェからビエルスコまで行き、さらに国境の町イェレシニャへ向かった。

一週間後、越境業者が戻ってきた。

うまくいったのだ！　友人たちはすでにスロバキアにいた。今回は手紙が届き、旅は予想よりも困難ではなかった、と書かれていた。「もうこれ以上待たない方がいい」と彼らは忠告してきた。

一九四三年十二月二十日、アリツァとレニャは、ハフカかサラがやってきて第二グループのメンバーが指名されるのを待っていた。真夜中に、ドアがノックされた。全員が飛び起きた。警察か？　息詰まるような数秒ののち、ハフカが入ってきた。

彼女はレニャに「旅の支度をして」と言った。朝になったら八人が出発することになった。レニャはその一人だった。

戦うか、逃げるか。

レニャは断った。

それはイデオロギーのためではなく、愛のためだった。サラは孤児をドイツにこっそり逃がす仕事を手伝っていたので、二週間も会っていなかった。姉に知らせずに出発したくなかったのだ。

「サラはあたしの姉よ」ハフカに言った。「あたしが刑務所から逃亡したときは命がけで助けてくれた。サラに断らずに行くわけにいかない」

しかし、ハフカとアリツァはレニャを説得しようとした。ゲシュタポはレニャをまだ追っていた。「お尋ね者」のポスターには彼女の顔が載っているし、通りにはスパイ容疑のレニャの懸賞金のポスターが貼られている。すぐに出発する必要があった。サラは理解してくれるだろう、と二人は言った。それにすぐ追いかけてくるはずだ。サラとアリツァはドイツ人農夫の家に散らばっている子どもたちを集めなくてはならなかった。アリツァは自分とサラと子どもたちで次のグループに加わりスロバキアに行く、と約束した。

一晩かけて説得されて、レニャは折れた。

カトヴィツェからの列車は朝の六時に出発するので、レニャはゲシュタポや警察に見つからないように、髪を新しいスタイルに結い、これまでとはちがう服を着た。「顔だけは同じだった」荷物は何も持っていなかった。

十二月の寒い朝の五時半、レニャとハフカは真っ暗な畑を手探りで進んでいった。鉱山の仕事に急ぐ通行人の注意を引かないように、ドイツ語で話した。ミハウコヴィツェの駅で、ミテクに会った。彼は八人に付き添ってビエルスコまで行く予定だった。八人の中にはハイカ・クリンゲルもいた。

ハイカは清算収容所から逃げてきたのだった。そこは入り口も出口もあまり厳しく監視されておらず、警備兵をたやすく買収できた。最初、彼女はメイルといっしょにノヴァクという家に隠れていたが、ノヴァク夫人がとても神経質になり強欲になっている、と訴えてきた。そのためコビレッツ家に隠れ、そこで彼女は大量の日記を書いた。

最初のうち、ハイカは記録係を嫌がっていたが、多くの仲間が亡くなったので、しぶしぶ、その役目を引き受けた。ただ、書くことは痛みを再現することでもあり、とても辛かった。ハイカは四年間、音楽を聴いていなかったが、今、ドイツ語の歌がラジオから流れてくると、殺されたすべての人が思い出された。ズヴィが死んだときも、自分が拷問されたときも泣かなかったハイカが、今はすすり泣いていた。ダヴィド。彼女は充分なことをしただろうか？　家族を救えなかったという罪悪感はあまりにも重く、家族についてはどうしても書けなかった。

憂鬱が彼女の中にずっしりと腰をすえていた。

レニャとハイカとハフカを含むグループは、ミハウコヴィツェから列車に乗ってカトヴィツェまで行った。早朝にもかかわらず、列車はとても混んでいた。レニャはプラットホームをミテクといっしょに堂々と歩いていった。警官やゲシュタポを見かけるたびに、二人は人混みにまぎれた。

ふいに、三人のゲシュタポが近づいてきた。レニャはムィスウォヴィツェにいるときに、彼らを見かけていた。三人は隊列に並んだ彼女を目にしていたはずだ。どうにかしなくては。レニャは帽子を目深にかぶり、顔にハンカチーフをあてがって歯が痛いふりをした。

男たちは歩き去った。

数分のうちにグループ全員が列車に乗り込み、ビエルスコに向かった。このあたりで顔を知られているレニャにとって、旅でここがいちばん危険な部分だった。しかし、旅はスムーズだった。書類を見せろとも言われず、鞄を調べる者もいなかった。

ビエルスコでは越境業者たちが待っていて、イェレシニャまでの切符をくれた。そこはスロバキア国境にいちばん近い駅で、夜に到着する予定だった。ミテクはまるで親しい親戚のように、みんなと別れた。「どうか、おれがあんたたちのためにやったことを忘れないでくれよ」ミテクは残りの仲間たちを脱出させたら、スロバキアで合流すると約束した。仲間たちは残っている人々に手紙を走り書きした。レニャは「急いで、あたしと合流して」とサラとアリツァに書いた。ミテクは手紙を受け取ると、列車で戻っていった。

越境業者の家で数時間休憩すると、タトラ山脈を越える準備をした。ここからは徒歩で移動する予定だった。

出発の時間になり、彼らは小さな村からこっそり出た。八人の仲間、二人の越境業者、ガイド二人。遠くに雪をかぶった山並みがそびえているのが見えた。国境だ。あそこがゴールだ。

最初の数キロは平坦だった。あたり一面銀世界だったが、雪はあまり積もっていなかった。「夜はとてもまばゆく、朝のようだった」とレニャは書いている。

彼女はジャケットも着ていなかったが、寒さを感じなかった。

やがて山にたどり着いた。歩くのが困難になってきた。グループは一列になってできるだけ早足で進んでいった。雪は膝まであり、雪がないところでは足が滑った。枝が揺れるたびに、警察だろうかとぎくりとした。

ガイドはルートを熟知していた。風が強かったが、風音に足音が消されたので助かった。しかし、歩くのはますますむずかしくなっていった。コートもブーツもなく、一団は千九百メートルの頂上めざして登っていた。ときどき、息を整えるために立ち止まり、羽毛のベッドみたいな雪に横になった。寒さにもかかわらず、汗で服が肌に貼りついていた。

グループは森に入った。全員がよちよち歩きの幼児のようにころんだ。だが、孤児院から来た小さなムニョーシュには驚かされた。彼は歯を食いしばって先頭を歩き、残りのみんなの山歩きの技術の低さをからかった。

ふいに、遠くに雪の中に黒い点が見えた。国境警備隊だ。

全員が伏せて雪に埋もれ、隊員が行きすぎるのを待った。

レニャはまともに服も着ておらず、びしょ濡れで、刑務所の暮らしでまだとても弱っていたため、山歩きで息もたえだえになっていた。

越境業者が彼女と並んで歩いてくれた。レニャはムィスウォヴィツェから逃げたことを思い出した。あそこから生きて逃げられたのなら、やり遂げられるはずだ。がんばれ。

ゆっくりと、音もなく、一団は慎重に国境警備隊の建物を越え、頂上に近づいていった。疲労困憊していても、速度を上げなくてはならなかった。一歩ごとにつまずき、雪に埋もれた。しかし、この最後の道のりを越えると、奇跡的に元気を回復した。

六時間にわたるつらい山登りのあとで、一団はスロバキアにいた。

信じられないような越境だった。

ついにレニャはポーランドを出た。

いまや、世界が開けていた。

# 第二十九章「これが最後の旅だと言ってはならない」

これが最後の旅だと言ってはならない
約束の地で会えないとは言ってはならない
待ち望んだときが来るだろう、ああ、決して恐れるな
われわれの足音が高らかに告げる――われわれはここに来た！

「パルチザンの歌」ハーシュ・グリック作
ヴィルニュスゲットーでイディッシュ語で書かれた

## レニャ　一九四三年十二月

第二次世界大戦の開戦前夜に新たに作られた国、スロバキアは、ユダヤ人の天国ではなかった。統治者は反ユダヤ主義者であることを公言し、枢軸国と手を組み、ヒトラーの衛星国になった。ス

ロバキアのユダヤ人の大半が、一九四二年にポーランドの絶滅収容所に送られた。その後は一九四四年八月まで移送の中断があり、その二年間、ユダヤ人は書類によって保護されたり、キリスト教徒のふりをしたり、政治的圧力と賄賂のおかげで比較的安全に暮らしていた。

その穏やかな期間は、レジスタンスの女性リーダー、ギシ・フライシュマンの功績による部分もあった。ブルジョア階級のユダヤ正統主義の家庭に生まれたギシは、大半のスロバキアのユダヤ人同様、スロバキア語を話さず、国の新しい国民意識にも溶けこめなかった。ギシは早くからシオニストの青年組織に加わり、スロバキアの首都、ブラチスラバで女性国際シオニスト組織（ＷＩＺＯ）の会長を務めた（もっと広いポーランドでは、左翼グループにすら公的地位についている女性はいなかった）。一九三八年には、ドイツのユダヤ人避難民を助ける組織を運営し、アメリカ・ユダヤ人共同配給委員会――ジョイントのスロバキア支部長になった。こうして海外からの資金がスイスの口座から彼女の元へ集まるようになった。

戦争が始まったとき、四十代後半のギシはロンドンにいて、ユダヤ人のパレスチナへの大規模な移住を手配しようとしていた。その努力は実らなかったが、仲間たちがイギリスにいるように勧めたにもかかわらず、彼女は病気の母親と夫、それに地域社会への責任を果たすためにスロバキアに帰った。ただし、二人のティーンエイジャーの娘たちは無事にパレスチナに送りこんだ。

戦時中、ギシはユダヤ人地域社会のリーダーで、同胞を助けるためにユーデンラートのリーダーとも手を組もうとした。それればかりか、多くの国際的なリーダーたちと連絡をとりあい、スロバキアの状況を伝えていた。スロバキアはドイツの労働強制収容所に人を送ると約束していたが、政府はユダヤ人を移送することをナチスと取り決めた。スロバキアは、ユダヤ人市民を移送することをナチスに正式に認めたヨーロッパで唯一の国だった。

最初のうち、ナチスはアウシュヴィッツの建設のために二万人のユダヤ人だけを連れていくつもりだったが、スロバキアはもっと連れていってほしいと求めた。それどころかスロバキア政府は、ユダヤ人を一人連れていってもらうごとに五百マルクをナチスに支払うことにした。こうして、ナチスは最終解決から金儲けをしたのだ。ギシはドイツとスロバキア政府と交渉して、基金を集め、ナチスに賄賂を与えてユダヤ人移送者の数を減らさせた。さらに、スロバキアに労働強制収容所を建設して、ユダヤ人がポーランドに連れて行かれるのを防いだ。いくつかの介入が成功しそうに見えると、ギシはヨーロッパ計画を発動した。すなわち、ヨーロッパじゅうのユダヤ人の移送と殺害を減らすために、ナチスに賄賂を払おうとしたのだ。

常に行動的なギシは雇った運び屋を通じて、ポーランドのユダヤ人に薬と金を届けた。さらに、ユダヤ人をひそかに入国させるために基金を集めた。まさにレニャが経験したように、ポーランドからの「ハイカー」として。

新しい国に着くと、レニャとハイカー仲間たちは頂上から谷間に下りた。そして地元のガイドと落ち合う場所で焚き火をした。

いまや、全員が寒さに震えていた。

足は濡れ、凍傷の危険にさらされていたので、靴とソックスを脱ぎ、炎で乾かした。そこで一時間ほど休憩し、ここまで連れてきてくれたガイドは次のグループを案内するため、ビエルスコに戻っていった。ガイドも多額の金を支払われていた。山岳地帯の人々は貧しかったので、そうやって生活費を稼いでいるのだった。

一行はスロバキア人たちといっしょに歩いて、静かな村に入っていった。そして、馬、雌牛、豚、ニワトリなどがいる厩舎に案内された。肥やしの臭《にお》いが強烈だったが、近所の人々に見られるといけないので家に入るわけにはいかなかった。

中は暖かだった。全員が疲れ果て、藁の上に倒れこんだ。レニャの脚は弱っていて、まっすぐ伸ばすこともできず、体を丸めて深い眠りに落ちていった。

正午に、大家の奥さんが昼食を持ってきてくれた。その日は日曜で、村人たちが教会に行くために通るのでじっとしているように、と念を押された。最近では、隣人同士がスパイしあっていたのだ。

国境を越えた喜びは、先行きの不安でしぼんでしまった。彼らの旅は、まだ終わりではなかった。それに戦争も終わっていなかった。夜になるとソリが到着した。ソリは警察を避けながら細い横道や無人の野原を走って、隣町をめざした。数時間後、町に着き、農場の家の一部屋に入れられると、車が来るまで出ないように、と指示された。ここには食べ物が豊富にあり、金さえ出せば買えた。幸い、全員が多少の所持金があり、家長は同情心の厚い正直な人のようで、食料を買いに行ってくれた。最初のグループは、すでに数日前にここに来ていた。食事を終えると、仲間たちはさらに眠った。

その晩、車が村はずれで待っていた。運転手の話では、ミクラーシュに連れていくということだった。その町にはユダヤ人コミュニティがあり、国境を越えてきた人々を世話してくれるはずだった。レニャは計画が非常によく練られ、些細なところまで手配されていることに感心した。

ミクラーシュで宿屋に案内されると、黒髪でさっそうとしたマックス・フィシェルに会った。マックスによれば、彼以外の最初のグループはすでにハンガリーにいて、パレスチナに合法的に移るのを待っているところだそうだ。ふいに、レニャはかごから解放され、ようやく翼を広げられた鳥のような気持ちになった。

ミクラーシュのユダヤ人たちは逃亡に成功したことを喜んでくれたが、誰も家に泊めてくれようとはしなかった。警察の手入れを恐れたからだ。仲間たちは学校の講堂に入れられたが、そこには国境警備隊に捕まった人たちがいて、取り調べを待っているところだった。万一避難民がいるのがわかったら、賄賂が要求されるだろう。レニャは妥当な金額を払えば、警官から何だって手に入れられることを知った。広い部屋にはいくつものベッド、テーブル、長いベンチ、暖房機が置かれていたし、避難民自身で作った特別な調理場で食べ物が買えた。次のグループが到着するまで、ここで数日待つことになった。それから、全員いっしょにハンガリーへの旅を続ける。サラは次のグループにいるだろうか？

翌日、ハショメル・ハツァイルの地元民、ベニトがやって来て、生き延びた仲間についてたずねた。ベニトは常に忙しく、逃亡者のためにいろいろな手配をしていた。レニャはあまりリラックスしすぎないように、と警告された。スロバキアの多数のユダヤ人がポーランドに移送されていたからだ。ここでも、ユダヤ人のしるしの布をつけることが求められていた。あとどれぐらいここにいられるのかは、誰にも予想がつかなかった。

かたやハイカはまったく異なる発見をしていた。ひと目で彼女とベニトは惹かれ合ったのだ。スロバキアに同化した中流階級の家庭出身のベニトは、ハイカと同じ年で、長い間ハショメル・ハツァイルのリーダーをしていた。ハンガリーに逃れて、スロバキアの移送を生き延びた——つまり、六十人の仲間も国外に脱出するように手配したのだった。ハンガリーで何度か逮捕された後で、ユダヤ人難民を引き受けるために、スロバキアに戻ってきた。彼はヨーロッパやパレスチナの活動リーダーたちと連絡をとっていた。彼らから聞いた恐怖をハイカは自分で経験したのだ。公会堂の大きなオーブンで暖をとりながら、彼女は深夜まで自分の物語をベニトに話した。

「このスロバキアの活動家に、母は自分が失ったすべてを見出したんです」と何年ものちに彼女の息子は説明した。「母と同じように、彼も友人のために喜んで自分の命を捧げようとしたし、理想の将来を信じていました」ベニトはすぐにハイカを守らなくては、と感じた。こんなふうに彼は回想している。

「この時代の事象のすべてが彼女の口からほとばしった。すべての情報を伝える時間がないとあせってでもいるかのように、何時間もしゃべり続けた……そして、わたしは彼女の話に耳を傾け、ときどきその手を握り、そうした話を一心不乱に語る人を肌で感じた」

部屋の反対側からは、マックスとハフカが互いにささやきあっている二人を眺めていた。マックスはハフカにウィンクした。「トラブルの匂いがするな……」

レニャが来てから数日して、ついに次のグループが到着した。

だが、サラはその中にいなかった。

買収した警察官に付き添われて、ユダヤ人は全員いっしょにハンガリーの国境を目指すことになっていた。ハンガリー国籍なので、越境するために警察官が国境まで連れてきた、という作り話をすることになっていた。一行は出発したが、レニャはハイカといっしょに次のグループを待つためにスロバキアに残った。

翌週、次のグループが来たが、やはりサラはいなかった。

そのグループは大変な目に遭っていた。

ポーランドのコビレツ家で事件があったのだ。バナシコヴァの夫、パヴェルが休暇で戻り、義両親の家を訪ねてきた。メイルは彼が来ることを知らなかったので、隠し部屋の外で鉢合わせしてしまった。パヴェルは酔っ払っていて、ゲットーのユダヤ人の逃亡を手伝っているミテクの友人たちから、隠れているユダヤ人について聞いている、だが、「心配いらない、おれはユダヤ人にひどいことはしない」ときっぱりと言った。

パヴェルは隠し部屋の構造に興味を持ち、秘密のドアを開けさせた。隠し部屋にいた五人は唖然としたが、メイルが自分で作った拳銃を手に後ろから入ってきた。パヴェルに拳銃を持たせてくれ、と頼まれたので、メイルは承知した。

「その話をしてくれた人は、どうしてパヴェルがそんな真似をしたのか、いまだにわからないと言っていた」とレニャは書いている。

パヴェルは拳銃を調べ、それから引き金を引いた——そして自分を撃ってしまった。しかし、家族はその事故を警察に知らせずにおくよう頼んだ。仲間たちが彼を隠し部屋の外にひきずりだしたときは、まだ息があった。しかし彼は重症だった。メイルは隠し部屋のことはしゃべらないでくれ、と頼み、パヴェルはそうする、と約束した。しかし彼は重症だった。警察が到着すると、パヴェルはメイルの自家製拳銃を見せて、軍隊にいるときにパルチザンから盗んだが、掃除をしていたら暴発した、と説明した。救急車が到着して、パヴェルはカトヴィツェの病院に運ばれたが、二日後に死んだ。

それでもコビレツ家は出ていけとは言わなかったが、全員が怯えてしまい、可能な限り早くスロバキアに逃げてきたのだった。

そのとき、レニャに伝言が届いた。彼女とハイカはすぐに出発するように、とのことだった。パレスチナに移住する書類が届いたのだ。すでに写真はハンガリーに送られていたので、二人はブダペストに寄って書類を受けとることになった。

二人の夢がかなうのだ。

レニャはサラとアリツァに手紙を書き、パレスチナに行けることになったと説明した。だから、二人も急いで子どもたちといっしょにスロバキアに来てほしい、と。

ハンガリーに出発する当日、仲介業者から手紙が届いた。山の雪が腰の深さまで積もり、ポーランドとスロバキアの国境は通行不能になった。今後は国境を越えることができない。これでおしまいだった。

目の前が真っ暗になった。サラは来ないのだ。二度と姉に会えないような気がした。レニャはクキエウカ家の最後の一人になったのかもしれなかった。

一九四四年一月初め、レニャはハイカ、ベニト、ハショメル・ハツァイルのモシェと旅をしていた。モシェはハンガリー語が堪能だった。四人はスロバキアの国境近くの駅まで列車に乗った。このあと貨物機関車で国境を越える予定だった。

時刻は遅く真っ暗になっていた。機関車から機関士が降りてくると、ついてくるように手振りで示した。レニャ、ハイカ、モシェは貨物列車に乗った。しかし、ベニトはさらにユダヤ人避難民を助けるために残った。三人は車内にうずくまった――すでに数人の避難民が乗っていた。一人当たり決まった額の金を支払われていた機関士は、彼らを目立たない隅に押し込むと、列車は出発した。全員が国境で車内が捜索されないように祈った。ボイラーの熱気は耐えがたく、息もろくに吸えなかった。列車が止まるたびに、全員が床にうずくまった。幸い列車はぐんぐん速度を上げた。レニャはアリツァのこと、子どもたちのこと、サラのことを考えまいとした。

ハンガリーに入って最初の駅で機関士が長く蒸気を放出させ、大きな雲をたなびかせた。「行け！」彼は指示した。雲は機関車から降りて駅に走っていく姿を隠してくれた。機関士は切符を買ってくれ、どこでブダペスト行きの列車に乗ったらいいのかを教えてくれた。

汽車の旅は一日半続き、外はしだいに暖かくなっていった。そのあいだ仲間たちは疑いを招かないように、ひとこともしゃべらずにいた。「ハンガリー語は耳慣れず、妙に聞こえた」とレニャは書いている。「ハンガリー人はユダヤ人のような顔立ちをしていた。ユダヤ人と非ユダヤ人を区別するのはむずかしかった」大半のユダヤ人はイディッシュ語やヘブライ語ではなく、ハンガリー語をしゃべった。ナチスに占領された土地で磨いてきたレーダーはもはや役に立たなかった。ここではユダヤ人が袖にリボンや星をつけることは求められなかった。列車での書類検査や検札もなかった。ポーランドからユダヤ人が避難してくるとは、想像できなかったせいだろう。

ようやくブダペストに到着した。大きな鉄道駅は混雑し、熱気にあふれていた。警察は乗客の鞄を調べた。レニャはすばやく歩き、教えてもらった住所に向かったが、その際にモシェのハンガリー語の才能はおおいに役に立った。

路面電車でパレスチナ局に行った。そこではドイツ語、ポーランド語、イディッシュ語、ハンガリー語の声が響いていた。誰もが書類をほしがり、誰もがどうしてすぐに出発できないのかと、文句を言っていた。全員がアリヤーをする資格があるはずだ！　とレニャは思った。しかし、英国は割り当てを変えようとはせず、ユダヤ人の移住を制限していた。ビザを求めて最初に並んだのはポーランド人難民で、おぞましい拷問に耐えてきた人々だった。レニャもその一人だった。

レニャは何度も延期される出発の日を辛抱強く待った。まず、彼女の写真は受領されなかった。やっとパスポートが用意されると、今度はトルコからのビザが遅れた。常に不確定要素があった。ハンガリーの情勢は今のところよかったが、いつ変わるかわからない。レニャは人生には確実ということはない、すばらしい時間はあっという間に過ぎてしまう、チャンスは一瞬だ、時間がすべてを支配する、ということをすでに学んでいた。この数年で、それを身をもって知ったのだ。

レニャはアリヤーをするためだけではなく、ハンガリーに滞在するためにも正しい書類が必要だった。通りでは頻繁に検問がおこなわれ、登録されていない人々は警察に逮捕された。ヒトラーはまだ侵攻してきていなかったが、ユダヤ人の権利は奪われていた。ポーランドで起きているような残虐行為とは無縁だと思いこんでいた人々は、いまや危機の一歩手前にいた。

レニャはポーランドからの難民として、ポーランド領事館に行った。ポーランド人の警官は果てしない質問を浴びせた。ポーランド労働者党の一員なのか？（共産主義は違法だった）いいえ、もちろんちがいます。かたや、ポーランド人全員がシコルスキ支持を強制されていたが？　ええ、もちろんそうでした。

一人の事務員がたずねた。「マダムは本当にカトリックですか？」

レニャは確信を持って、そうだと答えた。

「ありがたい」彼は言った。「これまではポーランド人になりすましたユダヤ人しか、ここに来ていないのです」

レニャは憤慨したふりをした。「なんですって？　ユダヤ人がポーランド人になりすますですって？」

「ええ、不幸にも」

演技はいつ終わるかわからなかった。ブダペストの通りで一九四四年に撮られた写真のレニャは、髪をきれいに整え、毛皮でトリミングしたポケットがついた注文仕立てのコートを着て、革のバッグを持ち、かすかに唇に笑みを浮かべ、それまで何カ月も肉体的精神的な暴力行為を受けていたことをみじんも感じさせない。

数日分の部屋代と食事代として、二十四ペンゴ〔一九二七年から一九四六年まで使われていたハンガリーの通貨〕をもらい、市内を自由に歩き回れる証明書を発行してもらった。全員がカトリックのポーランド人として登録されたものの、事務員は他の者はユダヤ人だと疑ったのか、検問で見せる証明書しか発行せず、金は渡さなかった。ジョイントがポーランド領事館に見逃してくれるように金を支払ったのだ、とレニャは推測している。

数日後に出発できると考えて、レニャはそれっきり領事館に戻らなかった。しかし、一カ月たっても、彼女はまだブダペストにいて、パレスチナへのビザを待ち続けていた。

レニャはまだやせてはいたが、この待機期間に力を取り戻してきて、回想録を書き始めた。民族に、家族に、仲間に、世界に、何が起きたかを語らなければならない、と考えたのだ。しかし、どの言語で？　レニャは名前ではなくイニシャルを使ってポーランド語で少し書き、この五年に自分がどういう人間になったのかを考えてみようとした。

ハンガリーの仲間たちとの写真で、彼女の棒のようにやせた手首には新品の時計が巻かれている。新たな時間が始まったのだ。仲間たちは新天地で、これまでの苦難が癒やされると信じていた。ついに絶え間ない脅威から解放されると。

だが、レニャは心配していた。「イスラエルの友人たちはわたしたちが経験してきたことを理解できるだろうか？　わたしたちはふつうのありふれた生活を送ることができるだろうか？」と記している。

そしてついにレニャは駅にいた。ハイカもいっしょだった。ホームは数日前に会ったばかりの人で混雑していた。すでに友情が、精神的な絆が築かれていた。レニャは出発するのだ。

みんなが彼女をうらやんだが、ずっと願っていたにもかかわらず、レニャは幸福だと感じられなかった。「たくさんの人が殺された記憶、イスラエルの地のために命を捧げたのに、目標に到達する前に命を落とした仲間たちの記憶が頭から去らなかった」

レニャはドイツの軍用列車が向かいの線路を通り過ぎるのを見た。ユダヤ人の一団だと知っているにちがいなかった。ナチスは彼女を、ユダヤ人たちを険悪な目でにらみつけた。数名がにやりとした。可能なら、こちらに来て、彼女を殴りつけただろう。だが、そのときレニャは思った。可能なら、あたしは殴り返してやる。彼らに自分が見事にゲシュタポから逃げおおせ、パレスチナに行けることを見せつけてやりたい、という衝動が湧き上がった。彼女はやり遂げたのだ。

寂しさと喜び。温かい抱擁と別れの言葉。あたしたちを覚えていて、残る人たちを覚えていて。

列車がゆっくりと動きはじめた。レニャは喜びを感じたかったが、心は重かった。ポーランドに残ったサラ、アリツァ、孤児たち、弟のヤンケルのことが脳裏を去らなかった。

レニャは十人といっしょに旅をすることになった。大半がパスポートに写真を貼っていたが、数名は偽名を使っていた。レニャのアリヤーの書類には、「イレナ・グリック、ときにはイレネ・ニューマンとして知られている」と書かれていた。ファイルにはイツハク・フィースマン、別名ヴィルモス・ニューマンと結婚した、と署名入りの記述があるが、本当ではない。おそらく移住を簡単にするために結婚したふりをしたのだろう（ブダペストのドロルのグループの写真で、広いラペルつきのスーツ姿でレニャと並んで立つイッツハクは、実はワルシャワのドロルの運び屋ハナ・ゲルバルトと結婚していた）。偽夫婦たちは全員が孤児か、出発できない人の子どもを連れていた。子どもたちは新しい冒険に興奮し、はしゃいでいた。

翌晩、レニャは国境に着いた。警備兵の持ち物検査は無事にすんだ。ただ、ルーマニアで、パレスチナ局の従業員たちが逮捕されたと知った。心配だったが、無事にブルガリアに渡れた。だが線路が大きな石でふさがれていたので、別の列車に乗り換えるために一キロ近く歩かなくてはならなかった。ブルガリア人——軍人、鉄道作業員、市民たちは、レニャとユダヤ人を喜んで助けてくれた。その親切はトルコの国境に着くまで、レニャの心に強い印象を残した。

ついに、ヨーロッパを出るのだ。

ようやく未来が見えてきたので、レニャは周囲の人を見る余裕ができ、その視線を恐れなくなり、かすかな喜びを感じはじめた。

ベニトはイスタンブール駅で待っていた。もう一人の仲間といっしょだったが、レニャはその人物をただVとだけ書いている。全員が興奮し、同じ宿に泊まった。Vは知っている人々についてあれこれ質問をし、最初のグループといっしょに到着していたムニョーシュを喜んで風呂に入れてくれた。Vは常に忙しく、ヨーロッパに残っているユダヤ人と連絡をとろうとしていた。死んだ仲間の話を聞いて、Vは「赤ん坊のように泣いた」Vはジヴィアをポーランドから脱出させようと必死になったが、彼女は聞く耳を持たなかった。まだやることがたくさんある、とジヴィアは手紙に書いてきた。わたしはここに残る必要がある、と。

ユダヤ人たちはイスタンブールの町を自由に歩きまわった。誰も追いかけてこないし、誰も指を差さなかった。レニャは疑われもせず追われもしないことが、とても奇妙な気がすると思いながら、一週間を過ごした。それから船でボスポラス海峡を渡り、列車でシリアのアレッポに立ち寄り、レバノンの首都ベイルートへ向かった。

一九四四年三月六日、レニャ・クキエウカ、イェンドジェユフの十九歳の元速記者はパレスチナのハイファに到着した。

# 第四部

## 精神的遺産

インタビュアー　お元気ですか？
レニャ　（間）いつも、わたしは元気よ。
――ホロコースト記念館供述書　二〇〇二年

わたしたちは死の恐怖から解放されたが、生きることの恐怖からは自由になっていない。

――ハダサ・ロゼンザフト、アウシュヴィッツの患者のために食べ物、衣類、薬を盗んだユダヤ人歯科医

# 第三十章　生きることの恐怖

生き延びた人は突風に翻弄される木の葉のようなものだ。木の葉はどこにも所属せず、母である木からも離れ、その母は亡くなった……木の葉は風で飛び、自分の居場所も、かつて知っていた古い葉も、古い空のかけらも見つけられずにいる。新しい木と共生することは不可能だ。かわいそうな木の葉はさまよっていく。昔のとても悲しい日々を思い出しながら、戻りたいと願いながら。でも、戻る場所は見つけられないだろう。

――ハイカ・クリンゲル『わたしはこの言葉をあなたに宛てて書いている』

## 一九四四年三月

レニャは高揚した気分で故国に到着した。ゲシュタポのお尋ね者になり、ポーランドを逃亡者として出発し、今は夢の国にいる。ギバット・ブレナー・キブツのサナトリウムにリハビリのために滞在し、そこで回顧録を書き続けてから、ガリラヤ地区にある緑の多いダフナ・キブツでハフカと落ち合った。ようやくここで、六百人のキブツの仲間と合流できて安心感を覚え、「両親の祖国に帰ってきたような気がした」

多くのシオニスト活動の生き残りたちがイスラエルにやって来て、まだ準備されていたキブツに加わった。非シオニストの生き残りまでが、キブツの暮らしを望んだ。イデオロギーのためではなく、与えられる仕事や誇りや生活の仕組みに惹かれたのだ。

それでも、さまよい歩く生活が終わり、ずっと控えていた歌を歌うことができても、レニャは拷問や死んだ仲間の記憶にまだ苦しんでいた。「周囲の人よりも、わたしたちはちっぽけで弱い気がしていた」と到着後まもなくつづっている。「他の人と同じ権利を持っていないかのように」

多くの生存者と同じように、レニャは常に周囲に理解されているとは感じられなかった。パレスチナを旅して、戦時中に経験したことを語り、ハイファの円形劇場から地元のキブツの台所まで、さまざまな場所でポーランドのユダヤ人の絶滅について語った。イスラエル国立図書館が一九八〇年代に主催した証言会でも話をした。彼女がポーランド語とイディッシュ語で語っていると、いきなり騒がしくなった。彼女が話を中断したとたん、聴衆たちは椅子と机を移動しはじめた。何が起きているのだろう？　なんと、彼らはダンスの準備を始めたのだ。大音量で音楽が流れはじめた。レニャはとても腹が立って部屋を飛びだしたが、彼女の言葉がわからなかったのか関心がなかったのか、よくわからないままだった。

レジスタンスのユダヤ人女性の話が埋もれてしまったのには、いくつもの理由がある。闘士や運び屋の大半が殺されてしまって、その物語を伝えられなかったこともある——トシャ、フルムカ、ハンチャ、リヴカ、リーア、ロンカ。たとえ生き延びても、女性の語り手は政治的および個人的理由から沈黙した。

イスラエルの初期の政治では、国家として発展途上だったので、ホロコーストの物語が知られることにも影響を与えた。ホロコーストの生存者はイシューヴ〔パレスチナにおけるユダヤ人の居住地〕に一九四〇年半ばから末にかけてやって来て、ゲットーの闘士たちの話は左翼の政党に歓迎された。おぞましい拷問よりも反ナチ活動の方が受け入れられやすいというばかりではなく、こうした戦いのエピソードは党のイメージを上げ、新しい国のために戦うことを呼びかけるきっかけになった。レニャと同じく、何人かのゲットーの女性闘士たちは話をする場を与えられたが、ときには彼女たちの言葉は党の方針を補強する目的で編集された。生存者の中には、イシューヴは受動的で、ポーランドのユダヤ人を助けようとしない、と非難する者もいた。そんなとき、ハンナ・セネシュが象徴として祭り上げられた。彼女は士気を鼓舞する以外に一度も任務を果たしたことはなかったが、ハンガリーで戦うためにパレスチナを出た彼女の話は、イシューヴがヨーロッパのユダヤ人を積極的に助けていることの証となった。

一九四四年の夏、命からがら逃げようとしているドイツ人をぎっしり乗せた農場の荷車を疲れきった馬が引いていく様子を、ワルシャワの隠れ家の窓からジヴィアは眺めていた。おもに国内軍が主導するポーランド人地下組織は、そろそろ弱体化したナチスを追い払い、侵入してくるソ連軍からポーランドを守らねばならないと決断した。ジヴィアもŻＯＢも、共産主義のポーランド人も、互いの方針に賛成してはいなかったが、とにかく協力することにした――ナチスをやっつける努力には価値があるからだ。ジヴィアは地下組織の新聞に、すべてのユダヤ人はどこに所属していようと、「自由で独立した強く正しいポーランドのために」戦うべきだ、という声明を発表した。蜂起は八月一日に始まった。女性も含め、ありとあらゆる組織のユダヤ人が参加した。この反乱の際、通りかかったナチスにマシンガンを掃射されて、通りにいたリヴカ・モスコヴィチは命を落とした。

国内軍はユダヤ人といっしょに戦おうとしなかったが、人民軍は喜んでŻＯＢと手を組んだ。ユダヤ人には命の危険から舞台裏の役目を提案されたが、ジヴィアとそのグループは実戦に参加したいと主張した。二十二人のユダヤ人の役目は些細なものだったが、ŻＯＢがまだ生き残って抵抗している、しかもポーランド人といっしょに戦っている、ということは、ジヴィアにとって大きな意味を持っていた。国内軍は数日間だけ戦うつもりだったが、ソ連軍が介入を続けたので、戦いは二カ月続いた。ワルシャワの美しかった街並みはズタズタになり、三階の高さまで積み上がった瓦礫の山と化した。街の建物のうち九割が破壊されてしまった。最終的にポーランド軍が降伏し、ナチスは全員を追い出した。しかし、ユダヤ人はどうしたらいいのだろう？

またもや闘士たちは下水や運河を通じて逃げた。このとき、ジヴィアは疲労困憊していて、あわや溺れそうになった。アンテクは眠っているジヴィアをおぶって進んだ。

ソ連軍が近づいているといっても、ジヴィアはあくまで現実的だったし悲観的で、あまり喜ばない方がいいと仲間たちに警告した。隠れ家から隠れ家へ渡り歩いているユダヤ人の状況は悲惨だった。食べ物や水は不足し、木の葉を燃やせば、狭い隠れ家で煙がもうもうと出て窒息しかけた。とりわけナチスが通りに、さらには隠れている建物に塹壕を掘りはじめたときは絶体絶命だった。

　ナチスはジヴィアの隠れ家のすぐそばの塀を壊していた。シャベルが土をすくう音まで聞こえた。しかし、いつものように、ナチスは正午に昼休みをとった。五分後、ポーランド赤十字社の救出部隊が到着した。ブントの運び屋たちが近くの病院に勤務する左翼のポーランド人医師に連絡をとり、チフス患者を迎えに行くという触れこみで、仲間たちを連れ出す一団を送りこんでもらったのだ。チフスと聞けばナチスが近づかないことを医師は承知していた。きわめてユダヤ人らしい顔の二人は顔に包帯を巻き、ストレッチャーで運び出された。残りの者は赤十字の腕章をつけ、救出者のふりをした。ジヴィアは年老いた農夫に扮した。グループは破壊された街をさまよい、何度か口論はあったが、どうにか逃亡できた。ジヴィアは病院から郊外の隠れ家に移った。

　一九四五年一月に、ソ連軍がワルシャワを解放したとき、三十歳のジヴィアは虚無感にとらわれた。ソ連軍の戦車が入ってきた日について、こう描写している。「市場では、大勢の人々が彼らを出迎えようとして走っていった。人々は解放者を歓迎し、抱き合った。ユダヤ人の生き残りのわたしたちは追いやられ、拒絶され、孤独だった」それはジヴィアの人生でもっとも悲しい日になった。彼女が知っていた世界は存在しなくなったのだ。活発に動き回ってきた他の生存者と同じく、ジヴィアも人助けに身を投じることにした。

　およそ三十万人のポーランド系ユダヤ人が生き残っていた。戦前の人口のわずか一割だ。ここには収容所の生存者、別の民族として通用《パッサー》した人、隠れていた人、森のパルチザンが含まれ、さらに大多数は、ソ連領で戦争を生き延びた二十万人のユダヤ人だった。その多くはシベリアの強制労働収容所に投獄されていて、彼らは「アジア人」と呼ばれていた。こうしたユダヤ人は帰ってきても何もなかった――家族も家も。戦後のポーランドは、反ユダヤ主義が蔓延する「未開拓の地」になっていた。とりわけ小さな町では、ユダヤ人に財産を返せと言われるのではないかと恐れた人々が、通りでユダヤ人を殺すこともあった。ジヴィアはユダヤ人を助けるために働いた。さらに逃亡ルートも計画した。ルブリンでアッバ・コヴネルと連絡をとり、協力しようとしたが、仲違いしてしまった。ジヴィアはコミュニティを構築することを優先しようとしたが、コヴネルはすぐにポーランドから脱出して、復讐しようとしたのだ。

ジヴィアはワルシャワに戻ってきて、生存者といっしょに活動をし、安全なコミューンを作り、ユダヤ人をドロルに引き入れようとした。相変わらず彼女は全員から尊敬される母親的存在だったが、本心は自分の胸にだけ秘めていた。

しだいに疲労に耐えられなくなり、一九四五年、ついにジヴィアはアリヤーを申請した。こうしてビテン出身の社会主義シオニストがパレスチナに到着した――それは彼女が長く温めてきた夢だった。何度も死亡記事が出たこともあり、まるで死から甦ったかのようだったが、生活は楽ではなかった。キブツの小屋で暮らしていたが、英国はそこを襲撃してイシューヴのリーダーたちを逮捕した。まるでゲットーの最終解決さながらだった。キブツの住人たちはホロコースト生存者をそれほど歓迎していない、とジヴィアは感じていた。彼女の妹もキブツにいたが、活動に忙殺され、家族や友人たちと会う時間がなかった。彼女はアンテクが恋しかったし、女性をちやほやする彼の性格のせいで、他の女性と関係を持っているのではないかと不安でもあった。ジヴィアの絶望と罪悪感は大きくなっていった。本当なら彼女はミワ通り十八番地にいるはずだった。あそこで死んでいたはずだった。

まもなくジヴィアは「サーカス」と呼ぶ講演ツアーに出発した。数えきれないグループから招待を受けていて、どれも断れないと感じたからだ。多くの組織がジヴィアの支えを、彼女のヒロイズムの輝きを求めていた。

一九四六年六月、六千人の人々がヤグル・キブツに集まった。ジヴィアがおこなう力強く雄弁な八時間にわたるヘブライ語の証言を聞くためだ。彼女は頭と心からあふれ出る正確な記憶をメモも見ずに語った。全員が心を打たれ、強い衝撃を受けた。「彼女は女王のように立っていた」と、のちにある聴衆は語っている。ただしジヴィアの講演は戦争や活動やŻOBについてで、私的な感情や生活については一切触れなかった。ジヴィアはゲットーのユダヤ人たちを守り、生存者への共感を求めたが、大半の聴衆は蜂起について聴きたがった。ジヴィアのゲットーでの戦いの歴史は、左翼の政治家が政策を推し進めるために利用されたし、その闘士としてのスタンスは、急成長する国の戦闘哲学と同調した。おそらく圧力があったのだろうが、イシューヴがワルシャワにもっと多くの支援を送らなかったことへの批判はトーンダウンした。女性への訴求力や、武器とヒロイズムの重要性を強調することで、ジヴィアは愛され、党が支援を得るのに役立ったが、そうやって公の場に出ることや政治の駆け引きに彼女は疲弊させられていた。演説をするたびに傷口が開かれ、苦悩と罪悪感が再び甦ったからだ。彼女は一人になって息をつきたかった。

翌年、ジヴィアはスイス、バーゼルでのシオニスト大会で、重要な役目に選任された。彼女はアンテクとスイスで落ち合い、そこでひそかにラビの立ち会いで結婚した。イスラエルに戻ったときには妊娠していた。アンテクは数カ月後に追ってきた。しかし、このパワーカップルは、ワルシャワゲットー蜂起の司令部で最後に生き残ったシオニストであり、英雄としての高い評判を得ているにもかかわらず、イスラエルではついに政治的に高い地位につくことはできなかった。アンテクは畑で働き、ジヴィアは鶏小屋の世話をした。彼女は世間の目にさらされたくなかった。ジヴィアに近い人の話によると、彼女は自分が特別な人間ではなく、たんにやるべきことをしただけだと考えていたという。

やがてジヴィアとアンテクは自分のキブツを設立しようと決めた。簡単なことではなかった。だが苦労の末、二人は「ゲットー闘士の家」という、おもにホロコースト生存者から構成されるキブツを設立した。ジヴィアは過去を封印して前に進んでいくために、仕事と母親業に没頭した。「災難はいきなりやって来る」と信じ、爆撃を思い出させる雷や稲光を恐れる多くの生存者と同じように、キブツの人々はトラウマに苦しみ、夜を恐れた。だが全体として、一生懸命働く生産的な一団となった。のちに、アンテクはイスラエルで初のホロコースト記念博物資料館を設立した。

ジヴィアは相変わらず信念を持ち、自制心が強く、レジスタンスの理念によって行動していた。彼女は節約家だったが、ドイツとの和解と補償に激しく抵抗した（実際的な面が顔を出した時は別だったが）。重要なイベントのときも新しいドレスを買おうとしなかったので、作家のレオン・ユリスが説得しなくてはならなかったほどだ。子どもたちにも本以外の贈り物を受けとることを許さなかった。彼女の子どもたちが自転車を手に入れたのは、キブツでいちばん最後だった。もっとも、ロマンチックで空想家で陽気なアンテクは、物質的なものをもっと享受していた。

一九六一年、彼女はナチスのアドルフ・アイヒマンの裁判で証言し、しぶしぶだがイスラエル議会のために何度か仕事をした。政府の政治的な地位に任命されたときは断った。キブツの仕事をしたかったし、家族といっしょにいたかったからだ。一九七〇年代になり、知識人が英雄的な闘士をもてはやすよりも、日々のレジスタンスに注目するようになると、ジヴィアが脚光を浴びるのを避けていたこともあり、彼女の名前は世間から消えた。彼女の著書は講演に基づいたもので、アンテクが編集した。著作は死後に出版してほしいという希望だったが、そこには個人的な内容は一切含まれていなかった。彼女はこう語っている。「文章の中に『わたしは』が何度も出てくることによって、その人について多くを知ることができる」

ジヴィアとアンテクという英雄の家庭においてすら、過去は秘密になっていた。生存者の子どもたちは過去をほじくり返すことは危険だと知っていたので、ジヴィアの子どもたちも両親の過去について質問することはなかった。

ジヴィアが亡くなる直前、孫娘が産まれた。アイアルという名前で、偶然にもŻOBのヘブライ語だった。ポーランドの森で泣いたとき以来初めて、ジヴィアは赤ん坊を抱いて人前で泣いた。のちにアイアルは家族の歴史について公に話した。おそらく、幼い頃からなついていた話好きの祖父に似たのだろう。しかし、アイアルは祖母の内面についてもっと知りたかったと語っている。彼女は祖母の本を読み、本のとおり、ジヴィアは自分よりも他人のことを第一に考え、世話をし、与え、自分自身だけではなくすべての人に高潔さを求めた人だったと語った。

「わたしは死のうとしたが、生き延びた」ジヴィアは何度もそう口にした。「わたしが生き延びることを運命が決めた。だから、他に選択肢は残されていなかった」ジヴィアはもっと大勢を救えたのに、もっと何かできたのに、もっと早く行動できたのに、と罪悪感にずっと苛まれていた。ワルシャワで生じた悔恨はおさまることがなく、生き延びたことで、いっそう大きくなった。

もうひとつジヴィアが手放せなかったのは、喫煙の習慣だった。六十代になって喫煙と悔恨にむしばまれ、肺癌になった。それでも今までどおり働き続けようとしたが、一九七八年に六十三歳で亡くなった。アンテクの希望で、ファーストネームだけが墓石に刻まれた。「ジヴィアは有名人でした」と息子は説明している。それ以上の言葉は必要ではなかったのだ。

彼女を失い、アンテクは打ちのめされた。ジヴィアのいない世界では生きていたくなかったのだろう。医師の命令にそむき、彼は酒を飲んだ。アンテクは過去を手放せず、家族を救えなかったことで自分を責め、戦時中に下した決断に苦しんだ。密告者を殺すことを考えずにはいられなかった。アンテクの後悔は歳月とともに大きくなっていった。「まるで地中から溶岩が噴き出てきて、広がっていくようだった」ジヴィアが亡くなって三年後、アンテクはジヴィアを称えるセレモニーに向かう途中、タクシーの中で亡くなった。

他の者にとっても、生き延びた苦悩は耐えがたいほどだった。ハイカ・クリンゲルはレニャと同じ列車でパレスチナに着いたが、しだいに鬱状態になった。彼女はベニトといっしょにハショメル・ハツァイルのゲル・オン・キブツに移り、共同生活を送ろうとした。ハイカの日記の抜粋がハショメル・ハツァイルによって出版されたが、あちこち手が加えられ、彼女のイシューヴへの批判は書き換えられ、レジスタンスは本当に役に立ったのかという疑問をはじめ多くの部分が削除されていた。ハイカは沈黙させられはしなかったが、検閲されたのだ。ハイカの言葉と考え、つまり彼女にとってのアイデンティティは、まさに命を捧げてきた活動によってゆがめられたのだった。

ハイカとベニトは過去の友人があまりいないハ・オジェン・キブツに引っ越した。オレンジ木箱で作られたつつましい部屋で暮らしていたが、ハイカは家庭生活を楽しんでいた。やがてハイカは妊娠した。妊娠期間中、彼女はうなされて夜に起きるようになった。ベニトはそれを精神病だと考えるようになった。当時はまだＰＴＳＤが理解されていなかったのだ。

ハイカには思い出話にふけったり、いっしょに報復を夢想したり、といった彼女を理解してくれる生存者のコミュニティがなかった。彼女にはあまり多くの友人がいなかったのだ（キブツの仲間の大半がハンガリー語をしゃべっていた）。それに、ベニトの昔のガールフレンドまで、そこに住んでいた。

ハイカは生まれた息子をズヴィ・ブランデスにちなんで、ズヴィと名づけた。

ハイカはキブツの鶏小屋で働くことになり、もっと勉強をしたいという望みはかなえられなかった。重要な仕事は男性に回され、知識を身につけたいというハイカの目標は夢に終わった。

ハイカは姉妹の一人が生きていることを知って、希望と安らぎを覚えた。しかし、ハショメル・ハツァイルのリーダーは、ベニトがまだ避難民のために仕事をしていたので、ヨーロッパに戻るべきだと判断した。ハイカはようやく手に入れた安らぎをすべて捨てて、やっとのことで逃げてきた血塗られたヨーロッパに戻るように命じられたのだった。

しかし、ハイカはヨーロッパに長く滞在せず、二番目の息子アヴィヤフを産むためにイスラエルに戻ってきた。だが重度の産後鬱になり、ベッドから何週間も起き上がれず、毒を盛られるのではないかという不安で薬も飲めなくなった。結局、意志に反して入院させられ、その後、誰も彼女の病気について口にしなくなった。

退院後、キブツに戻ってからはベンジンの友人たちと距離をとり、才能を発揮する場もなくなっていた。ところが、三人目の子どもを妊娠中に、彼女の日記がハショメル・ハツァイルの方針を批判する記事に許可なく使われ、またもや議論の渦中に投げこまれることになった。そのせいで、ハイカは自分の本心と活動への忠誠心の狭間で苦しんだ。再び鬱になって入院したが、治療の一環としてゲシュタポの拷問について話すことを強いられた。この治療介入がトラウマになって、その後の彼女は医学的な助けを拒むようになった。

息子のアヴィヤフは母親との楽しい記憶もあるが、タオルを頭に巻いて無言ですわりこんでいたハイカのことをよく覚えていた。ハイカは生き延びて、ハショメル・ハツァイルの役目を達成したい、人々に自分が目にしたことを語りたい、と願っていた。しかし、彼女は「生を宣告された」と考えるようになった。鬱状態は長引き、とうとう四十二歳のときにハイカは病院に戻ることを承知した。その夜、彼女は子どもたちの家に長いコートを着てやって来た。さよならを言うために。

翌朝、一九五八年四月、ワルシャワゲットー蜂起から十五年目の日、ハイカ・クリンゲルは木から首を吊った。そこは三人の息子たちが遊んでいたキブツの保育園からほど遠くない場所だった。

命が助かっても、誰もが生き延びられるわけではないのだ。

# 第三十一章　忘れられた力

## 一九四五年

レニャの講演の旅のおかげで、驚くべきことが判明した。ある外国の難民キャンプにいた何人かの運び屋がレニャの名前を口にした。すると、目の前にいた男が突然気を失ったのだ。

その男はレニャの兄、ズヴィ・クキエウカだった。

ズヴィはソ連に逃亡し、赤軍に入った。その後キプロス島の汚い難民キャンプで拘束されていたのだった。弟のアーロンも無事で、ブロンドのハンサムな外見と人柄の魅力と、すばらしい声で教会の聖歌隊で歌っていたおかげで、強制労働収容所で生き延びることができた。最終的に、二人ともパレスチナにたどり着いた。

虫の知らせは感じていたが、レニャはサラが生きているという希望を捨てられなかった。しかし、彼女がパレスチナに着いたあとで、姉がスロバキアとの国境近くのビエルスコで、仲間と孤児の一団といっしょに捕まったことを知った。「わたしの妹レニャの面倒を見てあげてください」というのがサラの記録されている最後の願いだった。

一九四五年、レニャは自分の本を世に出すことになった。詩人で政治家のザルマン・シャザールに励まされ、彼女は回想録をポーランド語で書き上げた。そして多くのレジスタンスの生存者の物語を出版しているヘキバツ・ヘイムチャド社が、レニャの作品を有名なイスラエル人翻訳家ハイム・ショロム・ベン゠エヴラムにヘブライ語に翻訳してもらった。ヘブライ語版は好意的に受けとめられ、イシューヴの地下軍隊のエリート隊であるパルマッハの初期の闘士たちは、背嚢《はいのう》に入れてその本を持ち歩いた。

レニャの物語はイディッシュ語にも翻訳され、開拓女性組織によって、『ゲットーの娘たち』として出版されることになった。一九四七年、シャロン・ブックスから英語で完全版が出版された。シャロン・ブックスは開拓女性組織と同じくニューヨークのマンハッタンにある出版社で、『地獄からの脱出』というタイトルがつけられた。序文は作家・翻訳家でブランダイス大学の創立者であるルードヴィヒ・レヴィゾーンが執筆した。

『地獄からの脱出』は一九四〇年代後半のエッセイストたちによってさかんに取り上げられた。レニャの本は生存者によって出版されたザグレンビエの回想録や、フルムカとハンチャについてのアンソロジーにも役立った。書くことはセラピーになり、レニャは苦悩を文字に変えた。それによってカタルシスを感じたおかげで、レニャは前へ進んでいけるように感じた。

しかし、彼女の英語版の本は時とともに色あせていった。おそらくアメリカのホロコースト本の洪水に飲み込まれてしまったか、一九五〇年代の多くのユダヤ人が経験したトラウマのせいで、あまり読まれなくなったからだろう。それにレニャはアンネ・フランクとはちがって生存していたので、物語の注目度はさほど高くなかった。生きている人をもてはやすのはむずかしいし、宣伝や広告もされなかった。ともあれ、彼女は本の出版によって、ポーランドを過去に置き去りにした。「それは起こって、過ぎ去ったのだ」がレニャのモットーだった。レニャは兄や仲間たちと親しい関係を続けていた。とりわけハフカと。さらにキブツの生活に身を投じ、肉体労働をし、社交活動に参加し、生まれて初めてヘブライ語を学んだ。

やがてレニャはアキバ・ヘルスコヴィチというイェンドジェユフ出身で、戦前の一九三九年にパレスチナに移住した男性を紹介された。レニャはポーランドにいたときアキバの姉と裕福な父親と親しくしていたし、アキバは若くて魅力的なティーンエイジャー時代のレニャを覚えていた。二人はたちまち恋に落ちた。レニャはもう一人ではなかった。一九四九年に彼女は正式にレニャ・ヘルスコヴィチになった。

アキバはキブツに住みたがらなかったので、仲間やダフナ・キブツのコミュニティを失うのは寂しかったが、レニャは愛する人についていった。二人は国の主要な港湾都市であるハイファに引っ越し、レニャはユダヤ・エージェンシーで働き、一九五〇年に初めての子供が生まれる二日前まで、船でやって来る移民を受け入れる仕事をしていた。さんざん苦労してきたレニャは、またもや苦難に直面した。弟のヤンケルにちなんで命名した息子のヤコフは生まれつき半身不随だったのだ。レニャは仕事を辞め、息子の治療に専念することにし、それを成し遂げた。

五年後、レニャの母の名前をつけた娘のリーアを生んだ。リーアは外見も毅然とした態度も、祖母に似ていた。母の名前を娘につけることで、せめて母親の思い出を大切にしよう、とレニャは思ったのだ。多くの生存者の子どもたちは、亡くなった親戚、とりわけ、ついに会うことがなかった祖父母の「代理」とみなされていると感じている。「失われた関係」は生存者の家族に影響を及ぼし、しばしば祖父母、叔父叔母、いとこを失った家族では、新しい世代が自分以外の役目も務めなくてはならないことがあった。

子どもたちが幼いあいだ、レニャは家庭に入った。おしゃれなレニャはたくさんのスーツを持っていて、それぞれに決まった靴とバッグとアクセサリーを合わせた。髪が白くなったときは、すでに七十二歳だというのにパニックになったという。母親が年をとる姿を見てこなかったせいだ。ヤコフによると、母親としたおもな口論は、息子が外見にあまりにもかまわない、ということだったそうだ。

ヤコフとリーアが大きくなると、レニャは保育園のアシスタントとして働くようになり、子どもたちに愛された。その後は健康管理クリニックの管理者になった。左翼の労働党でも活動を続けていた。アキバは国営大理石会社、ついで電気会社の局長になった。広い分野で知識を持ち、モザイクや木工品を制作する芸術家でもあり、作品は地元のシナゴーグに飾られた。敬虔な一家で育ったにもかかわらず、アキバはもはや神を信じていなかった。大家族の大半は殺されてしまったのだ。彼はポーランド語を話すことを拒み、子どもたちに聞かせたくないことをしゃべるときだけイディッシュ語を使い、ふだんは家族全員がヘブライ語を話していた。

レニャはゲットー闘士の家で生徒たちに講演をし、ドロルの仲間たちとはずっと連絡を取り合い、繊細な兄ズヴィとは過去について何時間も語り合ったが、アキバとの家庭ではホロコーストについてほとんど話さなかった。子どもたちには生きる喜びを感じ、冒険をしてもらいたいと願った。一家の生活には本、講演、コンサート、クラシック音楽、手作りクッキー、母のレシピの自家製ゲフィルテ・フィッシュ、旅行、楽観主義があふれていた。レニャは口紅とイヤリングを愛した。金曜の夜になると、レニャの家には五十人もの人々がやって来て、レコードをかけ、タンゴを踊った。思春期のヤコフはハショメル・ハツァイルに入会していて、母が開くお酒とダンスのパーティーに参加を許された。「人生は短いのよ」とレニャは言った。「あらゆるものを楽しみなさい、あらゆるものに感謝しなさい」

　陽気な家庭生活にもかかわらず、ヤコフとリーアは過去の暗黒を常に感じていた。リーアは十三歳のときに母親の回想録を読んだが、大半を理解できなかった。ヤコフは古い土地と距離を置くために、苗字をヘルスコヴィチからイスラエリ・ハレルに変えた。悲観主義者と自称するヤコフは、四十歳になって初めて母親の本を読んだ。

「父はレニャをエトログのように扱いました」とリーアは言った。エトログとは仮庵《かりいお》の祭り〔ユダヤ人の祖先が出エジプト後荒野に野営したことを記念する祭り〕に使われる柑橘系の貴重で高価な果物で、柔らかなコットンか馬の毛で覆って小さな箱に保管される。「母は強かったけれど、とてももろかったんです」レニャはアイヒマンの裁判で証言をするように頼まれたが、アキバはその経験によってあまりにも強いストレスを受けるのではないかと心配して、証言を許さなかった。レニャはドイツの経済的補償を求めようとはしなかった。自分の話を語らなくてはならないのが嫌だったからだ。ホロコースト記念日には、一家はテレビを消した。レニャが記憶に向き合えないほど辛く感じ、壊れてしまうのではないかと、みんなが心配したからだ。それとも、傷つくのは家族だったのだろうか？「自分が母の物語に傷つくのではないかと不安でした」ヤコフは率直に打ち明けた。

現在は引退したエンジニアで、テクニオン＝イスラエル工科大学の卒業生のヤコフは、二〇一八年になって初めてホロコースト記念日の番組を観た。レニャの子どもたちも長いあいだ母親の回想録を読まなかったので、詳細はもう記憶がおぼろだった。六十代になって、レニャは信じられない思いで自分の本を読んだ。どうしてこんなことをしたのだろう？　当時のことで記憶にあるのは、自分の自信と復讐したいという強烈な思いだけだった。大人になってからの人生はまるっきりちがっていた。幸せで情熱的で、美しさにあふれていた。

レニャは新しいページをめくった。いわば何千枚という新しい木の葉を、一本の木を丸ごと。

ヴラドカ・ミードは生存者を運ぶ二番目の船でアメリカに到着し、夫のベニアミンといっしょにニューヨークに落ち着いた。夫はスーツケースに隠し仕切りを作るのに手を貸してくれた人だった。到着してすぐに、ヴラドカはユダヤ人労働委員会（ＪＬＣ）――ずっとワルシャワに資金を送っていた――に依頼されて、自分の経験について講演した。ヴラドカもベニアミンも、ワシントンＤＣのアメリカ合衆国ホロコースト記念博物館を含め、ホロコーストの生存者のための組織、博物館を設立し、回想録を出すことに深く関わった。ヴラドカはこの分野で、アメリカ国内のリーダーの一人として認められた。彼女はワルシャワゲットー蜂起の展覧会を開いたばかりか、ホロコースト教育について国際的な学習会を立ち上げ、監修した。ブントの幹部とはずっと連絡をとり続け、ＪＬＣの副会長になった。そのため毎週、ニューヨーク・イディッシュ語局（ＷＥＶＤ）でイディッシュ語のコメンテーターを務めた。夫妻の娘と息子は二人とも医者になった。彼女は引退するとアリゾナに引っ越し、二〇一二年、九十一歳の誕生日を数週間後に控えて亡くなった。

レニャはずっと小柄で細く、体は弱かった。それでも常にエネルギーにあふれていた。「母が部屋に入ってくるときは、火の玉のようでした」と息子は語った。レニャの陽気な外見や楽観的な視点は、家族には理解してもらえなかった。「母のような経験をくぐり抜けた人が、どうしてそんなに幸せでいられるのでしょう?」彼女のいちばん上の孫娘メラフは不思議がった。メラフのおばあちゃん《サヴタ》は海が大好きで、ビーチを散歩し、町じゅうを歩き回った。七十四歳のときにはアラスカにまで旅行した。

夫のアキバは一九九五年に亡くなった。すると、レニャは八十代末になるまで、次から次に男性に求婚された。レニャのおしゃれで洗練された外見はずっと衰えることがなかったのだ。しかし、日常の助けが必要になってきたので、レニャは友人たちを説得して老人ホームで試しに暮らしてもらい、社交界ができあがったところで、自分も引っ越した。レニャは相変わらず愉快で頭の回転が速く、みんなの中心で、その外見とエネルギーで人々を虜にした。八十七歳になっても、彼女はしばしば老人ホームを抜けだして、夜中まで戻らないことがあった。毎晩、子どもたちは大あわてだった。

ずねた。

「こんな老人たちと、ここで何をすればいいの？」レニャはいつものように芝居がかった様子でた

「ママ、みんな、ママと同世代よ」

しかし、老人たちは肉体も魂も老いていたが、レニャはまだ元気いっぱいで生気にあふれていた。ただし、レニャは恋人候補の求愛を決して受け入れなかった。二十年に及ぶ未亡人生活で、ボーイフレンドは一人も作らなかった。夫ひと筋の態度は、子どもたちや孫にとって忠実さの手本となった。「家族がいちばん大切なものよ」というのが口癖だった。辛い喪失からの教訓だったにちがいない。「常にいっしょにいなくては」

レニャの孫たち、それにひ孫たちは彼女の最大の宝物だったが、彼らが生まれるたびに、失ったものを思い出させられた。彼女は金曜の夜のパーティーや休暇のディナーを主催することに熱心で、きらびやかなドレスととびきりの笑顔で孫たちの結婚式に出席した。しかし、孫たちに自分の物語も伝えた。戦争のこと、殺されたきょうだいたちのこと。できるだけ多くの遺産を次世代に語り継ごうとしたのだ。多くの生存者たちは、孫たちとは気楽な関係を築けた。「代理家族」ではなく孫相手なら、それほど緊張しなかったし、あまり過保護にならずにすんだからだ。親密な家族を失ったせいで芽生えた親密さへの恐怖も、時間がたつにつれ小さくなっていった。レニャは自分の子どもは連れていかなかったかもしれないが、孫たちはホロコースト記念日にゲットー闘士の家に連れていった。自分の話を将来に伝えていくことが、いかに重要かに気づいたからだ。多くの三世代目の子どもたちと同じく、レニャの孫たちはホロコーストについて学校で学んでいたので、知的な反

応を示し、レニャにたくさんの質問をし、彼女は喜んでそれに答えた。これが糸口となり、リーアに自分の過去について語ることになった。レニャの青春時代は埋もれていたかもしれないが、決して消えなかったのだ。

二〇一四年八月四日の月曜日、イェンドジェユフで安息日の前夜に生まれてからおよそ九十年たった日、レニャは逝った。青々とした芝生と木々に囲まれ、海のすぐそばにあるハイファのネーヴェ・ダヴィド墓地に、アキバと並んで埋葬された。まさに彼女が願った場所に。大半の友人はすでに亡くなっていたが、葬儀には、老人ホームやかつて働いていたクリニックから、愛情あふれる七十人の人々がやって来たし、さらにレニャが強い印象を与えた何十年来の子どもたちの友人たちが列席した。しかし、いちばん目を引いたのは、レニャがゼロから築き上げた強力な家族の一団だった。枝を切り落とされた木から生えてきた新しい何本もの枝。孫息子のリランが弔辞を述べ、彼女とのすばらしい会話を、とりわけそのユーモアセンスを偲んだ。レニャの世代の人々を手振りで示しながら、彼は言った。「あなたは常に本物の英雄らしく戦いました」

# エピローグ　行方不明のユダヤ人

二〇一八年春。薄暗い大英図書館で初めて『ゲットーの娘たち』を見つけてから十年以上たって、わたしはイスラエル行きの飛行機に乗った。女性たちは何十年もの間、わたしの頭の中で生きていたが、今回はその子どもたちとコーヒーを飲む予定だった。残された写真や手紙の箱をのぞかせてもらいたかった。彼女たちがどうなったか、人生の次のステージをどう生きて亡くなったかを知りたかった。一度に二個のガムを噛みながら、緊張を和らげようとしていた。飛行機の旅も不安だったし、十年も訪れていないイスラエルに、しかも一人で行くことも不安だった。その週はイスラエルの基準に照らしても、波乱に富んでいた。シリアの爆撃、ガザにおけるナクバの日〔パレスチナ人が恒久追放された日〕の抗議運動、イランとの抗争、アメリカ大使館のエルサレムへの移転、それに熱波。わたしは火中に飛びこもうとしている逃亡者だった。

戦う女性たちについての本はあまりなかったが、見つけられるだけの本を飛行機に持ち込み、試験を受けるみたいにインタビューに備えた。わたしのプロジェクトはもはや抽象的な人物についてではなかった。レジスタンス活動家の子どもたち、こうした女性たちが生み、育てた人々に会うのだ。そして改めて、ニューヨークに十日間も残してくる自分の幼い子どもたちのことが心配になった。それほど長く、遠く、子どもたちと離れるのは初めてだった。

レジスタンスのユダヤ女性たちの物語がこれまで語られなかったことに、わたしはショックを受けたが、実を言うと、自分自身も沈黙していた。この本を完成させるまでにゆうに十二年がかかったが、それほどの時間が必要だったのは、ひとつにはプロジェクトが困難だったからだ。わたしのイディッシュ語は錆ついていたし、ドイツ風の言葉を使う一九四〇年代の文章を訳すのは非常に骨が折れた。『ゲットーの娘たち』は、発音するのもむずかしい名前の大量の登場人物について執筆された、いわばスクラップブックだった。注釈、脚注、説明は一切なかったし、前後関係もランダムだった。

しかし、長くかかったもうひとつの理由は、感情的なものだ。ところどころの翻訳を数時間こなすことができても、一冊の本を完成させるのに必要なホロコーストの昼と夜に、何カ月も何年も続けて飛び込む気力がなかったのだ。『ゲットーの娘たち』を見つけたときは三十歳で独身で、キャリアを構築しようとあがいていて、不安に苛まれていた。だから一九四三年の時代で毎日を過ごすのは、現在の世の中から自分自身を抹消するかのように感じられた。

もちろん、わたしの家族の背景も関連しているにちがいない。わたしの祖母は迫害から逃亡し、シベリアのグラーグで投獄され、生き延びたものの、本当に生きながらえたとは言えなかった。毎日午後になると、わずか十一歳で亡くなったいちばん下の妹のことで泣きわめいた。ドイツ人の隣人を大声で罵った。閉じ込められるからと、エレベーターは決して使おうとしなかった。そして結局、偏執症で投薬を受けた。母は一九四五年に祖母がポーランドに戻る途中で生まれ、家庭とは何かを知らないうちに避難民となり、やはり大きな不安に苦しんでいた。母も祖母も、物を貯め込む人だった。バーゲンの服、新聞の束、古くなったデニッシュペストリーで、自分のひび割れた中身を満たしていた。しかし、愛情は強烈だった――ときには深すぎることもあった。すぐに感情を爆発させた。わたしが育った家庭は緊張をはらみ、もろかった。ときおりコメディを観ていて大笑いするときだけ、重苦しい雰囲気は軽くなった。

四十歳になってローンを抱え、思い出ができ、母親になってようやくわたしは安定し、プロジェクトに飛び込むことができた。しかし、そうなると新たな視点からホロコーストと向きあわねばならなかった。もはやわたしは闘士たちと同じ世代ではなく、闘士たちが抵抗した相手と同世代になっていた。選別で仕事に送られるグループではなく、死へ送られる人々と同じ世代に。いまやホロコーストの恐怖についての陰鬱な記述ばかりか、親に課せられる大きな苦しみと毎日つきあわねばならなかった。飢えた子どもたちを守れない親たち、わたしの娘と同じ七歳の少女たちの話――家族が目の前で撃ち殺され、森をさまよい、野生のベリーと雑草を食べて空腹をしのいだ少女たち。母親の腕からひったくられた幼児のぞっとする話は、いちばん下の娘が通っているシナゴーグの保育園前のコーヒーショップで読むには辛すぎた。ちょうどその頃、アメリカのシナゴーグに武装白人至上主義者が攻撃を加えたせいで、保育園のセキュリティが厳しくなっていたこともある。ほぼ毎日、この生々しい証言に一人で耳を傾けるのは、七十五年の歳月がたっていても、まだひどく苦痛だった。にもかかわらず、今、わたしは娘たちを置いて、それにもっと近づこうとしていた。

その週の取材のうち、レニャの子どもたちと会うことがいちばん心配で、おいしい肉料理シュニッツェルですらろくに喉を通らなかった。わたしのプロジェクトはレニャにかかっていたし、彼女には執筆者として絆を感じていた。家族に嫌われ、何も話してもらえず、そっけなく気難しい態度をとられたり、本の出版を差し止められたりしたらどうしよう？

しかし、レニャの息子の家、風が吹き抜ける青いハイファの丘の上にあるマンションの家に入っていくと、その不安は杞憂だとわかった。「プロの生存者ビジネス」とは関係のない親切な人々が、歓迎してくれたのだ。彼らはわたしがレニャについて知ったことを共有しようとするのに感謝してくれた。わたしはソファにすわり、レニャの娘リーアは肘掛け椅子にすわった。それはレニャの肘掛け椅子だったので捨てるつもりはない、と彼女は言った。アーカイブサイトから掘りだした写真のヒロインの顔が、少し形を変えてこちらを見つめていた。力強い顎の線、熱心なまなざし。あたかも友人の子どもに、子ども時代の友人の面影を見るみたいで、その遺伝的特徴に心が揺さぶられた。

子どもたちが語ってくれたことはすばらしかった。「ええ、もちろん、レニャはおもしろくて頭が切れて、皮肉っぽく、芝居がかっていました。しかも、世界じゅうを旅して、ファッションに敏感な人でした。火の玉のようで、笑い上戸でした。社交界に旋風を起こし、喜びにあふれていました」

あきらかに敬愛し、その死を心から悼んでいる母親について、子どもたちが語るのを聞きながら、実は自分に似た魂を探していたのではなかったことに、わたしはふいに気づいた。丘陵と谷間を、ハイファの黄金色の日没を眺めながら、レニャは作家としてのわたしの相棒ではなかったことを悟った。そうではない。わたしのヒロインは、わたしがずっと求めていた祖先だった。生き延び、繁栄し、恵まれた人生を送った「幸せな親戚」だったのだ。

ひと月後、わたしは調査の旅に行ったロンドンからワルシャワへと飛んだ。少なくとも、わたしはワルシャワに着くと思っていた。だが、その飛行機はワルシャワから北に一時間の元軍用空港に到着した。真夜中、一人きりだった。再びポーランドへようこそ。

二〇〇七年に初めて『ゲットーの娘たち』を見つけてすぐに、ポーランドに最初の旅をした。当時の婚約者、兄、それに友人もいっしょだった。わたしは一週間で国を巡り、祖父母が育った四つのユダヤ人村を訪れ、もっと大きな都市のユダヤ人の史跡にも立ち寄り、ルーツを探る旅をした。ある晩、わたしの電話が真夜中に鳴った。ウッチの副市長からだった。わたしが町にいると聞きつけ、明日、案内をしてくれるという申し出だった。新しいユダヤ人組織は墓地を保全し、コーシャのランチを出すために活動を始めていた。クラクフではユダヤ人コミュニティセンターがオープンしようとしていた。最近ユダヤ人だとわかったという二、三十人の人々と会った。ソ連支配のあいだ、祖父母はその事実を伏せていたのだ。ガイドの一人はわたしと同年齢の上、祖父はわたしの祖父と同じ町出身で、マイダネク強制収容所の向かいの通りで子ども時代を過ごしていた。彼は戦争が強迫観念になっていて、夜通し語り合った。わたしは自分の失われたルーツを見つけるためにポーランドに来たのだが、失われたユダヤ人を探しているポーランドと出会ったのだった。

一方、クラクフでは「ユダヤ人をテーマにした」レストランで夕食をとった。バンドが『屋根の上のバイオリン弾き』を演奏し、ウェイトレスは伝統菓子ハマンタッシェンを出してくれ、店内ではバスで乗りつけたドイツ人観光客がはしゃいでいた。わたしは遠い親戚たちに会った。彼らはコミュニストの信念のために戦後もポーランドにとどまり、ソ連支配と反ユダヤ主義の攻撃を生き延びてきた。一人は幼い頃、両親に手をつかまれ、三人でゲットーから森に逃げこんだことを話してくれた。そうやって彼はパルチザンのキャンプで戦争を生き延びたのだった。彼はポーランドの「新しいユダヤ人」文化について腹を立てていて、長く苦しんできたユダヤ人コミュニティの窮状を無視したコーシャランチを非難していた。そして、これはアメリカの寄付金を利用するためにポーランド人がやっていることにすぎない、と考えていた。

わたしには相反する状況をどう考えたらいいのかわからなかった。ただ、ユダヤ人の血がたくさん流された国で、ユダヤ人の考えやユダヤ嗜好が広まることには懐疑的だった。

二〇一八年夏、この本の女性闘士について調査をするために一人でポーランドを再訪したときも、それについて確信を持てなかった。しかし、十年前に経験したことはもはや存在しなかった。まず、ワルシャワは大都会になっていた。わたしは近未来的な風景を望めるホテルの四十一階に泊まった。かつてはゲットーがあり、それ以前には祖父母が住んでいた土地だ。ホテルはイスラエル人観光客だらけだった。どうやらワルシャワは人気のショッピングエリアになっているようで、若いイスラエル人は自国の不動産市場では高くて手が出ないので、故国に投資を始めたようだった。町の通りを歩いていき、フルムカ・プウォトニカなどの記念碑や、ジヴィアの物語の下水を通り過ぎ、新しい印象的なＰＯＬＩＮ、ポーランド・ユダヤ人歴史博物館に向かった。そこにはホロコーストについての展示に加え、それ以前の数千年間と、その後の何十年間の豊かなユダヤ人の暮らしが見られた。

クラクフはツアーバスとゲットーの土産店と、「スリに注意」の掲示板だらけだった。まるでヴェネチアのような感じだった。ただし、カフェ文化はクラクフの方が最先端のようだったが。クラクフではユダヤ人コミュニティセンターが設立され、ユダヤ人の子どもたちのための保育園も開かれていた。

ポーランド政府はホロコーストでおこなわれた犯罪について、ポーランドを非難することを違法とする法律を制定したばかりだった。それに違反すると収監された。何十年ものソ連支配と、その前のナチスの侵略のあとで、ポーランド人は新しい国家主義の段階にあった。ポーランド自身が、第二次世界大戦で被害者の立場だったことは重要だった。ポーランド地下活動は現在、大変な人気で、その錨のシンボルはワルシャワじゅうの建物に描かれていた。

ポーランド人が誤解されていると感じているのは理解できる。ワルシャワは大部分が破壊されてしまった。ナチスは多数のカトリックのポーランド人を殺した。結局、レニャはユダヤ人ではなくポーランド人として投獄され、拷問されたのだ。ホロコーストに対して責任を負わされるのは、たしかに不公平に感じられるだろう。ポーランド政府はナチスに協力していなかったのだから。当然、この非難は命がけでユダヤ人を助けた多くの人にとっては不当だった。ソ連支配下で、そうしたポーランド人は沈黙を貫いていたが、歴史家のグンナー・Ｓ・ポールソンは、ワルシャワだけで七万人から九万人のポーランド人がユダヤ人をかくまうのに手を貸した、と述べている。これはユダヤ人一人当たり、三から四人のポーランド人が関わっていたということだ。ユダヤ人はポーランド人の隣人に裏切られ、とりわけ傷ついた、と述べる学者もいて、ポーランド人の反ユダヤ主義行動が証言で強調されている。何もしなかったポーランド人はたくさんいたし、ユダヤ人を通報し、ゲシュタポに小銭や少量の砂糖と引き換えに売り、脅迫し、家財を大喜びで盗んだポーランド人もたくさんいた。

女性闘士の回想録に啓発され、わたしは黒か白で断定できない矛盾に苦しむ多面的な物語を示すことが重要ではないかと思うようになった。わたしたち全員が過去に正直に向き合わねばならない。被害者であり、加害者であることに。さもなければ語り手は信用されないだろう。理解することは、必ずしも許すことではない。冷静さと成長のために必要な一歩なのである。

ようやく旅の最後の目的地に着いた。イェンドジェユフのレニャの子ども時代の家だ。一九二四年の金曜に彼女が生まれた家、すべての始まりの家。クラストルナ通りはすぐに見つかったが、十六番地は存在していないようだった。樹齢百年以上の木々で区分けされた敷地を数えると、三角形の屋根がついた小さな灰色の石造りの建物にたどり着いた。緑の中庭を同じような家々が囲んでいて、犬が吠えている。ガイドはわたしの先を歩いていき、住人を見つけた。早口のポーランド語は理解できなかったが、女性の頭がいいえ、と振られているのはわかった。「住所が変わったと言っています」ガイドは報告した。「十六番地は木造だったので焼け落ちたにちがいありません。その一家のことは聞いたことがないそうです。彼らはユダヤ人だったのかとたずねてます」

「彼女に教えたの？」

「その質問への答えは避けました。怯えているんです。ユダヤ人が家財を取り戻しにくるんじゃないかって」ガイドはささやいた。

わたしは中に入れてもらえなかった。

外の写真を何枚か撮り、車にまた乗り込むと、夕方にキェルツェを通過した。太陽は血のように赤く、肥沃な土地が広がり、ワルシャワとクラクフのあいだにひっそりと息づく美しい土地は静謐に包まれていた。

# その後

「できるだけ早く、ぜひともお目にかかりたい」マイケル・カッツがわたしにメールをしてきた。「わたしは九十三歳で、ホロコーストを生き延び、ヤノフスカ強制収容所から逃げ出し、ワルシャワで偽の証明書で暮らしました。そして、ポーランド国内軍のためにスパイの仕事をし、ヴラドカ・ミードと同じ船でアメリカに渡ったんです」

もちろん、ぜひとも会わねばならなかった。わたしはあわててスケジュールを調べ、いちばん近い日取りを提案したが、四週間先だった。「それでかまいませんか?」「フロリダ出身の民主党上院議員のクロード・ペッパーによれば、わたしの年では、緑のバナナすら買わないようにと言うんです。でも、トライしてみましょう」彼はつけ加えた。「わたしの話をお聞かせしたいんです」

この本を何年もかけて書いていて、わたしは常に罪悪感と戦っていた。本に入れられない物語があまりにもたくさんあったのだ。次に何がやって来るのかわからなかった。物語のおしまいは、新しい始まりだった。本が出版されると、世界じゅうの人々からおびただしい物語が届いた。年齢、背景、政治信条を越えて。わたしが書いた女性の近い親戚から連絡があったり、ユダヤ人レジスタンスについて個人的な物語があったり、質問のある人々から手紙が来たりした。舞台監督のサミー・キャノルドはŻOBの二重スパイ、イズラエル・カナウのいとこで、ある日わたしのアパートにやって来て、わたしの個人蔵書を漁り、いとこについて見つけられるだけの情報を集めていった。失われた親戚についての情報を得たいと願う気持ちは強烈だった。また、過去について語り、それを保存したいという思いも同じだった。

暑い七月の午後、わたしはマイケルに会うために彼のマンハッタンのアパートに出かけた。「エピローグであなたが肉を食べないと知ったのでね」彼はサラダを並べたテーブルを見せた。彼はシェフであるばかりか、メールの署名から察するに、四つの世界的な科学研究所の教授や所長だった。レニャの家族に会いに行ったときに劣らず、わたしは緊張していた。地下活動の闘士と面と向かって会ったのは初めてだ。マイケルの話は予想どおりに驚くべきもので、かつ苦々しいものだった。ポーランド人社会に同化した上流階級のユダヤ人家庭に生まれた彼は、両親が殺されたとき十四歳で、たった一人で世の中に取り残された。彼はワルシャワに逃げ、偽のアーリア人の書類で暮らした（育ちと外見のおかげでアーリア人として通用した）。そしてポーランド人レジスタンスの運び屋になった。昼間、ドイツ人の工場で働いているとき、二十二歳のドイツ人秘書に誘惑された。思春期だった彼にとって、それは快楽か命かという問題だった。マイケルは戦争と難民キャンプと移住を乗り越えて学業を続け、苦労してアイビーリーグの大学に入り、医学研究者として高く評価されるようになった。現在は愛情深い夫であり、パイロットの息子もいる。彼は「生存者」という言葉が好きではない。受け身に感じるからだ。「わたしは必死に生きようとしてきたんです」と彼は言った。

「あなたを前進させたものは何ですか？」わたしはたずねた。彼はちょっと考えてから「怒りがわたしの背中を押した。怒りがわたしの命を救ってくれた」と答えた。そしてタルムードから引用した。「人は手を握りしめて生まれてきて、手のひらを広げて死ぬ」九十代になり、マイケルはますます自分がオープンになっていると感じている。自分の物語を書かなくてはならないと考えているそうだ。

『ゲットーの娘たち』はまだポーランドで出版されていなかったが、いくつかの記事がポーランドの新聞に出たので、ポーランドの両極端ぶりを経験することになった。あるジャーナリストは戦争のヒーローの記念碑を作るべきだと言った。かたや右翼のメディアには、わたしも含めレジスタンスについて書いている作家は歴史に関して嘘をついていると非難する記事が出た。この結果、ソーシャルメディアは大論争になった（わたしではなく記事を支持する意見で）。

驚くようなことも起きた。

「お話しできますか？　うちの一族はクキエウカなんです」四十八歳のシャロン・マーカスがインスタグラムでメッセージを送ってきた。彼女はアメリカ人で、ニューヨークのわたしの家のすぐそばに住んでいた。「うちはレニャと親戚関係の可能性はありますか？」彼女の親戚の何人かから書類が届きはじめた。全員がつながりを探していた。

メールと写真が交換され、シャロンの亡き伯父がかつてはイスラエルに旅をして、いとこのアーロン・クラインマンを訪ねたことがわかった。レニャの兄だ。このアメリカに住む一族はレニャのことを聞いたことがなかったし、そちらの血筋についても何も知らなかった。「紹介していただけませんか？」シャロンに頼まれた。

そこでわたしはレニャの子孫と連絡をとり、イスラエルのレニャの孫たちに、シャロンとそのいとこを紹介した。彼らは初めて全員でズームで話した。「ようやく家族を持てた気がするわ」シャロンはコーヒーを飲みながらわたしに言った。彼女の顔はレニャのように、リーアのように丸いことに気づいた。青い目はきらめいていた。「ほとんど生き延びた人はいないと思っていたんです。時がたつにつれ、どんどん少なくなっていったと。でも、実は増えていたんです。わたしたちはヒトラーが勝たなかった証拠です。ナチスに抵抗したんです」

「レニャはつながりを愛していました。家族は祖母にとっていちばん大切だった。きっとこのすべてを祖母が天から差配したんですよ」孫の一人がグループチャットに書きこんだ。

この家族を結びつけたのは、わたしにとって意義深いことだった。わたしは彼らの家族についてたびたび言及しているからだ。わたしは何も証言を残さなかった自分の愛する祖父母についてよりも、レニャとゲットーの娘たちについてもっとよく知っていた。

二〇〇七年に『ゲットーの娘たち』を大英図書館で発見したとき、若いユダヤ人が時代の真実を見抜き、協力し合い、正義と自由のための戦いに命を賭けたことに魅了された。その「ささやかな行動」は意味があった――彼女たちにとって、周囲の人々にとって、そして今、わたしたちにとって。また、出版後に出てきた多くの勇敢な物語に、わたしは相変わらず驚嘆させられている。ホロコーストにおける「ユダヤ人の無抵抗の神話」は滑稽きわまりない。ポーランドでのユダヤ人の歴史は常に闘争、果敢な抵抗、反乱、助け合いの連続だった。十四年前、わたしはトラウマが世代を越えて、どう伝えられるのかを理解する作業にとりかかった。女性の抵抗とその子孫を通じて学んだのは、わたしたちの遺伝子には苦悩だけではなく、力と勇気と情熱と共感が組み込まれているということだった。

## 覚え書き　リサーチについて

当然ながら、数々の時代、大陸、言語にまたがる情報源を利用しながら世界じゅうでリサーチを行うには、困難や解決不能の問題にぶつかった。

このプロジェクトの一次資料は、おもに回想と証言から構成されたものだ。取材したものもあれば、動画や音声に記録されたものもあるし、文字で書かれたものもあった——ヘブライ語、イディッシュ語、英語、ポーランド語、ロシア語、ドイツ語によって。翻訳されたものもあれば、翻訳からさらに翻訳されたものもあったし、わたし自身が翻訳したものもあった。個人的に作成された資料も、インタビュー用の資料もあった。事実確認され、編集され、学者との共著で出版された資料すらあった（たいてい小さなアカデミックな出版社によって）。日記や生々しい証言など、感情がおもむくまま、怒りに駆られて書かれたものもあった。戦後すぐに書かれたものも、戦時中に隠れ家で書かれたものもあり、まちがい、詳細の矛盾、削除が含まれていた——それらは安全上の理由からだけではなく、感情的な理由からでも、そうなったことがわかっている（ある特定の人の死について辛すぎて書けなかった生存者がいた）。忘れるまいとして、あるいは捕まるかもしれないという恐怖に駆られて、大急ぎで書かれたものもあった。

レニャはしばしば名前の代わりにイニシャルを使用した（彼女の署名はレニャ・Kだった）。それは安全のためだったと思われる――とてつもない危険を伴うスパイ活動について、戦時中に執筆していたからだ。レニャは他の人々の生死がどうなるか、まったくわからない時期にも執筆していた。彼女自身は友人や親戚たちが生存しているというニュースを待ちわびていた。戦中戦後の初期の他の書き手もそうだったが、レニャも何が起こったかを個人的な立場からではなく、客観的に世界に伝えたいと願っていた。レニャは「わたしたち」という言葉を使う特徴があり、それが指しているのが自分自身なのか、家族なのか、コミュニティなのか、一般的なユダヤ民族なのか、判別のむずかしいことがしばしばあった。

他の証言はおもに一九九〇年代におこなわれ、時間の経過とともに得られた洞察により深みを増してはいたが、現代の動向や、そのあいだに耳にした他の人々の記憶、生存者の現在の関心や目的のせいで、記憶が変容した可能性がある。多くの封印された記憶がトラウマになっている人々もいれば、収容所で拷問を受けた闘士たちは、より強烈な記憶を持っている、と主張する人々もいる。アンテクによれば「過剰な記憶」だ。トラウマになっている記憶は、きわめて辛辣で情け容赦がないという意見の人もいる。わたしも、最初の一時的な資料（記事、手紙、ノート）や多数の家族のインタビューをふるいにかけた。全員が自分自身の物語を持っているうえ、しばしば相互に矛盾する話だったからだ。

記憶はねじれ、変容するものだ。記憶は「客観的データ」ではない。数え切れない説明のあいだには多くの食いちがいがある。できごとの詳細、日付、場所にも矛盾があった。ときには同じ人物が長年のあいだに何度か個人的な証言をして、その内容がどれも驚くほどちがっていることもあった。同一の文書の中にすら、矛盾を発見することもあった。一次的な情報源と二次的な情報源の食いちがいもあった。たとえば、学問的な伝記作家と歴史家が、そのときどきでちがう話をする女性の説明を引用していることもある。一次的情報源におけるちがいは、興味深いこともある――責任をとること、誰が責められるべきか、ということが語られているからだ。わたしはこの差異がどこから生じるかを理解し、物語を歴史的分析と参照しようとした。そして、もっとも筋道が通っていて意味深いバージョンを紹介することをめざした。ときには、いくつかの説明から詳細を統合して全体像を作り上げ、できる限り感情的に信頼でき、事実として正しい物語を描こうとすることもあった。最終的に疑問が生じると、証言者の女性と真実に従った。

本書では情報源をできるだけ変えずに、おのおのの場面を伝えようとしている。わたしの再構成によって、元の資料の感情部分がより強められ、同じできごとでも多角的な視点から眺めることができるが、すべては記録に基づいたノンフィクションである。

説明のちがいは興味深いが、それ以上に多数の重複に驚かされた。ちがう時間や場所から得た情報に、同じあいまいなエピソードが語られ、似たような状況や人々が語られていた。それは真相を確認するのに役立ったばかりか、感動的で興奮させられた。別の視点からの物語を再訪するたびに、わたしはさらに学び、より深く理解し、彼らの世界に本当に入りこんでいることを感じた。若者たちとその情熱は、比喩的にも実際的にも結びついていたのだ。

こうした多言語におよぶ研究において、もうひとつのむずかしい問題は、人々と土地の名前だ。

多くのポーランドの町は複数の名前を持っている――スロバキア語、ドイツ語、イディッシュ語。そして支配者が変わるたびに常に改名されている。別の名前を使うのは、おもに政治的理由からだ。わたしの揺るぎない意図からではない。本書では英語で書かれている場合は、現在の地名を使用していることが多い。

個人名については、ポーランド系ユダヤ人はたいていそうだが、わたしの物語の女性たちもポーランド語、ヘブライ語、イディッシュ語の名前やニックネームを持っている。戦時中の偽名を持つ人もいた。それも複数の偽名を。さらに海外移住のための書類には、偽の身元を利用していた(一般的に、女性が結婚していた方がヨーロッパを脱出するのが簡単だったのだ)。そこで、彼女たちは向かう先の国の言語に合わせて名前を変えた(たとえば、ヴラドカ・ミードは最初はフェジェラ・ペルテルだった。ヴラドカはポーランド人スパイとしての名前だ。彼女はミエンジェゼツカという人と結婚し、ニューヨークに渡るとミードに変わった)。わたしは半日かけて、運び屋のアストリットがアストリッド、エストリット、A、ゾシャ・ミレと同一人物かどうか調べた。結果、同一人物だと結論を出した。これに加え、女性を追跡するのを困難にする理由がある。結婚後の姓だ。「レニャ・クキエウカ・ヘルスコヴィチ」には無数の並べかえがあるので、彼女は簡単にまぎれてしまい、永遠に失われ、記録として保存不可能になりかねない。

もっともややこしい名前の例は、生き延びてイスラエルに渡った三人のクキエウカきょうだいだろう。レニャ・ヘルスコヴィチ、ズヴィ・ザミュア(ザミュアはヘブライ語でカッコーのことだ)、アーロン・クラインマン。アーロンは一九四〇年代にパレスチナで戦い、英国軍に徴兵されたので名前を変えたのだった。血のつながった家族の中でも、食いちがいは果てしなく存在する。

最後に用語についてひとこと。

簡潔にするために、レニャを真似て、わたしは「ポーランド人（pole）」という言葉を非ユダヤ人の（キリスト教徒の）ポーランド国籍の人を指すのに使った。ただし、ユダヤ人もポーランド国籍なので、必ずしも強調するつもりはないが区別することになった。またポーランド・ユダヤ人博物館の研究者たちに影響され、「反ユダヤ主義 antisemitism」を一語にして使用した。「anti-semitism」とハイフンを入れると、「ユダヤ主義」が人種差別のカテゴリーとして存在するように思えるからだ。

「運び屋の女性」という表現を批判する研究者もいた。「運び屋」という言葉は品位を傷つける、それは些細で受動的な仕事で、手紙を運ぶ郵便配達人のようなイメージがある、と。実際にはまったくそうではなかった。武器を携帯し、密輸入をし、偵察者で、ヘブライ語で言うと「ケシャリヨット」、「つなぐ人」だ。ホロコーストのさなかにさまざまなものを運ぶ行為は、武装して戦うのに劣らず危険だった。ユダヤ人はユダヤ人ゲットーか収容所の外で見つかるたびに、死によって罰せられた。そしてこうした女性たちは何カ月も、ときには何年も国じゅうを移動し、ゲットーからゲットーへと逃亡した。毎週のように旅をし、計二四〇回もの旅をした運び屋の女性の記録も見つかっている。彼女たちの仕事を表現するために、ケシャリヨットというヘブライ語の言葉に基づき、「運び屋」という言葉を使い続けることにした。

「娘たち」という言葉も見下しているとみなされた。登場する女性たちはたち前後の若い女性たちで、中には結婚している者もいたからだ。それでも、わたしがその言葉をあえて使ったのは、レナと仲間たちを表現するためだ。「娘たち」が再評価され、女性の権利について議論する文脈においても、その言葉を使用している。

# 訳者あとがき

本書の作者ジュディ・バタリオンは、二〇〇七年の春、大英図書館で一冊の本と出会った。イディッシュ語で書かれたその本は、「女性たちの妨害工作、ライフル、変装、ダイナマイト」について描かれていたという。まさにサスペンス小説だったのだ。タイトルは『ゲットーの娘たち』、ナチスに対するレジスタンスに参加し、ゲットー内外で戦った何十人もの無名の若いユダヤ人女性について記録された本だ。バタリオンはポーランド系ユダヤ人の家庭に生まれ、祖母はホロコーストを生き延びていただけに、この本は彼女に大きな衝撃を与えると同時に、本を書くためのインスピレーションを与えたのだった。それから十二年以上の長い歳月をかけ、本書は完成した。

諜報活動をした女性たちの物語に、わたしは衝撃を受けた。ここに描かれているのは、暴力的とすら言える強い不屈の精神によって行動した女性たちだった。禁制品の運搬、情報収集、妨害工作、戦闘への参加。彼女たちは射撃の腕を自慢にしていた。書き手は同情を求めているのではなく、勇気ある行動と勇猛果敢さを賞賛していた。飢えに苦しみ、迫害された女性たちは勇敢で大胆だった。逃げる機会があっても、それを拒み、あえて戻って戦うことを選んだ女性たちもいた。

バタリオンはこうした女性たちに魅了され、とりわけ心を惹かれたレニャ・クキエウカを中心にすえ、本書を書きはじめた。これまでレジスタンスの物語が描かれても、女性にはあまり焦点が当てられていないことにも不満を覚えていたので、本書ではおもに女性の活躍がとりあげられている。とりわけ女性が中心となっていた「運び屋」の描写は手に汗握るものだ。「運び屋」といっても、その任務は何かを運ぶだけではなかった。しかも、常に危険と隣り合わせだった。

彼女たちはゲットーからゲットーへ旅して、仲間たちをつなぎ、学習会を開催し、印刷物を配り、地元のリーダーを教育し、精神的成長を支えた。こうした女性たちはネットワークを構築し、食べ物や医療品をこっそり運んできた。

当時、ユダヤ人が移動することや、武器はもちろん食べ物を所持していることも禁じられていたので、見つかればその場で撃ち殺されるか、刑務所に入れられ拷問され惨殺されるか、あるいは強制収容所送りになりガス室で殺された。運び屋はまさに命がけの任務だった。たいていの場合、容姿がアーリア人に見えるユダヤ人女性がその任務を与えられ、流暢なポーランド語でしゃべりながら危険な列車の旅をした。列車内でのナチスの検査を機転で切り抜ける場面はまさに手に汗握らんばかりだ。

ただし、いつも機転が功を奏するわけではない。レニャはある旅でナチスに捕まり、壮絶な拷問の末、刑務所に入れられた。ただしユダヤ人だとわかったら命はなかったので、あくまでポーランド人だと言い張り続けた。刑務所内での壮絶な拷問や苛酷な暮らしぶりの詳細な描写は、著者の取材と調査が徹底していることを窺わせる。

さらにユダヤ人女性たちは実際に武器をとって戦うこともした。ワルシャワゲットー蜂起で活躍したジヴィア・ルベツキンの勇猛果敢ぶりと、仲間を思う強い気持ちには心を揺さぶられた。そして、終盤でつづられている彼女の晩年には胸が痛んだ。たとえ生き延びたとしても、悲惨な戦争の記憶は人間を蝕んでしまうのだ。

女たちの闘いは強制収容所内でも続いた。アウシュビッツ強制収容所に入れられたベラ・ハザンの苦闘も、息をのむほどのすさまじさだ。また、アウシュビッツ内ではひそかにレジスタンス計画が進んでいた。危険と隣り合わせの計画だったが、勇敢にも女性たちはその計画に参加する。だが、多少の成果はあげられたものの、最後にはナチスにばれてしまう。「姉妹たち、復讐を！」と叫びながら処刑されていったユダヤ人女性の姿には涙を禁じ得ない。ユダヤ人女性たちは、最後の最後まで民族としての誇りを忘れなかったのだ。

本書によって勇敢なユダヤ人女性の姿を知ると、いっそう戦争の無意味さ、残酷さを実感するだろう。世界ではこの瞬間にも戦争が続いている国があり、そこには苛酷な生活を強いられている人々がいる。わたしたちは本書に描かれているような悲惨な過去に学び、この世界を少しでも平和に近づけるために何かできないのだろうか、と無念でならない。

作者のジュディ・バタリオンはモントリオールのユダヤ人社会で生まれ育った。ハーバード大学で科学史をおさめたのち、ロンドンに移住し、美術史で博士号をめざした。そのあいだ、キュレーター、リサーチャー、編集者、講演家、コメディアン、俳優、プロデューサー、劇作家などの多岐にわたる仕事をした。それらの経験をもとに〈ニューヨーク・タイムズ〉などの新聞、雑誌にエッセイを書いてきた。二〇一六年には、家族の関係、世代を超えてトラウマが伝わることなどを主題にした *White Walls: A memoir About Motherhood, Daughterhood, and the Mess in Between* を発表した。この本を原作としたテレビシリーズが現在制作中である。

羽田詩津子

『アップライイジング』ジョン・アヴネット監督、ワーナー・ブラザース ホームエンターテイメント、2007年。
*Who Will Write Our History*. Cinema screening. Directed by Roberta Grossman. USA, 2019.
*Yiddish Glory: The Lost Songs of World War 2*. CD. Six Degrees Records, 2018.（Yiddish）.
*The Zuckerman Code*. Accessed online at https://www.mako.co.il/tv-ilana_dayan/2017/Article-bb85dba8ec3b261006.htm. Directed by Ben Shani and Noa Shabtai. Israel, 2018.（Hebrew）

Bernard, Mark. "Problems Related to the Study of the Jewish Resistance Movement in the Second World War." Yad Vashem Studies 3 (1959): 41–65.

Fox-Bevilacqua, Marisa. "The Lost, Shul of Będzin: Uncovering Poland's Once-vibrant

Jewish Community," *Ha'aretz*, September 7, 2014, https://www.haaretz.com/jewish/.premium-the-lost-shul-of-Będzin-1.5263609

Harran, Ronen. "The Jewish Women at the Union Factory, Auschwitz 1944: Resistance, Courage and Tragedy." *Dapim: Studies in the Holocaust* 31, no. 1 (2017): 45–67.

Kasonata, Adriel. "Poland: Europe's Forgotten Democratic Ancestor." *The National Interest*. May 5, 2016. https://nationalinterest.org/feature/poland-europes-forgotten-democratic-ancestor-16073

Kol-Inbar, Yehudit. " 'Not Even for Three Lines in History': Jewish Women Underground Members and Partisans During the Holocaust." *A Companion to Women's Military History*. Eds. Barton Hacker and Margaret Vining. Leiden, Netherlands: Brill, 2012.

Ofer, Dalia. "Condemned to Life? A Historical and Personal Biography of Chajka Klinger." Translated by Naftali Greenwood. *Yad Vashem Studies* 42, no. 1 (2014): 175–88. *The Pioneer Woman*, no. 97, April 1944.

Porter, Jack. "Jewish Women in the Resistance." *Jewish Combatants of World War* 2 2, no. 3 (1981).

Ringelheim, Joan. "Women and the Holocaust: A Reconsideration of Research." *Signs* 10, no. 4 (Summer 1985): 741–61.

Ronen, Avihu. "The Cable That Vanished: Tabenkin and Ya'ari to the Last Surviving Ghetto Fighters." *Yad Vashem Studies* 41, no. 2 (2013): 95–138.

———. "The Jews of Będzin." *Before They Perished . . . Photographs Found in Auschwitz*. Edited by Kersten Brandt, Hanno Loewy, et al. Oświęcim, Poland: Auschwitz-Birkenau State Museum, 2001, 16–27.

Szczęsna, Joanna. "Irena Conti." *Wysokie Obcasy*. April 21, 2014 (Polish).

Tzur, Eli. "A Cemetery of Letters and Words." *Ha'aretz*, August 1, 2003, https://www.haaretz.com/1.5354308

Vershitskaya, Tamara. "Jewish Women Partisans in Belarus." *Journal of Ecumenical Studies* 46, no. 4 (Fall 2011): 567–72.

Yaari, Yoel. "A Brave Connection." *Yedioth Ahronoth*. Passover Supplement, April 5, 2018 (Hebrew).

Zariz, Ruth. "Attempts at Rescue and Revolt; Attitude of Members of the Dror Youth Movement in Będzin to Foreign Passports as Means of Rescue," *Yad Vashem Studies* 20 (1990): 211–36.

Zerofsky, Elisabeth. "Is Poland Retreating from Democracy?" *New Yorker*. July 23, 2018.

映画とオーディオ

*Blue Bird*. DVD. Directed by Ayelet Heller. Israel, 1998. (Hebrew)

*Daring to Resist: Three Women Face the Holocaust*. DVD. Directed by Barbara Attie and Martha Goell Lubell. USA, 1999.

*The Heart of Auschwitz*. DVD. Directed by Carl Leblanc. Canada, 2010.

*The Last Fighters*. DVD. Directed by Ronen Zaretsky and Yael Kipper Zaretsky. Israel, 2006. (Hebrew)

*Partisans of Vilna: The Untold Story of Jewish Resistance During World War II*. Directed by Josh Waletsky. USA, 1986.

*Pillar of Fire* (Hebrew version, episode 13). Viewed at Yad Mordechai Museum. Directed by Asher Tlalim. Israel, 1981. (Hebrew)

エマヌエル・リンゲルブルム著、ジェイコブ・スローン編『ワルシャワ・ゲットー　新版　捕囚 1940-42 のノート』（大島かおり訳、みすず書房、2006 年）

Rittner, Carol, and John K. Roth, eds. *Different Voices: Women and the Holocaust.* St. Paul, MN: Paragon House, 1993.

Ronen, Avihu. *Condemned to Life: The Diaries and Life of Chajka Klinger.* Haifa and Tel Aviv, Israel: University of Haifa Press, Miskal-Yidioth Ahronoth and Chemed, 2011 (Hebrew).

Rosenberg-Amit, Zila (Cesia). *Not to Lose the Human Face.* Tel Aviv, Israel: Hakibbutz Hameuchad Moreshet, Ghetto Fighters' House, 1990 (Hebrew).

Rotem, Simha "Kazik." *Memoirs of a Ghetto Fighter.* Translated by Barbara Harshav. New Haven, CT: Yale University Press, 1994.

Rufeisen-Schupper, Hella. *Farewell to Miła 18.* Tel Aviv, Israel: Ghetto Fighters' House and Hakibbutz Hameuchad, 1990 (Hebrew).

Saidel, Rochelle G., and Batya Brudin, eds. *Violated! Women in Holocaust and Genocide.* New York: Remember the Women Institute, 2018. Exhibition catalogue.

Saidel, Rochelle G., and Sonja M. Hedgepeth, eds. *Sexual Violence Against Jewish Women During the Holocaust.* Waltham, MA: Brandeis University Press, 2010.

Schulman, Faye. *A Partisan's Memoir: Woman of the Holocaust.* Toronto, Canada: Second Story Press, 1995.

Shalev, Ziva. *Tossia Altman: Leader of Hashomer Hatzair Movement and of the Warsaw Ghetto Uprising.* Tel Aviv, Israel: Moreshet, 1992 (Hebrew).

Shandler, Jeffrey, ed. *Awakening Lives: Autobiographies of Jewish Youth in Poland Before the Holocaust.* New Haven, CT: Yale University Press, 2002.

Shelub, Mira, and Fred Rosenbaum. *Never the Last Road: A Partisan's Life.* Berkeley, CA: Lehrhaus Judaica, 2015.

Solomian-Lutz, Fanny. *A Girl Facing the Gallows.* Tel Aviv, Israel: Moreshet and Sifryat Hapoalim, 1971 (Hebrew).

Spizman, Leib, ed. *Women in the Ghettos.* New York: Pioneer Women's Organization, 1946 (Yiddish).

Tec, Nechama. *Resistance: Jews and Christians Who Defi ed the Nazi Terror.* New York: Oxford University Press, 2013.

Thon, Elsa. *If Only It Were Fiction.* Toronto, Canada: Azrieli Foundation, 2013.

Tubin, Yehuda, Levi Deror, et al., eds. *Ruzka Korchak-Marle: The Personality and Philosophy of Life of a Fighter.* Tel Aviv, Israel: Moreshet and Sifriyat Po'alim, 1988 (Hebrew).

Vitis-Shomron, Aliza. *Youth in Flames: A Teenager's Resistance and Her Fight for Survival in the Warsaw Ghetto.* Omaha, NE: Tell the Story, 2015.

Wilfand, Yigal, ed. *Vitka Fights for Life.* Givat Haviva, Israel: Moreshet, 2013 (Hebrew).

Ya'ari-Hazan, Bela. *Bronislawa Was My Name.* Tel Aviv, Israel: Hakibbutz Hameuchad, Ghetto Fighters' House, 1991 (Hebrew).

Yerushalmi, Shimshon Dov. *Jędrzejow Memorial Book.* Tel Aviv, Israel: Jędrzejow Community in Israel, 1965.

Zuckerman, Yitzhak "Antek." *A Surplus of Memory: Chronicle of the Warsaw Ghetto Uprising.* Translated by Barbara Harshav. Berkeley, CA: University of California Press, 1993.

## 特定記事

This list includes a select few significant articles that do not appear in the books or online sources listed above.

Laska, Vera, ed. *Women in the Resistance and in the Holocaust: The Voices of Eyewitnesses*. Westport, CT: Praeger, 1983.

Laskier, Rutka. *Rutka's Notebook: January–April 1943*. Jerusalem, Israel: Yad Vashem, 2007.

Liwer, Dawid. *Town of the Dead: The Extermination of the Jews in the Zaglembie Region*. Tel Aviv, Israel, 1946（Hebrew）.

Lubetkin, Zivia. *In the Days of Destruction and Revolt*. Translated by Ishai Tubbin and Debby Garber. Edited by Yehiel Yanay, biographical index by Yitzhak Zuckerman. Tel Aviv, Israel: Am Oved; Hakibbutz Hameuchad; Ghetto Fighters' House, 1981.（Original work published in Hebrew in 1979.）

Lukowski, Jerzy, and Hubert Zawadzki. *A Concise History of Poland*. Cambridge, UK: Cambridge University Press, 2001.

ブラドカ・ミード『壁の両側　ワルシャワ・ゲットー　1942〜1945　ホロコースト！その恐怖と苦闘のはざまで』（滝川義人訳、クプクプ書房、1992 年）

Michlic, Joanna Beata, ed. *Jewish Families in Europe, 1939–Present: History, Representation and Memory*. Waltham, MA: Brandeis University Press, 2017.

Milgrom, Frida. *Mulheres na resistência: heroínas esquecidas que se arriscaram para salvar judeus ao longo da história*. Sao Paolo, Brazil: Ipsis, 2016.

Namyslo, Aleksandra. *Before the Holocaust Came: The Situation of the Jews in Zaglebie during the German Occupation*. Katowice, Poland: Public Education Office of the Institute of National Remembrance, with the Emanuel Ringelblum Jewish Historical Institute in Warsaw and Yad Vashem, 2014. Exhibition catalogue.

Neustadt, Meilech, ed. *Destruction and Rising, The Epic of the Jews in Warsaw: A Collection of Reports and Biographical Sketches of the Fallen*. 2nd ed. Tel Aviv, Israel: Executive Committee of the General Federation of Jewish Labor in Israel, 1947.

Ofer, Dalia, and Lenore J. Weitzman, eds. *Women in the Holocaust*. New Haven, CT: Yale University Press, 1998.

Ostrower, Chaya. *It Kept Us Alive: Humor in the Holocaust*. Translated by Sandy Bloom. Jerusalem, Israel: Yad Vashem, 2014.

Paldiel, Mordechai. *Saving One's Own: Jewish Rescuers During the Holocaust*. Philadelphia, PA: The Jewish Publication Society; Lincoln: University of Nebraska Press, 2017.

Paulsson, Gunnar S. *Secret City: The Hidden Jews of Warsaw 1940–1945*. New Haven, CT: Yale University Press, 2003.

Person, Katarzyna, ed. *Warsaw Ghetto: Everyday Life*. The Ringelblum Archive, vol. 1. Translated by Anna Brzostowska et al. Warsaw, Poland: Jewish Historical Institute, 2017.

Porat, Dina. *The Fall of a Sparrow: The Life and Times of Abba Kovner*. Stanford, CA: Stanford University Press, 2010.

Prince, Robert M. *The Legacy of the Holocaust: Psychohistorical Themes in the Second Generation*. New York: Other Press, 1999.（Original work published in 1985.）

Rakovsky, Puah. *My Life as a Radical Jewish Woman: Memoirs of a Zionist Feminist in Poland*. Translated by Barbara Harshav with Paula E. Hyman. Bloomington, IN: Indiana University Press, 2001.

Rapaport, J. ed. *Memorial Book of Zaglembie*. Tel Aviv, Israel, n.p., 1972（Yiddish, Hebrew, English）.

Reinhartz, Henia. *Bits and Pieces*. Toronto, Canada: Azrieli Foundation, 2007.

Ringelblum, Emanuel. *Notes From the Warsaw Ghetto: The Journal of Emmanuel Ringelblum*. Translated by Jacob Sloan. New York: ibooks, 2006.（Original work published in 1958.）

Freeze, ChaeRan, Paula Hyman et al., eds. *Polin: Studies in Polish Jewry*, vol. 18, *Jewish Women in Eastern Europe*. Liverpool, UK: Littman Library of Jewish Civilization, 2005.

Gabis, Rita. *A Guest at the Shooters' Banquet: My Grandfather's SS Past, My Jewish Family, A Search for the Truth*. New York: Bloomsbury, 2015.

Geva, Sharon. *To the Unknown Sister: Holocaust Heroines in Israeli Society*. Tel Aviv, Israel: Hakibbutz Hameuchad, 2010 (Hebrew).

Goldenberg, Myrna, ed. *Before All Memory Is Lost: Women's Voices from the Holocaust*. Toronto, Canada: Azrieli Foundation, 2017.

Goldstein, Bernard. *The Stars Bear Witness*. Translated by Leonard Shatzkin. London, UK: Victor Gollancz, 1950.

Grossman, Chaika. *The Underground Army: Fighters of the Białystok Ghetto*. Translated by Shmuel Beeri. New York: Holocaust Library, 1987.

Grove, Kimberley Sherman, and Judy Geller. *Stories Inked*. Brighton, Canada: Reflections on the Past, 2012.

Grunwald-Spier, Agnes. *Women's Experiences in the Holocaust: In Their Own Words*. Stroud, UK: Amberley, 2018.

Grupińska, Anka. *Reading the List*. Wołowiec, Poland: Czarne, 2014 (Polish).

Gurewitsch, Brana, ed. *Mothers, Sisters, Resisters: Oral Histories of Women Who Survived the Holocaust*. Tuscaloosa, AL: University of Alabama Press, 1998.

Gutterman, Bella. *Fighting for Her People: Zivia Lubetkin, 1914–1978*. Translated by Ora Cummings. Jerusalem, Israel: Yad Vashem, 2014.

アナ・ハイルマン『アウシュヴィッツを越えて　少女アナの物語』(平戸久美子訳、東洋書林、2005 年)

Izhar, Naomi. *Chasia Bornstein-Bielicka, One of the Few: A Resistance Fighter and Educator, 1939–1947*. Translated by Naftali Greenwood. Jerusalem, Israel: Yad Vashem, 2009.

Kalchheim, Moshe, ed. *With Proud Bearing 1939–1945: Chapters in the History of Jewish Fighting in the Narotch Forests*. Tel Aviv, Israel: Organization of Partisans, Underground Fighters and Ghetto Rebels in Israel, 1992 (Yiddish).

Katz, Esther, and Joan Miriam Ringelheim, eds. *Proceedings of the Conference on Women Surviving the Holocaust*. New York: Institute for Research in History, c1983.

Kirshenblatt-Gimblett, Barbara, and Antony Polonsky, eds. *POLIN, 1000 Year History of Polish Jews—Catalogue for the Core Exhibition*. Warsaw, Poland: POLIN Museum of the History of Polish Jews, 2014. Exhibition catalogue.

Klinger, Chajka. *I am Writing These Words to You: The Original Diaries, Będzin 1943*. Translated by Anna Brzostowska and Jerzy Giebułtowski. Jerusalem, Israel: Yad Vashem and Moreshet, 2017. (Original work published in Hebrew in 2016.)

Kloizner, Israel, and Moshe Perger. *Holocaust Commentary: Documents of Jewish Suffering Under Nazi Rule*. Jerusalem, Israel: Jewish Agency of Israel and the Rescue Committee for the Jews of Occupied Europe, 1945–1947.

Korczak, Riezl (Ruz'ka). *Flames in Ash*. Israel: Sifriyat Po'alim, Hakibbutz Ha'artzi Hashomer Hatzair, 1946 (Hebrew).

Korczak, Roszka, Yehuda Tubin, and Yosef Rab, eds. *Zelda the Partisan*. Tel Aviv, Israel: Moreshet and Sifriyat Po'alim, 1989 (Hebrew).

Kukielka, Renia. *Underground Wanderings*. Ein Harod, Israel: Hakibbutz Hameuchad, 1945 (Hebrew).

Kulkielko, Renya. *Escape from the Pit*. New York: Sharon Books, 1947.

*Women of Valor: Partisans and Resistance Fighters*. Center for Holocaust Studies Newsletter 3, no. 6. New York: Center for Holocaust Studies, 1990.

ダイアン・アッカーマン『ユダヤ人を救った動物園　アントニーナが愛した命』（青木玲訳、亜紀書房、2017 年）

Baumel-Schwartz, Judith Taylor, and Tova Cohen, eds. *Gender, Place and Memory in the Modern Jewish Experience: Re-Placing Ourselves*. London, UK: Vallentine Mitchell, 2003.

Berés Witold and Krzysztof Burnetko. *Marek Edelman: Being on the Right Side*. Translated by William R. Brand. Krakow, Poland: Beres Media, 2016.

Berger, Ralph S., and Albert S. Berger, eds. *With Courage Shall We Fight: The Memoirs and Poetry of Holocaust Resistance Fighters Frances "Fruma" Gulkowich Berger and Murray "Motke" Berger*. Margate, UK: ComteQ, 2010.

Blady-Szwajger, Adina. *I Remember Nothing More: The Warsaw Children's Hospital and the Jewish Resistance*. New York: Pantheon, 1990.

Brzezinski, Matthew. *Isaac's Army: A Story of Courage and Survival in Nazi-Occupied Poland*. New York: Random House, 2012.

Burstein, Dror. *Without a Single Case of Death: Stories from Kibbutz Lohamei Haghetaot*. Tel Aviv, Israel: Ghetto Fighters' House/Babel, 2007.

Cain, Larissa. *Ghettos in Revolt: Poland, 1943*. Paris, France: Autrement, 2003 (French).

Cohen, Rich. *The Avengers: A Jewish War Story*. New York: Knopf, 2000.

Czocher, Anna, Dobrochna Kałwa, et al. *Is War Men's Business? Fates of Women in Occupied Kraków in Twelve Scenes*. Translated by Tomasz Tesznar and Joanna Bełch-Rucińska. Kraków, Poland: Historical Museum of the City of Kraków, 2011. Exhibition catalogue.

Diatłowicki, Jerzy, ed. *Jews in Battle, 1939–1945*. 4 vols. Warsaw, Poland: Association of Jewish Combatants and Victims of World War II and Jewish Historical Institute, 2009–2015 (Polish).

Diner, Hasia R. *We Remember with Reverence and Love: American Jews and the Myth of Silence After the Holocaust, 1945–1962*. New York: New York University Press, 2009.

Draenger, Gusta Davidson. *Justyna's Narrative*. Translated by Roslyn Hirsch and David H. Hirsch. Amherst, MA: University of Massachusetts Press, 1996.

Draper, Paula J., and Richard Menkis, eds. *New Perspectives on Canada, the Holocaust and Survivors. Canadian Jewish Studies*, Special Issue. Montreal, Canada: Association for Canadian Jewish Studies, 1997.

Dror, Zvi. *The Dream, the Revolt and the Vow: The Biography of Zivia Lubetkin-Zuckerman (1914–1978)*. Translated by Bezalel Ianai. Tel Aviv, Israel: General Federation of Labor (Histadrut) and Ghetto Fighters' House, 1983.

Edelman, Marek. *The Ghetto Fights*. New York: American Representation of the General Jewish Workers Union of Poland, 1946.

Engel, David, Yitzchak Mais et al. *Daring to Resist: Jewish Defiance in the Holocaust*. New York: Museum of Jewish Heritage, 2007. Exhibition catalogue.

Engelking, Barbara, and Jacek Leociak. *The Warsaw Ghetto: A Guide to the Perished City*. New Haven, CT: Yale University Press, 2009.

ヘレン・エプスタイン『ホロコーストの子供たち』（マクミラン和世訳、朝日新聞出版、1984 年）

Feldhay Brenner, Rachel. *Writing as Resistance: Four Women Confronting the Holocaust*. University Park, Pennsylvania: Penn State University Press, 2003.

デイヴィッド・E・フィッシュマン『ナチスから図書館を守った人たち　囚われの司書、詩人、学者の闘い』（羽田詩津子訳、原書房、2019 年）

Emil Kerenji, Washington, DC, April 27, 2018.
Agi Legutko, New York, May 2, 2018.
Jonathan Ornstein, Kraków, Poland, June 25, 2018.
Daniela Ozacky-Stern and Yonat Rotbain, Givat Haviva, Israel, May 14, 2018.
Chayele Palevsky, Skype, November 20, 2018.
Katarzyna Person, Warsaw, Poland, June 21, 2018.
Avihu Ronen, Tel Aviv, Israel, May 16, 2018.
Lilian Rosenthal, telephone, November 12, 2018.
Rochelle Saidel, New York, June 8, 2018.
Elaine Shelub, telephone, November 6, 2018.
Anna Shternshis, New York, April 9, 2018.
David Silberklang, Jerusalem, Israel, May 17, 2018.
Holly Starr, telephone, November 13, 2018.
Michał Trębacz, Warsaw, Poland, June 22, 2018.
Merav Waldman, Skype, October 23, 2018.
Yoel Yaari, Jerusalem, Israel, May 17, 2018.
Racheli Yahav, Tzora, Israel, May 17, 2018.
Eyal Zuckerman, Tel Aviv, Israel, May 15, 2018.〔本書第三十章を参照〕

## その他の未公開資料

Grabowski, Jan. "The Polish Police: Collaboration in the Holocaust." Lecture at USHMM, November 17, 2016. Text accessed online.
Jewish Telegraphic Agency Newswire. January 8, 1943. Vol. 10. Number 6. New York.
Kaslow, Maria Wizmur. "Mania: A Gestapo Love Story" and "Vanished." Family collection.
Kukielka, Renia. Photographs, letter, husband testimony, eulogy. Family collection.
Shchori, Frumi. "Voyage and Burden: Women Members of the Fighting Underground in the Ghettos of Poland as Reflected in their Memoirs (1945-1998)." Thesis, Tel Aviv University, 2006 (Hebrew).
Starr, Holly. Eulogy for Sara Rosnow, 2017.
Unpublished testimony, Azrieli Foundation.

## 参考文献

個々の章や記事は含めていない。これらの書籍の多くはさまざまな版や言語で出版されており、分かるものは情報を記載した。

*Hantze and Frumka: Letters and Reminiscences*. Tel Aviv, Israel: Hakibbutz Hameuchad, 1945 (Hebrew).
*In Honor of Ala Gertner, Roza Robota, Regina Safi rztajn, Ester Wajcblum: Martyred Heroines of the Jewish Resistance in Auschwitz Executed on January 5, 1945*. N.p.: n.p., c. 1991 (English, Yiddish, Polish, German, French).
*In the Face of Annihilation: Work and Resistance in the Ghettos 1941-1944*. Berlin, Germany: Touro College, 2017. Exhibition catalogue.
*Portraits of the Fighters: Biographies and Writings of Young Leaders of the Jewish Resistance During the Holocaust*. American Friends of the Ghetto Fighters' Museum.
*Voice of the Woman Survivor* 9, no. 2. New York: WAGRO Women Auxiliary to the Community of Survivors, Holocaust Resource Centers and Libraries. Spring 1992.

*The Paper Brigade: Smuggling Rare Books and Documents in Nazi-Occupied Vilna*, October 11, 2017–December 14, 2018, YIVO, New York.
Memorials, Miła 18, Warsaw, Poland.
Memorial, Prosta Street Sewer, Warsaw, Poland.
Permanent Exhibition, Emanuel Ringelblum Jewish Historical Institute, Warsaw, Poland.
Permanent Exhibition, Galicia Jewish Museum, Kraków, Poland.
Permanent Exhibition, Ghetto Fighters' House Museum, Ghetto Fighters' House, Israel.
Permanent Exhibition, Mizrachi House of Prayer, Museum of Zagłębie, Będzin, Poland.
Permanent Exhibition, Montreal Holocaust Museum, Montreal, Canada.
Permanent Exhibition, Moreshet, Givat Haviva, Israel.
Permanent Exhibition, Mausoleum of Struggle and Martyrdom, Warsaw, Poland.
Permanent Exhibition, Museum of Warsaw, Warsaw, Poland.
Permanent Exhibition, Museum of Pawiak Prison, Warsaw, Poland.
Permanent Exhibition, Oskar Schindler's Enamel Factory, Museum of Kraków, Kraków, Poland.
Permanent Exhibition, POLIN Museum of the History of Polish Jews, Warsaw, Poland.
Permanent Exhibition, United States Holocaust Memorial Museum, Washington, DC.
Permanent Exhibition, Warsaw Rising Museum, Warsaw, Poland.
Permanent Exhibition, Yad Mordechai Museum, Hof Ashkelon, Israel.
Permanent Exhibition, Yad Vashem, Jerusalem, Israel.
Permanent Exhibition, Zabinski Villa, Warsaw Zoological Garden, Warsaw, Poland. *Violated*, Ronald Feldman Gallery, April 12 to May 12, 2018, New York.

## 限定イベント

"Hitler Hanging on a Tree: Soviet Jewish Humor During WW2." Lecture by Anna Shternshis. April 2018. New York. YIVO.
"In Dialogue: Polish Jewish Relations During the Interwar Period." Lectures by Samuel D. Kassow and Paul Brykczynski, November 15, 2018. New York. Fordham University, Columbia, YIVO.
"Kraków Ghetto: A Walking Tour." Agi Legutko. June 2018. Kraków, Poland, Jewish Culture Festival.
"Memorial for Warsaw Ghetto, Warsaw Ghetto Uprising Commemoration, 75th Anniversary." April 19, 2018. New York. The Congress for Jewish Culture with Friends of the Bund, the Jewish Labor Committee, the Workmen's Circle, and YIVO.
Nusakh Vilna Memorial Lecture and Concert. September 16, 2018, and September 22, 2019. New York. YIVO.
*Uprising*. Screening and Talk. April 22, 2018. New York City. Jewish Partisan Education Foundation, Directors Guild.

## インタビュー

Rivka Augenfeld, Montreal, Canada, August 10 and 17, 2018.
Ralph Berger, New York, April 10, 2018.
Havi Dreifuss, Tel Aviv, Israel; May 16, 2018.
Sandy Fainer, telephone, November 27, 2018.
Yoram Kleinman, telephone, February 11, 2019 (interview conducted by Elisha Baskin).
Michael Kovner, Jerusalem, Israel, May 17, 2018.
Jacob Harel and Leah Waldman, Haifa, Israel; May 14, 2018.
Barbara Harshav, New York, March 9 and April 23, 2018.

Culture.pl; https://culture.pl/en.
Emanuel Ringelblum Jewish Historical Institute; http://www.jhi.pl/en.
Geni; https://www.geni.com/family-tree/html/start.
Historic Films Stock Footage Archive, YouTube channel; https://www.youtube.com/channel/UCPbqb1jQ7cgkUqX2m33d6uw.
The Hebrew University of Jerusalem: Holocaust Oral History Collection; http://multimedia.huji.ac.il/oralhistory/eng/index-en.html.
Holocaust Historical Society; https://www.holocausthistoricalsociety.org.uk.
JewishGen; https://www.jewishgen.org/new.
Jewish Partisan Education Foundation; http://www.jewishpartisans.org.
Jewish Records Indexing—Poland; http://jri-poland.org.
Jewish Virtual Library; https://www.jewishvirtuallibrary.org.
Jewish Women's Archive: The Encyclopedia of Jewish Women; https://jwa.org/encyclopedia.
Michael Kovner; https://www.michaelkovner.com.
Modern Hebrew Literature — a Bio-Bibliographical Lexicon; https://library.osu.edu/projects/hebrew-lexicon/index.htm.
Museum of the History of Polish Jews POLIN: Virtual Shtetl; https://sztetl.org.pl/en.
Museum of the History of Polish Jews POLIN: Polish Righteous; https://sprawiedliwi.org.pl/en.
Narodowe Archiwum Cyfrow (National Digital Archive); https://audiovis.nac.gov.pl.
The New York Public Library: Yizkor Book Collection; https://digitalcollections.nypl.org/collections/yizkor-book-collection#/?tab=navigation.
Organization of Partisans, Underground Fighters and Ghetto Rebels in Israel; http://eng.thepartisan.org/ and http://archive.c3.ort.org.il/Apps/WW/page.aspx?ws=496fe4b2-4d9a-4c28-a845-510b28b1e44b&page=8bb2c216-624a-41d6-b396-7c7c161e78ce.
Polish Center for Holocaust Research: Warsaw Ghetto Database; http://warszawa.getto.pl.
Sarah and Chaim Neuberger Holocaust Education Center: In Their Own Words; http://www.intheirownwords.net.
Sharon Geva; http://sharon-geva.blogspot.com/p/english.html.
Silesiaheritage YouTube channel; https://www.youtube.com/user/silesiaheritage/featured.
United States Holocaust Memorial Museum: Holocaust Encyclopedia; https://encyclopedia.ushmm.org.
USC Shoah Foundation: Visual History Archive; https://sfi.usc.edu/vha.
Warsaw Before WW2, YouTube Channel; https://www.youtube.com/channel/UC_7UzhH0KCna70a5ubpoOhg.
The World Society of Częstochowa Jews and Their Descendants; https://www.czestochowajews.org.
Yad Vashem: Articles; https://www.yadvashem.org/articles/general.html.
Yad Vashem: Exhibitions; https://www.yadvashem.org/exhibitions.html.
Yad Vashem: Shoah Resource Center; www.yadvashem.org.
Yiddish Book Center: Oral Histories; http://www.jhi.pl/en.
YIVO Digital Archive on Jewish Life in Poland; http://polishjews.yivoarchives.org.
The YIVO Encyclopedia of Jews in Eastern Europe; https://yivoencyclopedia.org.
Zaglembie World Organization; zaglembie.org.

## 記念碑と展示

*Faces of Resistance: Women in the Holocaust*, Moreshet, Givat Haviva, Israel.

# 参考文献

最も重要な情報源を含む厳選した参考文献を示す。執筆には出典元で使用されている固有名詞を使用しているが、本書全体を通して、表記は必ずしも一致しない。

## 資料出典

Alex Dworkin Canadian Jewish Archives, Montreal, Canada.

Emanuel Ringelblum Jewish Historical Institute, Warsaw, Poland.（エマヌエル・リンゲルブルムユダヤ歴史研究所）

Ghetto Fighters' House Museum, Israel.（ゲットー闘士の家博物館）

- 書面および口頭での証言、現代および歴史的なニュース記事、写真、通信、講義の書き起こし、賛辞、およびレニャ・クキエウカによるいくつかの証言を含む、本書のほとんどの人物に関連するその他の未発表の文書の重要な情報源。

Israel State Archives, Jerusalem, Israel.

- レニャ・クキエウカの移民書類。

Israel National Library, Jerusalem, Israel.

- レニャ・クキエウカの書面による証言。

JDC Archives, New York, USA.

Kibbutz Dafna, Israel.

Massuah International Institute for Holocaust Studies, Tel Yitzhak, Israel.

Moreshet Mordechai Anielevich Memorial Holocaust Study and Research Center, Givat Haviva, Israel.（モレシェト）

Ringelblum Archive.（さまざまな場所と形式でアクセス可能）

United States Holocaust Memorial Museum, Washington, DC.（アメリカホロコースト記念館）

- 生存者の登録、希少な書籍、パンフレット、オーラルヒストリー、会議記録、ビャウィストクゲットーのデジタル化アーカイブ、リンゲルブルムアーカイブ（デジタル版）、エフェメラ、写真、ビデオ、書面による証言。

Yad Vashem, Jerusalem, Israel.（ホロコースト記念館）

- レニャ・クキエウカ、ベラ・ハザン、ハフカ・レンツネルなどの書面および口頭での重要な証言。

YIVO, New York, USA.

The Wiener Holocaust Library, London, UK.

## オンライン出典

頻繁に使用したオンライン出典は以下の通り。ホームページの他に個々の記事は含まない。

Arolsen Archives—International Center on Nazi Persecution: Online Archive; https://arolsen-archives.org/en/search-explore/search-online-archive.

"Before They Perished" Exhibition; https://artsandculture.google.com/exhibit/QRNJBGMI.

Beit Hatfutsot: My Jewish Story, The Open Databases of the Museum of the Jewish

People; https://dbs.bh.org.il.

Brama Cuckermana Foundation; http://www.bramacukermana.com.

Centropa; centropa.org.

図 25　Courtesy of Ghetto Fighters' House Museum, Photo Archive

図 26　Courtesy of Ghetto Fighters' House Museum, Photo Archive

図 27　Courtesy of Merav Waldman

図 28　Courtesy of Ghetto Fighters' House Museum, Photo Archive

図 29　Courtesy of Ghetto Fighters' House Museum, Photo Archive

図 30　Courtesy of Ghetto Fighters' House Museum, Photo Archive

図 31　Courtesy of Ghetto Fighters' House Museum, Photo Archive

図 32　Courtesy of Merav Waldman

ゲットーの娘《むすめ》たち

ナチスに抵抗したユダヤ人女性の知られざる歴史

二〇二四年一二月三〇日　初版第一刷発行

著　者　ジュディ・バタリオン

訳　者　羽田詩津子

装丁者　仁木順平

組版者　須藤崇之（プレアデス）

発行者　佐藤丈夫

印刷所　モリモト印刷株式会社

製本所　株式会社難波製本

発行所　株式会社国書刊行会

東京都板橋区志村一―一三―一五　〒一七四―〇〇五六

電話〇三―五九七〇―七四二一

Mail：info@kokusho.co.jp

URL：https://www.kokusho.co.jp




ISBN978-4-336-07676-2

## FDRの将軍たち　上・下
**ローズヴェルトの最高司令部はいかにしてアメリカを勝利に導いたか**

ジョナサン・W・ジョーダン／中沢志保訳

四六判／五一二頁・五〇六頁／各四一八〇円

ローズヴェルト大統領は、来るべき戦争で自らと共に国家の舵取りを担うべく、スティムソン、キング、マーシャルに白羽の矢を立てた――ローズヴェルト大統領の軍事指導者たちの実像を活写した迫真の記録。

## 大いなる聖戦　上・下
**第二次世界大戦全史**

H・P・ウィルモット／等松春夫監訳

四六判／四七二頁・四九六頁／各五〇六〇円

二〇世紀の戦争と戦略に関する研究を進めてきた斯界の碩学が、第二次大戦における通念の数々を、新たな視座に基づいた緻密な分析によって刷新し、その相貌を巨細にわたり描き切った決定的大著。

## ファシズムへの偏流　上・下
**ジャック・ドリオとフランス人民党**

竹岡敬温

四六判／三八七頁・二九七頁／三七四〇円・三五二〇円

共産党の若き指導者となるも、のちにファシスト政党「フランス人民党」を結成、ヴィシー政権時代には熱烈なナチス協力者へと変じた転向者ジャック・ドリオ。その謎に包まれた生涯を丹念にたどる傑作評伝。

## 鉄道人とナチス
**ドイツ国鉄総裁ユリウス・ドルプミュラーの二十世紀**

鴋澤 歩

四六判／三六〇頁／三七四〇円

技術官吏の出身ながら異例の栄達をとげ、ドイツ国鉄総裁として名声を得た鉄道人ドルプミュラー。ナチスの暴力的な支配に迎合し、戦争とユダヤ人虐殺に加担するまでを、ドイツ社会経済史の枠組みで描く。

10％税込価格。なお価格は改定することがあります。

図 25 Courtesy of Ghetto Fighters' House Museum, Photo Archive

図 26 Courtesy of Ghetto Fighters' House Museum, Photo Archive

図 27 Courtesy of Merav Waldman

図 28 Courtesy of Ghetto Fighters' House Museum, Photo Archive

図 29 Courtesy of Ghetto Fighters' House Museum, Photo Archive

図 30 Courtesy of Ghetto Fighters' House Museum, Photo Archive

図 31 Courtesy of Ghetto Fighters' House Museum, Photo Archive

図 32 Courtesy of Merav Waldman

# 図版出典

図 1　Courtesy of the Emanuel Ringelblum Jewish Historical Institute in Warsaw, Poland

図 2　Courtesy of Ghetto Fighters' House Museum, Photo Archive

図 3　Courtesy of Ghetto Fighters' House Museum, Photo Archive

図 4　Courtesy of Ghetto Fighters' House Museum, Photo Archive

図 5　Courtesy of Yad Vashem Photo Archive, Jerusalem. 1592/1

図 6　Courtesy of Moreshet, Hashomer Hatzair Archives

図 7　Courtesy of Ghetto Fighters' House Museum, Photo Archive

図 8　Courtesy of Yad Vashem Photo Archive, Jerusalem. 3308/91

図 9　Courtesy of Ghetto Fighters' House Museum, Photo Archive

図 10　Courtesy of the Emanuel Ringelblum Jewish Historical Institute in Warsaw, Poland

図 11　Courtesy of Ghetto Fighters' House Museum, Photo Archive

図 12　Courtesy of Ghetto Fighters' House Museum, Photo Archive

図 13　Courtesy of Ghetto Fighters' House Museum, Photo Archive

図 14　Courtesy of Ghetto Fighters' House Museum, Photo Archive

図 15　Courtesy of Ghetto Fighters' House Museum, Photo Archive

図 16　Courtesy of Ghetto Fighters' House Museum, Photo Archive

図 17　Courtesy of the Emanuel Ringelblum Jewish Historical Institute in Warsaw, Poland

図 18　United States Holocaust Memorial Museum, courtesy of National Archives and Records Administration, College Park

図 19　United States Holocaust Memorial Museum, courtesy of Benjamin [Miedzyrzecki] Meed

図 20　United States Holocaust Memorial Museum, courtesy of Benjamin [Miedzyrzecki] Meed

図 21　United States Holocaust Memorial Museum, courtesy of Belarusian State Museum of the History of the Great Patriotic War

図 22　Courtesy of Yad Vashem Photo Archive, Jerusalem. 2921/209

図 23　Courtesy of Rivka Augenfeld

図 24　United States Holocaust Memorial Museum, courtesy of Anna and Joshua Heilman

著者略歴
ジュディ・バタリオン（Judy Batalion）
カナダ・モントリオール出身。英語、フランス語、イディッシュ語、ヘブライ語を話す環境で育つ。ロンドン大学で美術史の博士号を取得。学芸員、劇作家、俳優などを経て作家になる。著書に、ホロコーストを逃れたユダヤ系ポーランド人移民である自身の家族を描いた回想録『White Walls』がある。

訳者略歴
羽田詩津子（はた しずこ）
翻訳家。『アクロイド殺し』（早川書房）、『アラバスターの手』（国書刊行会）などミステリーやホラーのほか、『炎の中の図書館』（早川書房）、『イレナの子供たち』（東京創元社）、『ナチスから図書館を守った人たち』（原書房）などノンフィクション作品も多数手がける。著書に『猫はキッチンで奮闘する』（早川書房）がある。

# ゲットーの娘《むすめ》たち

ナチスに抵抗したユダヤ人女性の知られざる歴史

二〇二四年一二月三〇日　初版第一刷発行

著　者　ジュディ・バタリオン
訳　者　羽田詩津子
装丁者　仁木順平
組版者　須藤崇之（プレアデス）
発行者　佐藤丈夫
印刷所　モリモト印刷株式会社
製本所　株式会社難波製本

発行所　株式会社国書刊行会
東京都板橋区志村一―一三―一五　〒一七四―〇〇五六
電話〇三―五九七〇―七四二一
Mail：info@kokusho.co.jp
URL：https://www.kokusho.co.jp



ISBN978-4-336-07676-2

## FDRの将軍たち　上・下
### ローズヴェルトの最高司令部はいかにしてアメリカを勝利に導いたか

ジョナサン・W・ジョーダン／中沢志保訳

四六判／五一二頁・五〇六頁／各四一八〇円

## 大いなる聖戦　上・下
### 第二次世界大戦全史

H・P・ウィルモット／等松春夫監訳

四六判／四七二頁・四九六頁／各五〇六〇円

## ファシズムへの偏流　上・下
### ジャック・ドリオとフランス人民党

竹岡敬温

四六判／三八七頁・二九七頁／三七四〇円・三五二〇円

## 鉄道人とナチス
### ドイツ国鉄総裁ユリウス・ドルプミュラーの二十世紀

鴋澤 歩

四六判／三六〇頁／三七四〇円

ローズヴェルト大統領は、来るべき戦争で自らと共に国家の舵取りを担うべく、スティムソン、キング、マーシャルに白羽の矢を立てた――ローズヴェルト大統領の軍事指導者たちの実像を活写した迫真の記録。

二〇世紀の戦争と戦略に関する研究を進めてきた斯界の碩学が、第二次大戦における通念の数々を、新たな視座に基づいた緻密な分析によって刷新し、その相貌を巨細にわたり描き切った決定的大著。

共産党の若き指導者となるも、のちにファシスト政党「フランス人民党」を結成、ヴィシー政権時代には熱烈なナチス協力者へと変じた転向者ジャック・ドリオ。その謎に包まれた生涯を丹念にたどる傑作評伝。

技術官吏の出身ながら異例の栄達をとげ、ドイツ国鉄総裁として名声を得た鉄道人ドルプミュラー。ナチスの暴力的な支配に迎合し、戦争とユダヤ人虐殺に加担するまでを、ドイツ社会経済史の枠組みで描く。

10％税込価格。なお価格は改定することがあります。